ANGELA
메르켈 리더십
MERKEL

합의에 이르는 힘

THE CHANCELLOR

Image Credits

INTERIOR

1. Marcus C. Hurek/Picture Alliance/dpa
2. Interfoto/Alamy
3. Courtesy of Michael Schindhelm
4. Gerard Maile/AFP/Getty Images
5. Thomas Omo/Photothek/Getty Images
6. Jens Buettner/dpa/Alamy
7. Guido Bergmann/BPA/Picture-Alliance/dpa
8. Wolfgang Rattay/Reuters/Alamy
9. Marcus Fuehrer/dpa Picture-Alliance/Alamy
10. Michael Kappeler/AFP/Getty Images
11. Evangelos Bougiotis/EPA/Shutterstock
12. Courtesy Daniel Baer/Twitter
13. YouTube
14. Odd Anderson/AFP/Getty Images
15. Jesco Denzel/Bundesregierung/Getty Images
16. Andreas Arnold/dpa/AFP/Getty Images
17. Philippe Wojazer/AFP via Getty Images
18. Armando Babani/EPA/EFE/Shutterstock

INSERT

1. Jörg Gläscher/Laif/Redux
2. Bogumil Jeziorski/AFP via Getty Images
3. API/Gamma-Rapho
4. Ebner/Ullstein Bild
5. API/Gamma-Rapho
6. Dmitry Astakhov/ITAR-TASS/AP/Shutterstock
7. Rainer Jensen/dpa/Zuma Press
8. Chip Somodevilla/Getty Images
9. Pete Souza/Barack Obama Presidential Library
10. Bernd Von Jutrczenka/dpa/Alamy
11. Mark Stewart/Camera Press/Redux
12. Sean Gallup/Getty Images
13. Courtesy of Jason Williams
14. SplashNews

COVER

Frederic Legrand - COMEO / Shutterstock.com

저자 케이티 마튼(Kati Marton)

케이티 마튼은 헝가리 출신으로, 냉전시대에 스파이 혐의로 체포된 언론인 부모 아래서 성장했다. 전체주의 국가에서 여성으로 태어나 성장한 작가의 경험은 동독 출신인 메르켈의 성장기와 캐릭터, 그리고 경험을 이해하는 데 매우 중요하게 작용했다.

미국으로 이주해 저널리스트로 활동하며 ABC 뉴스 서독 특파원을 지냈다. 작고한 남편 리처드 홀브룩(전 독일 주재 미국 대사)을 통해 2001년 메르켈 총리와 인연을 맺었다. 최근 4년간은 메르켈의 허락을 얻어 총리 집무실을 자유롭게 드나들었고, 메르켈 주변의 인물들을 인터뷰했다. 이 책은 독일과 미국, 프랑스, EU, 러시아, 중국 등 세계 주요국 정치인과 관료, 학자들 백수십 명을 인터뷰해 쓴 역작이다. 저널리스트 특유의 취재력과 집요하게 팩트를 쫓아 엮어낸 단단한 문장으로 가득하다. 무엇보다 지난 16년간 펼쳐진 현대 정치사의 결정적 장면들을 마치 옆에서 중계하듯 생생하게 그려냈다.

작가는 논픽션과 소설 등 아홉 권의 저서를 <뉴욕타임스> 베스트셀러 목록에 올린 작가이기도 하다. 정치와 여성 관련 서적을 주로 냈다. 저서로는 전미도서비평가협회상 최종 결선에 오른 <인민의 적들: 우리 가족의 미국까지 여정(Enemies of the People: My Family's Journey to America)>, <비밀의 권력: 우리 역사의 틀을 잡은 대통령들의 결혼(Hidden Power: Presidential Marriages that Shaped Our History)>, <광신자: 스탈린의 마지막 미국인 스파이(True Believer: Stalin's Last American Spy)>, 그리고 회고록인 <파리: 러브 스토리(Paris: A Love Story)> 등이 있다. NPR과 ABC 뉴스의 특파원으로 활동하면서 언론인상을 수상했으며, 저술과 인권 증진 활동도 함께 해왔다.

자신도 한때는 난민이었던 그는 국제구조위원회(IRC, International Rescue Committee)와 베를린의 미국 아카데미(American Academy in Berlin), 센트럴유러피언대학교(Central European University)의 이사이자 언론인보호위원회(CPJ, Committee to Protect Journalists)와 국제여성건강연합(International Women's Health Coalition)의 회장을 역임했다. 방송 저널리즘 분야에서 이룬 업적으로 조지 포스터 피버디상(George Foster Peabody Award)과 세계를 변화시킨 여성들에게 수여하는 매트릭스상(The Matrix Award), UN이 수여하는 레오 네바스 인권상(Leo Nevas Human Rights Awards)을 수상했다.

현재 뉴욕에 거주하고 있다.

ANGELA MERKEL

메르켈 리더십

합의에 이르는 힘

케이티 마튼 지음 | 윤철희 옮김

MOBIDICBOOKS

우리 딸,
엘리자베스 제닝스(Elizabeth Jennings)와
일로나 피츠패트릭 제닝스(Ilona Fitzpatrick Jennings),
그리고 다음 세대를 위해

CONTENTS

010

열아홉 살 때 템플린의 친구들과 벌인 송년 파티에 참석한 앙겔라 카스너(가운뎃줄 왼쪽에서 두 번째). 그는 반에서 처음으로 청바지를 입은 학생이었는데, 그 일로 인해 교장에게 '부적절한 서구 의복'에 대한 훈계를 들어야 했다.

1989년에 앙겔라 메르켈과 훗날의 남편 요아힘 자우어는 폴란드 바호텍(Bachotek)에서 열린 화학 하계 강습회에 참석했다. 양자 화학 교수 마우고자타 예지오르스카(Malgorzata Jeziorska)가 그들과 함께했다.

앙겔라가 동생들인 마르쿠스, 이레네와 함께 찍은 매우 드문 사진. 이 사진을 찍은 시기는 언제인지 알려져 있지 않다. 마르쿠스는 누나의 뒤를 따라 물리학자가 됐고, 이레네는 물리치료사다. 두 사람은 유명한 누나이자 언니와 무척 가까운 사이지만, 앙겔라 메르켈에 관한 인터뷰는 결코 하지 않았다.

앙겔라 메르켈이 독일 최초의 여성 총리가 된 2005년 부모 헤를린트와 호르스트 카스너와 함께 찍은 사진. 앙겔라는 차갑고 요구하는 것이 많은 목사 아버지보다는 어머니와 더 가까운 사이였다. 한평생 사회주의자로 살았던 부모는 딸에게 한 번도 표를 던지지 않았다.

014

앙겔라 메르켈은 1990년에 분데스타크 입성을 위해 메클렌부르크 포어포메른 지역구에 출마해 선거운동을 벌였다. 이 사진은 발트해의 뤼겐(Rügen)섬에 있는 한 어부의 오두막에서 찍은 것이다. 절제하면서도 유권자의 공감을 얻는 선거운동을 벌인 그는 그해에 당선된 이후 은퇴할 때까지 매번 재선됐다.

2007년 1월 21일에 앙겔라 메르켈은 러시아 대통령 블라디미르 푸틴의 소치(Sochi)에 있는 으리으리한 거처를 방문했다. 메르켈이 개를 무서워한다는 사실을 알고 있던 푸틴은 이날 메르켈의 패기를 시험하려고 자신이 기르는 검정 래브라도 리트리버 '코니'를 풀어놨다. 메르켈은 그 자리에서는 조금도 위축된 모습을 보이지 않았지만, 나중에 참모들에게 이렇게 말했다. "그는 그래야만 자기가 남자답다는 걸 과시할 수 있다고 여긴 거야. 러시아는 정치도 경제도 성공하지 못했으니까." 두 사람의 관계는 그가 다른 나라 정상과 맺은 관계 중 제일 짜증스러운 관계이자 제일 오래 지속된 관계였다.

ANGELA MERKEL

앙겔라 메르켈은 중국 시안에서 진시황의 병마용에 감탄하며 쉰여섯 번째 생일을 보냈다. 메르켈은 중국의 유구하고 풍성하며 격동으로 점철된 역사에 매료됐고, 베이징의 지도자들과 관계를 돈독히 다지기 위해 연례 방문을 추진하는 등 엄청난 노력과 시간을 투자했다.

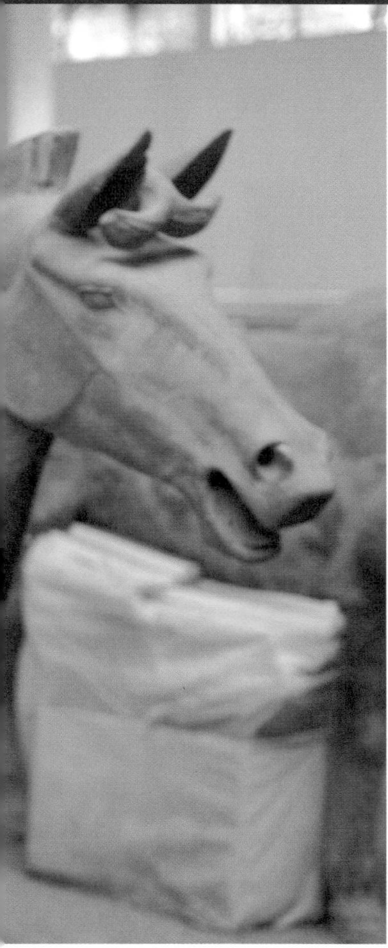

020

ANGELA MERKEL

2011년 6월 7일에 버락 오바마와 미셸 오바마 부부가 백악관에서 앙겔라 메르켈과 요아힘 자우어를 환영하는 모습. 오바마는 이날 저녁 국빈 만찬에서 메르켈에게 미국이 민간인에게 수여하는 최고 훈장인 자유훈장을 수여했다. 두 사람의 관계가 항상 좋았던 것은 아니지만, 오바마는 메르켈을 국가 정상의 롤 모델로 여겼다.

021

앙겔라 메르켈은 축구광이다. 이 사진은 2012년 5월 19일에 캠프 데이비드에서 G8 정상회의를 하던 도중에 회의장을 떠나 독일 바이에른 뮌헨과 영국 첼시의 경기를 시청하러 온 그의 모습을 찍은 것이다. 버락 오바마와 승리의 기쁨에 젖은 영국 총리 데이비드 캐머런, EU 집행위원장 조제 마누엘 바호주, (자리에 앉아 있는) 프랑스 대통령 프랑수아 올랑드와 메르켈의 국가안보자문 크리스토프 호이스겐도 축구 중계 시청에 가세했다.

바이럴로 퍼진 셀피 사진. 2015년 10월 9일에 베를린의 난민 접수 구역에서 이라크 난민 샤케르 케디다(Shaker Kedida)와 포즈를 취한 메르켈. 그해에 그는 100만 명 가까운 중동 난민의 독일 입국을 허용했다.

2015년 6월 24일에 메르켈이 총리실 테라스에서 엘리자베스 여왕에게 재건된 라이히스타크의 광경을 보여주고 있다.

023

ANGELA MERKEL

앙겔라 메르켈이 2019년 8월 프랑스 비아리츠에서 열린 G7 정상회담 막간을 이용해 해변을 산책하고 있다. 흰색 운동화와 흰색 캐주얼 바지 차림의 총리가 밀려오는 파도의 끄트머리를 따라 걸어가고 있다. 선두를 이끄는 대변인 슈테펜 자이베르트와 짙은 색 정장을 입은 경호원들이 그의 주위에서 브이(V) 자 대형을 이루고 있다.

025

메르켈이 전 세계를 덮친 코로나19 팬데믹과 관련해 전 국민에게 강력하게 주의를 촉구한 직후에 본인이 거주하는 동네의 마켓에서 쇼핑하는 모습이 목격됐다. 그의 카트에는 두루마리 화장지보다 와인 병이 더 많다. 메르켈은 국민들에게 사재기를 하지 말라고 당부했다.

PROLOGUE

THE PASTOR'S DAUGHTER

목사의 딸

앙겔라 메르켈(Angela Merkel)의 등장은 평소처럼 소박하고 조용했다. 요란한 사이렌을 울리지도, 눈부신 경광등을 켜지도, 보좌관을 떼로 거느리지도 않고 베를린 외곽 포츠담에 있는 평범한 교회에 입장했다. 살짝 구부정한 걸음걸이는 단단해 보였다. 교회 좌석을 지나는 동안 사람들은 핸드폰 플래시를 터뜨렸다. 카메라 플래시를 싫어하는 그였지만 부드럽게 미소를 지었다. 평소 그가 받들어온 이곳 사람들은 집무 시간 대부분을 보내는 베를린의 세련된 사람들과는 다르다.

메르켈의 아버지는 이곳과 비슷한 평범한 교구 교회의 목사였다. 습한 가을 저녁, 메르켈은 마지막 임기에 맞닥뜨린 격변을 피해 잠시 이곳에서 쉬고 있다. 그가 고향 브란덴부르크에서 틈틈이 근처 숲을 거닐며 보내던 한가로운 날들은 이제 옛일이 되어버렸다. 세계를 구하느라, 그의 시간은 빛보다 빨리 흘러갔다.

메르켈이 오베를린(Oberlin) 교회에 도착해 가족 같은 사람들에게 둘러싸인 이날, 예순 살의 독일연방공화국(Federal Republic of Germany) 총리는 방어막을 잠시 내려놓았다. 보석 색깔 재킷(오늘 밤은 짙은 녹색)과 검정 바지, 검정 플랫 슈즈. 특유의 유니폼 차림으로 땅을 힘껏 밟고 선 메르켈은 교회 제단 앞 등받이가 꼿꼿한 안락의자에 앉았다. 메르켈은 손가락 끝을 살짝 맞댔다. 이젠 독일인들에게 굉장히 친숙해 이모티콘으로도 만들어진, 기도하는 듯한 제스처다. "어릴 때 아침마다 교회 종이 울렸습니다. 저녁 여섯 시가 되면 다시 울렸죠. 그 소리가 그립습니다."

메르켈은 평소 개인적인 얘기를 극도로 꺼렸지만, 오늘 여기 모인 청중은 그의 아주 사적인 얘기를 듣고 있다. 순간 그의 얼굴엔 정치인 특유의 판에 박힌 미소가 아닌 진심 어린 미소가 번졌고, 깊은 주름조차 펴졌다. 독일 최초 여성 총리의 가슴은 최근 몇 년간 사회·정치적 불안으로 요동쳤다. 전 세계를 휩쓴 포퓰리즘의 거센 물결에 난타당했다. 최근엔 제2차 세계대전 이후 처음으로 독일연방의회 의사당 분데스타크(Bundestag)에 들어온 우익 극단주의자들의 비난을 받고 있다. 메르켈의 숙적 블라디미르 푸틴을 향해 쏟아낸, 백악관 포퓰리스트의 찬사는 여전히 생생한 충격으로 남아 있다.

"학교에 처음 간 날, 선생님은 반 아이들 앞에서 부모님의 직업을 밝히라고 하더군요." 메르켈은 무신론을 신봉하던 동독의 정권 아래서 목사의 딸로 성장하며 겪은 복잡한 심경을 내비쳤다. 그는 친구들의 조언을 떠올렸다. "그냥 운전사라고 해." 운전사는 목사보다 더 프롤레타리아적인 직업이었다. "목사입니다." 그는 선생님에게 대답했는데, 독일어로 목사와 운전사의 발음은 거의 비슷하다.

메르켈은 동독에서 속내를 털어놓는 일이 얼마나 위험한지 잘 알고 있었다. 과거 동독에서는 어린아이들조차 국가의 감시를 피하려고 애썼다. 슈타지(Stasi, 동독의 정보기관)는 전신인 게슈타포(Gestapo)보다 동독 사회에 더 깊고 넓게 침투해 있었다. 슈타지의 직원은 정보원(informant)을 포함해 17만3000명에 달했다. 7000명 불과한 제3제국(Third Reich) 정보기관의 직원에 비하면 어마어마한 숫자다. 동독의 정보원은 국민 63명당 1명꼴이다. "어린 시절은 제 인생의 뿌리입니다." 이 말은 자신이 어떤 사람인지, 15년이라는 긴 세월 동안 어떻게 권력을 유지했는지, 조국뿐 아니라 세계적으로도 어떻게 미스터리한 인물로 남아 있는지, 단서를 제공한다.

마티아스 피히트뮬러(Matthias Fichtmüller) 목사는 메르켈에게 물었다. "총리께선 자신에 관한 책들을 읽어보세요?" "읽기는 하는데, 제 얘기를 하는 것 같진 않던데요." 폭소가 터졌다. "저는 두꺼운 암막을 쳐놨어요. 제 인생의 특정한 영역이 세상에 공개되는 걸 원치 않습니다." 그는 자신의 공식적인 직무를 넘어선 영역에 세상이 관심 두는 걸 좋아하지 않았다. 총리를 수행하는 사람들 역시 그의 사생활을 드러내지 않는 것을 원칙으로 한다. 지난 16년간 총리실 밖으로 누설된 정보도 없었고, 전직 참모나 친구들의 폭로성 회고록도 없었다. 그의 보좌관들은 철두철미했다. "모두들 아직도 여기서 일하고 있나요?" 2016년 베를린을 방문한 버락 오바마 대통령은 자신이 대통령이 된 2008년 이래로 메르켈 팀이 전혀 바뀌지 않았다는 사실을 확인하고 혀를 내둘렀다.

독일인들은 오랜 세월이 지났지만 메르켈의 이미지를, 목소리를, 알듯 말 듯한 페르소나를 지겨워하지 않는다. 메르켈이 전혀 위협적인 사람으로 보이지 않는 까닭이다. 독일인들은 메르켈의 삶이 자신들과 그리 다르지 않다는 인상을 준다는 사실 말고는 그의 사생활을 거의 알지 못하면서도 세 번이나 다시, 그것도 매번 넉넉한 표차로 그를 총리로 선출했다. 독일인들은 메르켈이 독일 바이로이트(Bayreuth)에서 열리는 바그너 뮤직 페스티벌에 드레스 차림으로 참석하는 모습을 어쩌다 한 번 봤을 것이다. 그가 시장에서 직접 장을 보는 모습 역시 드물게 봤을 것이다. 메르켈은 헬무트 콜(Helmut Kohl) — 아내와 아이들을 과시하며 완벽한 독일 가정의 모습을 연출했지만, 아내는 자살했고 아들들과는 소원해졌다 — 이나 훗날 우울증에 시달린 섹스 중독자로 밝혀진 빌리 브란트(Willy Brandt) 같은 전임자들이 남긴 교훈을 철저히 학습했다.

프라이버시를 고집스레 지키려는 메르켈의 성향은 때로 편집증에 가깝다. 그는 일지를 적지 않는다. 이메일도 쓰지 않는다. 핸드폰 문자메시지는 필요할 때만 짧게 보낸다. 아무리 가까운 동료라도 그의 사생활과 관련한 아주 사소한 정보를 외부에 공개하는 것만으로도 그 관계는 끝장날 수 있다. 어느 정치적 동지는 '제안 감사해요, AM.'이라는 내용이 전부인 이메일을 공개한 이후 끝내 메르켈의 신뢰를 되찾지 못했다.

앙겔라 메르켈이라는 수수께끼를 풀려는 사람들은 때로 터무니없는 전략을 구사해야 한다. 예를 들어, 독일의 권위 있는 주간지 <디 차이트(Die Zeit)>의 분석을 보자. '독일의 공영 TV ZDF에서 몇 사람과 대담을 하던 메르켈의 손은 재킷의 맨 위 단추를 돌리고 있었다. 앞뒤로 돌리는 게 아니라, 일정한 리듬으로 동그랗게 돌리고 있었다. 총리는 압박이 심하면 집게손가락으로 엄지손톱을 만지작거린다. 총리가 동그라미를 그리는 행위는 조용한 집중을 의미한다. 외국에서 기자회견을 할 때, 그가 행사 주최자 앞에 놓인 서류 뭉치를 힐끔거리는 빈도를 보면 주최자에게 느끼는 조바심의 정도를 명확히 알 수 있다.'

일부 시각적 단서들의 근거는 더 탄탄하다. 메르켈이 도널드 트럼프 대통령을 처음 만났을 때였다. 트럼프가 "앙겔라, 우리에게는 공통점이 있습니다. 우리 두 사람 다 (오바마에게) 도청을 당했습니다"라고 말하자, 메르켈은 머리를 곧추세우고 눈이 휘둥그레져서 불신을 내비쳤다. 그는 기자회견에서 으스대기 좋아하던 이탈리아 총리 실비오 베를루스코니를 신뢰하느냐는 질문을 받고 눈동자를 심하게 굴렸다. 블라디미르 푸틴이 그를 상대로 맨스플레인(mansplain, 남성이 여성을 깔보며 가르치려 드는 행위 – 옮긴이)을 할 때도 같은 모습을 보였다. 2016년 오바마 대통령에게 작별 인사를 할 때 그랬던 것처럼, 그의 눈은 때로 부드러운 감정에 젖어 눈물을 한두 방울 흘리기도 한다.

저널리스트들은 그가 눈동자를 굴리고 다소 신경질적인 경련(tic)을 일으키는 것을 해석하려 했는데, 이런 행동은 메르켈이 자신을 단련하는 수단이었지만, 다소 부끄러운 일이기도 했다. 이런 행동이 과연 그의 정치생명을 연장시켰을까? 지금 시대를 이해하려면 앙겔라 메르켈을 알 필요가 있다. 세계정세가 혼란에 빠지고 사회적 분열이 심각한 지금, 푸틴부터 트럼프에 이르는 권위적인 지도자들에 맞서 제2차 세계대전 이후 자유민주주의 질서를 메르켈만큼 맹렬하게 지켜온 지도자는 없다. 그는 독일을 유럽의 리더 — 경제적 리더뿐 아니라 도덕적 리더 — 로 만들었을 뿐 아니라, 중동 난민 100만 명을 포용하면서 이민자의 나라로 변신시켰다.

이 삼중 아웃사이더, 그러니까 동독 출신에 과학자이며 여왕이 즉위한 적 없는 희귀한 유럽 국가의 여성은 어떻게 이 모든 것을 이뤄냈을까? 외모만큼이나 평범한 수사법을 구사하는 정치인이 사람들의 주의 집중 능력이 갈수록 줄어드는 디지털 시대에 어떻게 그런 권력을 획득하고 장기 집권하게 됐을까? 당연한 말이지만, 지적 능력과 고된 업무 수행은 그의 장기 집권 비결 중 일부일 뿐이다. 선동정치가의 이름을 한목소리로 외쳐대며 횃불을 들고 행진하는 군중을 조부모 세대가 여전히 기억하는 나라에서 메르켈의 단조로운 연설 스타일은 장점으로 부각됐다. 언젠가 세계무역기구(WTO) 파스칼 라미(Pascal Lamy) 사무총장이 "연설문에 다소 시적인 표현을 넣으시죠" 하고 충고했을 때 메르켈은 맞받아쳤다. "나는 시인이 아닙니다."

그는 물리학을 공부하던 시절 발전시킨 차분하고 분석적인 접근법 덕에 장기적인 관점으로 통치를 바라보게 됐다. "어떤 상황을 고민할 때 결말을 출발점으로 삼습니다. 바람직한 결과부터 생각하고 역방향으로 일을 진행하는 거죠. 중요한 것은 내일 우리가 신문에서 읽을 내용이 아니라, 2년 후에 달성할 결과입니다." 그는 상대를 슬쩍 암시하는 방식으로 비난하거나 인신공격을 서슴지 않는 정치와 거리가 멀다. 이런 스타일의 정치를 하는 이들이 던지는 미끼에 걸려들지도 않는다. 전 독일 대통령 요아힘 가우크(Joachim Gauck)의 의견이다. "메르켈은 이런 사람들이 주도하는 게임을 하지 않습니다. 그는 푸틴이나 트럼프가 자신에게 거짓말을 하는 순간을 정확히 간파합니다." 메르켈은 상대방이 쏟아내는 날조된 주장을 무시하고는 자신의 어젠다로 상대를 압박한다.

메르켈은 지금까지 이룩한 것을 지키기 위해, 그리고 그가 오른 권력의 정점에 오래 머물기 위해 용맹성과 단호한 태도를 모두 갖춰야만 했다. 이와 동시에 이런 특성들을 너무 뻔히 드러내지 말아야 했다.

메르켈은 수많은 민감한 이슈들을 다룰 때 '측면에서(sideways) 작업하는 것'으로, 자신에게 시선을 끌어 모으는 대신 간접적으로 작업하는 태도로 성공을 거뒀다. 그는 중도우파 기독교 정당인, 문화적으로는 보수적이고 대부분 남성으로 구성된 독일의 기독민주연합(CDU, Christian Democratic Union)을 이끄는 자리에 올랐을 때 연인과 동거 중인 동독 출신의 개신교도 이혼녀였다. 그가 세상의 스포트라이트를 자신의 페르소나 밖으로 유인하는 솜씨가 탁월하다는 증거다. 그는 아주 작은 노력으로 독일을 훨씬 더 리버럴한 사회로 탈바꿈시켰다. 메르켈은 기도 베스터벨레(Guido Westerwelle)를 동성애자라는 사실을 커밍아웃 한 독일 최초의 외무장관으로 임명했다. 심지어 그는 베스터벨레와 그 남편의 러브 스토리에 공개적으로 찬사를 보냈다. 하지만 평등 결혼(marriage equality, 동성결혼보다 더 포괄적인 개념이다 - 옮긴이)을 지지한다는 의사를 명쾌하게 표명하지는 않았다. 8년 후 독일이 평등 결혼 찬반을 놓고 투표할 때, 메르켈은 자신이 이끄는 보수적인 정당의 당원들에게 평등 결혼을 반대하는 당 강령을 따르는 대신 양심에 따라 투표하라고 조언했다. 그 결과, 평등결혼을 보장하는 법률이 총리의 연설이나 정치적 의사 표명 없이 의회를 통과했다.

그는 여성을 위한 기회를 확장하는 이슈에서도 교묘한 전략을 사용했다. AfD라는 약어로 통용되는 극우 정당 '독일을 위한 대안(Alternative for Germany)'이 메르켈 주위에 모인 여성들을 보고는 "CDU에 남자는 없는 거요?" 하고 으르렁대자, 총리와 가까운 고문 에바 크리스티안젠(Eva Christiansen)은 메르켈의 귀에 대고 속삭였다. "우리가 이겼어요!" 그 순간 메르켈은 특유의 수수께끼 같은 미소를 지었다. 그는 지도자가 자신의 업적을 자랑하지 않으면서도 조용히 성취할 수 있는 일이 얼마나 많은지를 거듭해서 실제로 증명했다.

그가 정치적으로 보여준 천재성은 또 있다. 좋은 아이디어라면 그 출처를 따지지 않고 인정하는 것이다. "그는 에너지, 아동 보육, 평등 결혼,

여성의 권리와 관련한 라이벌 정당들의 프로그램을 가져다가 정책으로 삼았습니다." 사회민주당(SPD, Social Democratic Party) 소속으로 문화부 장관을 역임한 미하엘 나우만(Michael Naumann)의 말이다. 이것은 정치적 반대 세력을 무력화하는 영리한 방법이기도 하다. "앙겔라는 어떤 이슈가 추진력을 얻자마자 그것을 도용하는 솜씨가 무척 뛰어납니다." 작고한 미국 배우 제임스 가너(James Garner)와 묘하게 닮은 미남 가우크가 한 말이다. "라이벌 정당들이 그가 이끄는 연립정부에 참여하는 것을 두려워하는 이유가 바로 그것입니다." 라이벌 정당들은 이런 이유로 메르켈을 두려워했지만 16년간 기독민주연합이 라이벌 정당들과 연립정부를 구성하는 걸 막지 못했다. 하지만 바로 이 점 때문에 연립정부를 구성하는 과정이 고달프기는 했다.

메르켈의 또 다른 정치적 장수 비결은 끝없는 호기심이다. 60대인 그는 여전히 새롭고 흥미로운 것을 즐긴다. 인물, 팩트, 역사, 해결할 문제, 타결해야 하는 논쟁거리는 여전히 그를 흥분시킨다. 끊임없는 도전 외에 앙겔라 메르켈을 추동하는 요인은 또 무엇일까? "Macht, macht, macht(권력, 권력, 권력)." 그의 멘토였던 헬무트 콜이 언젠가 한 말이다. 메르켈은 권세를 누리는 남자들을 관찰하며 학습했다. 1990년부터 1998년까지 독일 총리였던 헬무트 콜은 자신이 한때 매첸(mädchen, 아가씨)이라 부르며 과소평가한 여성 때문에 정치 인생을 끝낸 남성 정치인 중 한 명이다. 여성 롤 모델이 거의 없고 — 18세기 러시아 황제 예카테리나 대제(Catherine the Great)와 프랑스 화학자 마리 퀴리(Marie Curie) 정도가 메르켈의 롤 모델이다 — 네트워크 또한 없던 메르켈은 스스로 자신을 정치인으로 성장시켰다. "여성인 우리는 권위를 주장하는 법을 배워야만 합니다. 여성이 권력 없이 이뤄낼 수 있는 건 많지 않습니다." 메르켈의 말이다. 그런데 그가 획득한 권력은 매우 특유한 유형의 권력이다.

메르켈의 행동이 시사하듯, 자만심은 남성들의 약점이다. 권력을 잡은 여성에게는 자존심(ego)보다 더 중요하고 시급한 일들이 있다. 그런데 메르켈은 종종 자존심을 억눌렀고, 그 이유로 국민들과 더 유대를 맺을 기회를 놓쳤다. 2009년 메르켈은 함부르크에서 폴란드의 도날드 투스크(Donald Tusk) 총리를 옆에 두고 대중 연설을 했다. 그런데 그는 자신이 함부르크에서 태어났다는 사실도, 할아버지가 폴란드 출신이라는 사실도, 일절 언급하지 않았다. 대부분의 정치인은 청중과 유대를 맺을 수 있는 이런 기회를 결코 놓치지 않는다. 그의 총리 임기 마지막 해에 세계에서 카리스마 넘치는 지도자들이 부상하면서 리더십을 비인격화(depersonalize)하는 메르켈의 태도는 도전에 직면했다.

앙겔라 메르켈에게 탄탄한 자존감이 없는 것은 아니다. 자신감이 모자란 사람이었다면 정치인이 되려고 하지도 않았을 것이다. 언젠가 평생의 롤 모델이 누구냐는 질문을 받은 메르켈은 대답했다. "나 자신입니다. 되도록 자주 나 자신을 롤 모델로 삼습니다." 그는 권력을 쥔 여성의 생김새와 목소리, 행동거지를 새롭게 정의했다. 앙겔라 메르켈을 둘러싼 수수께끼는 자세히 관찰하면 할수록 더 모호해질 뿐이다. 그는 현재 세계 무대에서 가장 파워풀한 여성이다. 그런데도 자신을 페미니스트라고 부르는 걸 주저한다. 엄청나게 성공한 정치인인 그는 뮤지션과 가수, 배우, 작가들과 어울리는 걸 좋아한다. 수다스러운 독재자들이 판치는 시대에 메르켈은 과묵하다.

실제 메르켈과 우리가 생각하는 그의 이미지는 정확히 일치하지 않는다. 현실의 앙겔라 메르켈은 그가 세계에 투영하는 융통성 없고 성실한 이미지와 거리가 멀다. 그는 철의 장막(Iron Curtain) 뒤에 가려진 젊은 시절 자신의 꿈은 "로키산맥을 구경하고 브루스 스프링스틴(Bruce Springsteen)의 음악을 들으며 드라이브를 하는 것"이라고 밝혔다. "그는 엄청나게 재미있는 사람입니다." 전직 독일 주재 미국 대사이자 현직 뉴저지 주지사인 필립 머피(Philip Murphy)의 말이다. 메르켈은 세계 무대에 등장하고 수십 년이 지났음에도 평범한 사람으로 사는 재능을 잃지 않았다. 그처럼 동독 출신인 다피트 길(David Gill) 뉴욕 주재 독일 총영사는 이렇게 설명한다. "메르켈이 그랬던 것처럼 우리가 영원히 서 있게 될 곳이라고 생각했던 장벽 뒤에서 인생을 시작한 사람이라면 그 트라우마를 결코 극복하지 못할 겁니다. 다른 사람들은 그가 어디 출신인지 잊을 수 있겠지만, 앙겔라 메르켈은 그렇지 않습니다."

성인이 된 이후로 메르켈을 지탱해준 것은 마치 사진을 찍듯 선명한 기억력, 문제를 가장 작은 부분까지 해체하도록 훈련한 과학적 사고 능력, 그리고 일을 향한 엄청난 열망이었다. 잠을 그리 많이 자지 않아도 된다는 사실(그의 최대 수면 시간은 다섯 시간이다)과 건강 체질이라는 사실도 한몫했다. 어릴 때 걸음마를 늦게 배운 메르켈은 툭하면 넘어지고 다치곤 했다. 그런데 60대에 접어든 그는 여전히 강인한 의지로 여섯 시간씩 하이킹을 할 수 있다. 일부는 타고나고 일부는 훈련해 얻은 이런 강인함은 다른 국가의 동료 정상들을 불안에 떨게 만들었다. 놀라운 장기 집권을 위해 필요한 에너지와 자신감의 원천이기도 하다.

목사와 대화를 마친 앙겔라 메르켈은 작은 예배당을 돌아다니며 손님들과 허물없이 이야기를 나눴다. 이 교회 커뮤니티의 멤버들은 다운증후군을 비롯한 장애가 있는 사람들이다. 아버지가 맡은 교구의 신자이던 장애인들과 어울리며 성장한 메르켈은 지극히 편안한 태도로 그들이 준비한 카나페를 맛보며 즐거워했다.

메르켈이 이룬 업적의 비결은, 그리고 그가 어떤 사람인지를 보여주는 열쇠는 바로 여기에 있다. 앙겔라 메르켈이 그랬던 것처럼 경찰국가인 동독에서 온전하게 살아남은 것은 그 자체로 대단한 업적이자 그가 보여준 개인적 회복력과 정치적 회복력의 근원을 이해하는 열쇠다. 그의 인생 전반부는 이상주의와 거리가 멀었다. 메르켈은 역사의 궤적이 반드시 정의로운 방향으로 휘어져 나아간다는 것을 믿지 않는다. 오히려 그는 인간이 허약한 존재라는 사실을 예리하게 인식하고 행동의 추진력으로 삼는 낙관론자다. 그는 총리 재임기의 마지막 몇 년 동안 자유와 안보를 보호하는 데 실패한 탓에 사라진 문명들을 거듭 언급했다. 어느 연설에서는 잉카제국의 몰락을 언급했고, 최근에는 16세기와 17세기에 유럽에서 벌어진 피비린내 나는 종교전쟁 중에 잠시 평화를 가져온 아우크스부르크 화의(Augsburg 和議, 1555년)를 거론했다. 그 평화로운 시기가 지난 후, 전쟁의 고통에 대한 기억이 없는 새로운 세대는 파괴적인 갈등으로 역행해 독일 인구 3분의 1을 사망에 이르게 했다.

제2차 세계대전이 끝난 지 75년이 넘었지만, 오늘날에도 독일인의 뇌리를 떠나지 않는 질문이 있다. 아우슈비츠를 낳고 역사상 가장 잔인하고 효율적이며 체계적인 집단 학살(제노사이드)을 기획했던 나라는 '정상적인(normal)' 나라가 될 수 있을까? 앙겔라 메르켈은 — 여러 가지 조건을 달면서 — 긍정적인 대답을 내놓을 것 같다. '그렇다!'라고. 다만 가장 어두웠던 역사의 페이지 가운데 하나를 주도한 가해자로서 책임을 계속 짊어질 때에만 그렇다고. 메르켈은 자신이 통치하는 동안 독일의 미래를 그렇게 만들기로 결심했다. 목사의 딸로서, 그는 일상생활의 구원이라는 조용하고 끈질긴 작업이 좋은 성과를 낼 거라고 믿는다.

메르켈의 정치적인 면보다는 인간적인 면에 주목한 이 책은 이 목사의 딸이, 이 아웃사이더가 어떻게 세계에서 가장 영향력 있는 여성이 됐는지 그 비결을 찾아내려고 시작했다. 나는 이 책을 쓰면서 앙겔라 메르켈이 정치에 갓 입문한, 서른다섯 살의 물리학자였던 1990년부터 독일 최초의 여성 총리로 당선된 2005년 사이에 했던 솔직한, 그러면서도 주도면밀한 인터뷰들을 읽었다. 그의 멘토와 친구, 동료들과 나눈 숱하게 많은 개인적인 대화들로 이 인터뷰들을 보완했는데, 이 중 다수가 영어로 출판된 적이 전혀 없었다. 그 대화들은 이 내러티브에 피와 살을 제공했다. 메르켈의 핵심 측근 몇 사람은 자신의 이름을 거명하지 않는다는 조건으로 나와 기꺼이 대화하면서 메르켈의 유별난 통제 욕구에서 벗어났다. 나는 2001년부터 앙겔라 메르켈을 직접 만났다. 그 만남이 공식적인 인터뷰는 아니었지만, 메르켈 총리와 친해지면서 그를 더 잘 이해하는 데 도움이 됐다.

메르켈의 고국 동독과 사뭇 비슷한 동구권의 위성국가 헝가리에서 어린 시절을 보낸 필자의 성장기도 그를 이해하는 데 도움이 됐다. 경찰국가에서 어린 시절과 청소년기를 보낸 탓에 생겨난, 공개적인 자리에서 극도로 과묵해지는 메르켈의 성향을 이해하는 데에는 특히 더 도움이 됐다. 메르켈은 소비에트연방이라는 체제가 철저히 붕괴한 후에야 정치 인생을 시작할 수 있었다. 그는 자신이 믿는 루터교(Lutheran) 신앙의 율법에 따라 봉사하고 선행을 할 기회가 왔을 때 그걸 움켜쥐었다. 그러나 앞으로 보겠지만, 이런 일을 하게 된 동기는 메르켈 자신만큼이나 복잡하다. 그는 35년간 장벽 뒤에서 살며 누리지 못했던, 지적으로 도전적이고 흥미진진한 삶을 추구하면서 그렇게 살아왔다.

예배당으로 돌아가보자. 피히트뮬러 목사는 총리에게 몸을 기울이며 물었다. "지금 나이에도 목사의 딸이라는 소리를 들으면 여전히 짜증이 나나요?"

세상에서 가장 힘 있는 여성은 주저 없이 대답했다. "전혀요. 그게 바로 저니까요."

앙겔라 메르켈의 아버지인 호르스트 카스너(Horst Kasner) 목사는 딸이 태어난 직후 가족을 데리고 서독에서 동독으로 이주했다. 무신론 공산주의 국가에서 선교를 하라는 루터교회의 부름에 화답한 것이다. 이 사진은 훗날의 총리가 자란 템플린(Templin) 근처 숲에서 찍은 것이다. 앙겔라는 체제에 철저히 순응한 차가운 사람으로 알려진 아버지에게 논리적 엄격성을 배웠다.

1

AGAINST THE TIDE

물결을 거스르다

"인생에는 두려워할 것이 하나도 없다.
이해할 것만 있을 뿐이다."

마리 퀴리(1867~1934)

호르스트 카스너 목사는 자신의 첫아이가 태어나는 순간을 지켜보지 못했다. 1954년 7월 17일 그날, 그는 살림살이를 가득 실은 밴을 몰아 동독의 한 외진 마을로 향하고 있었다. 그 작은 마을은 그가 신임 목사로서 삶을 시작할 곳이었다.

"빨갱이 아니면 바보 천치나 자진해서 동독으로 가는 겁니다." 서독의 이사업체 직원이 카스너에게 한 말이다. 180센티미터가 훌쩍 넘는 키에 날카로운 인상을 가진 스물여덟 살의 젊은 카스너는 성직자가 부족한 소비에트연방 지역에서 성직을 수행하라는 함부르크 주교 한스 오토 뵐버(Hans-Otto Wölber)의 부름에 화답한 몇 안 되는 성직자 중 하나였다. "주님의 말씀을 전하기 위해서라면 어디든 갔을 겁니다." 훗날 카스너가 한 말이다. 그와 그보다 두 살 어린 영어 교사 아내 헤를린트는 지난해에 결혼한 신혼부부였다. 카스너는 파란 눈동자에 마른 몸매를 가진 단치히(Danzig) 출신의 아내 헤를린트 옌츠슈(Herlind Jentzsch)에게 교회에 대한 의무가 항상 최우선이라고 분명히 밝혔다. 그리고 그는 자신이 한 말을 지켰다.

카즈미에르차크(Kaźmierczak)라는 성(姓)을 가진 폴란드인 아버지에게서 태어난 카스너는 아돌프 히틀러가 권력을 잡은 1933년에 일곱 살이었다. 고등학생일 때 히틀러가 이끄는 나치스 산하 청년 조직의 조직원이었고, 열여덟 살 때 나치스의 군대인 베르마흐트(Wehrmacht, 독일국방군)에 입대한 그는 1년 뒤 연합군에 생포됐다. 많은 세월이 지난 후 연구에 착수한 연구자들로서는 이 시기와 관련된 구체적인 내용은, 설령 존재한다 하더라도, 확인이 불가능하다. 석방된 호르스트는 명망 높은 하이델베르크대학교에서, 이후에는 함부르크에서 신학을 공부했다. 앙겔라 메르켈 아버지의 인생사와 관련한 공식적인 기록은 이게 전부다.

카스너는 성직자로서 주위 사람들에게 물질적으로나 정신적으로나 금욕적인 삶을 요구했다. 그런 카스너에게 맏딸 앙겔라는 자신의 신앙이나 신도들처럼 중요한 존재가 아니었다. 그는 아버지의 입장을 이해했지만 신앙보다 가족과 함께하는 아버지를, 자신을 더 많이 인정해주는 아버지를 갈망했다. 그러나 카스너는 영민한 딸의 간절한 마음을 결코 충족해주지 않았다. 그는 공개적인 자리에서 딸을 인정하는 모습을 단 한 번도 보여준 적이 없었다. 그럼에도 앙겔라는 아버지가 진심으로 자신을 응원해주기를 바라며 부단히 노력했다. 아버지의 인정을 받겠다는 실현 욕망과 무엇인가를 성취하겠다는 강렬한 충동 사이의 관계는 명확하다. 그런데 호르스트 카스너가 취한 행동 가운데 앙겔라의 유년 시절 정체성 확립에 가장 큰 영향을 준 것은 상대적으로 안정적이던 서독의 삶을 뒤로하고 소비에트가 점령한 동독의 위험과 불안 속으로 뛰어든 결정이었다.

앙겔라 메르켈의 출생지이자 한때 북적거렸던 독일 최대의 항구도시 함부르크는 1943년 영미 연합군의 폭격에 의해 4만 명이 목숨을 잃었다. 이 도시는 원래 어떤 건물이 있었는지도 알아보기 힘들 만큼 폐허가 됐다. 독일인들은 처참하게 파괴된 이 도시를 묘사하기 위해 포이어스투름(Feuersturm, 화염 폭풍)이라는 신조어를 만들었다. 독일이 항복을 선언한 1945년 5월 8일 무렵에는 생존자 수만 명이 폐허가 되다시피 한 함부르크로 모여들었다. 강제수용소에서 막 풀려난 난민들과 소련의 붉은 군대를 피해 도망친 사람들이 뒤섞여 있었다. 그들이 머물 곳이라고는 뼈대만 남은 건물과 임시방편으로 설치한 대피소뿐이었다.

앙겔라 도로테아 카스너(Angela Dorothea Kasner)가 바름베크(Barmbek) 병원에서 태어난 1954년 무렵에는 결의에 찬 시민들이 초토화

된 도시를 청소하고 난 후였다. 거리는 다시 통행이 가능해졌고, 작업대가 달려 있던 건물들은 재건됐으며, 삶은 서서히 예전의 리듬을 되찾기 시작했다. 10년 전에 폭탄을 투하했던 연합국들은 재건을 위한 원조금으로 수백만 달러를 보내왔다. 함부르크는 독일연방공화국의 무역과 언론, 패션의 중심지로 변모하고 있었고, 16~17세기 발트해 해상무역을 주름 잡던 한자동맹(Hanseatic League)의 자유제국도시(free imperial city)로서의 위상을 서서히 되찾고 있었다. 포이어스투름에서 살아남은 생존자들은 평범한 일상생활의 회복을 다시금 상상하기 시작했다. 무너진 도시의 잔재를 치우며 과거를 파묻은 독일인들은 장크트 파울리 극장(St. Pauli Theater) 인근 유흥가의 싸구려 술집들을 가득 채웠다. 함부르크 시내는 비판적인 논평을 쏟아내는 언론과 흥겨운 콘서트와 공연들 덕에 활기차고 창조적인 에너지가 넘쳐났다. 부흥 작업에 참여한 이들은 제3제국 치하의 삶을 떠올리기를 꺼렸고, 소련이 점령한 동독이라는 함정에 갇힌 옛 동포들에 대한 생각도 접어두었다.

1954년에 이르러 독일민주공화국(Democratic Republic of Germany)이 버젓한 실체를 가진 나라가 됐다는 사실이 명백해졌기 때문이다. 1949년 소련 점령군 치하에서 탄생한 이 나라는 모스크바가 통치하는, 사실상 유일한 합법 정당인 공산당이 시민의 삶과 정치를 통제하는 다른 위성국가들(폴란드, 헝가리, 체코슬로바키아, 불가리아, 루마니아, 알바니아)의 복사판이나 다름없었다. 앙겔라가 태어나기 1년 전, 동독 노동자들이 봉기했다. 1953년 6월 16일, 건설 노동자 수천 명이 장비를 내려놓고는 동베를린의 주요 도로를 행진하며 임금 인상과 노동조건 개선, 공정 선거를 요구했다. 소련의 통제를 받던 동독 정부는 계엄령을 선포하고 1956년 헝가리, 1968년 체코슬로바키아, 2014년 우크라이나에서 수백 명의 시위대를 학살

하는 잔혹한 패턴의 서막을 열었다.

정부의 폭력과 탄압이 자행되자 동독에서 서독으로 꾸준히 이주하던 이주민의 숫자가 인간 홍수 수준으로 치솟았다. 독일 국내를 가르는 장벽이 세워져 탈출 행렬을 막아내기 7년 전인 그해에 동독인 33만1000명이 집과 직장을 버리고 서독으로 향했다.

그런데 역방향으로 이동한 가족이 있었다. 남편이 함부르크를 떠나 동독으로 향한 지 두 달 후, 헤를린트 카스너는 남편과 함께하기 위해 바구니에 담긴 딸 앙겔라와 기차에 올라 브란덴부르크주에 있는 크비초브(Quitzow)로 세 시간의 기차 여행에 나섰다. 활기를 되찾아 북적거리는 함부르크와 이 작은 시골 마을의 궁핍한 생활이 얼마나 극심하게 대조됐던지 금욕적인 목사와 아내조차 정신이 번쩍 들 정도였다. 젊은 부부는 얼마 지나지 않아 크비초브에서 동쪽으로 145킬로미터쯤 떨어진 작은 마을 템플린으로 이주했다. 독일 동화의 배경으로 등장할 법한 인간의 손이 닿지 않은 투명한 호수와 소나무 숲이 있는 지역이었다. 바로 이곳이 앙겔라 카스너가 첫걸음마를 뗀 곳이다.

언젠가 앙겔라는 하이마트(Heimat) — 고향이라는 관념을 풍길 뿐 아니라 소속감을 주는 장소를 가리키는 독일어 — 라는 단어를 들으면 어떤 이미지가 떠오르냐는 질문을 받았다. 그는 템플린 주위 지역을 묘사했다. "호수 하나와 숲 몇 곳, 젖소들, 여기저기에 있는 바위… 소나무, 건초." 어린 앙겔라는 오락거리도 없고 자연의 세계와 상상 속 세계를 탐험할 자유도 거의 없는 그곳에서 스스로에게 의지하는 법을 배웠다. 요즘도 앙겔라는 가장 잠에서 깨어나고 싶은 곳으로 '고향' 템플린을 이야기한다.

베를린발 템플린행 기차는 독일의 굴곡 많았던 지난 세기 가장 피비린내 났던 역들을 통과한다. 나치스 최초의 강제수용소가 세워진 오라니엔부르크(Oranienburg), 처음에는 나치스였다가 다음에는 소련의 강제수용소가 된 작센하우젠(Sachenhausen), 그리고 히틀러와 러시아 지도자 이오시프 스탈린의 군대가 서로를 학살한 젤로브(Seelow) 등이 그런 역이다. 여전히 남아 있는, 템플린 방향을 가리키는 키릴문자로 적힌 도로표지판들은 이곳이 소련군이 점령했던 곳이었음을 드러낸다. 근처에 있던 옛 소련군 기지에서 수행한 무기 실험 탓에 이 지역의 토양은 여전히 독성 물질에 오염된 상태다. 앙겔라의 어린 시절에는 소련군 비행기가 하루에 대여섯 번씩 저공비행 하면서 이 지역의 초현실적인 고요를 깨뜨렸다.

템플린에 도착한 방문객은 자갈 깔린 거리와 붉은 벽돌로 지은 건물들로 이뤄진 그림에나 나올 법한 마을을 보게 된다. 여기가 앙겔라가 자라고 학교를 다니고 첫 결혼식을 올린 곳이며, 2019년 그의 어머니가 타계할 때까지 고향으로 여긴 곳이다. 훗날 가족의 이주에 관한 질문을 받은 헤를린트는 이렇게 설명했다. "우리는 다른 기독교인을 돕는 기독교인으로 여기에 왔어요. 선교하러 아프리카에 가는 사람들도 있잖아요. 그런데 우리가 우리나라의 다른 지역으로 가지 못할 이유가 뭐가 있겠어요?" 그가 동독과 아프리카를 비교한 점에서 흥미로운 사실이 드러난다. 공산주의 치하의 동독이 서독인의 눈에 얼마나 생경한 곳이었는지를 보여주는 것이다. 헤를린트는 동독으로 이주하면서 비싼 대가를 치렀다. 그는 '부르주아 목사의 아내'라는 이유로 교단에 서지 못하게 됐다. 하지만 앙겔라는 소련이 점령한 지역으로 이주했다는 이유로 어머니가 한탄하는 모습을 본 기억이 전혀 없다. 호르스트와 헤를린트 카스너 부부는 처음부터 딸에게 희생과 자기 수양이라는 가치관을 심어주었다.

카스너 가족이 루터교 교회를 비롯한 30채쯤의 건물로 이뤄진 외딴 마을, '숲 정원(forest court)'이라는 뜻의 발트호프(Waldhof)에 처음 도착했을 때, 그들은 너무나 가난해서 젖먹이 앙겔라를 태울 유모차조차 마련하지 못하는 형편이었다. 개조한 상자가 훗날 총리가 될 아기의 침대 역할을 했다. "아버지는 염소젖을 짜야 했고, 어머니는 마을에 사는 할머니에게 쐐기풀 수프를 만드는 법을 배웠어요." 앙겔라의 회상이다. 그가 가진 인생 최초의 기억은 집 마당을 질주하는 말들을 피해 도망 다닌 것이다. 그는 "그 시절 부모님은 교통수단으로 소형 오토바이를 같이 썼어요"라고 회상한다. 훗날, 호르스트 카스너가 국가의 인정을 받는 존경받는 목사가 됐을 때, 즉 그가 공산주의 국가의 정당성에 도전하지 않는 사람이라는 것이 명백해졌을 때, 그의 가족은 개인 소유 차량 두 대를 보유하는 걸 허락받았다. 이것은 소련 위성국가에서는 보기 드문 특권이었다.[1] 그가 사악한 정권에 지나치게 순응적이라고 주장한 동료 성직자들이 많았다. 카스너는 교회에서 얻은 명성 덕분에 이런저런 특권을 누렸지만, 그와 가족의 위상은 위태로웠다. 1994년에 발표된 공식 보고서에 따르면, 마르틴 루터(Martin Luther)를 낳은 나라는 공산당의 통치 아래 비(非)기독교화 됐다. 그런데 훗날 총리가 될 인물이 그렇게 혼탁한 물속을 헤쳐나가는 법을 배운 것은 장차 활용할 정치적 노하우에 유용한 교훈을 제공했다.

발트호프 복합 단지에는 카스너가 성직자들을 교육하는, 동독에서 제일 중요한 신학대학 중 한 곳이 있었다. 그곳의 생활은 소박했다. 주름 장식도 없고 사치품도 없었다. 그때나 지금이나 그 교구에는 신체적·정신적 장애가 있는 어린이와 어른 수백 명을 수용하는 쉼터가 있었다. 장애인들

1 헝가리에서 자란 언니와 나는 일요일이면 동네 성당에서 열리는 가톨릭 미사에 참석했다. 그렇지만 수녀님께서 교리문답을 가르치러 우리 집에 오실 때 수녀복을 입는 것은 허용되지 않았다. 그 시절엔 신앙생활을 잘하는 기독교인이 된다는 것은 생활에 도움이 되지 않았다. 그런 사람에게는 부르주아라는 낙인이 찍혔는데, 이것은 1955년 초 미국 스파이라는 부당한 혐의로 체포된 저널리스트였던 우리 부모님에게 적용된 범죄 사유 중 하나였다.

은 그곳에서 간단한 직업훈련을 받았다. 교회 공동체에서 없어는 안 될 그들의 존재는 앙겔라의 눈에 항상 평범해 보였으며, 그들은 카스너 가족의 기념행사에도 참석하곤 했다.

남아 있는 이웃들은 호르스트 카스너를 인접 지역 너머까지 명성이 자자한, 상대를 주눅 들게 만드는 논란 많은 인물로 기억한다. "성직자라는 인상을 주지 않는, 딱딱한 사람이었습니다." 훤칠하고 건장한, 여전히 젊은 기운을 풍기는 울리히 쇠네이히(Ulrich Schöneich)의 회상이다. 앙겔라의 어릴 적 친구였던 그는 템플린 시장으로 일했다. 카스너 목사는 성직자 하면 떠올리게 되는 자상한 사람은 아니었을지 모르지만, 앙겔라는 아버지로부터 논리적 엄격성과 자기주장을 명료하게 제시하는 법을 배웠다.

카스너는 앙겔라에게 많은 것을 요구하는 훈육 방침을 유지했다. "모든 것이 완벽하게 정리되어 있어야 했습니다." 앙겔라가 정치 초년병 시절에 가진 어느 인터뷰에서 밝힌 내용이다. 그는 자라는 동안 아버지가 내세우는 우선순위를 이해하느라 힘든 시간을 보냈다. "아버지는 사람들에게 다가가 얘기를 끌어내는 데 능숙했습니다. 어릴 때 정말로 화가 났던 건 아버지가 남한테는 한없이 넓은 이해심을 보여주지만 우리 남매가 사소한 실수라도 하면 생판 다른 반응을 보이신다는 거였어요." 앙겔라에게 특히 고통스러웠던 부분은 사랑하는 아버지가 성직을 핑계 삼아 가족에 대한 의무감과 거리를 두는 것처럼 보이는 것이었다. "가장 싫었던 건 금방 돌아오겠다고 하시고 나가서는 몇 시간 뒤에야 돌아오셨을 때였습니다." 그의 회상에 따르면 그가 집 밖 거리에서 '무척 긴 시간 동안' 아버지를 기다린 적도 여러 날 있었다.

다행히 앙겔라의 어린 시절에는 냉담한 아버지와 바쁜 어머니를 대신해 시간을 내주고, 참을성과 따스함을 보여준 다른 어른들이 있었다. "연세는 드셨지만 건장한 정원사분이 계셨어요. 기본적인 신뢰와 엄청난 차분함을 가르쳐주셨죠." 많은 세월이 흐른 뒤 앙겔라가 한 회상이다.

"그분에게서 현실적인 삶에 대한 많은 것들을 배웠습니다. 꽃을 구별하는 법이나 시클라멘이 제철인 때가 언제인지를 배웠죠. 정신적 장애가 있는 사람에게 말을 거는 법도 배웠습니다. 그분과 있으면 따스하고 믿음이 가는 분위기가 감돌았어요. 땅에서 갓 뽑은 당근도 먹게 해주셨습니다. 나라는 존재가 땅과 자연과 연결돼 있다는 것을 일깨워주신 분이죠. 지금 나는 무엇을 소유하기보다 정말로 중요한 건 시간이란 것을 절감합니다."

이렇게 훼손되지 않은 숲과 호수가 있는 곳에서 살아가는 메르켈은 시골의 고요 속에서 점점 더 편안함을 느끼게 됐다. 훗날, 총리실에서 그와 무척 가깝게 일하는 보좌관 중 한 명은 메르켈이 이런 숲을 거니는 것을 자신의 '개인적인 싱크 탱크(think tank)'라고 말하곤 했다고 얘기했다. 앙겔라의 오랜 친구 중 한 명은 도시 생활의 스트레스와 아우성에서 동떨어져 지낸 이런 초기의 나날들을 그가 '원만한 메르켈(mellow Merkel)'이라고 불리는 원인으로 꼽았다. 지금도 여전히 고요를 즐기는 메르켈은 이렇게 인정한다. "누군가와 내내 얘기하는 상황은 나한테는 문제가 돼요…. 내게는 누군가와 말은 전혀 하지 않으면서 함께 있는 상황이 중요해요." 고요함에서 편안함을 느끼는 앙겔라 메르켈의 성향은 — 그가 상대방을 불안하게 만들기 위해 침묵을 활용할 때 — 정치인이자 협상가로서 미래에 큰 도움이 된다는 게 입증됐다.

1961년 8월 13일 아침, 앙겔라 카스너의 평화로운 유년기 몇 년이 느닷없이 막을 내렸다. 그의 아버지는 그보다 이틀 전에 뭔가 잘못됐다는 걸 감지했다. 가족이 바이에른에서 휴가를 보내고 집으로 돌아오던 길이었다. 서독을 가로질러 동독으로 차를 몰던 카스너는 고속도로를 따라 늘어선 소나무 숲속에 큼지막한 가시철조망 뭉치들이 있는 것을 보고는 굉장히 이상하게 보인다고 아내에게 말했다. 이틀 후, 교회로 향하던 카스너 가족은 라디오에서 나오는 뉴스를 들었다. 그 가시철조망 뭉치들은 동독을 서독, 그리고 유럽의 나머지 나라들과 갈라놓았다. 이후로 동독은 감옥 국가(prison state)가 됐다. 하나님과 교회를 위한 카스너의 희생은 난데없이 또 다른 국면을 맞았다.

“부모님이 속수무책인 모습을 일곱 살 때 처음 봤어요. 그분들은 무슨 일을 하고 무슨 말을 해야 할지 감도 잡지 못하셨죠. 어머니는 온종일 우시기만 했어요.” 메르켈의 회상이다. “부모님을 도와 기운을 북돋워드리고 싶었지만 할 수 있는 게 없었어요.” 헤를린트는 함부르크에 있는 친정 식구들을 다시는 만나지 못할 수도 있다는 걸 깨달았다. 시댁 식구들은 동베를린에 살았다. 이후로 함부르크에 있는 친척들은 독일에서 동독을 잘라낸, 유럽에서 제일 엄격한 국경 통제에 의해 카스너 가족과 단절됐다.

두 나라 사이의 경계선을 따라 약 113킬로미터 길이의 베를린 장벽(Berlin Wall, 공식적인 명칭은 반파시스트 보호 성벽Anti-Fascist Protection Rampart이다)이란 독일 내부의 경계 장벽을 세운 것은 공산주의 동독을 구해내려는 절박함에서 비롯한 행위였다. 국경이 개방된 당시에 날마다 최대 2000명의 동독인이 서독으로 향했다. 하지만 가시철조망이 얹어진 너비 1.2미터, 높이 4.1미터의 콘크리트 장벽과 지뢰가 설치된 지역에 배치된 경비견, 자동화기로 무장한 경비병들이 동베를린과 서베를린 사이의 국경을 유럽에서 제일 치명적인 지역으로 만들었다. 해가 저물면 켜지는 투광 조명등은 탈출하고자 하는 사람들의 결심을 꺾어버렸다. 훗날, 메르켈은 젊은 시절에 살았던 나라를 라거(Lager, 창고)라고 부르고는 했다. 일반적으로 강제수용소를 묘사할 때 사용하는 단어다.

하지만 발트호프라는 보호구역 안에서 어린 앙겔라의 삶은 물질적으로는 달라지지 않았다. 그에게는 부모님과 남동생 마르쿠스(Marcus, 1957년생), 여동생 이레네(Irene, 1964년생)가 있었다. 앙겔라는 부모님이 함부르크를 떠날 때 가져온 수많은 책들에 손을 뻗었다. 이 책들은 폐쇄된 나라에서 살아가는 어린 앙겔라에게 마음의 도피처가 됐다. 그는 사춘기를 맞기 전에도 책에 담겨 있는 신세계들을 발견하고는 무궁무진한 흥미를 보였다. 궁핍한 발트호프 지역의 길고 어두운 밤 동안 앙겔라는 러시아 고전문학을 미친 듯 탐독했고, 그러면서 러시아 문화와 언어에 대한 평생에 걸친 애정이 시작됐다. "러시아어는 아름다운 언어입니다. 감정이 그득하고 약간 음악 같기도 하고, 때로 멜랑콜리하기도 합니다." 그가 러시아어를 보는 시각이다. 그는 감성이 풍부한 러시아의 작가나 시인들과 소련 지도자들을 결코 혼동하지 않았다.

공식적으로 교단에 서는 것이 금지된 헤를린트는 딸에게 쓸 만한 수준의 영어를 가르쳤고, 그렇게 배운 영어는 훗날 국제 무대에 선 앙겔라에게 도움이 됐다. 카스너 가족의 집에 영어책은 그리 많지 않았다. 동독에서 정부의 인가를 받은 마르크스-레닌주의 리스트에 올라 있지 않은 자료를 읽는 것은 무기 소지처럼 엄격한 통제를 받았다.[2] 어린 앙겔라가 입수할 수 있는 유일한 영어 출판물은 베를린으로 여행을 갈 때마다 집어오곤 했던 영국 공산당 공식 기관지 <모닝 스타(The Morning Star)>뿐이었다.

앙겔라는 고요한 교구 사택에서 유럽의 위대한 정치가와 학자들의 전기를 읽다가 롤 모델을 찾아냈다. 노벨상을 한 번도 아니고 두 번이나 수

---

2 필자 또한 1970년대 말에 언론사 특파원 자격으로 서베를린에서 동베를린으로 건너갈 때 국경 경비 요원으로부터 이런 질문을 받았던 걸 기억한다. "밀수품이나 무기, 신문이 있나요?"

상한 최초의 여성 마리 퀴리. 그가 이 물리학자를 매력적으로 느낀 이유는 많았다. 퀴리는 메르켈의 할아버지처럼 폴란드 출신이다. "마리가 살아 있는 동안 폴란드는 분단됐고 러시아에 점령당했어요. 우리도 러시아에 점령당한 경험이 있죠." 메르켈이 초기 인터뷰에서 한 말이다. 그런데 어린 메르켈에게 제일 인상 깊었던 점은 퀴리가 라듐 원소를 발견하게끔 이끈 주변 상황이었다.

"퀴리가 이 원소를 발견한 것은 자기에게 좋은 아이디어가 있다고 확신했기 때문이에요. 당신이 어떤 아이디어를 믿는다면, 설령 그렇게 믿는 사람이 당신뿐이더라도 그 아이디어를 추구하는 과정에서 여러 번의 부침에 시달리더라도, 그게 옳은 아이디어라면 결국에는 목표에 도달하게 될 거예요."

현실에서 벗어나 롤 모델 찾기를 갈망하던 앙겔라는 퀴리가 보여준 끈기와 최종적으로 거둔 성취에 엄청난 자극을 받았다. 성차별이 만연한 분야에서 거둔 성공이라는 점이 특히 더 인상적이었다. "인생에는 두려워할 것이 하나도 없다. 이해할 것만 있을 뿐이다." 퀴리가 쓴 이 글에 담긴 정서는 어린 앙겔라에게 깊은 인상을 남겼다.

어린 시절 앙겔라 곁을 꾸준히 지킨 성경도 그에게 영감을 준 면에서는 과학계에서 활동한 퀴리의 인생과 비슷한 역할을 했다. 아버지가 템플린의 빨간 벽돌 건물 장크트 게오르게 예배당(St. George's Chapel)에서 일요일마다 한 설교 덕에, 어린 소녀는 다른 아이들이 <그림 동화(Grimm's Fairy Tales)> 속에 등장하는 캐릭터들에게 친숙해지는 것처럼 구약과 신약에 등장한 인물들과 친숙해졌다. 앙겔라의 아버지는 딸에게 엄격하고 비판적인 사고를 하라고 권장했다. 심지어 하나님(God)이라는 주제에 대해서도 그가 의도하지 않은 정도까지. 메르켈은 초기 인터뷰에서 다음과 같이 말하며 내세와 구원에 대해 정통적인 관점과 꽤 거리가 먼 생각을 드러냈다. "이 세계는 우리를 제한하는 마지막 세계라고 믿습니다. 그렇지만 이 세계 너머에도 이 세계를 견딜 만한 곳으로 만들어주는 무엇인가가 있다고 믿습니다. 그 존재를 하나님이나 그 외의 무엇이라고 부를 수도 있죠. 그렇지만 우리가 사는 세상에 교회 같은 곳이 있다는 것이 우리를 위로해준다고 생각합니다. 우리가 죄를 저지르더라도 용서받을 수 있다는 사실은 약간의 안도감을 줍니다. 그렇지 않다면 우리는 미쳐버릴 테니까요." 그는 성경에서 자신이 평생에 걸쳐 보여준 강인함의 원천을 발견했다.[3]

메르켈의 신앙은 자기 본연의 모습을 완성하고, 그가 이룬 모든 업적을 달성하는 데 필수적인 것이었다. 그것은 그의 아버지가 믿었던 교조적인 기독교와는 사뭇 다르다. "나는 신앙을 조심스럽게 대합니다." 그는 강조했다. "내게 종교는 개인적인 영역에 속합니다. 종교 덕에 나 자신과 다른 이들을 용서할 수 있고, 종교는 내가 주어진 책임에 빠져 허우적거리는 것을 막아줍니다. 만약 내가 무신론자였다면 이렇게 무거운 짐을 짊어지는 것은 한결 더 어려운 일이었을 겁니다."

"제일 어려운 일은, 그리고 제일 중요한 것은… 사랑입니다. 성경을, 그중에서도 요한복음을 읽어보면 사랑을 감정적인 단어로 언급하기보다는 실제로 행하는 행위(deeds)로 언급합니다. 이 사랑은 무조건적이고 두려움 없는 행동입니다. 남에게 봉사하는(serving) 실천이죠." 그가 1995년 개신교회 컨벤션(Protestant Church Convention) 연설에서 한 이 말은 그의 개인적 삶과 정치적 삶의 길을 안내할 세계관을 제일 분명하게 밝힌 것

3 메르켈은 정치 초년병 시절에 연설을 할 때 가끔씩 성경에 나오는 용어를 사용했다. 예를 들어 2001년 1월 17일, 그는 당시 외무장관 요슈카 피셔(Joschka Fischer)에게 과격한 학생이던 1968년 경찰에게 돌을 던진 것을 두고 '회개하라(repent)'고 강권했다. 그가 좀 더 노련한 정치인이 된 뒤로는 하지 않을 실수였다.

이다. 행동은 말보다 무겁다. 누군가의 사랑을 보여주는 건 특정한 목표를 달성하는 것이 아니라 변함없이 끈질기게 시도하는 것이다. 이것이 앙겔라 메르켈의 신조였다.

10년 후 개신교회 컨벤션에서 한 자신의 신앙과 관련한 또 다른 연설에서, 메르켈은 자기 인식(self-knowledge)과 자신감(self-confidence)은 사랑을 주는 쪽과 받는 쪽에 다 중요한 것이라고 언급하며 이렇게 주장했다. "우리는 먼저 자신을 믿고 사랑할 때에만 사랑할 수 있습니다. 그러고 나서야 타인에게 다가갈 수 있습니다. (…) 사랑은 우리가 자신의 진정한 모습을 명료하게 알고 난 후에야 찾아옵니다." 이런 자기 인식은 "나는 역사의 일부입니다. 나는 실수를 저질러도 좋다는 허락을 받았고 실수를 저지르게 될 겁니다"라는 인정으로 이어진다. 이런 자아 수용(self-acceptance)은 극심한 스트레스 상황에서조차 평정심을 유지하는 그의 성품에 대해 무척 많은 것을 설명해준다.

많은 면에서 메르켈의 신앙은 발트호프에서 함께 살았던 장애인 커뮤니티를 접해본 경험에 바탕을 두고 있다. 2005년 같은 연설에서, 메르켈은 성경 말라기서 2장 17절을 인용하며 이렇게 말했다. "말라기는 사회가 약자들을, 사회의 변두리에 있는 사람들을, 부당한 대우를 받는 고용된 일꾼들을, 과부들과 고아들을 상대로 휘두르는 폭력을 목격했습니다. 말라기는 이것은 용납할 수 없다, 이것은 하나님의 계명에 어긋난다 말합니다. (…) 사회에서 제일 약한 이들이 부당한 대우를 받아서는 안 됩니다. 우리는 그들에게 관심을 쏟아야 합니다." 10년 후, 그는 자신이 한 말을 실행에 옮겼다. '사회의 변두리에 있는' 100만 명(폭력과 학살이 판치는 중동의 고국에서 도망쳐 온 난민들)의 독일 입국을 허용하면서 말이다. 앙겔라 메르켈의 개인적인 신념을 잘 아는 이들은 전혀 놀라지 않았다.

메르켈은 자신이 세운 목표나 자신이 맡은 공적 의무를 달성하기 위해서 권력이 필요할 것을 일찌감치 깨달았다. 그는 권력을 결코 추잡한 단어로 보지 않는다. 그는 권력을 이렇게 설명했다. “권력(power) 그 자체는 전혀 나쁜 것이 아닙니다. 권력은 필요합니다. 권력은 ‘만드는 것(무엇인가를 하는 것)’입니다. 무슨 일을 하고 싶다면 적절한 도구가 필요합니다. 다시 말해, 집단의 지원이 필요합니다. (…) 권력의 반대말은 무력함(powerless)입니다. 제아무리 좋은 아이디어가 있다 해도 실천에 옮길 수 없다면 그 아이디어가 무슨 쓸모가 있겠습니까!” 남녀를 불문하고 정치인이 권력에 대해 이렇게 솔직한 관점과 그 권력을 거머쥐려는 욕구를 표명하는 것을 듣는 것은 매우 드문 일이다.

그는 일찍부터 권력을 행사했다. 어릴 적 친구인 울리히 쇠네이히는 앙겔라를 ‘처음부터 리더’였다고 묘사했다. “체계적으로 조직해야 하는 무슨 일이 있으면 그가 떠맡았습니다.” 메르켈이 나중에 한 얘기에 따르면, 그는 자신의 숙제를 득달같이 해치우고는 “다른 아이들의 숙제를 도와”주었다. 그러고는 준비가 다 된 상태를 편안해했다. “나는 크리스마스에 어떤 선물들을 살 것인지 두 달 전부터 생각했어요. 인생을 체계화하고 혼란을 피하는 것은 내게는 엄청나게 중요한 일이었습니다.”

그는 어릴 때부터 타고난 조심성과 통제 의지를 보여줬다. 그걸 제일 잘 드러내는 사례가 앙겔라가 다이빙보드에서 보여준 모습에 대한 친구들의 이야기다. 3학년 때였다. 담임선생님은 반 아이들이 야유를 퍼부으며 깔깔거리는 와중에 아홉 살배기 앙겔라를 잘 구슬러 열두 계단을 올라 3미터 높이의 다이빙보드에 서게 했다. 그런데 다이빙보드에 선 앙겔라는 그 자리에 얼어붙었다. 물이 한참 아래에 있는 듯 보였다. 그런데도 앙겔라는 물러서지 않았다. 대신, 다이빙보드 위에서 45분 동안 앞뒤로 서성거렸다. 비용과 편익을 계산하는 듯 보였고 결국 수업 종이 울리는 순간, 물로 다이빙했다.

어디에서 살 것인가(생존을 위해 악독한 시스템에 어느 정도나 고분고분할 것인가)라고 자문했지만 앙겔라는 동독을 떠날 수 없었다. 소련 이외의 나라 가운데 동독보다 많은 소련군이 주둔한 나라는 없었다. 군인 38만 명과 민간인 18만 명으로 추산되는 소련인이 1991년까지 동독을 점령했다. 시간이 흐르는 동안 앙겔라가 템플린 거리에서 대화를 나눴던 러시아인들과 그들의 독일인 부역자들은 낙담과 심지어는 분노의 근원이 됐다. 나중에 앙겔라는 날마다 학교에서 돌아오면 "내가 속한 시스템에서 서둘러 벗어나기 위해 어머니께 그 얘기를 해야만 했다"고 말했다. 시간이 흐르면서 앙겔라는 점점 더 장벽보다 심한, 보이지 않는 경계선들과 맞닥뜨리고 있었다. "자기 자신에게 제대로 도전하는 것, 자신이 얼마나 멀리 갈 수 있는지 가늠하는 것은 절대로 해서는 안 될 일이었습니다." 그의 회상에 따르면 어떤 사람의 배경(부르주아든 프롤레타리아든)이 그 사람의 가능성을 펼치는 과정에서 제일 큰 역할을 수행했다.[4]

앙겔라는 점점 좌절감이 커졌지만 자기 자신을 대상으로 협상에 나섰다. "혼잣말을 했습니다. 여기에서 사는 것을 더 이상 감당하지 못하더라도 내 인생이 망가지게 놔두지는 않을 거야. 여기를 더 이상 감당하지 못하겠다면 어떻게든 서쪽으로 갈 거야."[5] 튀어 보이는 것은 위험한 일이어서 앙겔라는 자신에게 시선이 쏠리지 않도록 하는 법을 배웠다. 이 시기에

---

4 전지전능한 국가를 향한 그 사람과 가족의 태도도 마찬가지였다. 나의 부모님은 공산주의 국가 헝가리를 향해 보이는 비우호적인 태도 때문에 '국가의 적'으로 간주됐다. 따라서 필자는 그 나라에서는 인문계 교육은 추구하지 못하고 오로지 기술 교육만 받을 수 있었다.

찍은 단체 사진들을 보면 펑퍼짐한 스웨터 차림에 단발로 자른 머리, 곧게 핀을 꽂은 앙겔라가 뒷줄에서 미소를 짓고 있다. 그는 학교에서 퇴폐적인 서구 의상인 청바지를 입은 최초의 학생이었다. 그 청바지는 함부르크에 있는 친척들이 보내준 밀수품이었다. 앙겔라는 바지 한 벌이 사람을 곤경에 빠뜨릴 수 있다는 것을 오래지 않아 배웠다. 교장은 청바지를 입고 등교했다는 이유만으로 가끔씩 학생들을 집으로 돌려보내며 "노동자와 농민의 국가에 어울리는 옷을 골라 입도록 해라"라고 말했다.

하지만 사람들이 앙겔라를 주목하게 된 것은 외모 때문이 아니었다. 지능 때문이었다. "나는 앙겔라가 말라깽이이던 열두 살 때부터 그를 알게 됐습니다." 한때 앙겔라에게 러시아어를 가르쳤던 에리카 벤(Erika Benn)의 회상이다. "요즘이라면 '영재' 소리를 들었을 겁니다. 학습 동기가 굉장히 컸고, 러시아어 문법에서 실수를 저지르는 일이 없었습니다. 언어 올림픽(Language Olympics) 지역 예선에서 최고 점수를 받고는 전국대회에 진출했죠." 예전에 공산당 당원이었던 벤은 자신의 스타 학생이 가진 유일한 문제는 무대에서 존재감이 전혀 없는 거였다고 밝혔다. "그 아이는 절대로 웃지를 않았어요! 사람들을 매력으로 사로잡으려는 노력을 전혀 하지 않았죠. '아이 콘택트(eye contact)!' 나는 그 아이가 자기 신발을 내려다볼 때마다 다그치고는 했죠."

열다섯 살의 앙겔라는 러시아어 올림픽에서 우승하면서 모스크바로 떠나는 생애 첫 해외여행이라는 상을 받았다. 그 여행에 대해 메르켈이 가장 선명하게 기억하는 것은 난생처음으로 서방에서 발매된 음반을 구입한

---

5 '서쪽으로 가는 일'에는 비상한 계획과 엄청난 용기, '길잡이'에게 지불할 돈, 그리고 행운이 필요했다. 탈출에 성공할 확률은 희박했다. 내가 헝가리에서 보낸 어린 시절 내내, 부모님은 철의 장막 뒤에서 빠져나가기 위한 갖은 방법으로 탈출을 시도했지만, 내부의 배신, 궂은 날씨, 넘어진 아이(그 아이는 바로 나였다) 같은 다양한 이유로 하나같이 실패로 돌아갔다.

거였다. 메르켈 자신도 문제의 그 LP가 비틀스의 것이었는지 롤링스톤스의 것이었는지는 더 이상 확신하지 못하지만 말이다. (동독은 소련의 위성국가들 중에서 서구의 '제국주의' 문화와 정치적 영향에 가장 엄격하고 단호한 통제를 가한 나라였다.)

성직자의 자식이 기술학교가 아닌 인문계 중등학교의 입학 허가를 받는 것은 무척 드문 일이었다. 메르켈은 전 과목 A를 받는 학생이었음에도 선생님에게 칭찬을 받거나 상을 받는 경우가 드물었다. 실제로 그의 러시아어 교사는 앙겔라가 상을 받을 만한 성적을 거둔 일로 질책을 받았다. 학교에서 열린 어느 공산당 회합에서 있었던 일에 대한 벤의 회상이다. "어느 당 간부가 경멸조로 말하더군요. '부르주아의 아이들이 성과를 올리는 것은 전혀 어려운 일이 아니오! 우리는 노동자와 농민 아이들의 성과를 고취할 필요가 있소!" 앙겔라의 죄목은 항상 이른바 부르주아 아버지였다. 앙겔라의 아버지는 반체제 인사와 거리가 멀었지만, 그럼에도 무신론 국가에서 종교 활동을 하는 루터교 목사라는 이유로 의심의 대상이었다. "나는 항상 우리 반의 다른 아이들보다 더 뛰어나야 했어요." 메르켈의 회상이다.

영리했건 어쨌건, 앙겔라는 여전히 또래들의 애정과 인정을 갈망했다. 그래서 공산당 가입을 준비하는 조직의 일종인 청년 선봉대(Young Pioneers)에 가입했다. 본인이 밝힌 사실에 따르면, 메르켈이 가입한 동기의 '7할은 기회주의'였다. 그는 사회생활을 원했다. 어딘가에 속하고 싶었다. 그래서 앙겔라는 두 세계 사이를 항해하는 법을 배웠다. 교회에서는 루터교 찬송가를 불렀고, 학교에서는 블라디미르 레닌에게 찬사를 보내는 다른 학생들의 목소리에 맞춰 입을 뻥긋거렸다. "단순히 믿을 수 있는 능력을 갖고 있다는 것만으로도 내가 가끔씩 부러워하던 사람들이 있었어요. 묻지도 않고, 의심하지도 않고, 단순히 규칙에 따라 행동하기만 하는 능력을 가진 사람들이요." 그가 인정한 부분이다.

메르켈은 프롤레타리아의 필연적인 승리를 낙관적으로 예상하는 마르크스-레닌주의 이론을 통달했음에도, 독일 절반의 금지된 땅에서 일어나는 정치에 비밀리에 귀를 기울였다. "1969년에 트랜지스터라디오를 들고 여자 화장실에 몰래 들어가 서독 대통령 선거를 앞두고 벌이는 토론을 들었습니다." 그의 회상이다. "투표까지 이어지는 3단계 토론이 그렇게나 짜릿할 수 있다는 사실에 감동했죠!" 앙겔라는 모스크바가 뛰어든 위험하고 많은 비용이 드는 군비 경쟁을 비판하는 소련의 핵물리학자이자 반체제 인사인 안드레이 사하로프(Andrei Sakharov)가 쓴 에세이의 희귀 사본을 같은 해에, 아버지 덕에, 입수했다. 메르켈이 그런 금서를 갖고 있다 붙잡히자 슈타지는 곧바로 카스너 목사를 소환해 심문했다. 그는 그 금서의 출처를 밝히는 걸 거부했다. 하지만 이 사건은 국가에 '우호적인' 목사조차 공포스러운 정보기관을 피할 도리가 없다는 사실을 그에게 각인시켰다.

울리히 쇠네이히를 비롯한 다른 사람들은 많은 이들이 '빨갱이 카스너(Rote Kasner)'라고 부르는 앙겔라의 아버지를 체제에 지나치게 순응하는 사람으로 간주했다. 카스너 목사는 복음서를 설교할 때에도 교회에 대한 국가의 개입과 규제에 맞서는 발언을 힘주어 하지 않았다. "앙겔라의 아버지 같은 사람들이 공산주의와 기독교가 추구하는 목표가 동일하다고 생각하던 시절이 있었습니다." 동독 루터교 교회의 열성적인 신자였던 로타어 데메지에르(Lothar de Maizière)가 필자에게 한 말이다. "그들은 모두 인간은 자애로운 존재라고 믿었습니다." 그러면서 그들은 공산주의와 기독교의 공통점을 찾아내려고 기를 썼다. "'우리는 사회주의에 맞서는 교회가 되는 것도, 사회주의 편에 서는 교회가 되는 것도 원치 않습니다. 우리가 원하는 것은 이 시스템 내부에 선 기독교인으로서 국가와 평화로이 공존하는 것입니다.' 이것이 그 사람들의 생각이었습니다." 데메지에르의 설명이다. "그리고 이 공식을 발명한 사람이 바로 앙겔라 메르켈의 아버지입니다."

장벽이 무너지고 몇 십 년이 지난 지금까지, 카스너 목사를 여전히 생생하면서도 씁쓸하게 기억하는 사람들이 있다. 라이너 에펠만(Reiner Eppelmann)도 그런 성직자 중 한 명이다. 1980년대 동독에서 거침없는 발언을 해댄 반체제 목사였던 에펠만은 슈타지가 계획한 암살 시도 세 건의 표적이었다. 그가 카스너 목사를 만난 것은 템플린 신학대학에서 신학 과정을 막 마쳤을 때였다. "카스너의 태도에 경악했습니다." 2017년 가을에 베를린에서 나와 긴 인터뷰를 하는 동안 그가 한 회상이다. 호르스트는 신학 교육의 마지막 단계를 밟는 신임 목사들의 길을 안내해야 했지만, 에펠만에 따르면 이 사회주의 독일이 '착취에서 해방된 곳'이고 자본주의 독일보다 진정으로 나은 나라라고 확신하는 듯 보였다. "그는 우리 목사들에게 그 점을 되풀이해서 명확히 밝혔습니다. 그는 오만했고, 극심한 탄압 아래에서도 최선을 다하고 있는 개신교 교회에 비판적이었습니다." 카스너는 에펠만에게 동독에는 목사들이 그리 오래 존재하지 못할 거라고 생각한다는 말까지 했다.

"상상해봐요." 에펠만은 말했다. "이런 신학대학에 젊은 사람 15명이 동쪽 어딘가에 있는 자신의 첫 교구로 파견되기를 기다리며 앉아 있는 모습을 말입니다. 그런데 난데없이 카스너가 우리에게 말하는 겁니다. '자네들은 교구 목사가 되지는 못할 거야. 동독에서는 목사가 앞으로 계속 줄어들 테니까. 교회는 더 이상 자네들을 먹여살릴 형편이 못될 거야. 자네들은 월요일부터 금요일까지는 '평범한' 정규직 직장을 다니고 토요일과 일요일에만 교회를 관리해야 할 거야.' 당시 우리 사기가 얼마나 꺾였을지 상상이 될 겁니다." 에펠만은 정치적 이데올로기와 종교적 이데올로기를 뒤섞은 카스너의 신념에 분개했다. 그리고 그의 행동이 때로는 위선적으로 보였다. "신앙과 정치를 관련짓는 그의 방법이 끔찍하다고 생각했습니다. 많은 개신교도 부모와 아이들이 동독에서 고초를 겪고 있는 모습을 똑바로 보려고 하지 않는 그의 방식도 마찬가지였고요. (…) 그는 그들이 기독교인이기 때문에 처벌받는다는 것을 인정하지 않았습니다! 카스너는 우리 모두가, 심지어 기독교인 목사들조차도 '선진적인 사회주의자'가 돼야 한다고 믿었습니다."

카스너가 목사들을 없애려는 슈타지의 계획에 순응하고, 심지어는 그 계획을 장려하라는 압력을 받았을 때 동독으로 이주하겠다는 결정을 내린 것을 후회했는지 궁금할 것이다. 앙겔라의 아버지는 후회 여부와 무관하게, 자신의 사회주의적 이상의 일부가 살아남을 것이라는 희망을 고수했다. 그와 반대되는 증거들이 계속 쌓여가고 있는 데도 말이다.

메르켈이 아버지의 정치적 입장을 공개적으로 비판한 적은 한 번도 없다. "아버지는 동독 사람들의 욕구를 충족시키는 교회의 틀을 잡으려 애쓰셨습니다." 그가 아버지의 신념을 라틴아메리카에서 활동한 해방신학자들의 그것에 비유하며 한 말이다. 하지만 그가 공개적인 자리에서 표명한 아버지를 향한 충직한 마음이 아버지의 의견에 동조한다는 뜻은 아니었다. 그는 초기에 아버지와 벌였던 언쟁을 기억한다. "개인적인 책임이 상당히 남았다는 것을 확신할 수 있는 상태에서 얼마나 많은 사유재산을 국유화하는 것이 옳은가에 대한 논쟁이었죠." 오랜 세월이 흐른 후, 목사는 딸의 의견이 일찍부터 자신과 달랐다고 말하면서 약간 씁쓸한 말을 남겼다. "그 아이는 늘 제 하고 싶은 일만 했소."

1968년은 카스너가 신봉하는 이상화된 사회주의가 또 다른 일격을 된통 얻어맞은 해였다. 그리고 그 사건은 열네 살 앙겔라에게 깊은 인상을 남겼다. 그해는 체코슬로바키아 사회주의공화국이 정치적으로 해방되면서 대규모 시위가 일어난 시기인 프라하의 봄(Prague Spring)이 찾아온 해였다. 1968년 1월부터 8월까지 체코 국민들에게 허용된 자유에는 언론과 연설, 여행에 대한 규제를 푸는 것이 포함됐다. "나는 낙관론과 새로운 출발의 정신을 잘 기억합니다." 오랜 세월이 흐른 후 그가 한 말이다.

"우리는 체코슬로바키아의 페츠산맥(Pec Mountains)에서 휴가를 즐기고 있었어요. 모두들 흥분해 있었죠. 부모님은 바츨라프 광장(Wenceslas Square)에서 무슨 일이 벌어지고 있는지를 확인하러 프라하에 이틀간 다녀오셨어요." 그 광장은 반정부 시위가 벌어진 장소였다. "부모님은 한껏 들떠서 돌아오셨어요. 사회주의 진영 내부의 상황이 바뀌면서 결국에는 넓은 공간이 트일 것이라는 희망이, 그리고 체코슬로바키아에서 일어나고 있는 일이 동독에서도 일어날지 모른다는 희망으로 가득했죠. (…) 그런데 나는 사회주의가 스스로 개혁할 수 있을지에 회의적인 입장을 취했던 걸로 기억해요."

8월 21일에 메르켈은 체코의 산맥에서 즐긴 휴가에서 돌아와 동베를린에 있는 할머니를 방문하던 중이었다. "그날 아침에 주방에 서서 라디오에서 흘러나오는 러시아군이 프라하에 진입했다는 발표를 듣던 내 모습이 아직도 눈에 선해요." 다른 사회주의공화국들(폴란드, 불가리아, 헝가리, 그리고 어린 앙겔라에게는 가장 고통스러웠던 동독)의 병력 50만 명이 체코 국경 너머로 쇄도해 들어가 프라하의 봄을 짓뭉갰다. "그건 결정적인 한 방이었어요. 창피했어요. 무척 슬펐고요." 메르켈의 회상이다. 2014년, 러시아군 탱크가 우크라이나의 개혁 운동을 짓밟았을 때, 메르켈은 주변국 정상들보다 더 신속하고 강력하게 반응했다. 러시아의 그 잔혹한 행위는 오래전인 1968년 여름에 프라하에서 날아온 뉴스를 들으면서 할머니의 주방에 서 있던 기억을 끄집어낸 게 분명했다.

공산당 중앙위원회 수반인 알렉산드르 둡체크(Alexander Dubcek)를 비롯한 체코 지도자들이 프라하의 봄에 붙인 명칭인 '인간의 얼굴을 한 사회주의(Socialism with a Human Face)'라는 체코의 진보적인 실험을 소련이 짓밟은 사건 때문에 카스너 목사는 동독 정권의 진정한 본질에 대해 자기 자신을 속이기가 더 어려워졌다. 그럼에도 카스너는 '인도적인 사회주의'라는 꿈을 절대 포기하지 않았고, 애써 자본주의와 화해하지도 않았다. 독일이 통일되고 오랜 세월이 지난 뒤(그의 딸이 이미 자본주의 국가의 떠오르는 스타였을 때) 그는 한탄했다. "(자본가에게) 중요한 것은 돈이 전부입니다. 생산자들이 수익을 내려면 소비자들이 구매를, 그것도 필요한 것보다 더 많이 구매를 해야 하기 때문이죠. 시장경제는 우리에게 억지로 강요됐고, 거기에 의문을 품는 것은 해서는 안 될 일이 됐습니다. 세상 만물이 '시장'으로 바뀌고 있습니다. 심지어 자연까지도 말이에요."

앙겔라는 템플린 김나지움(Gymnasium, 미국의 대학 입학 예비고등학교와 동등한 학교) 졸업반을 수학과 물리학, 러시아어에서 1위를 차지하며 마쳤지만 졸업을 금지당하기 직전이었다. 그의 발목을 붙잡은 것은 고작 '젊은이 특유의 장난'이었다. 마르크스-레닌주의가 전 세계에서 거둔 성공을 다룬 촌극을 무대에 올리는 것으로 그 사상을 향한 애정을 표명하라는 요구를 받은 앙겔라와 급우 몇 명은 공산주의 베트콩(Vietcong, 당시 동남아시아에서 미국의 적이었고, 따라서 이것은 좋은 선택으로 간주됐다)에 대한 연대감을 보여줄 뿐 아니라 포르투갈 식민주의자들에 맞서 전쟁을 벌이는 모잠비크 국민들에게도 연대감을 보여주기로 결정했다. 문제가 된 것은 후자의 연대감이었다. 그 투쟁은 엄밀히 따지면 친소비에트 투쟁이 아니었기 때문이다. 더 나빴던 건 앙겔라 무리가 공산주의 운동의 공식 노래인 '인터내셔널(The Internationale)'가를 '제국주의자들의 언어'인 영어로 부르며 촌극을 마무리한 거였다. 공산당은 이런 위반 행위들 때문에 그 김나지움에서(실제로는 그 지역에서) 제일 영민한 졸업생에게 졸업장을 주지 않을 계획이었다. 그 학생은 저명한 라이프치히대학교(Leipzig University, 1953년에 카를마르크스대학교로 개명했다)의 입학 허가를 이미 받은 상태였는데도 말이다.

딸이 벌인 보기 드문 저항 행위의 결과에 절박해진 앙겔라의 아버지는 주교에게 연락을 취했고, 주교는 앞길이 창창한 학생과 급우들에게 관대한 모습을 보여달라고 국가에 탄원했다. 카스너의 딸은 위기를 모면했지만, 가벼운 장난에 불과한 행동 때문에 전도유망한 한 사람의 앞날을 가로막는 짓을 서슴없이 하려고 드는 국가의 잔혹성에 대한 또 다른 교훈을 일깨웠다.

열아홉 살의 앙겔라 메르켈은 1973년 여름에 유명한 라이프치히대학교에서 물리학을 공부하기 위해 블라디미르 레닌의 초상화가 그를 맞이하는 이 웅장한 기차역에 도착했다. 난생처음으로 독립한 그는 자신이 정치적으로 신중하면서도 의욕이 넘치는, 심지어 영민하기까지 한 학생이라는 것을 입증했다.

2

LEIPZIG—ON HER OWN

라이프치히 – 자신의 길을 가다

우리는 민주적으로 보여야 하지만,
그러면서도 모든 것을
우리 통제 아래 둬야 한다.

발터 울브리히트(Walter Ulbricht), 1950년부터 1971년까지 재임한
동독 사회주의통일당의 제1대 서기

앙겔라 메르켈이 라이프치히대학교에 진학하기 위해 집을 떠난 1973년 가을, 동독은 암울한 시기를 지나고 있었다. 프라하의 봄을 지지하며 노골적인 발언을 한 공산주의자들은 투옥됐고, 자국 공산당에서 숙청됐다. 미국의 리처드 닉슨 대통령은 바로 전해에 중국을 극적으로 방문했지만, 크렘린의 노쇠한 레오니트 브레즈네프 서기장은 동독의 발터 울브리히트에게 강경한 스탈린주의에서 벗어나라고 압력을 가하는 데에는 아무런 관심이 없었다. 동독 국민들은 세상사를 그러려니 하고 받아들이는 무기력한 태도에 깊이 빠져들었다.

국민들의 일거수일투족을 감시하는 국가와 잠시 마찰을 빚었던 메르켈은 과학이라는 안전한 영역으로 도피했다. "물리학을 택한 것은 아인슈타인의 상대성이론을 이해하고 싶었기 때문이고, 제아무리 동독이라도 기본적인 연산과 자연의 법칙을 무시할 수는 없었기 때문입니다." 그가 나중에 한 말이다. 독일 작가 하인리히 뵐(Heinrich Böll)이 얼마 전에 노벨문학상을 수상했음에도 인문학을 공부하지 않은 이유를 묻는 질문에 메르켈은 대답했다. "뵐의 <어느 어릿광대의 견해(The Clown)>를 읽는 것조차 허가를 받아야 했습니다. 외국의 책이나 신문은 구할 수도 없었고요." 그의 목표는 물리학 박사 학위였다. 라이프치히대학교를 택한 것은 독일에서 으뜸가는 과학의 전당이라는 평판을 듣는 곳이기 때문이기도 했지만, 템플린에서 270킬로미터나 떨어진 곳이기 때문이기도 했다. 그는 집에서 독립해야 할 때라고 느꼈다. "도망가고 싶었습니다. 이 작은 마을에서 벗어나고 싶었죠." 자신이 기쁘게 해드릴 수 없는 아버지, 늘 남편에게 충직한 어머니와 거리 두기를 갈망했을 것이다. 라이프치히행 기차에서 내린 메르켈은 라이프치히 중앙역에 도착했다. 그곳은 높은 아치형 천장이 압도하는 유럽의 웅장한 기차역 중 한 곳으로, 열차 여행의 황금기가 남긴 유물이었다. 공산주의의 영웅인 마르크스와 레닌, 울브리히트의 거대한 초상화가 열아홉 살 메르켈을 맞았다. 그렇지만 프로파간다조차 이 도시의 웅장함을 압도하지는 못했다. 라이프치히는 자랑스러운 역사를 뽐냈고, 국제적인 인재들이 남긴 흔적을 고스란히 간직하고 있었다. 작곡가 요한 제바스티안 바흐, 시인 프리드리히 폰 실러, 극작가 요한 볼프강 폰 괴테, 화가 막스 베크만이 모두 이곳에서 공부하거나 거주했었다. 나아가 해마다 열리는 라이프치히 무역박람회의 장이자 전설적인 대학교가 자리 잡은 이 도시는 위성국가의 기준으로 보면 활기찬 고장이었다.

메르켈은 카를 마르크스 광장(현재는 아우구스투스 광장이라는 옛 이름을 되찾았다)으로 향하는 트램을 탔다. 라이프치히대학교의 삭막한 콘크리트 건물에 가서 수강 신청을 할 생각이었다. 앙겔라는 철학자 프리드리히 니체와 작곡가 리하르트 바그너, 노벨상을 수상한 물리학자 베르너 하이젠베르크와 구스타프 헤르츠가 그보다 앞서 그곳에서 공부한 이후로 변한 게 거의 없는 계단식 교실과 세미나 룸에 자리를 잡으려고 복도를 걸어가며 흥분을 주체하지 못했다.

메르켈은 라이프치히의 물리학 프로그램을 수강한 신입생 70명 중에서 일곱 명밖에 되지 않는 여학생 중 한 명이었다. "앙겔라는 내 수업을 수강한 첫 여성이었습니다." 그에게 열역학을 가르친 라인홀트 하베를란트(Reinhold Haberlandt) 교수가 당시를 회상하며 한 말이다. 현재 80대인 이 키 크고 위엄 있는 남성은 40년이 지난 뒤에도 자신의 학생을 — 그가 수업에서 최대한 튀지 않으려고 애를 썼음에도 — 생생하게 기억했다. "앙겔라는 무척 과묵했지만 입을 열면 정확한 말만 했습니다. 내 강의실에 80명의 학생들이 있었는데, 질문하면 앙겔라만 대답했죠." 앙겔라는 영민했다. 당시 같은 과 동급생인 프랑크 미스츠칼슈키(Frank Mieszkalski)에게도 앙겔라는 무척 인상적이었다. "앙겔라와 교수님이 자기들만의 언어로 대화하는 것 같았습니다. 마치 앙겔라의 뇌에는 다른 사람들보다 회로가 몇 개 더 있는 것 같았죠."

어느 날 밤, 프랑크는 건물들이 무질서하게 퍼져 있는 캠퍼스 한 건물 지하의 학생 클럽에서 앙겔라에게 춤을 추자고 청했다. 그는 오랜 세월이 지난 후 그 순간을 이렇게 묘사했다.

"기뻐하는 눈치였습니다. 내가 속셈을 드러내기 전까지는요. 나는 곧 있을 기말고사를 준비하는 데 앙겔라가 도움을 줬으면 했습니다. IT의 조상이라 할 수 있는 수업이었는데, 나는 첫 강의에만 출석하고 나머지 수업은 다 빼먹은 상황이었죠. 앙겔라는 실망한 눈치였지만 잠시 후 실망감을 극복했고, 우리는 자리에 앉았습니다. 그러더니 한 학기 동안 배운 내용을 요약해줬어요. 기억력이 어마어마하더군요. 앙겔라는 굉장히 체계적이고 조직적으로 사고했습니다. 모든 게 머릿속에 있더라고요!"

미스츠칼슈키는 시험을 통과했다. 메르켈이 학부 때 낮은 성적을 받은 과목은 딱 하나뿐이었다. 필수과목인 마르크스-레닌주의였는데, 그는 이 수업을 이수한 학생이 받을 수 있는 최저 성적을 받았다. 게뉘겐트(genügend, 보통).

공산주의 국가는 과학 분야의 학습에도 장벽을 세웠다. "영어로 작성된 과학 문건을 읽는 것은 허용되지 않았습니다. 그런 짓을 하는 건 위험한 일이었죠. 영어 문건을 모두 러시아어로 번역해야 했습니다. 그러고 나서야 읽는 게 허용됐죠. 영어를 읽었다가는 바이러스에라도 감염된다는 듯이 말입니다. 이 얼마나 엄청난 인력 낭비입니까!" 하베를란트 교수가 그때 기억이 떠오르는지 고개를 저으며 말했다. 전공 분야를 과학에서 정치로 바꾼 이 두드러진 학생의 결정에 대한 반응을 묻자, 그는 이렇게 대답했다. "앙겔라는 좋은 과학자가 됐을 겁니다. 그런데 그런 과학자는 세상에 많죠. 대단히 뛰어난 정치인은 무척 드물고요."

메르켈의 석사 학위 논문을 심사한, 신경정보과학과 로봇학을 전공한 랄프 데어(Ralf Der) 교수는 유명한 옛 제자에게서 받은 첫인상을 '젊고 개방적이고 활달한 단발머리 여학생'으로 기억했다. "보자마자 마음에 들었습니다." 사제지간으로 만난 두 사람은 오래지 않아 친구가 됐고, 두 사람은 1980년에 '공간 상호 관계가 밀집계 내 화학 반응 속도에 끼치는 영향에 관하여(On the Influence of Spatial Correlations on the Rate of Chemical Reactions in Dense Systems)'라는 논문을 공동 집필했다. 그런데 데어가 가장 기억에 남는 메르켈의 특징이라고 생각하는 것은 그의 학문적 성취와는 직접적인 관련이 없다. "그는 내면에 강인한 생명력을 갖고 있는 듯 보였습니다. 우리 모두는 그 점에서 깊은 인상을 받았죠."

"언젠가 앙겔라에게 물었던 적이 있어요." 미스츠칼슈키의 회상이다. "기독교 신앙과 과학자가 되는 것 사이의 괴리를 어떻게 극복했느냐고요. 모두 그가 목사의 딸이라는 걸 알고 있었으니까요. 앙겔라의 대답은 이랬습니다. '나에게 신은 윤리적으로 산다는 뜻이에요.' 앙겔라는 기독교 윤리와 과학을 통합하는 것이 자신의 목표라고 말했습니다."

교회와 국가 사이를, 독립적인 사고와 마르크스-레닌주의 도그마 사이를 항해하려면 정신적이면서도 감성적인 수완이 필요했다. 이미 기민한 생존 능력을 발휘했던 메르켈은 신심 깊은 루터교 신자와 공산당 청년 조직의 조직원 자격을 동시에 유지했다. 그는 둘 중 어느 한쪽에 치중하는 바람에 자신의 미래를 위험에 빠뜨리지는 않을 작정이었다. 그는 적응과 타협이라는 까다로운 작업에 통달했다. 그리고 비밀을 속에 꼭꼭 묻어두는 것이 중요하다는 사실을 배웠다.

메르켈의 동아리에 속한 모두가 그만큼 신중했던 것은 아니다. 라이프치히에서 사귄 친구들 중에 물리학자 라인하르트 불페르트(Reinhard Wulfert)가 있었다. 그는 메르켈과 달리 동독 정권을 공공연히 비난했다. 그는 졸업하고 몇 년 뒤인 1982년에 튀링겐주의 도시 예나(Jena)의 시내를 가로지르는 평화적인 침묵시위에 합류했다. 물론 슈타지의 정보 요원과 사복 요원들이 이 시위를 감시했고, 불페르트는 시위 직후 체포됐다. 그는 세계 전역의 과학자를 포함한 학자들이 압력을 넣은 후 석방됐고, 우여곡절 끝에 서독으로 탈출했다. 그가 나중에 메르켈에게 편지를 썼을 때, 자기 역시 감시를 받고 있다고 추측한 메르켈은 그에게 편지를 보내지 말라고 요청했다. 불페르트의 대담하고 위험한 행동은 메르켈이라면 절대로 하지 않을 종류의 것이었다.

1989년에 베를린 장벽이 무너진 후, 메르켈은 옛 친구에게 연락했다. 그러나 이번에는 불페르트가 우정을 다시 이어가기를 거부했다.

메르켈은 대학교 학생회관에서 바텐더로 일하면서 자유시장경제를 처음으로 접했다. 그는 자신의 특기인 위스키와 체리 주스를 섞은 칵테일을 만들어 학우들에게 팔아 수익을 남겼다. 이를 위해 체리 통조림과 싸구려 위스키를 사려고 매주 전차를 타고 라이프치히의 반대편 끝까지 갔다. 학우들은 장사에 눈을 뜬 활기차고 솜씨 좋은 바텐더를 기억했다. "나는 항상 땅콩만 먹으면서 춤은 추지 않는 여학생이었죠." 그가 한 말이다. 그는 국가가 통제하는 또 다른 영역인 팝 음악의 선택에서도 반항적인 모습을 보였다. "국가는 학생들의 모임에 트는 동독 음악과 서구 음악의 비율을 6:4로 지키라고 강요했어요." 메르켈은 기억했다. 그는 메르켈은 역전된 비율을 선호했다.

신입생 생활에 잘 적응한 앙겔라는 클럽 데어 웅게퀴스텐(Club der Ungeküssten, 키스 받지 못한 사람들의 클럽 또는 아이러니하게도 그가 훗날 속한 정당의 이름인 CDU) 회원이기도 했다. 남자들은 헐렁한 바지를 선호하며 화장기라고는 찾아볼 길 없는, 무척 중성적으로 보이는 젊은 여성에게 딱히 매력을 못 느끼기도 했지만, 남자들을 향한 여자들의 심정도 마찬가지였다. 메르켈은 남자들에게 자주 짜증이 났다. "수업 시간에는 항상 여학생들하고 같이 실험하는 쪽을 선호했어요." 그는 이렇게 회상했다. "실험실 장비들을 사용해야 하는 경우에 남학생들은 곧바로 버너나 다른 기계로 향했지만 나는 실험을 어떤 순서로 어떻게 할지 먼저 고민했어요. 그런데 내가 생각을 정리할 때쯤이면 장비는 모두 남자들 차지였고, 그들이 이미 많은 부품을 고장 낸 뒤였죠."

하지만 메르켈도 사랑에 빠졌다. 스무 살이던 1974년에 교환학생으로 모스크바와 레닌그라드로 여행을 갔다가 울리히 메르켈(Ulrich Merkel)을 만났다. 울리히는 메르켈과 같은 라이프치히대학교 물리학과 학생이었다. 미스츠칼슈키가 농담을 섞어 말하기로 울리히는 "독일어로 말하자면 '같이 말을 훔칠 수 있는 평범한 사내'였다"고 한다. "내가 앙겔라를 주목한 것은 다정하고 개방적이며 꾸밈없는 아가씨였기 때문입니다." 인터뷰에 잘 응하지 않았던 울리히 메르켈이 2004년 한 인터뷰에서 한 말이다. 두 사람은 2년 가까이 사귀다 동거를 시작했다. 울리히의 말에 따르면 당시 다른 학생들하고 욕실과 화장실을 같이 썼다고 한다. "우리 각자는 한 달에 10마르크를 지불했습니다. 살림살이라고는 침대 하나, 책상 두 개, 옷장 하나가 전부였죠. 어지간히 검소하게 살았구나 하겠지만, 우리는 그걸로 충분했습니다."

"우리는 함께 미래에 전념했습니다." 울리히는 이렇게 밝혔지만, 다른 사실도 인정했다. “이른 나이에 결혼한 데에는 더 실용적인 다른 동기가 있었습니다. 부부가 되면 아파트를 얻을 가능성이 더 컸거든요.” 그들은 이듬해에 결혼했다. 앙겔라는 스물세 살, 울리히는 스물네 살이었다. 결혼식은 앙겔라의 간청에 따라 템플린에 있는 아버지의 작은 교회에서 거행했지만, 카스너 목사는 주례를 서지 않았다. 신부는 우울했다.

공부가 무엇보다 중요했던 신혼부부는 신혼여행을 가지 않았다. 두 사람 다 최종 시험을 준비해야 했기 때문이다. 메르켈의 석사 논문 ‘핵물리학의 양상들(Aspects of Nuclear Physics)’은 영어로 출판되는 과학 저널 <화학물리학(Chemical Physics)>에 게재됐다. 동독의 박사 학위 후보자로서는 발군의 성취였다. 이렇듯 학문적 성취가 뛰어났음에도 직업 선택의 폭은 좁았다. ‘부르주아’라는 배경을 감안하면 교단에 서는 것은 불가능한 일이었다. 설령 그게 대안이 된다 하더라도, 국가가 내세운 이념적 원칙을 따라야 하는 것은 그 일을 역겨운 직업으로 만들 터였다. “다른 교사들처럼 굴어야 했을 거예요. (…) 기독교 종교 학습에 참석한 학생들에게 자리에서 일어나 자기소개를 하라고 강요해야 했을 테죠.” 메르켈이 훗날 한 말이다. “나는 서독에서 살았다면 교사가 됐을 가능성이 커요.”

그렇지만 이 영민하고 과묵하면서 야심만만한 젊은 여성이 냉전의 최전선인 베를린으로 향하는 것을 교단이나 과학이 오래도록 막았을 거라고는 상상하기 어렵다.

1986년에 베를린에서, 메르켈이 가까운 친구 미하엘 신트헬름(Michael Schindhelm)과 미래의 남편 요아힘 자우어(Joachim Sauer)를 양옆에 두고 자신의 물리학 박사 학위 취득을 축하하고 있다.

3

BERLIN

베를린

앙겔라와 나는 1980년대에 이 도시에서
어처구니없는 삶을 살았습니다.

미하엘 신트헬름

앙겔라 메르켈이 라이프치히에서 독일의 수도로 이주한 과정은 순탄치 않았다. 사실 베를린은 대학 졸업 후 그가 처음 정주하기로 마음먹은 곳은 아니었다. 그는 좋아하는 산이 많고 숲이 우거진 지역인 튀링겐(Thüringen)에 있는 일메나우 공과대학교(Technical University Ilmenau)에 취직하려고 지원했다. 한때 마르틴 루터의 피신처였던 일메나우는 명망 높은 과학 연구의 메카였다. 그런데 메르켈이 취직 자리를 위해 도착한 곳에서 그를 맞은 것은 슈타지 요원 두 명이었다. 메르켈을 사무실로 안내한 요원들은 자못 고압적인 태도로 질문 세례를 퍼부었다.

"서독 방송을 얼마나 자주 듣습니까?"

"조국을 사랑합니까?"

"제국주의 요원들의 침투를 어떻게 방어해야 합니까?"

그들의 목표는 미래의 동료들을 밀고하는 '애국적인 의무'를 이행하라고 메르켈을 설득하는 거였다.

앙겔라는 동독인이라면 누구나 그렇듯 이런 식의 만남에 잘 준비되어 있었다. "부모님이 늘 말씀하셨어요. 슈타지 요원들이 물으면 나는 수다쟁이라서 입을 다물지 못하는 사람이라고 말하라고요. 요원들한테 나는 남편한테도 비밀을 숨기지 못하는 사람이라는 이야기도 했죠." 훗날 메르켈은 당시를 이렇게 회상했다. 그 말은 고지식한 학자의 입에서 나온 믿음직스러운 대답으로 보였고, 요원들은 어깨를 으쓱하고는 그를 보내줬다. 이 발언은 그의 인사 서류에 불리한 정보로 남은 것이 분명하다. 메르켈은 그 대학에 취직하지 못했다.

부부는 아늑한 소도시 일메나우 대신, 동베를린에 있는 명망 높은 동독 과학아카데미(East German Academy of Sciences)의 일자리를 수락했다. 1970년대 말, 분단된 도시의 역사적 랜드마크 대부분은 동쪽에 있었지만, 그 지역은 곳곳에 전쟁의 상흔이 뚜렷했다. 소련이 점령한 도시는 제2차 세계대전이 끝나고 30년이 지났는데도 여전히 복구되지 않고 방치돼 있었다. 독일 의회의 옛 본거지인 제국의회 의사당 라이히스타크(Reichstag)의 폐허를 둘러싼 울퉁불퉁한 들판에는 잡초가 무성했다. 서베를린은 사실상 장벽 너머에서 동쪽을 굽어보고 있었다. 지금은 허름한 거리인 운터 덴 린덴(Unter den Linden)에 있는, 한때 휘황찬란했던 아틀론 호텔(Hotel Adlon)은 소련군 장교들을 위한 여관으로 전락한 채 돌무더기 위에서 서서히 모습을 드러냈다. 앙겔라가 탄 S-반(S-Bahn, 독일의 광역 전철) 통근 열차는 하루에 두 번씩 장벽 옆을 구불구불 달리면서 도시 변두리에 있는, 매력이라고는 찾아볼 길 없는 복합 단지에 위치한 동독 과학아카데미와 메르켈의 집 사이를 이어줬다. 메르켈은 망루들이 설치되고 경비견이 순찰을 도는 무인지대의 잘 갈퀴질 된 모래밭을 지날 때마다 우울해졌다. 11월부터 3월 말까지는 이른 오후에 황혼이 닥치면서 베를린 전역에 한층 더 깊은 장막이 드리웠다. 밤이 되면 도시의 동쪽 절반은 칠흑 같은 어둠에 잠겼다.

앙겔라와 울리히는 동쪽과 서쪽 사이에 있는 으스스한 장벽인 브란덴부르크 문(Brandenburg Gate)에서 가까운 마리엔가(Marienstrasse) 24번지의 자그마한 아파트에 둥지를 틀었다. S-반이 한 시간에 대여섯 번씩 덜컹거리며 지나갈 때마다 메르켈 부부의 원룸 아파트는 요동쳤다. 부부는 창을 통해 우울한 기운을 뿜어내는 트레넨(Tränen) 궁전을 볼 수 있었다. 출입국 관리소에 '눈물의 궁전'이라는 뜻의 이름이 붙은 것은, 서베를린을 방문하고 돌아오는 동독인들이 이 지저분한 역에서 친구와 친척들에게 작별 인사를 했기 때문이다.

여전히 물리학 박사 학위를 따려고 공부 중이던 메르켈은 교육을 받은 대가로 국가에 진 빚을 갚기 위해 3년의 봉사 기간에 접어들고 있었다. 이곳은 동독에서 으뜸가는 연구기관이었지만, 메르켈은 건설 노동자의 방갈로로 쓰이던 곳에 몇 안 되는 구닥다리 장비들이 설치된 실험실에서 고되게 일했다. 이른바 컴퓨터 센터라고 불리는 곳에는 중앙처리장치가 딱 한 대 있었다. 메르켈 팀에 소속된 과학자 12명 전원은 자신의 연구에 필요한 프로그래밍을 직접 해야 했다. 그의 공적인 생활에서 자주 그랬던 것처럼, 메르켈은 유일한 여성이었다.

고온에서 탄소 원자와 수소 원자를 분리하는 실험을 되풀이해 수행하는 업무도 통근 과정만큼이나 우울했다. 오래지 않아 지루해진 메르켈은 자신이 추상적이고 이론적인 사고를 선호한다는 것을 깨달았다. 그는 훗날 그 시절의 직업적 한계 때문에 느낀 좌절감에 대해 토로했다. "쥐꼬리만 한 예산을 배정받아 과학 연구를 수행하며 앞으로 25년을 보낸다고 생각하면 마음이 갑갑했습니다."

집안 사정이라고 더 나은 것은 아니었다. 메르켈은 결혼하고 3년이 채 지나기 전에 결혼은 실수였다는 사실을 깨달았다. "우리가 결혼한 것은 남들도 다 결혼했기 때문이었어요. 나는 결혼을 하려면 반드시 해야 하는 심각한 고민을 하지 않은 채 결혼을 감행했죠." 메르켈은 훗날 이렇게 인정했다. 울리히는 자신들의 결별이 다가오고 있다는 사실을 전혀 알지 못했다고 주장했다. "앙겔라는 짐을 싸서 나갔습니다. 이건 전적으로 앙겔라 혼자서 결정한 겁니다." 그럼에도 이혼은, 실망스럽기는 했지만, 우호적이었다. "우리 두 사람에게는 나눠 갖고 자시고 할 게 그리 많지 않았습니다. 앙겔라는 세탁기를 챙겼고 나는 가구를 가졌죠." 울리히가 마지막으로 앙겔라를 본 것은 장벽이 무너지기 직전인 1989년 동독 과학아카데미에서였다. 메르켈은 첫 남편의 성(姓)을 유지하면서도 이 짧은 결혼 생활에 대해 거의 이야기하지 않는다.

남편과 막 결별한 이혼녀 앙겔라는 프렌츨라우어 베르크(Prenzlauer Berg)의 템플리너가(Templiner Strasse)에 있는 가구가 거의 없는 아파트에 살면서 서른 번째 생일을 자축했다. 전쟁 때 처참하게 파괴된 그 동네의 건물들은 불법적인 무단 점유자인 스쿼터(squatter)들이 차지하고 있었는데, 메르켈도 이 중 한 명이었다. 친구들은 그가 버려진 아파트에 '침입'해 내부를 수리하는 것을 거들었다. 메르켈이 그해를 떠올리는 가장 선명한 기억은 아버지가 그곳을 찾아온 일이었다. 딸의 보잘것없는, 합법적인 거처라고 말하기 힘든 새집을 꼼꼼히 살펴본 아버지는 못마땅한 듯 매정한 말을 내뱉었다. "흐음, 앙겔라야, 네 생활이 많이 나아졌다고는 못 하겠구나." 기쁘게 해드리려고 온갖 노력을 다했던 대상인 아버지의 실망스러운 반응은 분명 상처가 됐을 것이다. 그러나 메르켈은 아버지의 판단에 반항하지도, 생각이 다르다고 항변하지도 않았다. 그때나 지금이나, 대립은 그의 스타일이 아니었다. 그를 과소평가한 다른 세도가 남자들을 상대할 때처럼, 메르켈은 자신의 때가 오기를 기다렸다가 결국에는 아버지가 틀렸다는 걸 입증했다.

메르켈은 이즈음 몇 년간 집 근처인 베르톨트 브레히트 광장(Bertolt-Brecht Platz)에 있는 국영 베를리너 앙상블 극장(Berliner Ensemble Theater)에 가서 공연을 감상하며 마음과 영혼을 추슬렀다. 친구들도 폭넓게 사귀었는데, 자칫 위험할 수도 있는 행보였다. 메르켈은 몰랐지만 실험 파트너이자 절친한 친구인 프랑크 슈나이더(Frank Schneider)는 슈타지에게서 메르켈에 관해 밀고하라는 임무를 받았다. 슈나이더는 정치적인 내용은 거의 보고하지 않았지만, 젊은 이혼녀의 연애에는 음란한 관심을 기울인 듯 보인다. '때때로 내 차로 출근시키려고 메르켈을 태우러 갔을 때 그의 연인 중 한 명이 목욕 가운 차림으로 문간에서 나를 맞는다. 메르켈의 연애가 6개월 이상 지속되는 경우는 거의 없다.' 슈나이더가 1980년 8월 30일에 슈타지에 밀고한 내용이다. (슈나이더가 슈타지에 제출한 보고서는 메르켈이 갑작스럽게 반가운 자유를 누린 이 시기 '연애'에 대한 유일한 기록이다. 메르켈은 베를린에서 독신녀로 생활하던 시절의 사생활에 대해서는 한 번도 밝힌 적이 없다.)

메르켈은 이 정보원을 철저히 신뢰했던 듯하다. 아파트 고치는 걸 거들어달라고 부탁하고, 조지아 출신인 그의 아내와 친구가 됐으며, 가끔은 이들 부부의 아이를 맡아서 돌봐주기도 했다. 심지어 그를 자신의 제일 사적인 안식처로 초대하기까지 했다. 템플린에 있는 자신의 본가였는데, 슈나이더는 그곳에서 목사 부부를 만난 후 관련 내용을 보고했다. 슈나이더는 카스너 가족이 함부르크에 있는 헤를린트의 언니가 보낸 음식과 옷을 바라는 것에서 더 나아가 체제 전복을 초래할 만한 짓은 하지 않는다고 판단했다.

슈나이더가 제출한 보고서 중 더 정치적인 내용이 담긴 것은 메르켈이 1981년 9월에 다녀온 폴란드 여행에 관한 보고였다. 메르켈은 레흐 바웬사가 이끄는 폴란드 최초의 독립적인 노동조합인 자유노조(솔리다르노시치, Solidarność)의 모습을 담은 사진들을 갖고 돌아와 노조 활동을 열정적으로 묘사했다. 전기기술자에서 노동운동가로 변신한 바웬사와 동료들은 노동환경 개선과 연설의 자유를 비롯한 여러 권리들을 요구하며 오래지 않아 폴란드인민공화국을, 이후로는 소비에트연방 전체를 뒤흔들었다. '메르켈은 반체제 인사는 아니지만, 가끔씩 약간 지나치게 요란한 생각을 하곤 한다'고 슈나이더는 슈타지에 보고했다. 메르켈은 2005년에 보도가 나오고 나서야 친구의 배신에 대해 알게 됐다. "화가 나진 않습니다. 그렇지만 무척 실망스럽습니다." 실망은 앙겔라 메르켈의 사전에서 꽤 '강력한' 단어다.

1985년에 머리가 비상한 한 남자가 등장하면서 메르켈이 베를린에서 보내는 음울한 나날에 환한 빛이 비췄다. 그 남자는 오래지 않아 메르켈의 가장 친한 친구가 됐다. 미하엘 신트헬름은 러시아 남서부에 있는 보로네시(Voronezh)에서 4년간 양자화학을 공부하고 막 귀국한 참이었다. (분자 양자역학이라고도 부르는 양자화학은 양자역학을 화학계에 응용하는 데 초점을 맞추는 화학의 한 분야다.)

신트헬름은 직접 접한, 오랫동안 얼어붙어 있던 소비에트연방에서 일어나는 짜릿한 변화들에 관한 소식을 가져왔다. 일련의 노쇠한 소비에트연방 지도자들에게서 권력을 넘겨받은 쉰다섯 살의 공산당 서기장 미하일 고르바초프는 신종 소비에트 맨(Soviet Man)처럼 보였다. 영국 총리 마거릿 대처는 이런 의견을 피력했다. "고르바초프는 우리가 같이 사업을 할 수 있는 사람입니다." 그리고 미국 대통령 로널드 레이건은 스위스 제네바와 아이슬란드 레이캬비크에서 정상회담을 하는 동안 그에게 호감을 품게 됐다. 고르바초프와 레이건, 두 지도자는 서로에게 매료된 듯 보였다. 아프가니스탄에서 벌인 장기간의 전쟁과 레이건의 전략 방위 구상(SDI, Strategic Defense Initiative, 스타워즈라고 불림)으로 가속화된 군비 경쟁 탓에 출혈이 극심한 소련 경제가 아주 위험한 상태라는 것을 파악한 고르바초프(고르비(Gorby)라는 애칭으로 불림)는 개혁에 조바심을 냈다. 동독은 여전히 스탈린주의 빙하기에 갇혀 있었지만, 제국의 다른 곳에서는 얼음에 균열이 생기기 시작하고 있었다.

급격히 변화하는 세상에 대해 검열을 거치지 않은 뉴스를 열망한 메르켈은 신트헬름의 소련 생활담에 심취했다. 신트헬름의 전언에 따르면 모스크바는 비참한 상태였다. 물도 난방 연료도 없는 때가 잦았고, 사람들은 굶주리고 있었다. "냉전의 마지막 장이 열린 것 같았어." 신트헬름은 새로 사귄 친구에게 말했다. 메르켈은 고르바초프의 개혁 정책에 대해 상세히 알려달라고 신트헬름을 졸랐다. 러시아어로 페레스트로이카(perestroika)와 글라스노스트(glasnost) — 각각 소비에트 중앙계획경제의 개혁과 개방을 통해 시장을 받아들이는 것을 뜻한다. — 로 알려진 이 정책들은 동독에도 영향을 줄 터였다. 메르켈과 신트헬름이 거주하면서 일하는 분단된 도시는 여전히 냉전의 가장 불안정한 최전선이자 양쪽이 계속해서 경계의 눈초리로 상대방을 주시하는 곳이었다. 동독과 서독의 탱크와 병력을 갈라놓은 것은 얇은 띠 모양의 무인지대뿐이었다.[1]

"앙겔라와 나는 하루가 끝날 무렵에 한 시간쯤 만났습니다. 그는 터키식 커피를 내렸고, 우리는 세상 돌아가는 이야기를 나눴죠." 베를린에서 필자를 대여섯 차례 만난 신트헬름이 처음 만난 날 한 말이다. 가수 레너드 코언(Leonard Cohen) 분위기의 중절모를 쓴 품격 있는 남성인 그는 장벽이 무너진 뒤 오페라 기획자이자 극작가로서 새로운 삶을 시작했다. 그들의 우정이 만개하면서 신트헬름과 메르켈은 자신들에게는 뚜렷한 공통점이 있다는 걸 발견했다. 그의 말에 따르면, 두 사람 다 '개신교 부모님에게서 국가와 거리를 두는 법, 국가가 지나치게 가까이 다가왔을 때는 가면을 쓰는 법, 그리고 국가가 없을 때는 가면을 벗는 법'을 배웠다. "앙겔라는 유머 감각이 뛰어납니다. 하지만 그 시절에도 상당히 수수께끼 같은 사람

1 냉전 기간 동안 독일에는 30만 명의 미군 병력이 주둔하고 있었는데, 베를린 시내와 외곽에는 수천 명이 배치돼 있었다. 1962년의 쿠바 미사일 위기 때 존 F. 케네디 대통령이 제일 두려워한 것은 러시아군이 베를린 전체를 장악하면서 유럽 내부의 전쟁을 촉발하는 시나리오였다.

이었습니다. 내게 앙겔라는 그때나 지금이나 변한 게 전혀 없습니다." 앙겔라는 물리학자가 된 세 살 어린 남동생 마르쿠스에게 그를 소개했다. 신트헬름은 앙겔라의 남동생을 '누나와 똑같은 사람'으로 기억한다. "두 남매가 무척 차분하고 상당히 이해하기 힘든 사람으로 성장하게 된 유별난 가정교육을 받았다는 걸 짐작할 수 있었죠."

신트헬름이 1980년대에 알았던 메르켈은 길 잃은 영혼이기도 했다. 그는 나중에 집필한 실화 소설에 레나테(Renate)라는 이름을 붙여 메르켈을 등장시키기도 했다. 그는 이 작품에서 레나테를 동독 치하에서 삶에 대한 열정을 상실한 인물로 선명하게 그려냈다. 그는 메르켈을 '환상을 전혀 품지 않은 젊은 과학자의 모범 사례'라고 평가했다. "메르켈은 목표가 명확하게 보이지 않는 상태에서 몇 년간 박사 학위를 위한 연구를 해왔습니다. 그가 조금이라도 열정을 보여주는 때는 브란덴부르크에서 자전거 타는 이야기를 할 때뿐이었습니다." 메르켈을 흥분시킨 다른 주제는 서독에 대한 생각으로 보였다. '우리는 날마다 프렌츨라우어 베르크에서 아들러스호프(Adlershof)로 통근하며 지나는 장벽 건너편 체제에 대한 열망을 공유했다.' 신트헬름이 쓴 글에 나오는 대목이다. '다른 체제가 건 마법이 우리를 사로잡았다.'

메르켈은 동베를린에서 거주하는 10년 내내 좌절감을 느꼈지만, 한편으로는 그가 훗날에 될 지도자 유형을 정의하는 인생 경험을 하기도 했다. 그 경험은 정치적 교육이자 도덕적 교육이었다. 1985년에 메르켈은 극소수 동독인에게만 청취가 허용된 연설을 듣고 깊은 감동을 받았다. 그는 루터교 교회를 다니는 친구들을 통해 서독 대통령 리하르트 폰 바이츠제커(Richard von Weizsäcker)가 제2차 세계대전 종전 40주년 기념식에서 한 연설을 접하고 독일의 과거에 대한 솔직한 태도에 전율했다. 폰 바이츠제커가 홀로코스트에 내린 직설적인 심판은 메르켈이 학교에서 배운 내용과 심하게 충돌했다.

종전 이후 오랫동안 동독은 파시스트에 맞서 싸운 사회주의공화국 — 히틀러에 저항한 독일의 일부 세력 — 이라는 자국 역사의 신화를 날조해 냈다. 템플린의 교실에서, 심지어 베를린 근처에 있는 작센하우젠 강제수용소로 견학을 갔을 때에도, 초점은 파시스트와 맞서 싸운 전투에서 목숨을 잃은 동독 공산주의자와 2200만 명의 소련인에 맞춰져 있었다. 동독은 자신들을 전쟁범죄의 가해자가 아닌 피해자로 간주했다. "우리는 학교에서 매주 국가사회주의(National Socialism, 나치스)에 대해 이야기했습니다. "2학년 이후로는 강제수용소를 정기적으로 방문했고요. 수업 중에는 희생당한 공산주의자에 대한 이야기만 했습니다. 유대인을 언급하는 경우는 거의 없었고, 설령 있다고 해도 보통은 공산주의자의 친구였던 유대인에 대한 이야기였습니다."

이제 그는 역사의 완전히 다른 버전을 듣고 있었다. "우리는 편협하지 않은 시선으로 진실을 바라봐야 합니다. 더 솔직해질수록, 그 결과를 더 자유로이 직면할 수 있습니다. 폭압의 뿌리는 유대인 동포를 향한 히틀러의 한없는 증오였습니다. 히틀러는 대중 앞에서 이 증오를 전혀 감추지 않았고, 오히려 나라 전체를 그 증오를 풀어낼 도구로 삼았습니다." 새로 당선된 서독 대통령은 말하고 있었다. 폰 바이츠제커는 독일 동포들에게 외쳤다. "역사에 길이 기록될 집단 학살로 독일 강제수용소에서 목숨을 잃은 유대인 600만 명을 기억하십시오."

과거를 직시하자며 독일 국민에게 한 대통령의 간청은 메르켈에게 깊은 감동을 안긴, 그의 정치적·도덕적 발전 과정에서 중요한 사건이 되었다. “앙겔라와 나는 그 연설을 두고 토론하며 많은 시간을 보냈습니다.” 신트헬름이 한 말이다.[2] 앞으로 보겠지만, 쇼아(Shoah, 히브리어로 ‘절멸’이라는 뜻) — 메르켈은 홀로코스트를 칭할 때 항상 이 명칭을 쓴다 — 는 메르켈의 여생 동안 리더십의 중심에, 독일은 유대인에게 영원토록 빚을 졌다는 확신의 한복판에 자리 잡았다.

이듬해에 일어난 몇 가지 사건이 서른두 살을 맞은 앙겔라의 단조로운 일상을 어지럽혔다. 그는 처음으로 서독을 여행해도 좋다는 허가를 받았다. 여행 허가는 그의 조심스러운 라이프스타일이 성과를 거뒀다는 징표였다. 그는 사촌의 결혼식에 참석하기 위해 출생지인 함부르크를 방문했다. 그는 불안감을 느꼈다. “부다페스트와 모스크바, 레닌그라드, 폴란드를 혼자서 여행해봤지만, 이 여행은 다르게 다가왔습니다.” 메르켈의 회상이다. 그는 서독에서는 가장 기본적인 일조차 어떻게 해야 하는지 확신하지 못했다. 메르켈은 당시를 이렇게 회상한다. “여자 혼자 호텔 방을 잡을 수 있는지조차 분명하지 않았습니다. 내가 느낀 초조함은 TV에서 본 범죄 드라마와 관련이 있었을 겁니다.”

그가 범죄 대신 맞닥뜨린 것은 서독의 고속 교통 시스템이었다. “기술적인 경이였어요!” 메르켈은 감탄했다. 기차는 정각에 운행될 뿐 아니라 승차감이 부드럽고 쾌적했다. 그는 동독이 이렇게 발전한 기술과 경쟁할

2 전쟁이 끝나고 수십 년이 지나는 동안 서독도 자신들의 가장 어두웠던 역사를 직면하기를 주저했다. 오늘날에는 이런 이야기가 충격적으로 들리겠지만, 서독 사람들은 미국의 TV 픽션 드라마 <홀로코스트(Holocaust)>를 시청했을 때에야 홀로코스트를 처음으로 광범위하게 접했다. ABC 뉴스 서독 특파원이었던 필자는 1977년에 본(Bonn)에서 이 드라마는 서독을 강타한 벼락이나 다름없다고 보도했다. “독일인 2000만 명이 시청한 이 미국 TV 시리즈는 한참 전에 나왔어야 마땅한, 과거에 대한 전국적인 토론을 촉발했습니다. 저를 비롯한 외국 관측통들은 이 방송에 대한 압도적인 반응에 깜짝 놀랐습니다. 어느 독일인은 이런 의견을 밝혔습니다. ‘나는 나하고 아무 관련 없는 그 일 때문에 개인적으로 죄책감을 느끼지는 않습니다. 내가 지금 느끼는 감정은 수치심입니다.’”

도리가 없다는 걸 깨달았다. 메르켈은 '남자 친구를 위한 셔츠 두 장'을 비롯해 서독의 값비싼 의복을 구입했다. 그는 독일민주공화국은 국운이 다했다는 확신을 품고 이 모험에서 돌아왔다.

남자 친구 요아힘 자우어는 메르켈이 막다른 길에 도달한 듯 보이는 동베를린의 삶으로 돌아온 단 한 가지 이유였다. "그 무렵이면 두 사람은 이미 사랑에 빠져 있었을 겁니다." 신트헬름이 한 말이다. 메르켈보다 다섯 살 연상인 자우어는 동료 화학자와 결혼 상태에 있는 성공한 양자화학자였다. 그와 메르켈은 2년 전에 프라하를 함께 여행했는데, 당시 메르켈은 J. 헤이로프스키 물리화학연구소(J. Heyrovsky Institute of Physical Chemistry) 연구원이었다. 여전히 열성적인 정보원이던 프랑크 슈나이더에 따르면, 이 커플은 체코의 수도에서 '약간 더 가까워졌다'.

자우어의 결혼 생활은 사실상 끝났을지 모르지만, 그에게는 각각 열네 살, 열두 살인 아들들이 있었다. 그는 아들들을 남겨두고 그 나라에서 도망갈 수는 없었다. "감옥에 갈 위험을 기꺼이 감수한 사람들이 있었지만, 나는 동독에서 감옥에 가고 싶지는 않았습니다." 자우어는 2017년에 일간지 <베를리너 차이퉁(Berliner Zeitung)>과 한 인터뷰에서 이렇게 말했다. 그래서 그와 앙겔라는 동베를린에 머물렀다. 그들이 혐오하는 시스템에 순응하면서, 선을 넘어 부역자의 영역으로 건너가는 일은 절대로 하지 않으면서, 타협과 계산으로 점철된 이 끔찍한 생존은 3년 뒤인 1989년 11월의 추운 밤에 베를린 장벽이 무너지며 마침내 끝날 거라는 사실을 알 순 없었을 테지만 그러기를 희망하면서.

1989년 11월에 서베를린과 동베를린의 시민들이 수도를 30년 가까이 갈라놓았다가 갑자기 개방된 장벽으로 몰려들었다. 그 가운데에는 앙겔라 메르켈도 있었다. 두 독일의 통일은 앙겔라 메르켈의 인생을 바꿔놓으며 그가 정치인으로서 삶의 새로운 장을 열 수 있게 했다.

4

1989

1989

믿을 수 없을 정도로 흥분되는 일이었기에
조금도 피곤하지 않았다. (…) 나는 적극적인
행동에 나서는 걸 무척이나 갈망했다.

앙겔라 메르켈

베를린 장벽은 우연히 무너진 것이나 다름없다. 동독 정부 대변인이 내뱉은 딱 한 마디가 감옥 국가의 출입문을 열어젖힌 것이다.

TV로 중계되는 기자회견 중에 서독으로 여행하는 데 아직도 허가가 필요하냐는 질문을 받은 대변인은 사무적인 말투로 대답했다. "아닙니다." "언제부터 그렇습니까?" 질문한 기자는 제대로 들은 게 맞는지 확인해야 겠다는 투로 되물었다. "조포르트(Sofort)." 대변인은 대답했다. "즉시." '조포르트'는 역사의 한 페이지를 넘긴 단어가 됐다. 물론 북적대는 기자회견장의 혼란 속에서 무심결에 내뱉은 단어일 것이다. 영국 총리 윈스턴 처칠의 그 유명한 1946년 철의 장막 연설을 인용하자면, '발트해의 슈테틴(Stettin)부터 아드리아해의 트리에스테(Trieste)까지' 억류된 채 거주하던 시민들이 규모를 키워가며 몇 달간 시위를 벌인 끝에 — 그리고 미하일 고르바초프의 암묵적인 지원 덕에 — 마침내 댐이 무너져 열린 거였다.[1]

"그 소식을 듣고는 어머니에게 전화를 걸었어요." 그 순간에 대해 메르켈은 이렇게 회상한다. "우리 모녀는 늘 장벽이 무너지면 켐핀스키(Kempinski) 호텔로 굴 요리를 먹으러 가자고 말했어요." 켐핀스키는 서베를린의 최고급 호텔이었다. "어머니께 말했죠. '그때가 왔어요.' 그러고는 사우나에 갔죠." 사우나는 그가 목요일마다 가는 곳이었다. (동독인이든 서독인이든, 독일인은 사우나를 사랑한다. 그리고 동독에서 사우나는 공산주의 치하에서도 누릴 수 있는 몇 안 되는 사치스러운 쾌락에 속했다.) 동독의 물리학자는 그다지 흥분하지 않았다. 그의 발밑에서 역사라는 거대한 땅덩어리가 움직이고 있는 중에도 말이다.

사우나를 마친 메르켈은 근처 펍(그 술집의 바 위에는 지금도 그의 초

1 아드리아해의 트리에스테는 1989년에 유고슬라비아 영토였다. 당시 민족주의자 요시프 브로즈 티토(Josip Broz Tito)가 통치하던 유고슬라비아는 모스크바와 오래전에 결별하기는 했지만 여전히 공산당 일당 독재국가였다.

상화가 걸려 있다)에서 평소 마시던 맥주 대신 보른홀머 다리(Bornholmer Bridge)로 가서 오랫동안 금지된 곳인 서독으로 열광하며 몰려가는 군중에 합류했다. 그는 그때 이야기를 이렇게 전했다. "몇 사람을 만났어요. 그러고 어느 순간 정신을 차려보니 우리 모두가 행복한 서독 가족의 아파트에 앉아 있었어요. 모두들 쿠담(Ku'damm)에 가고 싶어 했죠." 쿠담은 서베를린의 유행을 선도하는 거리인 쿠르퓌르스텐담(Kurfürstendamm)을 가리킨다. 그런데 지극히 현실적인 메르켈은 역사가 한창 만들어지는 와중에도 집으로 가기로 결정했다. "이튿날 아침에 일찍 일어나야 했거든요." 그의 설명이다. "이렇게 이질적인 사람들하고 한동안 같이 있었던 것으로 충분했어요." 장벽 너머 갇힌 쪽에서 평생을 보낸 앙겔라 메르켈에게 서베를린 사람들은 이방인(foreigner)이었다.

앙겔라가 처음으로 마주한 서베를린의 모습은 충격이었다. 쿠르퓌르스텐담을 방문한 젊은 메르켈은 휘황찬란한 매장과 전쟁의 흔적이라곤 찾을 길 없는 매끈한 신축 아파트 건물이 즐비한 광경에 넋을 잃었다. 주위에서 쉴 새 없이 벌어지는 사건들도 넋을 빼놓았다. 정복 요원과 사복 요원 수십 만 명을 동원해 복종을 강요하던 국가가 하룻밤 새에 모래성처럼 무너졌다. 오랫동안 장벽 서쪽에 가고 싶어 했던 메르켈은 갑자기 예상하지 못했던, 여전히 모호한 가능성이 눈앞에서 어른거리는 것을 목격했다. 하지만 성장기에 그랬던 것처럼, 그는 지극히 신중했다.

이어진 몇 주간 누구도 미래를 상상하지 못했다. 모스크바에 있는 누군가도, 워싱턴 DC에 있는 누군가도, 그리고 무엇보다도 한때 막강했던 동독 공산당 중앙위원회의 어느 누구도 마찬가지였다. 이른바 독일민주공화국은 살아남게 될까? 동독의 도시들, 특히 라이프치히와 동베를린에서 새로이 누리게 된 자유 덕에 대담해져 슈타지 국가에 반대하는 시위를 벌이는 군중을 제압하기 위한 총격이나 체포는 없었다. 통행금지령이 내려지지도 않았고, 최루탄이 발사되거나 탱크가 출동하는 일도 없었다. 이번에는 정권도 군중 사이에 침투한 서구의 '파괴 공작원들'을 주의하라고 단호한 어조로 명령하는 텔레비전 경고를 내보내지 않았다. 질서를 회복하기 위해 동원하던 친숙한 수법 중 어느 것도 꺼내 들지 않았다. 하루하루 지날 때마다 한때 반파시스트 보호 성벽을 구축했던 콘크리트 조각이 부서지고 떨어져나가면서 공포도 사그라졌다. 이제는 무슨 일이건 가능하다는 것을 극적으로 보여주는 징표는 바로 동독의 슈퍼마켓에서 바나나를 살 수 있게 된 일이었다.

짜릿하지만 불확실한 시간이었다. 그런데 메르켈의 생활은 서베를린에 몇 차례 짧은 여행을 다녀온 것을 제외하면 거의 정상적으로 지속됐다. "장벽이 무너지고 며칠 뒤에 폴란드에서 열린 과학 컨퍼런스에 갔어요. 거기에서 누군가가 다음 단계는 독일 통일이라고 하더군요. 그 말을 듣고는 깜짝 놀랐어요! 그 정도까지 생각해본 적은 없었거든요." 메르켈은 인정했다. 그런데 1989년 연말이 됐을 무렵, 연구소에서 일하는 그는 이론 연구원이라는 직업에 갈수록 회의를 느끼고 있었다. 물리학자로 지낸 시간은 그의 내면에서 들끓는 호기심을 배출하는 데 필요한 안전한 배출구였다. 그런데 이 새로운 자유의 시대에, 실험실에서 공동 연구를 하며 하루하루를 보내는 건 무의미하기 이를 데 없었다. "일하는 동안 사람들하고 이야기를 나눌 기회가 거의 없다는 사실이 견디기 힘들었어요." 그는 새로운 인생과 새로운 직업을 고민하기 시작했다.

몇 주 내에 미국 대통령 조지 H. W. 부시와 국무장관 제임스 A. 베이커가 이끄는 서구 국가들이 두 독일의 역사적인 통합이라는 과업을 떠맡았다. 통일은 서독 총리 헬무트 콜의 계획을 토대로 이뤄질 터였다. 그 계획에는 동독을 공산당뿐 아니라 모든 정당에 개방한 상태에서 선거를 치르는 방안과 동독의 중앙계획경제를 해체하는 방안도 들어 있었다. 많은 '결혼'이 그렇지만, 동독과 서독의 결합은 허니문 기간을 거치며 예상보다 훨씬 더 복잡한 일인 것으로 드러났다.

희열은 지속 가능한 감정이 아니다. 현실은 40년간 그토록 바라던 자유와 서독에 품은 로망과는 달랐다. 복종하고 불신하며 궁핍하게 생활하고 개인의 진취성을 잃는 습관은 쉽사리 버릴 수 없었다. 사소한 배신 행위와 심각한 배신 행위 — 대학 입학 허가나 아파트, 직업을 얻는 대가로 슈타지를 위해 은밀하게 했던 봉사 — 는 동독 주민 상당수의 기록에 영구적인 오점을 남겼고 그들의 양심에 흠집을 남겼다. 동독에서는 대학과 의료 서비스, 병원, 공장, 문화생활 모두 나라에서 관여했기 때문에 인구의 40퍼센트 가까이가 통치 시스템에 직접적으로 고용돼 있었다. 한 세대의 독일인들이 자신들을 독일 영토에 처음 세워진 '농부와 노동자' 나라의 일원으로 생각하도록 세뇌당했다. 그런데 그런 사람들이 느닷없이 '자신들은 독일의 다른 지역에 거주하는 사람들하고 전혀 다르지 않은 사람들'이라는 얘기를 듣게 된 것이다.

"우리는 난민이었습니다." 미하엘 신트헬름이 한 말이다. "살던 나라에서 도망치지 않은 난민이었죠." 동독 국민들은 의료 서비스(더 이상 국가가 제공하지도 않았고 무료도 아니었다)부터 교육(마르크스-레닌주의와 프롤레타리아라는 출신 배경을 바탕으로 하는 게 아니라 경쟁과 성적에 기초했다)까지, 사회적 삶과 록그룹에 이르기까지 쏟아지는 낯선 관행과 우선순위를 받아들여야 했다. 심지어 그들은 텔레비전 유아 프로그램에 등장해서 사랑받은, 녹색 펠트천 앞에서 와이어를 이용해 앞뒤로 움직이는 인형인 피티플라츠(Pittiplatsch)와 슈나테린헨(Schnatterinchen)까지 잃었다. 동독 출신의 많은 사람들은 서독을 더 자유로운 나라라고 생각했지만, 실제로 접한 독일연방공화국은 지나치게 규제가 많은 나라라는 인상을 줬다. 동독에서는 자리만 보이면 어디에 주차해도 될뿐더러 주차료도 없었다. 자기가 주인이라고 나서는 사람이 없는 아파트가 있으면 그리로 이사해도 됐다. 동독 출신 사람들을 부르는 비공식적 표현인 오씨(Ossi)들은 갑자기 자신들이 세련되고 부유한 서독 사람들의 어설프고 굼뜨고 촌스러운 가난뱅이 친척이 된 것 같은 느낌을 받았다.

많은 사람들에게 변화의 속도는 어지러울 정도였다. 때로는 심란하기도 했다. 1990년 10월 3일, 앙겔라 메르켈은 통일 축하 특별 행사에 참석하려고 의기양양한 기분으로 베를린 필하모닉 콘서트홀의 계단을 오르다 새로운 통일국가의 유니폼을 입은 경찰관을 보고는 그 자리에 얼어붙었다. "내 눈에 그는 갑자기 다른 유니폼을 입은 동독 사람처럼 보였어요. 분데스베아(Bundeswehr, 서독 군대) 군복을 입은 사람들을 봤을 때도 같은 기분이었어요. 어제만 해도 그들은 동독의 군인이었어요. 나는 지금도 그들을 그런 식으로 인식해요. 서독인들은 한 나라에서 함께 살아갈 사람들이 어떤 부류인지 알까? 동독인들과 자신들의 차이점을 이해할까?" 그는 궁금했다. 그는 서독인들이 체제의 잔혹성과 그 체제가 어떻게 가장 충직한 공복들, 그러니까 이제는 개방적이고 자유로운 서독 시민이 된 사람들, 심지어 경찰이 된 사람들을 냉혹한 사람들로 만들었는지 완전히 이해하지 못한다는 사실이 두려웠다.

앙겔라 메르켈은 그 차이점들을 이해하고 극복하려고 애썼다. 오스카상을 수상한 영화감독 폴커 슐뢴도르프(Volker Schlöndorff)는 그가 서독에서 처음으로 사귄 친구 중 하나였다. 베를린에서 열린 디너파티에서 만나 두 사람은 그 즉시 가까운 친구 사이가 됐다. 어찌나 친해졌는지 그는 얼마 안 있어 폴커를 시골집에 초대하기까지 했다. "앙겔라 메르켈의 다차(dacha, 러시아의 시골 저택) 근처에서 긴 산책을 했던 걸 기억합니다. 우리는 확 트인 들판을 돌아다녔죠." 슐뢴도르프의 회상이다. 그러고서는 상대방의 인생에 대해 캐묻던 중에 앙겔라가 쾌활한 목소리로 말했다. "우리는 너희처럼 되는 법을 배울 수 있어. 그런데 너희는 우리를 절대로 이해하지 못할 거야. 우리 주인님(master, 그가 사용한 단어는 독일어 Lehrmeister였다)은 죽었으니까." 그가 지칭한 것은 물론, 마르크스와 레닌, 스탈린, 그리고 공산주의의 다른 몰락한 우상들이었다. 그는 그런 사실을 밝힌 것을 기뻐하는 듯 보였다. 말뜻은 이랬다. 너희에게 우리는 앞으로도 항상 이해하지 못할 존재가 될 거야. 그렇지만 우리 눈에 너희는 속이 훤히 들여다보이는 존재들이야.

통일이 이뤄지고 몇 주 이내에 동독 경제가 무너졌다. 중앙계획경제로 운영되던 허물어지기 직전인 공장과 위축된 기업들에게는 자유시장에서 경쟁할 능력이 없었다. 그 탓에 동독 국민 3분의 1이 갑자기 실직자가 됐다. 1990년 4월부터 10월까지 동독의 과도 국무총리였던 로타어 데메지에르는 이 혼란스러웠던 시기를 숙고하며 이렇게 말했다. "나는 늘 우리한테는 10-10세대가 있다는 말을 합니다. 장벽이 무너졌을 때 경력을 새로 시작하기에는 열 살쯤 나이가 많지만 은퇴하기에는 열 살쯤 젊었던 사람들을 가리키는 거죠. 그들은 '패잔병'들이었습니다."

앙겔라 메르켈은 패잔병이 되지 않기로 결심했다. "동독에 살던 우리는 자발적으로 독일연방공화국에 합류하겠다는 결정을 한 거예요." 그가 헤를린데 쾰블(Herlinde Koelbl)에게 한 얘기다. 1991년부터 메르켈의 사진을 찍기 시작한 유명한 독일 사진작가 쾰블은 이후로 7년간 미래의 총리가 될 인물의 신뢰를 얻었다. "단순하고 설득력 있는 이유들 때문이었어요. 서독의 경제적 질서와 정치적 질서가 더 성공적이고 효율적이며 합리적이기 때문이고, 무엇보다도 더 자유로웠기 때문이죠. 서독의 시스템에 '그리고(and)'나 '만약(if)'이나 '그런데(but)' 같은 토는 달리지 않았어요. 우리는 이 시스템에 합류하고 싶었어요." 그는 자신보다 덜 민첩하고 적응력이 떨어지는 오씨들 때문에 조바심을 느꼈다.

"나는 가끔 충격을 받습니다." 그가 한 말이다. "동독의 일부 사람들이 동독이 경제적으로 얼마나 황폐했는지 인식하지 못한 채, 국가는 자신들을 잘 대우하는 게 마땅하다는 듯한 태평스러운 태도를 취하는 걸 볼 때 말입니다. (많은 동독인들 입장에서) 바뀐 것은 하나도 없습니다. 호네커의 사진을 벽에서 떼어낸 것 정도만 빼면요." 오랫동안 혐오의 대상이던 동독 공산당 제1서기 에리히 호네커(Erich Honecker)는 베를린 장벽이 해체되기 불과 두 달 전에 사임했다. 당시 서른다섯 살이던 메르켈은 감정적인 면에서도 지적인 면에서도 대부분의 동독인들보다 준비가 더 잘된 상태였다. 많은 동독인 동포들과 달리, 그는 슈타지 국가를 전적으로 체념하며 받아들인 적이 없었다. 그는 1989년 11월이 되기 오래전에 이미 자국민을 대상으로 한 공포와 총체적 감시에 바탕을 둔 체제는 오래 살아남지 못할 거라는 결론을 내렸다. 그런 체제가 끝나는 것은 시간문제일 뿐이었다.

앙겔라 메르켈의 시간이 도래한 것이다.

메르켈의 정치 입문은 1989년 12월에 조용하게 이뤄졌다. 12년간의 나치 공포정치와 그에 뒤이은 40년간의 공산당 탄압 아래 고개를 숙이고 있던 많은 동독인들은 이제 신생 정당을 만들거나 그런 정당에 입당하느라 열심이었다. 메르켈도 그중 한 명이었다. "정치적인 활동을 활발하게 벌일 시간이 왔다는 걸 알았습니다." 그가 한 말이다. 쳇바퀴 도는 것 같은 실험실 업무에 따분해진 그는 새로이 해방된 조국의 미래를 빚어내는 걸 돕는 과정에 더 많은 모험이 있을 것이라 예상하자 신이 났다.

그는 사회주의 실험에는 질릴 대로 질린 상태였다. 그래서 서독사회민주당(West German Social Democratic Party)은 고려 대상에서 제외됐다. "내 눈에는 지나치게 이념적인 정당으로 보였어요." 그가 한 말이다. 게다가 그가 대놓고 밝힌 적은 전혀 없었지만, 더 우경화된 정당을 선택하는 것은 사회주의자 아버지에게서 독립했다는 것을 선포하는 또 다른 방법이었을 것이다.

민주적 각성(DA, Demokratischer Aufbruch)은 동독의 신생 정당이었는데, 이 정당은 얼마 지나지 않아 강력한 정당인 서독기독민주연합(CDU, West German Christian Democratic Union)에 통합됐다. DA는 당원 대부분이 남성, 가톨릭, 보수주의자였지만, 앙겔라는 그곳에서 만난 이념적이지 않고 진지한 사람들이 마음에 들었다. 그는 그들에게서 사회주의자보다 덜 독단적이고 이런저런 아이디어에 더 개방적이라는 인상을 받았다. 민주적 각성(Democratic Awakening)으로 해석되는 당명도 마음에 들었다.

"앙겔라가 우리의 첫 회합에 왔던 때를 잘 기억합니다." DA의 리더이던 안드레아스 아펠트(Andreas Apelt)가 한 말이다. "웬만해서는 속내를 드러내지 않고 무척 겸손한 사람이었습니다. 서른다섯 살보다 더 젊어 보였죠. 펑퍼짐한 코듀로이 스커트에 지저스 샌들(Jesus sandals) 차림이었고요. 머리는 독일 남자들의 단발 스타일이었습니다." 그의 정치 인생 내내 되풀이될 일처럼, 메르켈은 좋은 기회를 포착하고는 그걸 거머쥐었다. DA의 수수한 사무실 모퉁이에 밀봉된 상자들이 놓여 있는 걸 본 과학자는 소매를 걷어붙이고는 그 정당 최초의 컴퓨터들을 조립했다. 그의 모습에 깊은 인상을 받은 동독의 초짜 정치인들은 그에게 회의 테이블의 좌석을 권했다. "앙겔라는 과학아카데미에서 일하고 있다고 말했습니다. 박사 학위를 갖고 있다는 말은 절대로 하지 않았고요. 앙겔라는 처음에는 사람들이 하는 말을 귀담아듣기만 했습니다." 아펠트의 회상이다. 며칠 뒤에 돌아온 그는 대화에 합류했다. 앙겔라 메르켈은 정치에 푹 빠졌다.

그의 과학 인생은 막을 내렸다. "나는 좋은 물리학자였습니다. 그러나 노벨상을 수상하게 될 정도로 걸출한 과학자는 아니었죠." 그가 훗날에 한 회상이다. 그의 이 발언은 흥미로운 사실을 보여준다. 그는 최정상에 도달할 수 있는 분야에서만 목표를 추구하고 싶었다. 그리고 거기에 도달하기까지 수십 년을 기다릴 준비가 돼 있었다. 그런데 그가 과학계에서 보낸 오랜 시간은 헛된 게 아니었다. "내 사고의 틀을 잡아준 것은 과학 분야에서 받은 교육이었습니다." 그는 말하곤 한다. "나는 어떤 토론에건 합리적인 사고를 도입하려고 애씁니다. 여자들한테는 그런 능력이 없다고 말하는 걸 좋아하는 일부 남자들은 깜짝 놀라곤 하죠."

1990년 봄, 메르켈은 정치에 전념하기 위해 아카데미를 공식적으로 그만뒀다. 그의 체계적인 접근 방식과 아수라장 속에서도 침착함을 유지하는 성품을 눈여겨본 아펠트는 앙겔라에게 DA의 대변인이 돼달라고, 언론을 상대하면서 당이 내놓는 메시지의 틀을 잡고 당 지도부에게 언론 보도를 요약해서 보고하는 일을 맡아달라고 요청했다. "그의 반응에 깜짝 놀랐습니다. '먼저 고민을 좀 해봐야겠어요.' 이러더군요." 앙겔라 메르켈은 성급하게 결정을 내리는 것을 싫어한다. 동시에, 아펠트는 그가 어떤 문제를 일단 맡았을 때 보여주는 특징도 알아차렸다. "메르켈에게 내일 아침 7시까지 뭔가가 필요하다고 말하면, 그것은 6시 59분에 내 책상에 놓일 겁니다."

메르켈이 오른 정치적 출셋길을 특징 지을 또 다른 패턴이 오래지 않아 등장했다. 1990년대를 거치며 그의 멘토들을 비롯해 권세 좋은 남자들은 그가 전진하는 동안 길옆으로 밀려나고는 했다. 그가 라이벌들의 몸에 직접 불을 붙이는 일은 없었지만, 라이벌들이 스스로 불길에 휩싸였을 때 그가 소방 호스를 잡으려고 뛰어가는 일도 결코 없었다. 메르켈은 뒤로 물러나서 기다렸다. 그의 신중한 성품은 타고난 것이었지만, 그는 좋은 기회가 생기면 그걸 거머쥐려고 과감한 행보를 취하는 본능을 머지않아 드러낼 터였다.

1991년 12월, 드레스덴에서 열린 CDU 회의장에서 헬무트 콜 총리가 자신이 매첸(mädchen, 아가씨)이라고 부른 정치 제자(protégé)를 향해 미소를 짓고 있다. 메르켈을 내각의 여성청소년부 장관으로, 이후에는 환경부 장관으로 임명한 콜은 그가 정치적 출세 가도에 오르는 데 누구보다도 큰 도움을 줬다.

5

THE APPRENTICE

수습 기간

앙겔라와 나는 정치적 입장이
크게 다르지 않았다. 우리 두 사람의
진정한 차이점은 출신 배경이다.
그는 동독 출신이다.

전 영국 총리 토니 블레어(Tony Blair)

통일 이후 한동안, 앙겔라 메르켈은 동독 출신 여성이라는 신분 덕에 엄청난 혜택을 받았다. 당시는 헬무트 콜 총리가 새로 탄생한 독일연방공화국의 지도층에 두 부류의 사람들을 편입시켜야 하는 시기였다. 동독 정치인 중에 여성은 손에 꼽을 정도였고, 그나마 있는 여성들 중에 메르켈처럼 전심인 데다가 야심만만하고 영리한 사람은 아무도 없었다. 그가 성취한 정치적 출세의 원동력은 자제력과 전략적 사고, 그리고 필요한 경우에 보여주는 수동 공격성(passive aggression)이었다.

운도 따랐지만, 따지고 보면 행운이 찾아온 것도 그가 항상 준비를 잘 해둔 덕이었다. 메르켈에게는 동독인 멘토가 셋 있었다. 모두 남자였는데, 전원이 '과거에 슈타지와 관련이 있었거나 부패했다는 루머'의 희생자가 돼버렸다. 그들이 몰락하면서 오씨로서 서독에서 밝은 정치적 미래를 맞이할 최적의 위치에 설 수 있는 앞길이 마련됐다.

슈타지는 메르켈이 처음으로 입당한 정당 두 곳의 우두머리를 쓰러뜨렸다. 첫 인물은 '민주적 각성'의 공동 창립자 볼프강 슈누어(Wolfgang Schnur)로, 동독의 저명한 인권 변호사이던 그가 슈타지의 정보원이었다는 사실이 폭로됐다. 슈누어의 배신 행각에 경악한 DA의 동료 지도자들은 말 그대로 새로운 자유가 넘쳐나는 이 과열된 상황에서 자신들 역시도 한때 정보원이었다는 사실이나 오래전에 부주의하게 저지르고는 까맣게 잊었던 짓이 폭로될지도 모른다는 두려움 때문에 패닉에 빠졌다. 앙겔라의 정치 선배들이 초조감에 시달리는 동안, 당의 신임 대변인은 차분함을 유지하면서 서독 저널리스트들을 DA 당사에서 냉정하게 쫓아냈다. 그렇게 신당은 닫아건 문 뒤에서 당내에 피어오른 최초의 불길을 진화할 수 있었다.

다음에 밀려난 남자는 실제로는 정치적 참수를 당할 짓을 한 적이 없었다. 동독의 개혁 세력 내부에서 유명하고 인기 있는 인물이었던 로타어 데메지에르는 성공한 위그노교도(원래는 프랑스의 개신교) 가정 출신의 전문 바이올리니스트였다. 메르켈이 DA 대변인 자리에 오르고 채 몇 달이 지나지 않았을 때, 데메지에르는 동독에서 민주적인 선거를 통해 구성된 최초이자 마지막 정부의 부대변인 자리를 제안했다. 오늘날 그의 베를린 사무실에는 자신이 독일 통일을 위해 역사적인 역할을 수행했던 일을 기념하는 기념품이 가득하다. 조지 H. W. 부시와 헬무트 콜, 미하일 고르바초프의 사진과 그들이 서명한 메뉴판이 사무실 벽에 줄지어 걸려 있다.

"그 제안을 하자, 앙겔라는 주말 동안 런던에 다녀올 예정이라면서 돌아온 뒤에 대답하겠다고 했습니다." 데메지에르는 이렇게 회상한다. 메르켈은 잃어버린 시간을 만회하는 중이었다. 그가 런던을 여행하겠다는 환상을 품은 것은 부다페스트를 여행하던 중이었다. 건물들이 무질서하게 퍼져 있는 헝가리 의회 앞에 선 그는 웨스트민스터 사원을 상상했다. 정치적 사다리를 오르고 있던 데메지에르와 그가 함께할 걸음은 주말이 지난 뒤에 내딛더라도 아무 문제가 없을 터였다.

당연히, 그는 데메지에르의 제안을 수락했다. 지금 와서 돌이켜보면 이건 특히 현명한 행보였다. 1990년 10월에 '민주적 각성'이 CDU와 합당하고 그가 새 역할을 능숙하게 수행한다는 것을 입증했다는 점을 감안할 때 말이다. 앙겔라는 대부분의 정치인들과 달리 언론을 상대로 과학적인 느낌을 풍기는, 정밀하면서도 이해하기 쉬운 문장을 구사했다. "메르켈은 형용사를 거의 사용하지 않습니다. 상황을 과장하지 않고 있는 그대로 전달하죠. 게다가 그는 동료들에 비해 두 배나 많은 정보를 제공했습니다." 데메지에르는 이렇게 칭찬했다. 꾸밈없는 언어를 구사하는 과학자는 그야말로 보물 같은 존재였다. 그가 브리핑을 할 때마다 엄청나게 많은 정보를 담아낸다는 것도 장점이었다. 팩트에 굶주린 동독 시민 입장에서는 특히 더 그랬다. "나중에는 그가 자기주장을 펼치는 모습에 깜짝 놀랐습니다." 그는 말했다. "그런 면은 예상하지 못했거든요." 멘토는 자신의 제자가 냉정한 정치적 계산을 한 끝에 내놓은 결과의 혜택을 누리지도 못했다.

1990년 연말에 로타어 데메지에르도 슈타지 정보원이었다는 루머가 파다하게 퍼졌다. 거짓 정보였지만, 그 루머는 얼마 가지 않아 그의 정치생명을 끝장냈다. "상황이 어려워졌을 때 나를 제거한 사람이 메르켈이었습니다." 데메지에르는 씁쓸하게 밝혔다. 약간 과장된 말이기는 하지만, 데메지에르의 제자는 그가 불길에 휩싸였을 때 적극적으로 그를 옹호하지 않았다. 동독 출신의 젊은 여성은 감상 따위에 휘둘리지 않는 행보를 보이며 출세 가도를 향해 나아갔다.

데메지에르에게 더 큰 충격을 준 것은 그를 확고하게 지지하지 않는 메르켈의 모습이었다. 그가 사람들의 신임을 잃기 직전까지도 앙겔라 메르켈의 정치적 미래가 보장되도록 도움을 아끼지 않았다는 점을 감안하면 너무 야멸찬 행보였다. 당시 총리 재임 8년째이던 헬무트 콜이 "동독 출신의 한 여성을 '연성' 내각에 충원하고 싶다"며 데메지에르에게 의견을 구했다. "콜이 어떤 여성의 이름을 말하더군요. 나는 그에게 '그 여자는 별로예요'라고 말했습니다. '메르켈 박사를 뽑으세요. 그가 제일 똑똑합니다.'" 콜은 얼마 지나지 않아 데메지에르의 조언을 따랐다.[1]

앙겔라 메르켈은 자신이 거주하는 동베를린 동네에 있는 신생 정당의 어수선한 사무실에 어슬렁하고 들어가 컴퓨터를 조립하겠다고 제안한

1 콜은 1982년부터 1998년까지 독일을 탁월하게 통치한, 그리고 기독민주당은 그보다 더 오랜 기간(1973년부터 1998년까지) 통치한 역사적 인물이었다. 열성적인 친미파인 그가 빌 클린턴 대통령과 맺은 우정은 고순도 찐 우정이었다. (1990년대에 그들이 워싱턴 DC 외곽에서 가진 이탈리아식 만찬은 기자들 사이에서 단골 화제였다.) 두 사람 다, 여러 면에서 전형적인 백인 사내들이었다. 나는 클린턴 재임 초기에 독일 대사이던 (필자의) 남편 리처드 홀브룩(Richard Holbrooke)이 들려준, 주변에 남자들밖에 없을 때 콜이 하던 야한 농담을 기억한다.

지 1년밖에 지나지 않은 1991년 1월 18일에 새로이 통일된 독일연방공화국의 헬무트 콜 총리가 이끄는 내각의 일원이 됐다. 콜은 메르켈을 여성청소년부 장관에 임명했다. 데메지에르는 "여성과 청소년 둘 다 앙겔라가 전혀 신경 쓰지 않던 대상이었다"고 비꼬는 투로 강조했다.

콜의 내각에서 제일 어린 데다 경험이 제일 적은 멤버인 메르켈은 콜이 내각을 그럴듯하게 치장하려는 형식주의에서 비롯한 정치적 동기 때문에 자기를 그 자리에 데려왔다는 걸 잘 알고 있었다. "내가 동일한 능력을 갖고 서독에서 자랐다면 이런 일은 일어나지 않았을 겁니다." 남들만큼이나 자신을 명료하고 분석적인 시각으로 바라보는 메르켈은 인정했다. 어쨌든 그는 그 기회를 허비하지 않을 작정이었다.

라인(Rhein) 강변에 있는 소도시 본(Bonn)은 작곡가 루트비히 판 베토벤의 고향으로 유명하다. 전쟁이 끝난 후 이 도시가 서독의 수도로 선택된 것은 어떤 면에서는 1949년부터 1963년까지 재임한 연방공화국의 초대 총리 콘라트 아데나워(Konrad Adenauer)의 집에서 가까웠기 때문이다. 베를린이라는 역사적 수도의 일부분이 소비에트에게 점령당했다는 점에서, 본은 망명정부가 둥지를 튼 임시 수도 같은 느낌을 풍겼다. 1990년부터 1998년까지 앙겔라 메르켈의 본거지였던 그 도시는 뻔뻔하리만치 남성적인 면모를 풍겼다. 그 도시를 장악한 색상은 회색이었다. 라인강, 차가운 느낌을 풍기는 현대적인 사무용 빌딩들, 남성들의 정장이 모두 똑같은 색조였다. 그 도시에 있는 여성들은 빌딩들을 꽉 메운, 그리고 (이탈리아식 두 곳과 프랑스식 한 곳인) 수준 높은 레스토랑 세 곳에 가득한 (남성) 정부 관료와 외교관, 저널리스트들을 보좌하는 어시스턴트들이었다. 1990년대에 본에서 서비스직이 아닌 직업에 종사하는 젊은 여성은 끊임없이 남의 시선을 의식해야 했다.[2] 메르켈은 동독에서 학자들과 과학자들 사이에서 외톨이일 때가 잦았다. 그의 표현에 따르면, 서독의 정계에서 여성이 지적인 능력을 발휘하고 고된 과업을 수행하는 것은 '목소리와 덩치 면에서 남성의 상대가 안 되는' 탓에 무척이나 힘든 일이었다.

4층짜리 빌딩에 있는 메르켈의 아파트는 라인강 위로 우뚝 솟은 산악 지역인 지벤게비르게(Siebengebirge)와 드라헨펠스(Drachenfels, 용바위)로 알려진 유명한 고개를 향하고 있었다. 하지만 갓 취임한 장관은 집에서 그런 풍광을 즐길 여유가 거의 없었다. 새로운 직업과 새로운 신분을 숙달하는 데 몰두했기 때문이다.

메르켈에게는 이미 팬이 있었다. 그가 콜의 내각에 합류했을 때 미국의 전 국무장관 헨리 키신저(Henry Kissinger)가 그를 방문했다. "앙겔라는 그의 표현에 따르면 '나 같은 유명 인사'가 자신을 방문했다는 사실에 깜짝 놀랐습니다. 나는 그에게 동독에서 성장한 사람이 서독에서 어떻게 활동하고 있는지 관심이 있다고 말했습니다." 키신저가 한 말이다. 두 사람은 급속도로 친해졌다. 지구상에서 제일 유명한 두 독일인은 쿨투어(kultur, 독일의 문명과 문화를 뜻한다 – 옮긴이) 즉, 그들이 자라면서 접한 위대한 문호들, 철학자들, 작곡가들에 대한 애정을 공유한다는 것 외에도 인생의 비극적 요소들에 대한 이해도 공유했다. 키신저의 유대인 가족은 나치스에 의해 망명 길에 올라야 했고, 슈타지 체제에서 청춘을 보낸 메르켈은 국내의 외딴곳에 자신을 유폐시키는 방식으로 과학을 피신처로 삼았다. 두 사람 다 낯선 새 나라에서 다시 태어나야 했다. 키신저는 미국에서, 메르켈은 옛 서독에서. 그런데 키신저가 비극을 감지하는 감각은 그를 현실

2 콜의 내각 멤버 17명 중에 여성은 앙겔라 메르켈을 포함해 두세 명에 불과했다. 같은 기간, 분데스타크에서 여성은 의석의 20퍼센트를, 또는 662석 중 136석을 차지했다. 오늘날 여성은 분데스타크 의석의 대략 3분의 1쯤을 차지한다.

정치의 비관적 예언자로 만든 반면, 메르켈의 그것은 자신을 단호한 낙관론으로 이끌었다.

키신저는 그의 새 멘티(mentee)가 뭔가 다르다는 것을 인지했다. "메르켈은 술수를 부리면서 서로를 향해 떠들어대기만 하는 대부분의 독일 정치인들이 빠지는 함정에 결코 걸려들지 않았습니다." 그가 한 말이다. 키신저는 메르켈을 영향력 있는 미국인들에게 소개하는 일을 자청해서 맡았다. 하지만 별로 대단한 카리스마를 보여주지 않는 수수한 외모의 과학자 출신 정치인에게 엄청난 미래가 있을 거라고는 기대하지 않았다. 어느 누구도 그러지 못했을 것이다. 아마도 메르켈 자신만이 예외였을 것이다. 그는 2005년 6월 베를린을 방문한 토니 블레어에게 접근해 단도직입적으로 말했다.

"나한테는 이런 문제들이 있어요. 나는 여자예요. 카리스마가 없어요. 커뮤니케이션을 잘하지 못해요." 메르켈은 영국 총리에게 그런 결점들을 보완하는 법에 대한 조언을 구했다. 블레어의 수석참모는 메르켈이 자신의 단점에 대한 조언을 구하는 와중에도 "자신이 승리할 것이라고 자신하고 있었습니다"라고 회상했다.

서른여섯 살 젊은 나이에 독일의 최연소 장관이 됐다는 점에서, 게다가 동독 출신 여성이라는 점에서, 메르켈은 세상의 모든 시선이 자신에게 쏠려 있다는 걸 잘 알았다. 그런데 메르켈처럼 새로운 방법을 배우는 데 열심인 사람에게조차 동독에서 서독으로 향하는 길은 때때로 험난하기 그지없었다.

그는 자신의 외모에 관심이 집중되는 것에 특히 큰 충격을 받았다. 동독에서는 허영심을 발산할 수단이 거의 없었다. 인민백화점(Peoples'

Department store)은 '패션'을 제공하지 않았다. 새로운 스타일의 코트를 계절마다 두 벌 선보이는 게 일반적이었다. 사람들은 추레했지만 다들 그랬다. 패션과는 거리가 먼 메르켈의 헤어스타일과 플랫 슈즈, 펑퍼짐한 코트가 갑자기 검토 대상이 됐다. 콜 내각에 속한 또 다른 동독인이던 연구기술부 장관 파울 크뤼거(Paul Krüger)는 이렇게 회상했다. "정치 이벤트에서 메르켈을 보고는 외모에는 거의 신경을 쓰지 않는 사람이라는 인상을 받았는데, 그 점이 상당히 인상적이었습니다. 그런데도 그는 존재감이 컸습니다. 이건 말로 설명하기 어려운데, 처음부터 그는 보통 사람과는 좀 다른 사람이라는 느낌을 주었습니다. 그에게는 권위가 있었습니다." '메어 자인 알스 샤인(Mehr sein als Schein)'. 겉모습보다는 알맹이가 중요하다. 메르켈이 신봉하는 루터교 교리 중 하나였다. 그런데 외모를 중요하게 여기는 새 직업(정치)이 이제 그 교리에 도전하고 있었다. 데메지에르와 헬무트 콜은 자신들의 여성 어시스턴트나 아내에게 메르켈의 무신경한 패션을 어떻게 좀 해보라고 간청했다. "그 시절의 앙겔라는 샌들을 신고 헐렁한 바지 차림으로 다녔습니다. 학생 같았죠." 데메지에르는 이렇게 회상한다. 그는 두 사람이 모스크바로 첫 공식 여행을 떠나기 전에 사무실 관리자에게 요청했다. "제발 메르켈 박사에게 얘기 좀 해요. 그런 차림으로는 같이 여행을 못 가겠으니까." 메르켈이 여행을 위해 새 옷을 입고 나타나자, 그는 메르켈의 기를 살려주려고 이런 말을 했다. "와! 아주 멋져요, 앙겔라!" 그런데 메르켈은 칭찬에 기뻐하기는커녕 당황한 기색이 역력했다. "얼굴이 홍당무가 됐습니다. 그런 상황이 무척 민망했던 거죠." 이 상황의 분위기는 1990년대 말에 세간에 회자된 시시한 농담에 잘 요약돼 있다.

"메르켈은 자신의 헌 옷으로 무슨 일을 하는 거야?"

"지금 입고 있잖아."

"남자였다면 진청색 정장을 100일 동안 줄곧 입어도 전혀 문제 되지 않았을 거예요." 메르켈은 투덜거렸다. "그런데 내가 똑같은 재킷을 네 번 입으면 시민들이 편지를 보내요…. 언젠가는 사진기자가 구부러진 힐을 찍겠다고 테이블 밑에 눕기까지 했어요." 그런데 늘 그랬듯, 그는 적응했다. 메르켈은 자신의 옷장을 남성의 짙은 정장에 해당하는 옷들로 채우는 것으로 자신의 외모에 대해 더 이상 이러쿵저러쿵할 여지를 없애버렸다. 그는 함부르크의 평판 좋은 고급 양장점에서 디자인한 각진 다채로운 재킷과 편안한 검정 바지, 검정 플랫 슈즈로 옷장을 가득 채웠다. 심지어 업무를 수행하기 위해 치러야 하는 대가의 일부로 날마다 헤어 스타일리스트에게 머리 손질을 맡기는 것까지 수용했다. 오랜 친구인 미하엘 신트헬름은 언젠가 잘츠부르크 뮤직 페스티벌(Salzburg Music Festival)에서 던들(dirndl, 치마폭이 넓고 주름이 풍성한 바이에른 지역의 민속 의상) 차림의 메르켈을 보고는 깜짝 놀랐던 일을 떠올렸다. "앙겔라, 네가 드레스 입은 모습은 처음 봐!" 그가 탄성을 지르자 메르켈은 눈에 띄게 불편한 기색을 보였다.

그런데 영국 외교관 폴 레버(Paul Lever)가 오슬로 오페라하우스에서 화려한 이브닝 가운 차림인 메르켈을 보고는 "총리님, 끝내주게 멋지시네요!"라고 찬사를 보내자 메르켈은 기뻐하는 기색을 보이면서 드레스와 디자이너에 관한 정보를 알려주기까지 했다. 하지만 자신이 뻔한 '유니폼'에서 탈피한 것을 놓고 언론이 호들갑을 떨자 드레스를 다시 입고 싶은 의욕이 시들해진 듯했다.

메르켈은 대중 앞에 모습을 드러내는 것 말고도 다른 씨름을 해야 했다. 예를 들어, 연단에 섰을 때 두 손을 어떻게 할 것인가. 그는 꼼지락거릴 경우 그릇된 메시지가 전달될 수도 있다는 걸 알았다. 시행착오 끝에 '메르켈 마름모'에 정착했다. 양 손가락의 끝을 맞대는 이 자세는 이후로 메르켈의 시그니처가 됐다. (몇 년 후, 그의 소속 정당은 정치 캠페인을 벌이면서 이 포즈를 이모티콘으로 만들어 '믿고 맡길 수 있는 독일의 미래(Germany's future in good hands)'라는 슬로건과 함께 사용했다.)

메르켈에게 이런 어색한 점들이 있었음에도, 1990년대의 본에는 동독 출신의 젊은 여성(메르켈)의 출세 속도가 지나치게 빠르다는 인식이 널리 퍼져 있었다. 실제로 정치에 입문하고 1년도 지나기 전에 장관이 되는 것은, 좋게 말해도 특이한 경우였다. 콜 총리는 처음에는 메르켈을 정치 제자로 대우했다. 이런 모습은 콜의 파벌에 속한 다른 이들의 불만을 샀을 뿐 아니라, 메르켈을 정치적 업적도 없는 동독 출신의 달갑지도 않고 자격도 없는 침입자로 여기는 CDU 당원들도 불만을 품게 만들었다. "누가 메르켈을 저지할 것인가?"가 업무가 끝나고 수도에 있는 술집들에 모인 정치인들의 단골 화제였다. 메르켈은 자신이 속한 정당의 유망한 젊은 남성 12명이 여성(CDU의 위계에서는 희귀종)을 배제한 '워킹 그룹'을 만들었다는 사실을 까맣게 몰랐다. 안데스 팩트(Andes Pact)라고 불린 이 남성들은 모두 독일의 랜더(Länder, 독일의 주)들 중에서 산업이 발달한 부유한 주 출신으로 서로의 출세를 지원하기로 맹세했는데, 이 파벌의 존재는 당 고위층은 여성을 환영하지 않는다는 점을 뼈아프게 상기시켰다.

영향력 있는 남성 후원자들에게 의지하지 않으면서도 나름의 본거지를 구축할 정도로 영리한 메르켈은 선거에 입후보해서 독일연방의회인 분데스타크의 의석을 따냈다. (국회의원 자격이 내각의 직위를 갖는 데 필수 요건은 아니지만, 대부분의 장관은 분데스타크의 의원이다.) 그는 옛 동독의 영토이던 메클렌부르크 포어포메른(Mecklenburg-Vorpommern) 지역을 대표했다. 그 지역에는 저명한 정치인 군터 크라우제(Gunther Krause)

가 있었지만, 그가 슈타지와 거래했다는 게 밝혀지고 명예가 실추되면서 출마한 메르켈의 앞길은 깨끗하게 정리됐다. 메르켈은 이 바위투성이 발트해 지역 출신은 아니었지만 선거운동 기간에 어부들과 지역 특유의 독주를 마셨고, 그러면서 소박한 정서와 혈기 넘치는 낙관론에 대한 지지를 얻어냈다. 선거운동에 나선 그는 유권자들을 하대하거나 모든 질문에 대한 해답을 다 갖고 있는 척하지 않았다. 대체로 경청하고 공감하고 특유의 소박한 스타일로 자신을 드러내며 지역민들에게 자신도 그들의 일원이라는 점을 납득시켰다. 지역민들은 1990년 이후 연방선거가 열릴 때마다 메르켈을 자신들의 대표로 재당선시켰다.

메르켈은 자신을 능가하려고 들던 CDU 남성들의 비밀 네트워크의 존재를 몰랐을지도 모른다. 만약에 그걸 알게 됐다면 두 눈을 휘둥그레 뜨면서 순진한 모습을 보여줬을 것이다. 그렇지만 그는 시간이 갈수록 위험에 예민해졌다. "어떤 사람이 평범한 수준보다 빠르게 출세할 경우, 그 사람을 향한 탐욕과 질시가 바로 시작되더군요." 그가 1991년에 한 말이다. "그 사람은 꼼꼼한 검토의 대상이 되는 동시에 사소한 실수를 저지를 때마다 일일이 기록되고 날카로운 반응을 맞닥뜨리게 됩니다." 메르켈은 콜이 그를 '자신의 매첸(아가씨)'이라고 부르고 특별 대우하는 식으로 자신에게 굴레를 씌운다는 생각에 분개했다. "좋게 말해서, 짜증 나는 일이었어요. 우리 관계의 특징은… 호의만 지속되었던 건 아닙니다. 콜은 내 업무를 비판적인 눈으로 신중하게 감독합니다." 메르켈은 이렇게 주장했다.

하지만 그도 1991년에 자신을 미국으로 데려가면서 세계 무대에 세운 사람이 바로 그 독일 총리(콜)였다는 건 인정했다. 그때 콜은 메르켈을 그의 영웅인 로널드 레이건에게 소개했다. (안타깝게도 그 무렵에 전직 대통령이 된 레이건은 알츠하이머 때문에 많이 쇠약해진 상태였다.) 백악관을 처음 방문해 조지 H. W. 부시를 만났을 때, "캐비닛 룸(cabinet room)에서 대통령과 악수하는 메르켈의 얼굴에는 경탄하는 표정이 어렸습니다." 당시 독일 주재 미국 대사이던 로버트 키밋(Robert Kimmit)은 이렇게 회상했다.

그 순방길에, 콜은 메르켈에게 동독인들이 자신을 어떻게 생각하느냐고 물었다. '가식적인' 모습(메르켈이 보기에는 죄를 짓는 것)을 보이는 것을 싫어하는 그는 아첨하고 싶은 유혹을 뿌리쳤다. 그는 프로파간다로 점철된 세월을 오래 겪은 동독인들은 대체로 콜을 (엉클 샘의 조종을 받는, 배(pear)처럼 생긴 꼭두각시 자본가로 묘사되는) 만화에 나올 법한 인물로 본다고 인정했다.[3] 메르켈에게 진솔함은 애정에 굶주려 쓰다듬어주기를 바라는 자존심보다 더 중요했다. 그는 감정을 꾸미는 솜씨가 그리 뛰어나지 않았다. 그러는 법을 배우는 데에도 관심이 없었다.

하지만 그는 그것과 반대되는 일을 하는 것에는 관심이 있었다. 그런 관심은 메르켈이 강철 같은 평정심을 터득한 초기의 험난한 몇 년 동안 꾸준히 쌓였다. 1991년 봄에 이스라엘을 여행했을 때, 메르켈을 장관의 어시스턴트로 착각한 행사 주최자들은 그를 무시하기 일쑤였다. 일부 언론은 메르켈이 낙담하며 눈물을 흘렸다고 보도했다. "나는 더 강해져야 해요." 그가 당시에 헤를린데 쾰블에게 한 말이다.

메르켈은 이스라엘 여행은 눈물로 시작됐지만 갈릴리 호수(Sea of Galilee)에 있는 수도원을 방문하면서 다르게 끝이 났다고 회상했다.

"그곳의 언덕에 서서 전원 지대를 내려다봤어요. 갈릴리 호수가 있는

---

3 크렘린이 부추긴 프로파간다에는 절묘한 암시 같은 요소가 전혀 없었다. 내가 부다페스트에서 다닌 유치원의 선생님은 영어로 번역하는 게 불가능한 헝가리어 동요를 가르쳤는데, 지금도 부를 수 있는 그 동요는 미국의 드와이트 아이젠하워 대통령을 폭발할 준비를 마친 인간 시한폭탄으로 묘사했다.

땅을 봤죠. 그때 어느 수도사가 말했어요. '여기가 예수님께서 언덕으로 내려오신 곳입니다. 예수님께서는 이 호수에서 어부인 베드로를 만나셨습니다. (…) 그리고 조금 더 멀리 가셔서는 5000명을 먹이셨고, 그러고는 폭풍을 경험하셨죠.' 나는 성경이나 갈릴리 호수에서 일어났던 일들에 친숙해요. 그렇지만 '여기가 바로, 이런 일이 일어난 곳이다'라고 말하는 누군가의 얘기를 듣는 것은 굉장히 경이로웠어요."

혼란스러운 변화를 겪는 와중에 발을 굳게 디딜 곳을 찾아다니던 메르켈은 갈릴리 호수에서 영감을 얻었다. "내가 내 신념을 항상 명쾌하게 확신하는 것은 아니에요. 때로는 의혹을 품곤 하죠." 그는 인정했다. 이는 정치인으로서는 흔치 않은 일이다. 그런데 갈릴리 호수에서, 베네딕트회 수사들이 장애가 있는 젊은이들과 함께 노동하는 수도원에서 그는 '내가 부러워한, 어려운 일을 해내는 강인함의 원천을 가진' 수도사를 찾아내 대화를 할 수 있었다.

메르켈은 총리가 된 이후에 이스라엘을 숱하게 방문했다. 그러면서 여전히 난제가 많은 독일에 있어 이스라엘과의 관계라는 주제를 행정부의 핵심 의제로, 그리고 현대 독일을 떠받치는 토대 중 하나로 삼았다. 그런데 이 첫 여행에서 그가 찾은 것은 내면의 강인함이었다. 2년이라는 시간 동안, 자신이 딛고 선 땅이 움직였다. 그는 스스로 변신했다. 자신의 조국이 변신한 것처럼. 이제 그의 야심은 더 튼튼한 닻을 필요로 했다. 그의 개인적인 신앙과 성경은 때때로 험난해질 자신의 여로를 안정시켜줄 것이다.

동구와 서구 사이에 낀 중무장 경계 지역이던 독일은 오랫동안 핵전쟁이라는 아마겟돈을 피하려고 미국이 기울이는 노력의 중심에 있었다. 독일은 1990년대에 콜 총리의 통치 아래 긴장감이 팽배한 몇 년을 보낸 뒤로는 숨 돌릴 수 있는 여유 시간을 즐겼다. 통일을 달성한 독일은 자국을 미국과 엮어주는, 그리고 1993년에 창립된 유럽연합과 엮어주는 전후 조직들의 일부가 됨으로써 안전을 추구했다. 대서양동맹(Atlantic Alliance)은 전성기를 누렸다. 재능과 취약점이 묘하게 닮은 두 남자, 헬무트 콜과 빌 클린턴의 돈독한 우정은 그 전성기를 체현한 상징이었다. 콜의 목표는 동독과 서독을 명목상의 차원을 넘어선 한 나라로 통합하는 거였다. 1994년 7월 구름 한 점 없는 날에 클린턴과 콜이 브란덴부르크 문을 통해 서베를린에서 동베를린으로 걸어갔을 때, 그것은 지난 50년간 펼쳐진 흥미진진한 드라마를 마무리 짓는 완벽한 피날레처럼 보였다. 1948년 소련의 봉쇄로 포위된 도시의 절박한 시민들에게 식량과 물, 의약품을 공급한 베를린 공수작전(Berlin Airlift), 1961년 찰리 검문소(Checkpoint Charlie)에서 미군 탱크와 소련군 탱크가 대치한 사건, 1963년에 케네디 대통령의 '나는 베를린 사람입니다(Ich bin ein Berliner)'라는 연설, 1987년 6월에 로널드 레이건이 했던 '고르바초프 씨, 이 장벽을 무너뜨립시다!'라는 탄원들이 이 드라마의 명장면들이었다. 콜 치하의 독일은 유럽에서 제일 큰 나라, 불과 몇 년 만에 유럽 대륙의 경제 대국이 됐다.

콜 정부에서 가장 두드러진 동독인인 앙겔라 메르켈은 두 나라를 한 나라로 통합하기 위해 총리가 세운 계획의 일부였다. 메르켈의 초기 정치에 대한 전기를 쓴 슈테판 코르넬리우스(Stefan Kornelius)는 콜이 그를 독일 통일을 상징하는 트로피의 일종으로 대우했다고 언급했다. 말이 많은, 그렇지만 평소에는 상황 판단이 빠른 콜이 계산하지 못한 것은 그의 '트로피'에게는 나름의 계획과 야심이 있다는 것, 그리고 그것들을 실현할 시기가 올 때까지 기꺼이 기다리고 있다는 거였다.

여성청소년부 장관으로서 메르켈에게는 변변한 기반이 없었다. 그렇지만 논란 많은 사안들에 대해 타협안을 이끌어낼 수 있는 유연한, 이념에 휘둘리지 않는 정치인이라는 것을 입증했다. 예를 들어 낙태 문제에서, 그는 낙태를 합법화하는 것은 반대했지만 형사처벌 대상에서 제외하는 것은 찬성했다. 그는 상당히 보수적인 관점을 드러내지 않으면서도 근본적으로는 어떤 이슈의 해결을 지연시키는 경우가 잦았다.

메르켈이 공개적으로 표명하기 어려운 의견도 서슴없이 발언하는 능력과 신중한 모습을 보여주자, 1994년 콜은 더 명망 있는 자리인 환경부 장관 자리를 제의했다. 그는 누가 봐도 승진인 게 뻔한 이 제안을 받자마자 곧바로 목청 높여 "할게요!"라고 대답하는 대신, 다시금 고민할 시간을 달라고 요청했다. 메르켈은 그 소식을 몇 주간 남들에게 알리지 않았다. (자기 홍보가 중요한 본의 일반적인 정치적 관행에선 벗어난 행보였다.) 콜은 메르켈이 그 자리에 실제로 관심이나 있는 것인지 의아했다. 그런데 메르켈은 세간의 이목을 끄는 그런 자리에 올랐을 때 자기 앞에 어떤 일이 일어날지 가늠하려는 것이었다. 유럽의 산업 중심지인 나라에서 정부가 내놓을 상대적으로 새로운 환경보호 정책들을 옹호하는 것은 '여성용 쿼터'로 배정된 책무를 짊어지는 것하고는 차원이 전혀 다른 일이었다.

메르켈은 자신을 고정된 정체성으로 분류하려는 세상의 시도를 거부했다. 그는 오씨도 아니었고 베씨(Wessi, 서독 출신 독일인을 부르는 호칭)도 아니었다. 그는 '프라우(Frau, '여성'이라는 뜻의 독일어)' 딱지도 거부했다. 자신의 정체성은 누가 봐도 자명하다고 느꼈기 때문이다. 1993년 5월 그는 자신이 대놓고 떠들어대지는 않지만 근본적으로는 페미니스트라는 사실을 명백히 밝힐 방법을 찾아냈다. 메르켈은 독일의 주류 여성지를 위해 쓴, 수전 팔루디(Susan Faludi)의 책 <백래시: 누가 페미니즘을 두려워하는가?>의 리뷰에 이렇게 썼다.

> "사람들을 지도하는 직위에서, 미디어에서, 정당에서, 이해 집단에서, 경제계에서 여성들이 대표되지 않는 한, 여성들이 정상급 패션 디자이너와 정상급 셰프의 지위에 속하지 않는 한, 여성들을 위한 롤 모델은 남성들에 의해 결정될 것이다. (…) 내가 사람들을 지도하는 자리에 오를 경우 결혼할 확률은 얼마일까? 유산할 확률은 얼마일까? 커리어와 가족을 결합하려고 시도할 경우 내 아이들은 어떤 고초를 겪게 될까? 이런 질문들이 여성들의 의욕을 꺾으려는 부정적 사례들로 거듭해서 사용되고 있다. 이것은 남성들이 현재 차지하고 있는 직위들을 지키려 시도하는 짓이다. (…) 평등이란 여성에게도 자신들의 삶을 빚어낼 동등한 권리가 있다는 뜻이라고 생각한다."

다음 문장에는 이론의 여지가 전혀 없다. 메르켈은 페미니스트다. 그럼에도 그는 여성 발전에 충분히 헌신하지 않다거나 여성 권익을 옹호하는 목소리가 너무 작다고 느끼는 이들에게 오랫동안 비판받았다. 메르켈은 성차별적 유머를 들으면 발끈하겠지만, 그런 농담을 내뱉은 사람에게 공개적으로 망신을 주지는 않을 것이다. "내가 그런 일을 당하면 그에게 화난 얼굴을 보여준 다음, 나중에 둘만 있을 때 그런 언사는 용납할 수 없다고 말할 거예요." 그는 언젠가 자신의 전략을 이렇게 설명했다. 그는 성차별주의에 맞서서 휘두르는 자신의 가장 강력한 무기는 인생에서 성공을 거두는 것이라고, 그런 식으로 다른 이들이 따를 수 있는 자극제 역할을 하는 것이라고 주장했다. 어떤 쟁점에 대해 대중에게 널리 알릴 수 있는 권한에 무턱대고 의지하지 않는 것이 리더십에 접근하는 그의 방식이다.

이제 환경부 장관이 된 메르켈은 이전보다 훨씬 더 날카로운 시선을 받으며 독일 정계와 언론계를 상대하는 법을 통달해야 했다. 정부에 들어온 지 2년밖에 되지 않은 그는 자신을 업무 역량이 떨어지는 사람이라고 폄훼하는 루머들이 퍼지고 있다는 걸 잘 알고 있었다. "왜 앙겔라를 장관에?" 이런 궁금증을 목청껏 떠드는 사람들이 있었다. 라이벌들은 메르켈의 영어 실력은 국제적인 청중을 상대하기에 충분할 정도로 훌륭하지 않다고 투덜거렸다. 얼마 안 있어 그는 저녁에 영어 강의를 받는 것으로 그 루머를 잠재웠다. 그런 후, 장관으로 취임한 지 6주 만에 많은 존경을 받는 클레멘스 스트뢰트만(Clemens Stroetmann) 차관을 해임했다. 본은 작은 도시였고, 환경운동가들은 메르켈이 환경부를 이끄는 과정에서 스트뢰트만에게 지나치게 의존하고 있다고 목소리를 높여왔다. 스트뢰트만의 자질이 어떻건, 메르켈의 결정은 신임 장관이 권력을 휘두르는 것을 전혀 두려워하지 않는다는 것을 보여줬다.

그 시절, 사진 속 메르켈은 마흔 살보다 훨씬 젊어 보이는 미소를 지으면서 오래전에 잊힌 정치인들을 응시하는데, 이런 사진에 찍힌 정치인들은 젊은 장관의 어깨에 태평하게 팔을 두르는 모습을 자주 보여줬다. 메르켈은 웃고 있었을지 몰라도 속으로는 그들을 분석하고 있었다. 그들 중 누가 자신의 직무에서 성공을 거뒀고 그 원인은 무엇이었는지를 헤아리고 있었다. 메르켈은 아름다운 꼬리를 뽐내는 공작새 수컷들을 상대할 때 강한 인내심을 유지하는 법을 배워야 했다. "사실에 대해 논의하는 데 관심이 있는 게 아니라 상대에게 더 효과적으로 으름장을 놓는 방법에만 관심을 쏟는 남자들 앞에 있으면 몸이 뻣뻣하게 경직되는 것 같은 기분을 자주 느껴요." 그는 인정했다. 그것도 메르켈이 감추는 법을 배워야 하는 또 다른 약점이었다.

독일 같은 산업 대국의 환경부 장관 자리는 녹록한 자리가 아니었다. "나는 포장(packing) 산업이, 여러 주(州)가, 분데스타크가, 그리고 물론 세상만사를 훤히 꿰뚫는 경제학자들이 날리는 집중포화의 표적이 되는 경우가 잦아요! 내가 상대하는 대상에는 EU와 독점기업들, 합병심사위원회, 그리고 제일 꼭대기에 있는 헌법재판소가 있죠. 한쪽에서는 규제가 충분치 않다고 주장하고, 다른 쪽에서는 규제가 과하다고 해요. 또 한쪽은 규제를 전혀 원하지 않아요. 또 다른 한쪽은 전면적인 규제를 원하고요. 그런 상황에서 아침에 좋은 기분으로 일어나는 것은 쉬운 일이 아니에요." 그는 새로 맡은 업무의 어려움을 이렇게 요약했다. 평소처럼, 그는 합의를 도출하는 과정에서 외줄 타기를 했는데, 때로는 성공하고 때로는 실패했다.

특히 실망스러웠던 어느 내각회의에서 메르켈은 자신을 못 잡아먹어서 안달인 사람들에게, 저녁 술자리 안줏거리를 무심코 제공했다. 눈물을 쏟아낸 것이다. "남자들이 그러는 것처럼 고함치는 편이 더 나았을 거예요." 그는 나중에 인정했다. 메르켈의 격한 감정을 유발한 이슈는 대기의 질이었다. "여름이 오고 있었는데 사람들은 내가 다른 화제로, 하나님에 대한 얘기로, 세상사에 대한 얘기로 화제를 넘기기를 원했어요! 나는 그 회의가 정확히 어떻게 끝날지를 잘 알고 있었어요. 그래서 이런 얘기를 했어요. (…) 많은 부모가 밖에서 놀고 싶어 하는 아이들을 내보내지 못하겠다고 얘기하고 있고, 사람들은 두려워하고 있고, 뭔가 조치를 요구한다고요." 그가 좌절하며 흘린 눈물에 충격을 받은 내각이 행동에 나서면서 통과가 쉽지 않았던 공기정화 규제 법안들이 통과됐다. 탈진과 좌절 끝에 메르켈이 감정을 폭발시킨 이유는 변변찮은 행동도 취하지 않고 미꾸라지처럼 살살 현안에서 빠져나가려 하고, 자신을 쓸모없는 홍보 활동만 하게 만드는 내각의 태도에 대해 보인 인간적인 반응이었다. 그 반응은 효과가 있었다. 하지만 메르켈이 내각에서 울먹인 건 그게 마지막이었다.

훗날 콜에게서 총리직을 넘겨받은 사회민주당 대표 게르하르트 슈뢰더(Gerhard Schröder)는 때로 다양한 이슈로 메르켈의 화를 돋우면서 그를 '이슈를 장악하지 못하는 한심한 장관'이라고 불렀다. 슈뢰더는 하드볼 정치(hardball politics, 공격적이고 경쟁적이며 무자비한 스타일의 정치)를 했지만, 그는 눈물 대신 분노와 반항으로 대응했다. "언젠가 내가 코너로 몰아넣게 될 때가 올 거라고 슈뢰더에게 말했어요." 메르켈이 쾰블에게 한 말이다. "시간이 걸리겠지만 그때가 오기를 고대하고 있어요." 한때는 소심하고 약간은 갈팡질팡하던 동독 출신의 매첸은 학습 속도가 빨랐다.

서독의 행동 방식을 통달하기를 열망한, 그리고 콜의 내각 외부에서 롤 모델을 찾으려고 열심이던 메르켈은 라인강 너머에 있는 정치인들에게 손을 뻗었다. "메르켈은 영국 정치 시스템의 작동 방식에 대해 많은 질문을 했습니다." 1997년부터 2003년까지 독일 주재 영국 대사였던 폴 레버는 말했다. "영국 장관들은 자신들의 지역구에서 얼마나 많은 시간을 보내느냐, 총리와 평의원(backbench MP, 영국 하원에서 정부 각료나 당 간부가 아닌 의원들로, 의석이 뒷줄에 있어서 이런 이름이 붙었다 – 옮긴이)의 관계는 어떠냐 등을 물었죠. 메르켈이 국제적인 역할을 맡을 준비를 하고 있다는 걸 감지했습니다."[4]

"메르켈의 내면에는 호기심과 결의에 찬 야망이 뒤섞여 있습니다." 미국 대사 로버트 키밋의 회상이다. 메르켈은 키밋 부부를 우커마르크(Uckermark)에 있는 자신과 요아힘의 수수한 전원주택으로 초대했다. 두 부부는 그곳에서 앙겔라가 준비한 굴라시(goulash, 헝가리 요리)를 점심으로 먹은 후 하이킹에 나섰다. "사전에 준비된 행보를 보고는 깊은 인상을

---

4 슐뢴도르프는 2001년 9월에 메르켈과 보스니아에서 전쟁 종식을 협상했던 리처드 홀브룩(당시 UN 주재 미국 대사이자 필자의 남편)의 만남을 주선했다. 나는 그 만남에 리처드와 동행하면서 미래의 총리와 처음으로 안면을 텄다. 우연히 작가 수전 손택(Susan Sontag)도 슐뢴도르프의 집에서 열린 이 오찬에 참석했다. 손택과 메르켈은 대조적이었다. 손택은 청산유수였고, 메르켈은 다른 이의 말을 열심히 경청하는 사람이었다.

받았습니다. 요아힘은 내 아내를 이쪽 길로 데려갔고, 그러는 동안 앙겔라와 나는 다른 길을 계속 걸었죠. 이어지는 두 시간 동안 메르켈은 나한테 질문을 던졌습니다. 'NATO 얘기를 해주세요.' '다양한 안보 관련 합의에서 미국이 맡은 역할은 뭔가요?' 동독에 살았던 사람이라면 접근하지 못했겠지만 정치라는 사다리의 다음 단계로 올라가려면 반드시 필요한 질문들이었죠." 키밋은 이렇게 말했다. 메르켈의 최종 목적지가 라인 강변에 있는 소도시가 아니라는 것이 확실히 보였다.

앙겔라는 환경부 장관으로 재직하는 4년 동안 온갖 좌절을 겪었지만 승리의 순간들도 있었다. 1995년, 예전에 국가의 보호를 받던 동구권의 과학자는 거대한 푸른색 지구본 뒤에 서서, 역사적인 UN 기후변화회의에 참석하려고 베를린의 자연사박물관으로 들어오는, 160개국에서 온 1000명이 넘는 대표자들을 맞이했다. 미국 대표단의 단장이자 전 콜로라도 상원의원인 티머시 워스(Timothy Wirth)는 메르켈을 만났을 때 이런 반응을 보였다고 한다. "흐음, 콜 총리는 이 촌스러운 동독 출신 여자를 뽑을 때 고심에 고심을 거듭했겠군!" 하지만 그를 관찰하며 며칠을 보낸 후 워스의 생각은 바뀌었다.

메르켈은 소집단들을 상대로 여전히 기초 단계의 영어를 구사하면서 조금씩 논의를 진전시키고 있었다. 메르켈은 대표자 1000명으로 구성된 청중 앞에서 연설할 때는 독일어를 썼다. 늘 그렇듯, 그는 자신에게 큰 도움을 줄 수 있는 인물들에게 손을 내밀었다. 노련한 인도 대표 카말 나스(Kamal Nath)의 조언에 따라, 메르켈은 대표들을 개발도상국 팀과 선진국 팀으로 나누고는 두 팀 사이를 부지런히 오갔다. 독단적이지 않은 그는 타협을 통해 결과물을 얻어낼 작정이었다. 메르켈은 향후 총리로서 보여주게 될 장점들에 속한 자질도 처음으로 보여주었다. 바로 경이로운 체력이었다. 끈질긴 외교술로 점철된 회의가 밤을 지나 이른 새벽에 끝난 후, 대부분의 대표들은 기진맥진해서 휘청거리고 있었다. 그러나 앙겔라 메르켈은 그렇지 않았다. 그는 이튿날 아침에 진행될 또 다른 세션의 의장직을 수행할 준비가 돼 있었다. 기후변화회의는 결국 베를린 위임사항(Berlin Mandate)이라 불리는 합의를 탄생시켰는데, 이 합의는 온실가스 배출량을 줄이기 위해 법적 구속력이 있는 구체적 목표와 시간표를 확립할 것을 각국 정부에 요구했다. 2년 후, 이 합의는 기념비적인 교토의정서(Kyoto Protocol)로 이어졌다.

베를린 기후변화회의는 '내가 이룬 제일 큰 성취 중 하나'였다고 메르켈은 말했다. 그다음 발언으로 앞에 한 말을 철회하는 것이 그의 전형적인 방식이지만 말이다. "그런데 그걸 내 성취라고 불러서는 안 될 일이죠. 우리, 그걸 경험이라고 부르도록 해요." 신중한 태도로 겸손하게 구는 메르켈이 자신의 세계 무대 데뷔를 무엇이라고 부르건, 그는 이렇게 인정했다. "세계의 다른 문화들과 그들의 다양한 업무 방식을 알 수 있는 기회를 처음으로 가졌어요. 정말로 재미있더군요." 메르켈은 1995년 기후변화회의에서 많은 친구를 사귀면서 자신을 개발도상국의 특별한 친구로 인식시켰다. 그리고 이 인맥들은 훗날 그에게 큰 도움이 된다. 그의 자신감이 한껏 자라고 있었다.

앙겔라 메르켈이 대중 앞에선 좀처럼 보여주는 일이 없는, 따스한 면모를 기꺼이 드러내는 소규모의 집단들이 있다. 베를린 기후변화회의가 열리고 몇 년 후, 그는 미국 재무부 장관 헨리 '행크' 폴슨(Henry 'Hank' Paulson)에게 조지 W. 부시 대통령과의 첫 만남을 준비하는 걸 도와달라고 요청했다. "고위층 인사들과 메르켈의 만남을 주선했습니다." 폴슨은 이렇게 회상했다. "CEO들, 은행 총재들, 금융계 리더들이 메르켈이 묻는 질문에 대답하고 또 질문하기도 했죠. 그는 그 만남을 정말로 사랑스럽게 해냈습니다. 그는 그들의 질문을 받는 동안 주기적으로 테이블 밑에서 내 손을 잡았습니다. 그 제스처를 절대 잊을 수 없습니다." 폴슨은 극도로 진지한 메르켈의 예상치 못한 따스한 모습을 떠올리며 미소를 지었다.

메르켈은 서로를 잘 알게 됐을 때 폴슨에게 또 다른, 더 강한 특성을 드러냈다. "나는 그가 지명한 재무장관 페어 슈타인브뤼크(Peer Steinbrück)를 상대하느라 힘든 시간을 보내고 있었습니다." "앙겔라가 이러더군요. '봐요, 우리는 연립정부이고, 그는 SPD 소속이에요. 그는 자존심이 엄청 센 사람으로 아마도 총리 자리를 원할 거예요. 그러니까 그 사람한테 시선을 많이 던지면서 지나칠 정도로 많은 관심을 보이고 그가 하는 말에 귀를 기울이기만 해요. 그러면 상황이 나아질 거예요.' 흠, 메르켈이 말한 것들을 모두 실행에 옮겼는데, 그의 말이 맞았어요. 재무장관을 상대하는 상황이 나아졌죠. 메르켈은 대부분의 남자들과는 달리 상대를 지배하거나 점수를 따려고 기를 쓰지 않아요. 남들이 하는 말을 생각 없이 따르지도 않고요. 합의를 도출하려 애쓰고 속내를 드러내지 않으면서 신중하게 일하면서도 이처럼 강한 확신을 품고 있는 여자는 한 번도 본 적이 없어요."

하버드대학교 총장 로런스 배카우(Lawrence Bacow)도 폴슨처럼 대중 앞에서는 좀처럼 보여주지 않는 메르켈의 인간적 면모를 접할 준비가 돼 있지 않았다. 2019년 6월 메르켈이 하버드대학교 졸업식에서 연설을 하기에 앞서 배카우와 사적인 대화를 할 때였다. 그는 배카우의 어머니에 대해 물었다. 앙겔라 메르켈은 평소처럼 숙제를 마친 상태였다. 배카우의 어머니가 프랑크푸르트 외곽의 작은 마을 출신이라는 걸 알고 있었다. 배카우의 친척 상당수가 홀로코스트 때문에 목숨을 잃었다. 배카우의 팔에 손을 얹은 메르켈은 어머니의 고향을 방문한 적이 있느냐고 물었다. "있습니다." 배카우는 대답한 후 나치스가 점령한 이후 그의 가족이 살던 옛집에 거주하던 노파를 만난 고통스러운 일을 묘사했다. "마음이 굉장히 안좋은 방문이었죠."

"그런 방문이 더 나은 성과를 얻어낼 다른 방법이 있을까요?" 메르켈이 물었다.

"메르켈은 그런 만남이 이뤄질 때 치러야 하는 인간적인 비용에 대해 엄청나게 많은 고민을 했던 게 분명합니다." 배카우가 심사숙고한 끝에 결론을 내놓았다. "메르켈은 만나는 양쪽 모두에게, 그리고 화해의 가능성에 관심이 있는 게 분명합니다. 그가 보여주는 관심과 진심에 큰 감동을 받았습니다."

그럼에도 메르켈이 일대일 상황에서 보여준 자연스럽고 따뜻한 면모는 상황이 따라 억센 모습으로 달라진다. 그가 환경부 장관으로 재직할 때 영향력 있는 쾰른의 요아힘 마이스너(Joachim Meisner) 추기경이 타블로이드지 <빌트(Bild)>에 이렇게 밝혔다. "죄를 지으며 살아가는 기독교 신앙을 가진 여성 장관이 있는 게 분명합니다." 메르켈은 추기경의 공개적인 질책에 상냥하게 반응하지 않았다. "추기경께서 계신 곳으로 가서, 내가 결혼한 적이 있는 사람이라면 조심스럽게 살아가는 것이 중요하다고 믿는 이유를 설명해드렸습니다." 그는 추기경이 가한 공격을 자신에게 유리하게 만들었다. 잘못을 훈계하는 소임을 맡은 주님의 종복은 추기경이 아니라 자신이라는 것처럼.

그런데 1998년 12월 30일 발행 부수가 많은 일간지 <프랑크푸르터 알

게마이네 차이퉁(Frankfurter Allgemeine Zeitung)>에는 기사의 대상이 된 두 사람만큼이나 간결한 다음과 같은 기사가 실렸다. "앙겔라 메르켈과 요아힘 자우어는 결혼했습니다." 앙겔라의 부모님이나 신랑의 두 아들조차 참석하지 않은 절제된 분위기의 결혼식은 프라이버시에 집착하는 두 사람의 성향을 반영했다. "우리는 우리가 결혼할 거라고 예상하는 사람이 아무도 없을 때 결혼했어요." 누구도 예상하지 못할 때 행동에 나서는 것이 그의 방식이다. 그렇게 하는 동안, 메르켈은 독일이 보수적인 사회로 남아 있다는 것을 잘 인식하면서 정계의 사다리를 올라가며 다음에 놓이게 될지도 모를 잠재적인 장애물을 정리했다.

언젠가 메르켈은 자신이 독일인의 정치 생활에 기여한 것이 무엇이냐는 질문을 받고 이렇게 답했다. "인생의 35년을 자유가 없는 체제에서 살았던 누군가가, 그래서 자유의 특별한 가치를 잘 이해하는 누군가가, (…) CDU에도 예상하지 못한 것을 경험하기를 갈망하는 사람이, 사회의 여러 분야에 다리를 놓으려고 갈망하는 사람이, 사회를 변화시키려는 욕구를 가진 사람이 부족합니다." 메르켈의 출세 다음 단계는 다리들을 놓는 것이 아니라 기존에 놓인 다리들에 불을 지르는 것이 될 터였다.

1998년, 16년을 재직했던 다섯 번째 총리 헬무트 콜은 연임에 실패했다. 이듬해에 그는 1982년까지 거슬러 올라가는, 불법 정치 후원금 혐의와 관련한 재정 스캔들에 휘말렸다. 사회민주당의 게르하르트 슈뢰더가 신임 총리였지만, 여전히 기독민주연합의 강력한 지도자이던 콜은 기부자들의 이름을 밝히지 않으면서 수사를 방해했다. 그는 이것은 '명예가 걸린 문제'라고 주장했다.

이즈음 앙겔라 메르켈은 CDU 지도부에 속한 친숙한 인물이자 장관을 역임한 지 얼마 안 된 분데스타크 의원으로서 꽤나 잘 알려진 정치인이었다. 그런데 CDU와 독일 전체는 곧 알게 될 것이다. 메르켈이 많은 사람이 짐작하는 것처럼 '고분고분한 매첸'이 아니라는 것을.

12월 2일 아침, 앙겔라 메르켈의 이름을 달고 <프랑크푸르터 알게마이네 차이퉁>에 실린 '헬무트 콜은 해당 행위를 했다'는 헤드라인이 독일인들의 잠을 깨웠다. '국왕께서 승하하셨다. 여왕 만세'라는 제목을 달아도 무방할 듯한 기사였다. 이 기사는 메르켈의 옛 멘토와 제일 유망했던 그의 후계자 볼프강 쇼이블레(Wolfgang Schäuble)뿐 아니라 독일 정계 전체에도 엄청난 충격을 줬다. 스캔들을 '비극'이라고 부른 메르켈은 자신의 충성심은 한 남자를 향한 것이 아니라 당의 미래를 향한 것이라는 입장을 명확히 밝혔다. "헬무트 콜 당대표의 시대는 되돌릴 길 없이 끝이 났다." 메르켈은 차갑게 선언했다. 그는 콜이 재임하는 동안 자신이 콜의 부탁을 들어주며 권력이라는 부담을 덜어줬다고 대담하게 밝혔다. 그러면서 이렇게 썼다. '당은 걸음마를 배울 필요가 있고, 노병(老兵, Old Warhorse) 없이 정적(政敵)들과 과감히 맞서 싸워야 한다.'

'노병'을 겨냥한 발언을 해서 기독민주연합을 구해낼 용기를 가진 사람은 당내에 아무도 없었다. "콜의 태도는 다윗과 골리앗의 판박이였습니다." 폴커 슐뢴도르프가 한 말이다. "마치 '이 길거리 꼬맹이가 감히 나한테 돌팔매질을 해?'하는 것처럼요." 그렇게 무시무시한 인물을 상대하는 것이 무섭지 않았느냐는 질문을 받은 그는 짐짓 이해하지 못할 질문이라는 척하면서 대답했다. "내가 왜 그를 두려워해야 합니까? 우리는 8년이나 함께 일했습니다." 메르켈의 메시지는 이거였다. 우리 가운데 거인은 존재하지 않는다. 그저 정치인들이 있을 뿐이다.

메르켈은 'CDU는 20년 넘게 재직했던 당 대표 없이도 앞길을 잘 헤쳐나갈 수 있다'고 과감히 밝히면서 현대 독일 정계에서 가장 과감한 행위 중 하나를 감행했다. 동료들은 그가 거의 10년 가까이 보여준 차분한 태도 때문에 숨겨진 역량을 과소평가하며 안심하고 있었다. 이제 그는 둔감해 보이는 자신의 겉모습 아래에는 맹렬한 의지가 자리하고 있다는 것을 실례로 보여줬다. 메르켈 입장에서, 그 글을 쓴 것은 개인적 해방과 정치적 해방을 다 거머쥐는 데 필요한 필수적인 행위였다. 오랜 세월이 흐른 후 그 글을 쓴 동기에 대한 질문을 받은 메르켈은 솔직하게 설명했다. "가장 중요한 것은, 당시의 감금 상태에서 벗어나 나만을 위한 공간을 만들어내고 싶었다는 거예요."

더불어, 메르켈의 기사는 CDU를 이끌게 될 가능성이 높았던 경쟁자 쇼이블레를 제거하기도 했다. 쇼이블레도 질퍽한 선거 자금 스캔들에 연루돼 있었지만 콜을 향한 충심은 유지하고 있었다. 1984년에 장관으로 시작한 영민하고 인기 좋은 정치인 쇼이블레는 콜에게 헌신적인 것으로 유명했다. 그는 1990년에 선거 유세에 참석했다가 암살자의 총에 맞아 척추가 부서지는 부상을 입었다. 콜은 그의 곁을 지켰지만, CDU의 많은 인사들이 휠체어 신세가 된 쇼이블레가 활발히 정치인 생활을 하기에는 힘들다고 여겼다. 메르켈은 쇼이블레에게 CDU 당 대표 자리를 물려준, 당 대표 겸 멘토를 맹비난하는 기사가 실릴 것이라는 경고를 사전에 하지 않았다. 스캔들의 결과로 자신의 안위도 위태로워진 쇼이블레는 당 대표 자리에서 물러났다.

용기를 입증하며 새로운 지명도를 얻은 메르켈은 2000년 초에 CDU 대표직에 출마했고 반대 없이 당선됐다. 스캔들과는 아무런 관련도 없는 마흔다섯의 물리학자 출신 정치인은 신선한 이미지를, 그리고 냉전이 끝난 이후의 CDU에 새롭게 출발할 기회를 보여줬다. 콜에게서 해방된 메르켈은 처음으로 자신의 정치적 운명의 주인이 됐다. 이제 그는 보수적인 남성들로 구성된 이 정당을 장악해야 했다.

CDU 당 대표로서 맞은 첫날인 4월 10일, 앙겔라 메르켈은 지도부가 기다리고 있는 당사 회의실에 성큼성큼 걸어 들어갔다. 회의실을 둘러본 그는 이미 자리를 잡고 있던 사람들에게 기다란 테이블 주위에 되는 대로 흩어져달라고 요청했다. 메르켈이 던진 메시지는 명확했다. 나를 상대로 역적모의하려는 수고 따위는 하지 마라. 나는 지켜보고 있다. 이제 여기는 앙겔라 메르켈의 당이다.

그해에 베를린은 독일연방공화국의 공식 수도라는 역사적인 지위를 되찾았다. 메르켈은 한 터럭의 후회도 없이 라인 강변의 소도시를 떠났다. 편협하고 보수적이며 남성들밖에 없는 본은 메르켈의 제대로 된 집이었던 적이 결코 없었다. 정치적인 수습 기간을 무사히 마친 것에 안도한 그는 어린 시절에 동베를린에 있는 할머니를 방문한 이래로 친숙했던 도시로 돌아갔다. 그가 향한 곳은 고상하고 녹음이 우거진, 품위 있는 맨션들이 있는 동네가 아니었다. 그루네발트(Grunewald)나 달렘(Dahlem)이나 샬로텐부르크(Charlottenburg, 모두 베를린에 있는 동네 이름이다 - 옮긴이)가 아니었다. 그와 요아힘은 옛 동베를린의 중심지에 있는 수수한 아파트에 둥지를 틀었다. 그에게는 템플린에 있는 발트호프만큼이나 친숙한 곳인 페르가몬 박물관(Pergamon Museum) 건너편에 있는 아파트였다. 이제 그는 느릿느릿 흘러가는 라인강 대신 세계적인 메트로폴리스로서 새로운 위상에 어울리는, 재건축을 마친 듯한 도시를 굽어봤다. 도시의 스카이라인에는 크레인이 빼곡했고, 흉측한 장벽의 잔해들이 있는 예전의 무인지대를 여전히 여기저기서 볼 수 있었으며, 전쟁의 흉터가 남은 라이히스타크는 아직도 공사 중이었다. 베를린에 도착한 앙겔라 메르켈은 집에 온 것 같은 기분이었다. 발을 단단히 디뎠기에 넘어지는 실수도 하지 않을 것 같은 기분이었다. 인생의 교훈들은 더 이상 필요하지 않은 듯했다.

자존심이 강한 사람은 자신에게 상처를 준 사람을 용서하는 속도도 대체로 느리다. 하지만 헬무트 콜은 결국 제자와 화해했다. 2005년 그는 앙겔라 메르켈을 총리 후보로 지지했다. 4년 후, 메르켈은 공개적인 화해 의식으로서 콜의 저택을 방문했다. 각자가 품은 진심과는 무관하게, 정치의 법칙을 잘 아는 그들은 각자가 품은 실망감과 상처를 절묘하게 감췄다. 미국 대사 필립 머피는 2012년에 콜의 총리 취임 30주년을 기념하는 작은 만찬을 주최했다. 중국에서 만찬장으로 직행한 메르켈 총리는 옛 멘토를 위해 따뜻한 건배사를 했다. "나는 메르켈이 여행에 대한 얘기를 할 때 콜에게서 눈을 떼지 않았습니다. 콜의 얼굴에는 자식을 자랑스러워하는 아버지가 지을 법한 미소가 가득했습니다." 그 자리에 있었던 전 대사 키밋이 한 말이다. "그런데 현직 총리가 어느 쪽인지는 명확했죠."

2014년에 맞은 메르켈의 예순 번째 생일에, 콜은 그에게 모호하게 해석되는 축하 인사를 보냈다. "지금 와서 돌아보면, 당신은 다채로운 인생에서 얻은 기회들을 거머쥔 후 무척이나 안전하게 일해올 수 있었습니다." 기회를 거머쥐는 것이야말로 메르켈의 진정한 강점이었다. 그리고 그에게 권력에 대해 많은 것을 가르쳐준 노병은 메르켈의 그런 강점을 칭찬하는 것 말고는 달리 할 말이 없었다.

메르켈은 자기 인생에서 콜이 수행한 역할을 자주 인정했지만, 그에게 빚진 것은 정치적인 빚이지 개인적인 빚은 아니라고 밝혔다. 메르켈이 진 더 큰 빚은 통일이 된 후 제2의 기회를 준 나라에 진 빚이다.

앙겔라 메르켈은 2005년 11월 22일에 역사를 창조했다. 여성이자 과학자이며 동독 출신 독일인인, 이 삼중 아웃사이더는 독일 최초의 여성 총리로 취임했다. 그의 사진은 총리실의 남성 전임자들 사진 옆에 걸렸다.

6

TO THE CHANCELLERY AT LAST

드디어 총리실로

독일인들은 거울을 들여다보는
사람이 아니라 자신들의 문제를 살펴보는
사람을 원했다. 메르켈은 자신에게
초점이 집중되지 않는 정치 스타일을
완벽하게 가다듬었다.

카를테오도어 폰 구텐베르크(Karl-Theodor von Guttenberg)

나는 말솜씨가 좋은 게 아니다.
오로지 진실만을 말할 수 있을 뿐이다.

소크라테스

게르하르트 슈뢰더 총리가 조기 총선을 요구한 2005년에 기독민주연합(CDU) 당내에 앙겔라 메르켈의 시대가 도래했다는 사실에 강력하게 이의를 제기하는 사람은 아무도 없었다. 한때 가부장적이던 당은 중도주의 노선을 견지하고 대서양 양안의 강력한 유대를 주장하면서도 새로운 출발을, 심지어 그 나라 최초의 여성 총리라는 역사를 빚어낼 기회를 제의하는 실용주의 노선의 지도자를 선택했다. 독일인들은 메르켈의 겸손을, 꾸밈없고 직설적인 스타일을, 과장된 언사를 동원하지 않는 태도를 좋아했다. 또 그가 동독에서 서독으로 옮겨오는 과업을 효율성 높은 방식으로 달성했다는 사실에 신뢰를 품었다. 독일 국민들은 메르켈이 소속 정당과 조국을 실망시킨 콜을 신속하고 침착하게 권좌에서 물러나게 했다는 사실 이상의 다른 정보를 알지 못했다. 그러나 메르켈도, 그의 라이벌인 온건한 중도좌파인 사회민주당의 게르하르트 슈뢰더도 독일의 예의 바른 합의 정치(合意政治) 스타일에서 벗어나진 않았다. 격동과 파란의 유구한 정치사를 가진 제2차 세계대전 이후의 독일에서 따분함은 바람직한 것으로 간주됐다.

9월 총선으로 이어지는 몇 주간의 여론조사를 바탕으로 보면, 메르켈의 승리는 보장된 듯 보였다. 그와 CDU는 수다쟁이 슈뢰더를 한참 앞질러 있었다. 언론은 자신들과 사생활을 공유하며 자극적인 헤드라인을 제공하는 것을 즐기는 슈뢰더를 애지중지했지만 말이다. 그런데 이런 추세는 빠르게 바뀌었고, 메르켈은 선거에서 거의 패할 뻔했다. 이 과정에서 메르켈은 자기 주위에 세울 인물을 선택하고, 자신이 이끌기로 결심한 나라의 분위기를 항상 주시하는 것이 얼마나 중요한지 뼈저리게 깨달았다.

문제는 세금과 관련이 있었다. 메르켈은 선거운동 기간에 유명한 하이델베르크대학교 법학 교수 파울 키르히호프(Paul Kirchhof)를 재무장관으로 지명했다. 정치적 감각이라고는 찾아볼 길 없는 키르히호프는 모든 독일인이 동일한 수준의 소득세를 납부하는 정책을 지지했다.[1] 그런데 이 정책은 대중에게 인기가 없었고, 지지율을 올리려 몸부림치는 슈뢰더 총리에겐 간절히 원하던 건수를 제공한 꼴이 됐다. 슈뢰더는 메르켈이 독일 경제에 치명적인 타격을 가하려는, 이해할 수 없는 보수적인 과격파라고 주장했다. 얼마 후, 메르켈과 슈뢰더의 지지율 격차는 두 자릿수에서 한 자릿수로 줄었다.

독일은 의원내각제 국가다. 시민들은 베를린에서 자신들을 대표할 국회의원에게 투표하고 국회의원들은 총리를 선택한다. 최다 득표를 한 정당은 득표 2위를 차지한 정당 또는 정당들과 연립정부를 구성하는데, 내각에 속한 장관직을 배정하는 복잡한 협상에는 몇 주, 때로는 몇 달이 걸릴 수도 있다. 2005년의 선거일 밤에, 슈뢰더와 메르켈이 소속된 정당들의 승부는 사실상 무승부였다. 어느 쪽도 다른 정당과 연립정부를 구성하지 않은 채로 총리직을 확보했다고 선포하는 데 필요한 의석수를 확보하지 못했다. 선거는 승패를 가리기 힘든 아슬아슬한 접전이었다. 후보들은 그날 밤 연립정부 구성을 위한 노력에 착수하기 전에 언론이 퍼붓는 질문 공세에 답하기 위해 TV 카메라 앞에 섰다. 뜨거운 방송용 조명 아래 벌겋게 달아오른 메르켈은 탈진한 사람처럼 핼쑥해 보였다. 그 옆에서 안락의자에 몸을 깊이 묻은 슈뢰더는 청중을 향해 대담하게 장담했다. “저는 총리직을 유지하게 될 겁니다. 제 소속 정당이 대화를 하자는 메르켈 후보의 제의를 받아들일 거라고 정말로 믿으시는 겁니까?” 그의 말투에는 만족감과 조롱이 반반씩 있었다. 바로 그때, 카메라가 메르켈 쪽으로 돌아갔다. 의중을 감지하기 쉽지 않은 웃음기가 메르켈의 축 늘어진 이목구비를 끌어 올리

1 독일의 조세 정책은 과세 가능한 소득에 비례해 세금이 증가하는 누진세 방식이다.

기 시작했다. 그는 침묵을 유지하며 슈뢰더가 호통을 치게 놔뒀다. 이것이 그의 장기였다. 알파메일(alpha male)이 계속 떠들어대게 놔두면서 자폭할 때까지 끈기 있게 기다리기.

이윽고 메르켈이 자신의 마이크로 몸을 기울이고는 차분하게 말했다. "간단히 말하자면, 슈뢰더 후보는 오늘 승리하지 못했습니다." 그는 열기를 뿜어대는 슈뢰더에게서 청중 쪽으로 고개를 돌리며 덧붙였다. "저는 우리가 민주적 규범을 뒤엎지 않으리라는 것을 약속드립니다." 청중은 박수갈채를 쏟아냈다. 메르켈은 만족스러운 미소를 지었다. 그는 언젠가 자신에게 한 약속을, 슈뢰더를 코너에 몰아넣겠다는 약속을 지켰다. 그리고 그 과정에서 역사를 창조했다.

두 달 후인 11월 22일, 앙겔라 메르켈은 독일 최초의 여성 총리로서 취임 선서를 했다. 취임식은 1933년에 아돌프 히틀러가 절대 권력을 굳힐 수 있게 해준 유명한 화재로 파괴됐다가 리노베이션을 거쳐 이제야 위용을 갖추게 된 라이히스타크에서 거행됐다.[2] 베를린은 이제 통일된 독일의 수도로서 눈부시게 빛나고 있었다. 라이히스타크의 유리로 둘러싸인 돔을 통해 빛이 쏟아져 들어왔다. 투명한 돔은 독일이 되찾은 민주주의의 상징으로 쓸 목적으로 지은 거였다. 수수한 검정 정장 차림인 쉰 살의 앙겔라 메르켈은 웃음기 없는 얼굴로 오른손을 들고 선서했다. "독일 국민의 안녕을 위해 노력하고 국민들의 복지를 증진하며 국민들을 위험으로부터 보호하며 헌법을 수호하기로 선서합니다. 그러니 하나님, 저를 도우소서." 메르켈은 청중의 박수를 받으려는 듯 고개를 들었다. 그는 자신의 인생에 일

2 라이히스타크 화재는 히틀러가 총리 취임 선서를 한 지 4주 뒤인 1933년 2월 27일에 일어난 방화 공격이었다. 히틀러 정부는 공산주의 선동가가 방화범이라고 주장했고, 나치스는 이 화재를 독일이 공산주의자들의 위협 아래 있다고 주장하는 핑곗거리로 써먹었다. 이 사건으로 히틀러가 적으로 규정한 이들의 대규모 체포가 이어졌다.

어날 일이라고 결코 기대하지 않은 이 순간에 수줍게 웃으면서 눈물을 참으려 눈을 깜빡거렸다. 청중석에 있는 부모님과 동생들은 감정을 거의 내비치지 않았다. 알다시피 그들은 원래 감정을 과하게 드러내는 사람들이 아니다. 과묵하고 자립심 강한 딸이 그가 완전히 용납하지 않는 정치체제를 가진 나라를 이끄는 자리에 올라 취임 선서를 할 때, 호르스트 카스너 목사의 마음속에는 어떤 생각이 차올랐을까?

놀랍게도, 메르켈의 남편은 이 역사적인 취임식에 참석하지 않았다. 자우어는 평소처럼 실험실에서 양자화학을 연구하느라 바빴다. 메르켈은 남편의 부재를 개의치 않는 듯 보였다. "그이가 중요한 시기에 나를 성원해주는 게 더 중요합니다." 신임 총리는 말했다. 메르켈은 오래지 않아 그 성원이 필요할 터였다.

독일 8대 총리의 취임을 누구보다 먼저 축하해준 사람들 중에는 7대 총리가 있었다. 슈뢰더는 취임식이 끝난 후 메르켈을 향해 팔을 뻗으며 말했다. "친애하는 총리님, 우리나라를 위한 총리님의 노고가 빛을 발하기를 바랍니다."

"총리님께서 우리나라를 위해 하신 모든 일에 감사드립니다. 책임감을 갖고 총리님의 유산을 처리하겠습니다." 메르켈은 상냥하게 대답했다. 하지만 권력 이양이 매끄럽고 논란 없이 이뤄지는 성숙한 민주주의 국가라 해도 해묵은 원한이 오랫동안 이어질 수도 있는 법이다. 슈뢰더가 2007년 7월 그의 공식 초상 사진의 베일을 벗기려고 총리실로 돌아왔을 때 메르켈 총리는 전임자에게 이렇게 말했다. "흠, 결국에는 우리 모두 사진이 이 벽에 걸리겠죠." 슈뢰더는 이렇게 대꾸했다. "어떤 사진은 다른 사람들 사진보다 더 빨리 걸릴 겁니다."

취임 선서를 마친 앙겔라 메르켈 총리는 웅장한 기둥이 줄지어 늘어선 제국의회 의사당 정문을 성큼성큼 통과했다. 그 정문에는 제1차 세계대전 기간 동안 새기고 프랑스군의 대포를 녹인 쇳물로 글자들을 채운 '뎀 도이첸 폴커(Dem Deutschen Volke, 독일 국민에게)'라는 유명한 문구가 새겨져 있다. 넓은 잔디밭을 잰걸음으로 가로질러 집무실로 향한 메르켈은 한시라도 빨리 업무에 착수하려고 들었다. 그런데 그보다 먼저, 그는 세계 언론을 상대해야 했다.

대부분의 독일인은 극도로 침착한 자국 총리가 놀란 나머지 대중 앞에서 말도 제대로 하지 못한 때를 잘 떠올리지 못한다. 한두 번 있을까 말까? 최초의 사례는 취임 선서에 이어진 기자회견 도중에 발생했다. 메르켈의 말문을 막아버린 질문은 평범하기 이를 데 없는 것이었다. "총리님, 기분이 어떠십니까?" <인터내셔널 헤럴드 트리뷴>의 주디 뎀시(Judy Dempsey)가 물었다. 그런데 이 질문은 신임 총리를 무방비 상태로 몰아넣었다. 메르켈은 기분에 대해 깊이 생각하는 사람이 아니다. 자신의 기분은 더더욱 고려 대상이 아니다. "흠, 예, 음, 여러 상황 아래에서…." 그는 웅얼거렸다. 짧고 인상적인 순간이 지난 후 그는 늘 보여주는 평정심을 되찾았다. 인 데어 루에 릭트 디 크라프트(In der Ruhe liegt die Kraft, 침착함 속에 힘이 있다). 그의 주문이 다시금 위력을 발휘했다. 메르켈이 대중 앞에서 다시 평정심을 잃은 건 이후 10년이 지난 때였다.

독일연방공화국의 총리는 막강한 권한을 가진 자리가 아니다. 연방공화국의 권한, 특히 국내 문제에 대한 권한은 철저히 16개 주와 막강한 헌법재판소에 분산돼 있다. 따라서 총리는 대체로 합의와 설득을 바탕으로 통치하는데, 국내 정책보다는 국제적인 사안에 훨씬 더 큰 재량권을 갖고 있다. 메르켈은 집무실로 향할 때 특정한 프로그램이나 구체적인 정책이 아니라 핵심적인 가치를 품고 갔다. 그가 개인적으로 마음 깊이 간직한 신앙, 의무와 봉사라는 확고부동한 신조, 그가 항상 '쇼아'라고 일컫는 사건 때문에 독일은 유대인에게 영원히 빚을 졌다는 믿음, 과학자 출신답게 증거를 기초로 정확하게 의사를 결정하는 성향, 자국민을 감금하는 독재자들을 향한 본능적인 혐오. 표현과 이동의 자유는 이것들이 결여된 상태로 인생의 초년 35년을 보낸 정치인에게는 결코 진부하지 않은 가치다.

이런 믿음을 마음 깊이 품고 있음에도, 앙겔라 메르켈은 대담하게 행동하는 지도자가 아니다. 국민들이 따라올 수 있는 속도로 전진하며, 정치적으로 실현 가능한 일이라고 판단하는 자신의 본능을 확인하기 위해 여론조사를 활용하는 지도자다. 아주 드문 일이긴 하지만 몸에 밴 신중한 태도에서 벗어난 행동을 하는 경우, 그는 독일에 큰 충격을 준다. 훗날 전 세계에 큰 충격을 준 것처럼 말이다.

메르켈이 취임하면서 세운 목표는 새로이 공격적인 태도를 취하는 러시아에 맞설 정도로 강한 독일, 그러면서 인종주의와 제노포비아(xenophobia, 외국인 혐오)라는 바이러스에 저항력을 갖기에 충분할 정도로 각성한 독일이었다. 나토(NATO, 북대서양조약기구)와 대서양 양안 관계는 메르켈 외교정책의 기반을 형성했다. 그가 이끄는 독일은 유럽 대륙을 선봉에서 이끌지도, 대륙을 위협하지도 않으면서 유럽의 일부가 될 터였다. 메르켈이 영웅시한 인물인 레이건과 조지 H. W. 부시, 그리고 그의 멘토인 헬무트 콜은 통일과 함께 경제적으로 막강해진 독일연방공화국을 견제하는 영국과 프랑스를 달래기 위해 열심히 일했다. 메르켈은 그들을 모방하면서 독일을 많은 나라 중 한 나라로, 현재 그 나라를 이끄는 여성처럼 자신만만하면서도 겸손한 나라로 만들려고 노력할 터였다.

메르켈의 집무 첫날 총리실은 고요했다. 유리와 철재가 많이 보이는 이 현대적인 건물은 의식을 거행하는 장소가 아니라 업무를 수행하는 장소였다. 감청색 제복을 입고 현관을 지키는 경비원들은 사격장이나 헬스장에서 자유 시간을 보내는 사람들처럼 보이지 않는다. 성실히 업무를 수행하는 사무적인 사람들로 보인다. 그들이 오와 열을 맞춰 행진하는 모습은 쉽게 상상이 되지 않는다. 건물 내부의 담녹색 벽에서 권력과 역사의 상징물은 찾아볼 수 없다. 황제나 장군 같은 역사적 인물의 초상화도 없다. 이곳은 자국의 역사를 편한 심정으로 대하지 못하는, 또한 강대국이라는 최근의 지위를 편안하게 받아들이지 않는 나라, 그 나라 권력의 중심지다.

메르켈 총리는 동이 틀 무렵, 어느 보좌관의 말에 따르면 '하나님께서 창조하신 모습 그대로' 집무실에 도착하는 게 보통이었다. 화장기 없는 얼굴에 머리도 매만지지 않은 채 수수한 차림새로 도착한 그는 곧바로 집무를 볼 준비가 돼 있다. 10년 이상 총리의 스타일리스트로 일하면서 함께 곳곳을 다녔지만 총리의 사저에는 단 한 번도 가본 적 없다는 페트라 켈러가 메르켈을 세상과 친숙한 총리의 이미지로 탈바꿈시키는 동안, 정치인 메르켈은 아침을 먹으면서 태블릿 PC로 간밤에 들어온 보고서와 뉴스 기사를 읽는다. 여러 번의 위기를 겪은 그의 팀은 총리실을 메르켈이 템플린의 목사관에서 보낸 어린 시절, 급박한 사건을 피해 몸을 숨기면서 느꼈던 것과 비슷한 안도감을 느낄 수 있는 분위기로 꾸밀 것이다.

총리실에서 새어 나가는 정보와 메시지를 철저히 통제하는 메르켈은 소셜 미디어를 주도면밀하게 피했다. 그는 허위 정보를 퍼뜨리고, 자신이 순진한 마음으로 한 교류조차도 자신을 향한 탄환으로 둔갑시키는 소셜 미디어의 위력에 민감하다. 인터넷의 위력에 대한 그의 인식은 2016년 7월에 파리의 엘리제궁에서 발칸 지역을 의제로 열린 EU 회의에서 잘 드러났다. 몬테네그로의 이비차 다치치(Ivica Dačić) 부총리가 협의의 결론을 이

끌어낸 것을 축하하기 위해 느닷없이 애창곡 '오 솔레 미오'를 부르기 시작했다. 몬테네그로 부총리가 열창하는 동안, 다른 EU 지도자들은 각자의 핸드폰에 손을 뻗었다. 그들은 그 순간을 사적인 소셜 미디어 계정에 올릴 만한 코믹한 순간으로 봤지만, 메르켈은 잠재적인 위험으로 봤다. 테이블에서 일어난 그는 간청했다. "제발 핸드폰을 치우세요! 이 장면은 바이럴(viral) 되어 우리 회의에 대해 아주 우스꽝스러운 인상을 퍼뜨릴 거예요." 유럽의 다른 지도자들은 그의 말을 고분고분 따랐다. 부총리가 노래를 부르는 도중에 전화기를 끈 것이다. 메르켈은 실내를 가득 메운 동료 국가 정상들에게 조용한 권위를 행사했다.

메르켈이 초반에 총리실에서 일으킨 변화에는 드넓은 집무실에 있는 가구를 재배치한 것도 포함된다. 그는 학생 시절에도 앞줄에 앉는 것을 좋아하지 않았다. 같은 반 아이들을 관찰할 수 있도록 교실 중간에 앉는 것을 선호했다. 그는 어마어마한 크기의 집무실 안쪽에 있는, 전임자가 쓰던 전함만 한 책상을 쓰는 대신, 집무용 책상을 출입문과 가까운 곳으로 옮겼다. 그 결과 방문객이 자신을 보기 전에 자신이 먼저 방문객을 볼 수 있게 됐다. 환하게 빛나는 하이퍼모던 양식의 총리 집무실은 강대국의 허브(hub)라기보다는 성공한 스타트업의 사령부에 가까운 느낌을 풍긴다. 매우 소박한 장식이 선명하게 풍기는 분위기는 겸손과 소박함이라는 메르켈의 루터교 칙령을 선포하는 듯하다. 그가 집무실에서 나가 테라스에 오르면 — 그는 방문객들에게 한창 건설 중인 도시 베를린의 경치를 보여주려고 자주 그렇게 한다 — 막강한 권력의 이미지를 뿜어내는 라이히스타크가 눈앞에 보인다. 그와 현대적인 수도 모두 다 최근 역사에서 극적인 변신을 경험했다.

메르켈은 보통 그날의 빼곡한 일정으로 뛰어들기 전에 수화기를 들곤

한다(그는 자신이 직접 전화를 건다는 사실을 뿌듯해한다). 통화는 외국 대통령들과 나누는 환담일 수도 있고, 아침마다 그의 책상에 생기 넘치는 꽃을 올려놓는 정원사에게 고마움을 전하는 감사 인사일 수도 있다. 메르켈은 전임자의 벽장을 작은 부엌으로 탈바꿈시켰다. 그는 그곳에서 종종 방문객에게 대접할 커피를 내린다. 커피 향은 차차 집무실에 배어 있던 슈뢰더의 쿠바 시가 냄새를 대체했다.

손님들을 위해 마실 것을 준비하는 행위에는 카페인을 보충하려는 손님들의 욕구를 충족시키는 것 이상의 의미가 있다. 무심결에 드러난 집무실의 과시적인 요소 탓에 인간적인 교류가 어려워지는 걸 막겠다는 의지다. 총리는 커피를 내리는 동안 손님들에게 질문 세례를 퍼붓곤 한다. 자신이 미처 모르는 무언가를 상대에게서 얻으려 애쓰는 것이다. 전 UN 사무총장 코피 아난(Kofi Annan)의 보좌관이던 마이클 키팅(Michael Keating)은 아난이 2006년 메르켈 총리를 처음으로 만나려고 도착했던 때를 떠올렸다. "메르켈은 아프리카가 독일의 우선 관심 지역이 돼야 하는 이유에 대한 아난의 설명을 열심히 경청하면서 아난을 무장해제 시켰습니다. 두 사람은 기후변화, 아프리카의 경제적 잠재력, 이민, 테러리즘의 영향에 대해 논의하는 사이사이에 엄청난 유머를 주고받았습니다."

그의 책상에 놓인 작은 은제 액자에 담긴 그림은 방문객의 눈을 사로잡는다. 예카테리나 여제의 초상화다. 독일에서 태어난 안할트체르프스트의 조피 공주(Princess Sophie of Anhalt-Zerbst)는 메르켈이 자란 템플린에서 그리 멀지 않은 소도시 슈테틴 출신의 루터교 신자였다. 표트르 대제의 손자이자 훗날 러시아 황제 표트르 3세와 정략결혼을 한 조피(자신의 독일식 이름을 버리고 러시아식 이름인 예카테리나(Ekaterina)로 개명했다)는 1762년에 러시아의 여제(차리나, czarina)가 됐다. 상황 판단이 빠르고 결단력이 있었던 그는 자신을 과소평가한 많은 남자들을 쓰러뜨리면서 34년간 러시아를 통치했다. 여제가 이룬 대담한 업적 중에는 오스만제국에게서 우크라이나를 빼앗은 것이 있었다. 머지않아 메르켈도 훗날의 러시아 황제 블라디미르 푸틴에게서 그 지역을 되찾으려고 분투하게 된다.

메르켈은 헬무트 콜과 조지 H. W. 부시 대통령이 베를린 장벽에서 찍은 사진과 오스트리아 표현주의 화가 오스카어 코코슈카(Oskar Kokoschka)가 그린 제2차 세계대전 종전 이후 초대 독일 총리 콘라트 아데나워의 초상화를 커다란 액자에 넣어 벽에 걸어두었다. 아데나워는 황폐한 조국의 운명을 서구의 운명, 특히 워싱턴의 운명과 연계한 인물이다. 메르켈의 책상에는 그가 늘 외는 'In der Ruhe liegt die Kraft(침착함 속에 힘이 있다)'라는 주문을 새긴 플렉시 글라스로 된 큐브가 있다. 또 나무로 만든 커다란 체스 기물이 집무실의 다른 모퉁이를 차지하고 있다. 그건, 당연히, 퀸(queen)이다.

수많은 보안 요원이 그림자처럼 따라다니며 메르켈의 일거수일투족을 지켜보고 그의 일정을 정부의 여러 부처에 배포하는 사이, 메르켈은 업무와 사생활 사이에 어느 때보다도 명확한 선을 그었다. 그와 가까운 보좌관 중에 총리실에서 몇 분 거리에 있는 사저(별다른 특징이 없는 월세 아파트)에 가본 사람은 아무도 없었다. 보좌관들은 신임 총리가 유럽의 다른 나라 수도에서 하루를 보낸 뒤라도, 불과 단 몇 시간을 자더라도 자신의 침대에서 자는 것을 선호한다는 사실도 얼마 지나지 않아 알게 됐다.

메르켈의 일상은 총리로 재직한 16년 동안 거의 바뀌지 않았다. 아침 8시 30분, (보좌관의 표현을 빌리자면) '총리 갑옷'을 차려입은 그는 수석보좌관 베아테 바우만(Beate Baumann)과 대변인 슈테펜 자이베르트(Steffen Seibert), 오랫동안 자리를 지켜온 팔방미인 에바 크리스티안젠, 그리고 자신의 마지막 임기 동안 국가안보자문을 맡은 얀 헤커(Jan Hecker)와 회의를 한다. 이 작은 조직에서 제일 중요한 인물은 단연코 바우만이다. 바우만은 메르켈이 재임하는 동안 권력 면에서 독일 정계의 이인자였다. 메르켈의 남편을 제외하면, 그보다 메르켈을 더 잘 알고 메르켈의 신임을 더 많이 받는 사람은 없다.

메르켈보다 열 살 어린, 케임브리지에서 교육받은 미혼의 바우만은 메르켈의 정치적 신념, 그리고 미국을 향한 숭배에 가까운 믿음을 형성하는 데 상당한 기여를 했다. 대중의 눈에는 투명인간이나 다름없는 바우만의 익명성은 메르켈로서는 꿈에서나 바랄 수 있는 특징이다. 메르켈은 바우만을 1995년에 개인 비서 겸 사무실 관리자로 채용했는데, 바우만의 직함은 2021년에도 여전히 똑같았다. 그렇지만 그 직함의 직무로 규정하기 어려운 역할을 수행한다. 메르켈과 바우만은 공생에 가까운 관계로 25년을 지낸 후에도 여전히 서로를 부를 때 격식을 갖춘 'Sie(영어의 'you'에 해당하지만, 더 공식적이고 격식을 갖춘 호칭이다 - 옮긴이)'라는 호칭을 사용한다. 하지만 바우만은 자신이 특권을 누리는 신분이라는 징표로서 상사를 부를 때 다른 보좌관들이 사용하는 직함인 '프라우 분데스칸츨레린(Frau Bundeskanzlerin, 총리님)'보다는 '프라우 메르켈(Frau Merkel, 메르켈 부인)'이라고 부르고는 한다. <디 차이트> 소속으로 수십 년간 메르켈을 취재해온 베른트 울리히(Bernd Ulrich)는 두 사람의 관계를 '자매간과 비슷하다'고 묘사했다. "두 사람은 스스럼없이 상대가 하는 말을 끊습니다. 의견을 달리할 때도 많습니다. 두 사람 사이에는 장벽이 없습니다. 그저 신뢰만 있을 뿐입니다." 메르켈이 총리가 된 첫해에 바우만이 앞줄에서 '속도를 높이세요'나 '화제를 바꾸세요' '이제 살짝 미소를 지으세요'를 뜻하는 수신호, 감히 그런 신호를 보낼 수 있는 사람이 몇 되지 않는 종류의 그런 신호를 보내는 모습이 가끔씩 포착되고는 했다.

바우만이 자신이 모시는 보스의 약간 젊은 버전이라면, 에바 크리스티안젠은 더 매력적인 여동생에 해당한다. 디지털화, 특히 옛 동독 지역의 인터넷 접속의 질과 양을 향상시키는 것을 책임진, 총리보다 스무 살 젊은 크리스티안젠은 금발에 호리호리한 몸매로 요가 강사처럼 건강하고 보기 좋은 모습이다. 독일 언론이 그들을 여성 캠프(girls camp)라고 지칭하면, 메르켈 내각의 전 국방장관이자 현재 EU 집행위원장인 우르줄라 폰 데어 라이엔(Ursula von der Leyen)까지 포함해 모두 어깨를 으쓱하며 못 들은 척할 것이다.

2018년 6월에 총리실을 방문한 필자는 메르켈과 바우만, 크리스티안젠의 지적수준이 얼마나 잘 조율돼 있는지를 직접 확인할 수 있었다. 세 여성 모두, 마치 사전에 협의라도 한 양 독일 사학자 토마스 바우어(Thomas Bauer)의 저서 <모호성의 문화: 이슬람의 대체 역사(A Culture of Ambiguity: An Alternate History of Islam)> — 고전적인 이슬람과 현대의 이슬람, 그리고 다양한 이슬람의 맥락에 내재된 갈등을 고찰한 책 — 를 읽고 있었다.

메르켈은 자신의 측근들이 늘 솔직하기를 바란다. "참모 중에 아첨꾼은 없습니다. 누구나 메르켈을 비판할 수 있습니다." 이 '여성들' 중 한 명이 한 말이다. 메르켈 내각의 최장수 대사에 속하는 볼프강 이싱어(Wolfgang Ischinger)는 메르켈과 참모진의 관계가 무척 끈끈하다고 전했다. 메르켈은 모든 참모가 자유롭게 발언하기 바란다는 사실을 모두가 주지하도록 굉장히 신경을 쓴다고 한다. "오바마가 재임할 때 백악관으로 가는 길에 총리의 전화기가 울렸습니다. 총리가 수화기에 손을 올리더니 나한테 이러더군요. '당연한 말이지만, 이건 극비 통화예요.' 총리가 자신이 임명한 대사인 나한테 그런 말을 해야 할 필요성을 느낀다는 사실에 깜짝 놀랐습니다." 남을 믿었다가 곤경에 처할 수도 있는 경찰국가에서 살았던 총리의 경험을 감안하면, 사실 그리 놀랄 일은 아니었을 것이다.

총리와 함께 일하는 모든 사람이 이 그룹에 속해 오랜 세월을 보낸 건 아니었다. 2017년에 메르켈은 특유의 행보를 취했다. 그가 총리로 재선될 때 꺾은 상대인 프랑크 발터 슈타인마이어(Frank-Walter Steinmeier)에게 연방공화국 대통령 자리, 그러니까 명망은 높지만 대체로 의전용 직위를 제안한 것이다. '친구를 가까이 두되 라이벌은 더 가까이 두라'는 메르켈이 신봉하는 또 다른 주문일 것이다. 그는 위험한 라이벌이 될 우려가 있는 다른 두 명을 길들이려고 똑같은 수법을 되풀이했다. 그의 내각에서 보건장관이 된 옌스 슈판(Jens Spahn)과 마지막 내무장관인 호르스트 제호퍼(Horst Seehofer). 가장 널리 알려진 사례는 메르켈이 콜의 질퍽한 자금 스캔들의 희생자이자 또 다른 잠재적 라이벌인 볼프강 쇼이블레를 자신의 첫 내무장관으로, 2009년에는 재무장관으로 임명해 그가 8년이라는 격동의 세월을 내각에 머무르게 한 일이다.

메르켈이 세운 기준에 부응하는 데 실패한 사람은 누가 됐건 오래 살아남지 못했다. "메르켈을 상대할 때는 늘 정확해야 합니다." 메르켈 내각의 국방장관이었고 나중에는 내무장관을 역임한, 한때 그의 멘토였던 로타어 데메지에르의 사촌인 토마스 데메지에르(Thomas de Maizière)는 이렇게 전한다. 메르켈은 주위에 있는 사람들에게 자신과 똑같은 정확성을 요구한다. 데메지에르는 이런 일화를 들려줬다. "언젠가, 메르켈에게 숫자 하나를 인용한 적이 있습니다. 그런데 나는 그 숫자를 개략적으로만 알고 있었죠. 며칠 뒤, 메르켈이 대중 연설에서 그 숫자를 인용했는데, 그 숫자는 틀린 숫자로 밝혀졌습니다. 정확하지 않았던 겁니다. 나중에 그에게 그 숫자의 출처를 물었더니 이러더군요. '당신이 일주일 전에 나한테 말해준 거잖아요!' 그건 내가 대화를 하다 아무 생각 없이 말한 숫자였습니다. 물론 메르켈은 그 숫자를 꽤 정확하게 떠올렸고…, 그의 기억력은 비범합니다. 그를 상대할 때는 늘 만반의 준비가 돼 있어야 하죠."

그 정확성 때문에 그와 일하는 것이 강렬한 경험이긴 하지만, 그게 늘 유쾌한 것은 아니다. 20년간 총리를 위해 일하며 즐겼느냐는 질문을 받은 토마스 데메지에르는 놀랄 정도로 격하게 대답했다. "아뇨! 그 경험은 무척 험난했습니다. 1분, 1분이 힘들었죠. 그런데 위안거리가 하나 있습니다. 메르켈은 유머 감각이 뛰어납니다. 그런데 대중에게는 그런 모습을 보여주려고 하지 않죠."

유머는 메르켈이 긴장감이 팽배한 순간의 분위기를 누그러뜨리려고 쓰는 방식이다. 아프가니스탄에 배치된 독일군을 시찰하는 비행에 나선 2010년 12월, 정부가 소유한 에어버스(Airbus)가 전쟁 지역에 다가가고 있을 때였다. 비행기의 전자 경고 시스템이 비행기 꼬리에서 잠재적인 공격이 가해지면 상황을 혼란스럽게 만들려는 의도로 장착된 조명탄을 발사했다. 조종사가 회피 기동을 하는 동안 비행기는 요동쳤고 개방된 미사일 사출구에서 발사된 방어 미사일이 남긴 연기가 뿜어져 나왔다. 이상이 전혀 없다는 발표가 나온 후, 총리는 수행 무관에게 고개를 돌리고는 냉담하게 물었다. "자, 나를 위해 계획한 또 다른 엔터테인먼트는 뭔가요?"

메르켈은 이상한 데에서도 웃음거리를 찾아낸다. 총리 전용기에 수시로 탑승하는 사람 중 한 명은 이렇게 회상했다. "한번은 메르켈이 독일제 잠수함 판매에 대한 얘기를 해줬어요. 그의 말에 따르면, 잠수함을 구매한 나라가 별다른 이유 없이 대금을 지불하지 않으려 든다고, 매번 새로운 핑계를 댄다고 했어요. 그 나라에서 대금 지급을 거부하면서 마지막으로 내놓은 핑계는 잠수함이 똑바르지 않고 바나나처럼 휘었다는 거였어요. 총리는 우리에게 이런 일화를 들려주면서 말 그대로 배꼽을 잡고 웃었어요."

메르켈은 블라디미르 푸틴이 길길이 날뛰는 모습을, 종이에다 무엇인가를 미친 듯이 휘갈기는 모습을 코믹하게 따라 하는 것으로도 유명하다. "저기! 저기!" 메르켈은 꽥꽥 소리를 지르는 푸틴을 흉내 내면서 그가 하는 것처럼 손가락으로 종이를 쿡쿡 찍었다. 러시아 대통령이 세계에 보여주는, 범접할 수 없는 근엄한 얼굴을 하고는 백팔십도 다른 우스꽝스러운 모습을 흉내 내는 것이다.

총리실에는 공무원 500명과 정책 자문 100명이 일하고 있지만, 앙겔라 메르켈은 이들 전원이 각자의 업무를 수행하면서 행복감을 느끼게 해주지는 않았다. 어느 연설문 작가는 이렇게 투덜거렸다. "메르켈은 과장된 수사를 거부합니다. 거창한 아이디어, 원대한 내용을 담은 문장은 모조리 터부시하죠." 그 작가는 2015년 3월 7일에 앨라배마 셀마(Selma)에서 마틴 루터 킹 박사가 이끈, 피로 물든 흑인 민권운동 시위행진을 기념하는 50주년 기념식에서 오바마 대통령의 열정적인 웅변 같은 연설문을 집필하는 꿈을 꿨다. "앙겔라 메르켈은 그런 연설문은 절대로 받아들이지 않을 겁니다. 설령 내가 그런 연설문을 쓴다 할지라도, 그는 그걸 오바마처럼 연설하지는 못할 겁니다."

메르켈은 연설 연습을 거의 하지 않는다. 거울 앞에서 하지 않는 것은 확실하다. 그는 앞에 놓인 텍스트를 곧바로 읽는 경우가 잦다. "그는 연설할 때 왜 그토록 관료적인 언어를 구사하는 걸까요?" 전 외무장관 요슈카 피셔는 때때로 툴툴거렸다. 하지만 메르켈이 보기에 대중을 흥분시키는 재능은 위험하다. 꾸밈없는 언어로 하는 커뮤니케이션을 추구하는 메르켈의 고집은 연설에 재능이 없는 것 이상을 의미한다. 히틀러의 격렬한 수사법은 여전히 많은 독일인에게 상대적으로 오래되지 않은 과거다. 메르켈의 경험을 통해 보면, 언어는 신뢰할 수 없는 대상이다. 말은 조심스럽게 활용해야 하는 무기다. 메르켈은 화염 같은 선동으로 대중을 갖고 노는 것보다는 서방국가의 지루하지만 현명한 관리인이 되는 쪽을 선호한다. 메르켈은 오바마의 수사적 영민함에도 별로 호감을 느끼지 않는다.

청중을 자극하는 웅변술을 피한 현대 독일 정치인은 앙겔라 메르켈만 있는 게 아니다. 민주주의의 가치를 굳건하게 지켜낸 엄격한 인물 콘라트 아데나워 총리도 톱밥처럼 건조한 연설을 한 것으로 유명하다. 동시대 전문가들이 아데나워가 아는 단어는 200여 개밖에 안 되는 것 같다고 투덜거렸을 때, 그를 옹호하는 사람들은 이렇게 맞받아쳤다. "그가 아는 단어가 그보다 더 많더라도, 그는 그것들을 사용하지 않을 정도로 충분히 영리했을 겁니다." 메르켈도 같은 경우라 할 수 있다.

메르켈 총리의 필수적인 생존 메커니즘 중 하나는 감정을 떼어놓고 판단하는 뛰어난 능력이었다. 자존심을 외부에 따로 독립시켜둔 탈인격화한 정치. 그 능력 덕에 그는 여성을 자신들의 지도자로 받아들이기까지 무척 긴 시간이 걸린 연립정부 내부 라이벌들의 공격도 담담히 방어할 수 있었다. 국내 이슈가 앙겔라 메르켈에게 영감을 주는 일은 드물었다. 때로 비협조적인 연립정부 파트너들을, 의원이 수백 명이나 되는 분데스타크를, 주민 생활의 사소한 부분까지 규정하는 법률을 토대로 한 고도의 규제화된 시스템을 가졌으며 복잡한 이해관계로 얽힌 랜더를 다루는 문제에 관여할 때도 마찬가지였다.[3] 따라서 메르켈이 엄청난 창의력을 요구하고 특출한 분석력을 자유로이 활용할 수 있는 외교정책을 선호한 것은 놀랄 일이 아니다. 한 나라의 총리라면 누구나 그럴 테지만, 동독에서 성장하는 동안 창의력을 발휘하며 행동할 여지가 좁았던 메르켈은 특히 더 그랬다.

독일 경제는 그가 열정을 품은 대상이 아니었음에도 메르켈 치하에서 계속 번창했고, 독일은 한층 더 성장하면서 유럽에서 가장 경쟁력 있는 경제력을 가진 국가로서 프랑스의 자리를 대체했다. 그 공로의 대부분은 전임자인 게르하르트 슈뢰더가 일으킨 변화의 몫이다. 하지만 메르켈이 세계적인 불황에서도 독일 경제의 나아갈 길을 익숙하게 안내하고, 유로(euro)를 사실상 구해냈다는 데에는 의문의 여지가 없다.

하지만 앙겔라 메르켈이 매료되고 두드러지게 기여한 곳은 독일 국경 너머에 있는 세상이었다. 그가 총리로 취임한 이후 상대적으로 평온하던 초기 몇 년 동안에 일어난 두 사건은 그의 성격과 리더십을 드러냈다는 점에서 특히 주목할 만하다. 독일 영토에서 일어난 일은 아니지만 두 사건은 그가 이끈 나라에 깊은 영향을 남겼다.

최초의 사건은 앙겔라 메르켈에게 미국 다음으로 의미가 큰 이스라엘에서 일어났다. 2008년 초봄에 예루살렘에 있는 큐브 모양의 모던한 건물 크네셋(Knesset, 이스라엘 의사당)으로 향하는 노령의 홀로코스트 생존자 무리가 느릿느릿 걸음을 내딛다가 종종 숨을 돌리려고 걸음을 멈춰가며 힘겹게 언덕을 올랐다. 남자들은 모두 키파(kippah, 유대인들이 쓰는 모자)를 쓰고 셔츠 맨 위 단추를 푼 모습이었고, 여자들은 안식일에 입는 예복 차림이었다. 그들은 불과 60년 전에 자기들 민족을 쓸어버리려고 기를 쓴 나라인 독일 총리의 연설을 들으려고 언덕을 오르는 중이었다. 크네셋

3 필자가 본에 거주할 때 집주인은 고요함이 권장되는 일요일에는 샤워를 오래 하지 말라고 당부했다. 그는 그 조항이 담긴 지역 조례를 현관문에 붙이는 것으로 강력한 경고를 대신했다.

의원 120명 중 여섯 명은 메르켈이 이스라엘 중심부에서 '살인자들의 언어'로 연설하게 된 데 항의하며 의사당을 박차고 나갔다. 파랑과 하양으로 이뤄진 이스라엘 국기가 검정과 빨강, 노랑으로 이뤄진 독일 국기 옆에서 산들바람을 맞아 펄럭이는 모습은 그들로서는 감당하기 힘든 광경이었다.

이스라엘 입법부에서 연설하는 최초의 독일 총리는 '살인자들의 언어'로 연설을 시작하지 않았다. 이스라엘 국기 옆에 선 검정 정장 차림의 메르켈은 부드러운 히브리어로 연설을 시작했다. "Anni modda lachem… 여기 크네셋에서 제가 여러분께 연설하는 것을 허락해주신 하나님께 감사드립니다." 그는 그런 후에야 독일어로 언어를 바꿨다.

"제 모국어로 연설하는 것을 허락해주신 여러분께도 감사드립니다. 희생자분들에게 절을 올립니다. 생존자분들과 그분들의 생존을 도와주신 분들에게 고개를 숙입니다. '쇼아'는 우리 독일인에게 수치심을 안겨줬습니다. 그건 바로 독일 총리인 저에게 이스라엘의 안보는 협상 대상이 아니라는 뜻입니다."

수백 명의 생존자, 그리고 살아남지 못한 이들의 자식과 손주들의 얼굴을 똑바로 쳐다보며 그가 구사하는 겸손하고 꾸밈없는 연설은 듣는 이의 심금을 울렸다. 연설을 시작하기 몇 분 전에 메르켈은 고개를 숙여 절을 올리고는 홀로코스트가 자행되는 동안 살해당한 어린이 150만 명에게 바치는 삭막한 느낌의 야드 바셈 홀로코스트 박물관(Yad Vashem World Holocaust Remembrance Center)의 촛불이 켜진 동굴에서 좁은 나선형 계단을 올랐다. 거기 적힌 이름들을 모두 살펴본 데 따른 충격이 메르켈의 핼쑥한 얼굴에 확연히 드러났다.

"문명을 거부한 사건인 '쇼아'는 많은 상처를 남겼고 그 상처는 오늘날까지도 치유되지 않았습니다." 그는 엄숙한 어조로 밝혔다. "이스라엘과 독일이 우호 관계를 맺는 것은 불가능한 일로 보였습니다. 이스라엘 여권에는 '독일을 제외한 모든 국가에서 유효하다'는 문구가 오랫동안 적혀 있었습니다." 이후 그는 고국에서는 대체로 회피했던 사실을 언급했다.

"저는 국가사회주의를 서독의 문제로 간주했던 동독 지역에서 인생의 초년 35년을 보냈습니다. (…) 독일의 역사적 책임과 이스라엘이라는 국가를 완전히 인정하고 받아들이기까지는 40년이 넘는 시간이 걸렸습니다. (…) 세상의 모든 장소 중에 바로 이곳에서, 저는… 이 역사적 책임은 제 조국의 존재 이유(raison d'être)의 일부라는 점을… 명백히 강조하는 바입니다."

자국의 존재 이유를 다른 나라의 존재 이유와 공개적으로 연계하는, 대담하면서도 유례없는 연설이었다. 그런데 메르켈의 연설은 거기서 끝나지 않았다. 이스라엘의 안보는 독일에게 협상 대상이 아니라는 사실을 공공연히 밝힌 총리는 화제를 이란으로 돌렸다. "이란이 핵무기를 보유한다면, 그에 따른 결과는 재앙이 될 것입니다. 다른 무엇보다도 이스라엘의 안보와 존립에, 다음으로는 중동 지역 전체에, 궁극적으로는 유럽과 세계의 우리 모두에게 재앙이 될 것입니다. (…) 그런 사태는 반드시 막아야 합니다." 그는 이렇게 결론을 지었다. 2015년에 이란의 핵무기 개발 프로그램을 제한하는 국제적 합의안에 최종 서명하기 전까지, 메르켈은 UN에서 연설할 때마다 이런 탄원을 되풀이했다.

총리는 히브리어로 몇 마디를 더 하는 것으로 연설을 마쳤다. "이스라엘 건국 60주년을 축하합니다. 샬롬(Shalom)!" 크네셋 의원들과 홀로코스트 생존자로 구성된 청중은 자리에서 일어나 박수를 쳤다.

메르켈은 이스라엘 총리 에후드 올메르트(Ehud Olmert)와 친교를 맺은 후 그가 재임한 2006년부터 2009년까지 거의 날마다 통화했다. 하지만 메르켈은 베냐민 네타냐후(Benjamin Netanyahu) 총리와 생산적인 동맹을 맺는 것을 얼마 가지 않아 포기했다. 네타냐후는 메르켈이 팔레스타인과 협상한다면서, 그리고 두 국가 해법(two-state solution)을 무시하는 것을 심각하게 고려하지 않는다면서 공격했다. 그렇지만 메르켈은 2008년의 봄날에 표명했던 이스라엘은 독일의 존재 이유의 일부라는 신념은 결코 바꾸지 않았다.

메르켈은 독일 국내에 거주하는 유대인 인구에 대한 독일의 책임에도 주의를 기울였다. 뮌헨의 번성하는 유대인 커뮤니티의 지도자인 샤를로테 크노블로흐(Charlotte Knobloch)는 총리가 예루살렘에 갈 때 동행했고, 메르켈이 그 주제에 대한 생각의 틀을 잡는 데에도 큰 역할을 했다. 크노블로흐는 이렇게 회상했다. "앙겔라는 2000년대 초반에 나한테 연락했을 때만 해도 홀로코스트에 대해서는 아는 게 그리 많지 않았어요. 그렇지만 배우려는 열의가 대단했어요. 신학자의 딸이라서 유대교와 기독교가 공유하는 뿌리를 아주 잘 알아요." 크노블로흐는 독일에 있는 유대인 시민들의 안녕에 대한 메르켈의 특별한 관심을 루터교라는 그의 뿌리에서 찾으면서 이렇게 말했다. "메르켈이 추진하는 정책들의 방향을 잡아주는 것은 나중에 기독교 창시자들이 채택한 토라(Tôrāh, 유대교 율법)를 토대로 한 도덕적 기준이에요."

크노블로흐는 총리가 자신들이 반유대주의(anti-Semitism)에 시달리는 것을 원치 않는다는 사실을 이해하기를 바란다. 메르켈 치하에서는 그 문제도 독일이 짊어진 짐이 됐다. 2009년 메르켈은 공개적으로 질책당하는 데 익숙하지 않은 권위자를 비난하기까지 했다. 그 대상은 독일인 교황 베네딕토 16세(Benedictus XVI)였다. 메르켈은 홀로코스트의 존재를 부인하고 파문당한 주교 네 명을 복귀시켰다며 교황을 규탄했다. "저는 바티칸의 결정이 누구나 홀로코스트에 대한 거짓말을 상상해도 된다는 인상을 줄 때 근본적인 문제가 위태로워진다고 믿습니다." 목사의 딸은 강력한 어조로 자신의 의지를 밝혔다. 문제가 된 주교들은 또다시 파문당했다.

인종주의가 유럽 전역과 대서양 건너로 용암처럼 퍼져가면서 독일 국내에서 반유대주의와 맞서 싸우는 데 전념하는 것이 메르켈의 재임 마지막 몇 년간 굉장히 중요한 사안이 되리라는 것을 그때까지는 아무도 알아채지 못했다.

메르켈이 대담하게 행동에 나선 다음 사건에서, 메르켈을 움직이게 만든 추동력은 루터교 신앙이 아니라 오랫동안 받은 과학적 교육이었다. 정치적 기회주의도 비슷한 비중으로 작용했다.

2011년 3월 11일, 일본 역사상 가장 파괴적인 지진이 일본을 강타했다. 진도 8.9의 지진은 강력한 쓰나미를 일으켰고, 수천 명이 목숨을 잃고 수많은 가옥들이 파괴됐으며 심지어 마을이 통째로 사라지기도 했다. 하지만 파괴적인 자연재해를 제2차 세계대전 이후 일본에 닥친 가장 심각한 위기와 비상 상황으로 격상시킨 것은 지진 발생 지역에 있던 핵발전소 두 곳이었다. 과열된 원자로 한 기가 이미 폭발한 후쿠시마 다이이치 핵발전소 부근에서 또 다른 폭발이 그 지역을 뒤흔들기 직전에 약 16만 명의 사람들이 소개됐다. 쓰나미가 들이닥치고 며칠 뒤 사망자는 1만 명으로 보고됐다. 1986년에 소련 체르노빌에서 일어난 사고 이래로 제일 심각한 핵 관련 사고에 따른 인명 피해가 완전히 집계되기까지는 수십 년이 걸릴 터였다.

베를린에서 멀리 떨어진 곳에서 이런 재앙이 휘몰아치는 동안, 전문 교육을 받은 물리학자이기도 한 유일한 국가 정상은 겁에 질렸다. 메르켈은 태블릿 PC에서 눈을 떼지 못하고 후쿠시마의 엄청난 핵폭발을 지켜보며 점점 더 두려워했다. 석 달 후인 6월 9일, 엄숙한 표정의 총리는 분데스타크에서 이렇게 밝혔다. "핵에너지에 내재한 위험을 완전히 통제할 수는 없습니다. 핵에너지의 위험은 인간이 결코 실수를 저지르지 않는 존재라는 걸 전제로 할 때만 받아들일 수 있습니다. 핵에너지의 위험이 현실에서 벌어지면, 그 결과는 너무나 처참하고 영구적이라서 다른 모든 형태의 에너지를 합쳤을 때 따르는 위험을 완전히 초월합니다." 오랫동안 강력한 반핵운동을 반대하는 재계 지도자들의 편에 섰던 메르켈은 별다른 논쟁 없이, 여러 정부 부처에서 평소에 하던 연구들을 물리치고, 독일 핵 발전의 즉각적인 단계적 중단을 요구했다. 2021년에는 핵발전소 6기가 운영을 중단할 것이고 그 이듬해에는 3기가 추가로 가동을 멈출 거라고 발표했다.

툭하면 메르켈을 비판하던 골수 반대론자 한 명이 그의 이런 결정에 박수를 보냈다. 바로 노벨상을 수상한 경제학자 조지프 스티글리츠(Joseph Stiglitz)였다. 메르켈은 핵발전소를 폐쇄하는 동기를 조금도 해소되지 않는 우려 때문이라고 포장했을지 몰라도, 스티글리츠는 그의 계획은 경제적으로도 타당하다고 강조했다. "정부 보조금을 받지 않고 시장에서 살아남은 핵 발전 시설은 여태껏 존재한 적이 없습니다. 게다가 핵발전소가 폭발하면 그에 따른 비용은 정부와 사회가 짊어지게 됩니다. 우리는 핵폐기물을 처리하는 방법을 가늠하지 못합니다. 핵에너지에 따른 전체적인 사회적 비용을 살펴보지 않는 사람은 감춰진 비용을 보지 못하고 있는 겁니다." 스티글리츠가 한 말이다.

얼마 지나지 않아 독일 대통령에 취임한 요아힘 가우크도 핵 발전 정책을 뒤집는다는 메르켈의 결정은 과학에 기초한 결정의 차원을 넘어선 결정이라는 데 동의했다. 그것은 약삭빠른 정치적 행보이기도 했다. 그는 말했다. "과학자 출신인 메르켈이 내린 결정은 약간 이상하다고 그에게 지적했습니다. 나는 프랑스와 폴란드 같은 이웃 국가에도 과학자들이 있다고 했죠. 그 나라들은 몇 가지 이유로 핵발전소를 계속 운영합니다. 그는 그 결정이 정치적 문제이기도 하다는 점을 시사했습니다. 물론 그런 동기에서 내린 결정이라고 명확하게 밝히지는 않았지만 말입니다. 나는 그 결정이 다음 선거에서 승리하려고 내린 전략적 결정이라고 믿습니다."

메르켈은 뜻밖에 대중적 지지를 확보할 기회가 생겼다는 걸 간파했다. 그러고는 재빠르게 행동했다. 물론 그는 기후변화 문제에 헌신을 다했다. 하지만 그는 탁월한 전술가이기도 하다. 메르켈 밑에서 일하는 여론조사 요원들은 주요 이슈에 대한 전국적인 분위기를 반영한 수치들을 매주 그에게 제공했다. 앙겔라 메르켈은 여론을 파악하기 위해 여론조사 요원들에게만 의지하지 않았다. 그에게는 노르트라인베스트팔렌(Nordrhein-Westfalen)이나 바이에른의 시민들이 어떤 사안에 대해 무슨 말을 하고, 어떤 느낌을 받고, 무엇을 걱정하는지 들려주는, 바닥 민심을 전하는 사람들이 있다. 메르켈은 이 모든 정보를 반영해서 최종 결정을 내린다.

메르켈은 핵발전소를 폐쇄하면서 녹색당의 가장 강력한 주장 하나를 빼앗았다. "아톰크라프트? 나인 당케!(Atomkraft? Nein Danke!)." "핵발전소? 고맙지만 됐어!"

탈원전 과정에서 정치인 메르켈의 의견과 도덕주의자 메르켈의 의견은 일치했다. 그는 이런 식으로 활동한다. 자신이 취한 대담한 행동이 대중의 환영을 받을 것이라는 것을 감지할 때면 옳다고 생각하는 일을 과감하게 실천에 옮긴다. 그는 총리 역할을 맡은 지 6년째에 접어들 때에도 자신의 경력을 자신이 좇는 원칙들에 부응하는 수준까지 올려놓지는 못하고 있었다. 그렇지만 그는 그렇게 할 수 있는 지점에 곧 다다를 참이었다.

2005년 7월에 총리의 지역구인 메클렌부르크 포어포메른에 있는 바비큐장에서 찍힌 조지 W. 부시 대통령의 사진. 부시는 슈타지 국가에서 보낸 메르켈의 젊은 시절에 매료됐다. 부시를 '진솔한 사람'이라고 생각한 메르켈은 그와 함께하는 자리를 진정으로 즐겼다.

7

HER FIRST AMERICAN PRESIDENT

그가 맞은 첫 번째 미국 대통령

앤지(Angie), 당신은 참 영리하군요!

조지 W. 부시 대통령

앙겔라 메르켈이 첫 임기 동안 맺은 가장 중요한 인연은 성격이 극도로 판이한 블라디미르 푸틴과 조지 W. 부시였다. 마초 남성들을 겪어본 메르켈의 경험을 감안하면 푸틴은 친숙한 유형이었다. 메르켈은 많은 면에서 미국의 명망 높은 정치인 가문의 자손보다는 싸우기 좋아하는 전직 소비에트 정보 요원과 공통점이 더 많았다. 그런데 앙겔라와 조지(격식에 구애받지 않는 미합중국 제43대 대통령은 메르켈을 처음 만났을 때부터 서로를 그렇게 부르자고 제안했다.) 두 사람은 자신들이 죽이 잘 맞는다는 사실에 깜짝 놀랐다. 으스대기 좋아하는, 기독교 신앙을 통해 새 사람이 된 텍사스 출신 대통령과 과학자에서 정치인으로 변신한 절제된 스타일의 동독 출신 총리는 어울릴 성싶지 않은 콤비였다. 그런데 부시에게는 엄청난 장점이 있었다. 앙겔라는 미국과 미국이 추구하는 가치관을 숭배했고, 독일과 자신이 얻은 제2의 기회는 상당 부분 미국이 관여했던 덕이라고 여겼다. 조지 W. 부시의 아버지인 제41대 대통령은 메르켈의 분단된 나라가 평화롭게 통일하는 데 도움을 주었기에 그가 우러르던 냉전 시기 영웅 중 한 명이었다. 총리 집무실 벽에는 아버지 부시의 사진이 콜 사진 옆에 걸려 있다.

국가 정상들끼리 개인적으로 형성한 라포(rapport, 친밀한 관계)가 반드시 두 국가 사이에 좋은 관계로 이어지는 것은 아니다. 그렇지만 메르켈은 자신이 맡은 소임에서 이 부분을 위해 열심히 일했다. 그는 총리로 재임하는 동안, 상대가 푸틴이 됐든 에르도안(Erdogan)이 됐든 시진핑이 됐든 심지어 트럼프가 됐든, 신뢰 관계를 먼저 구축하려는 시도를 하지 않고 다른 국가의 정상을 공개적으로 비난한 적이 전혀 없었다. 메르켈은 총리로 취임하고 얼마 지나지 않아 그의 표준적인 관행으로 자리 잡을 스타일을 조지 W. 부시에게 시험해봤다. 라포를 먼저 형성한 다음, 상대 지도자의 마음을 바꿔놓으려고 노력하기 위해 상호간의 호감을, 아니면 적어도 신뢰를 활용한다.

메르켈은 2003년 3월에 미국의 주도로 개전한 이라크 전쟁을 전폭적으로 지지하지는 않았다. 그렇지만 최종적으로는 참담한 결과로 이어진 이 군사작전과 관련해 부시를 지지하는 메르켈의 의향이 전임자보다 컸기에 독일과 제일 중요한 동맹국 사이의 관계에 도움이 된 건 확실하다. 그는 총리 후보로 나서기 2년 전인 2003년 2월에 <워싱턴 포스트>의 독자 의견란에 기고한 글에서 이라크 침공에 반대하는 슈뢰더 총리를 비판했다.

외국 신문에 자국 정상을 비판하는 글을 기고하는 것은 좋게 말해 흔치 않은 일인데, 이 사건은 메르켈이 대서양 양안 관계에 집착한다는 사실을, 그리고 독일이 다시금 다른 나라들과 동떨어지는 건 아닌지 두려워한다는 것을 잘 보여준다. 메르켈 입장에서 독일이 국제사회에서 외톨이가 되는 것은 생각만 해도 섬뜩한 일이었다. 과거(그가 가진 정치적 신념의 토대인 홀로코스트와 경찰국가 둘 다)는 먼지 쌓인 두꺼운 역사책의 장들이 아니라 메르켈 DNA의 일부였다. 그래서 그는 워싱턴과 충돌을 피하려고 온갖 노력을 다했다. 심지어 무척 해결하기 힘든 문제의 해법으로 무력 사용에 대한 혐오감을 잠깐이나마 이겨내기까지 했다.

그럼에도, 그가 미국의 정상과 항상 보조를 맞춘 것은 아니었다. 메르켈은 첫 임기가 시작된 지 두 달째에 접어든 2006년 1월에 부시를 만나러 워싱턴 DC로 가기 직전, 주간지 <슈피겔>과 인터뷰하면서 쿠바에 있는 미국의 관타나모 해군기지에 설치된 임시 수용소를 폐쇄할 것을 요구했다. 그는 테러리스트로 기소된 포로들을 다룰 다른 방법을 찾아내야 한다고 밝혔다. 곧 방문할 나라의 정책을 공개적으로 비판하는 것을 불편해하는 사람들이 있을 테지만, 이 행보는 다분히 의도적인 거였다. 그는 늘 대화 상대가 예상하지 못한 말을 불쑥 내뱉지 않는 것을 선호했다.

메르켈이 이 역사적 만남을 위해 준비한 것은 다른 쪽이었다. 심지어 몸단장도 마다하지 않았다. "이런 모습은 내 평생 처음이에요." 쿠르퓌르스텐담에 있는 우도 발츠(Udo Walz)의 최첨단 미용실을 방문하고 돌아온 뒤 자신의 새로운 모습에 강한 인상을 받고는 이렇게 말했다. 한 달 후에 다시 머리를 자르고 염색하러 이 미용실을 찾은 그는 이후 수시로 미용실에 가곤 했다. 그가 이 여행 전에 한 또 다른 변화도 미용실 방문만큼이나 오래 지속됐다. 메르켈은 이때까지만 해도 외국 고위 관리들과 만날 때는 통역을 배석시켰다. 메르켈의 미국 대통령 집무실인 오벌 오피스(Oval Office) 방문을 앞두고 브리핑을 했던 이싱어 대사는 다른 방안을 제안했다. "그는 '난 영어를 그다지 잘하지 못해요!' 하며 거부했습니다." 이싱어는 이렇게 회상했다. "부시도 피차일반이라고 장담했죠." 메르켈은 이싱어의 조언에 따라 통역을 배석시키지 않았고, 메르켈과 부시는 만나자마자 서로 호감을 품게 됐다. 부시는 메르켈의 인생사에 매료됐다. "경찰국가에서 자란 거 맞아요?" 부시는 감탄하며 물었고, 메르켈이 들려주는 동독에서 보낸 젊은 시절 이야기를 듣고 또 들었다. 조금도 질리지 않는 듯했다.

신임 총리는 이 텍사스 사람을 '진솔하다'고 생각했다. 이건 그가 누군가를 칭찬할 때 사용하는 최상의 표현이다. 그는 부시가 자신에게 강한 인상을 심어주려고 기를 쓰지 않는다는 점을 높이 평가했다. 부시는 자신이 모르는 사안에 대해 잘 아는 체하거나 우기는 법이 없었다. 물어보는 것을 두려워하지도 않았다. 메르켈이 대단히 사적인 관계에서 그러는 것처럼 신심 깊은 신앙인이라는 사실도 두 사람이 유대를 맺는 데 도움이 되었다.

메르켈은 동구권에서 겪은 자신의 경험을 정책적 장점으로 교묘히 바꾸면서 부시가 그의 관점에서 상황을 볼 수 있도록 거들었다. 두 정상이 핵무기 개발을 중단시키기 위해 이란에 제재를 가할 필요성에 관해 대화를 나누던 중 메르켈은 미국이 아프가니스탄을 침공한 소련에 광범위한 제재를 가했을 때 자신이 살던 고향의 오렌지 가격이 폭등했던 사실을 언급했다. "우리는 부당한 일이라고 생각했어요." "메르켈의 사연을 들은 부시는 이란을 상대로 표적 제재를 할 필요성이 있다고 생각하게 됐습니다." 이싱어는 말했다. "앤지, 당신은 참 영리하군요!" 감탄한 미국 대통령은 이렇게 외쳤다.

그해 여름에 인기를 끈 동영상 중에는 메르켈이 러시아 상트페테르부르크에서 열린 G8 정상회의에 참석해 원탁 앞에 앉아 있는 모습을 기록한 것이 있었다. 그의 등 뒤로 느긋하게 걸어온 부시 대통령은 그의 양 어깨를 주무르며 태평스레 인사를 건넨다. 게르만 민족의 스타일에는 전혀 어울리지 않는 이런 친밀감의 표현에 깜짝 놀란 메르켈은 그 인사에 대한 대답으로 두 손을 앙증맞게 올린다. 부시가 고개를 돌린 메르켈에게 윙크하자, 자신에게 그런 천진한 짓을 한 사람이 누구인지를 알아챈 그는 뭔가 꿍꿍이가 있는 듯한 미소로 반응한다. 모든 것이 꼼꼼하게 기획된 대본에 따라 전개되는 정상회의에서는 보기 힘든 이런 자연스러운 장면을 목격한 서구 민주주의 국가의 지도자 여섯 명은 이런 메시지를 포착했다. 우리에게 제일 중요한 동료 지도자 두 명은 지금 친구지간이다.

이때는 사실 메르켈과 부시, 그리고 두 사람의 배우자들이 발트해에 연해 있는 메르켈의 지역구 메클렌부르크 포어포메른에서 이틀을 보낸 뒤였다. 부시는 그 지역 특산물인 멧돼지 고기를 기분 좋게 맛보았고, 현지 어부가 건넨 토종 청어 한 통을 받았다. 메르켈은 부시가 격식을 과하게 따지는 않는 점을, 지나치게 심각하게 행동하지 않는 점을, 그리고 멧돼지

(wild boar)를 '돼지(pig)'라고 부른 것처럼 사람들 앞에서 실수를 저지르기 일쑤인 자신을 웃음거리로 삼는 소탈한 성품을 높이 평가했다.

2007년 11월에 메르켈과 투명인간에 가까운 그의 남편이 텍사스 크로퍼드에 있는 부시의 목장을 방문해달라는 초대를 수락한 것은 두 지도자 사이의 유대가 한층 더 깊어지고 있다는 사실을 보여주었다. "환상적인 여행이었습니다." 메르켈의 외교정책 고문인 크리스토프 호이스겐(Christoph Heusgen)은 이렇게 회상하면서 그 여행을 '역사상 최고의 국빈 방문 중 하나'로 꼽았다. 청바지에 셔츠 차림으로, 그리고 당연히 카우보이 부츠 차림으로 독일 손님들을 맞이한 부시 대통령은 한순간에 국빈 방문 상황에서는 보기 드문, 격식을 벗어던진 편안한 분위기를 만들었다. 메르켈의 남편 자우어조차 정장 대신 캐주얼 차림이었다. 총리는 여전히 재킷 차림이었지만. 부시는 수행 기자단에게 말했다. "누군가를 자기 집에 초대하는 것은 손님을 향한 따스한 마음과 존경의 표시입니다." 그와 영부인 로라는 총리의 등을 가볍게 쓰다듬으면서 손님들을 픽업트럭으로 안내했다. 부시가 운전석에 앉고 메르켈이 조수석에 올랐으며 로라와 요아힘은 뒷자리에 앉았다. 미국과 독일의 촌뜨기 네 명은 자신들에게 어울리는 분위기를 즐기는 듯 보였다. (이때는 앙겔라 메르켈이 젊은 시절에 꿨던, 라디오에서 흘러나오는 스프링스틴의 음악을 들으며 로키산맥을 드라이브하는 꿈에 가장 가까이 다가간 상황이었을 것이다.) 총리와 대통령은 이튿날 이른 아침에 긴 산책에 나섰다. 이 산책의 성격은 국가 대사를 수행하는 것과 자부심 넘치는 목장주가 자기 목장을 뽐내려는 기회가 뒤섞인 것이었다. 부시는 로라와 함께 1600에이커 규모의 상당 부분을 어떻게 청소했고, 프레어리 채플 랜치(Prairie Chapel Ranch, 부시의 개인 목장) 곳곳에 토종 사이프러스와 블루보닛, 인디언붓꽃을 어떻게 심었는지를 메르켈에게 설명했다. 대통령은 옥외 통로를 가리키면서 날이 좋으면 저곳에 이젤을 세우고 그림을 그리는 것을 좋아한다고 말했다. 그날 저녁, 그들은 별이 가득한 텍사스의 밤이 깊어질 때까지 오래도록 만찬 테이블을 지켰다. 최초의 아프리카계 미국인 국무장관인 콘돌리자 라이스(Condoleezza Rice)는 참석자 전원이 서명해 기념품으로 남길 수 있도록 메뉴판 사본을 돌렸다. 참석자들은 지금도 그 메뉴판을 보관하고 있다. 액자에 담긴 메뉴판은 지금은 아득한 과거를 떠올리게 해주는 유물이다. 총리에게 부시 저택의 소박한 분위기와 자연을 향한 그의 애정은 자신이 생각한 미국 대통령의 이미지와 많이 달랐다. 그에게는 드물게 남편과 동행한 것도 이 방문의 의의를 높여준 것 같았다.

퍼스트 젠틀맨(First Gentleman)이 되려는 노력을 잠시나마 경주한 자우어는 오래 지나지 않아 자신은 그 역할의 적임자가 아니라는 결론을 내렸다. 그가 그런 결정을 내린 것은 2006년 초에 오스트리아 빈을 국빈 방문한 직후였을 것이다. 당시, 그는 콘서트가 열리는 동안 의전 관례에 따라 아내의 뒷자리에 앉았다. 자우어는 어쩔 도리 없이 겸손을 드러내야 했던 그날 행사 이후로 드물게 공식 방문에 아내와 동행하기로 한 경우에도 대부분 자신의 개인 일정을 지켰다. 왕실의 화려한 의전이 잔뜩 펼쳐지는 행사에 참여하기 위해 런던에 도착했을 때, 개인적인 약속을 지키려고 공식 리무진에서 뛰어내려 피카딜리 서커스 지하철역으로 향하는 그가, 메르켈은 부러웠을 것이다.

2006년, 앙겔라 메르켈과 서구 민주주의 국가들의 집단 리더십에서 그가 차지하는 위상에 환한 햇빛이 비췄다. 독일 국민은 자국 총리의 자질에 감탄했다. 절제된 스타일, 자존심을 내세우거나 과하게 연출하지 않는 것, 근면한 태도, 대중의 점수를 따는 데 급급하기보다 결과물을 얻는 데 집중하는 성향. 이것들은 다른 국가 정상들이 메르켈을 높이 평가하는 자질들이기도 했다. 비교적 덜 알려진 자질도 친구들을 얻는 데 도움이 됐다. 전 독일 주재 미국 대사이자 현재 뉴저지 주지사인 필립 머피에 따르면, 메르켈은 '무척 재미있는 사람'이다. 긴 하루를 보낸 뒤에도 체력이 바닥나는 일 없다는 사실도 앙겔라가 개인적인 관계들을 맺는 데 도움을 줬다. 총리는 라포를 형성한 국가 정상들과 가진 술자리에 늦게까지 남아 있는 것을 즐겼다. <이코노미스트>는 평소처럼 비꼬는 투의 논조로 '앙겔라 메르켈, 세계를 매혹하다'라는 헤드라인 아래 잔을 들고 미소 짓는 총리의 사진을 게재했다.

<이코노미스트>에 실린 기사의 일부를 소개하면 이러하다. '취임 선서를 하고 채 100일도 지나기 전에 미즈(Ms.) 메르켈은 유례없는 정상에 등극했다. 일련의 해외 순방에 나선 그는 워싱턴에서, 브뤼셀에서, 예루살렘에서 박수갈채를 받았다. (…) 무엇보다도, 지난주 독일 여론조사에서 그가 얻은 지지도는 89퍼센트에 달했다. 이는 총리가 기록한 최대 수치다. (…) 한때 유럽의 최약체였던 독일 경제는 반등하고 있고, 기업 신뢰도는 높으며, 수출은 기록을 깼고, 심지어 소비자들도 열심히 지출을 하고 있다.' 당시에는 용인될 만한 수준의 성차별주의가 반영된 이 기사는 메르켈의 신체적 변신에도 갈채를 보내면서 이런 의견을 밝혔다. '심지어 미즈 메르켈의 촌스러움조차 완전히 자취를 감췄다.'

그해 여름, 평소에는 거의 볼 수 없던 독일의 삼색기(tricolor)가 갑자기 베를린을 뒤덮었다. 검정과 빨강, 노랑으로 구성된 깃발들이 창밖에 휘날렸고 자동차 보닛을 덮었으며 배낭에 꽂혔고 아이들 얼굴에 그려졌다. 메르켈이 취임 초기에 맞은 황금기와 동시에 그가 이제는 사실상 유럽에

서 제일 존경받는 지도자로 인정받고 있다는 의견이 나오면서 국가적 자긍심이 폭발적으로 분출했다. (대통령 취임 첫해에 노벨평화상을 수상한 버락 오바마가 그랬던 것처럼, 메르켈이 들은 칭찬은 알맹이보다는 이미지에 근거한 부분이 컸다. 하지만 오래지 않아 알맹이도 따라올 터였다.)

그런데 독일이 축하하고 있는 대상은 메르켈이 아니었다. 독일이 강력한 우승 후보이자 베를린이 주최 도시였던 월드컵이었다. 월드컵은 축구에 관심이 없는 사람들에게조차 믿기 힘들 정도로 놀라운 이벤트였다. "아리바! 아리바!(Arriba! Arriba!)" 지구촌 구석구석의 수억 명이 한목소리로 노래를 불렀다. 베를린의 티어가르텐 공원에 있는 이른바 팬 마일(fan mile)에 군중이 모였다. 독일 축구 팬들은 연주되는 일이 거의 없는 자국 국가(심지어 독일인 중에서도 가사를 아는 사람이 51퍼센트밖에 안 된다)보다는 국제축구연맹(FIFA)의 간결한 세 줄짜리 가사가 더 친숙했다. 그런데 그들은 곧 가사를 익히고 독일 팀이 경기에 나설 때면 언제든 국가를 불렀다. 독일은 3위를 차지했지만, 성적은 중요치 않았다. 축구는 드디어 독일 국민이 독일인이라는 사실에 자긍심을 느껴도 될 만한 상황을 만들어줬다.

메르켈 총리는 열혈 축구 팬이지만, 자긍심은 총리 자신이 조국을 향한 감정을 묘사할 때 사용하는 단어가 아니다. 일반적으로 그는 독일인이어서 '행복하다'고 말하는 쪽을 선호한다. "내가 조국이라는 단어를 사용할 때 거기에 담긴 의미는 고상한 것이 아닙니다." 그가 한 말이다.

"나는 우리 독일인이 특별히 나쁘거나 아주 놀라운 사람들이라고 생각하지 않아요. 나는 케밥과 피자를 좋아해요. 이탈리아는 꽤 근사한 노천카페 문화를 갖고 있고, 스위스는 햇빛이 유독 화창해요. 나는 이 나라에서 자랐어요. 여기서 사는 걸 좋아하고 이 나라에 자부심을 갖고 있어요. 그리고 나는 이 나라의 일부예요. 이 나라가 겪은 모든 고통과 영광스러운 사건의 일부입니다.”

외국인 혐오가 대두하고 포퓰리즘의 열병이 세상을 휩쓰는 시대에 이 글을 읽는 메르켈의 목소리는 특유의 절제된 스타일에 급진적이라 할 만한 내용을 담고 있는 것만 같다. 이 목소리는 다른 시대에서 들려오는 목소리처럼 들린다.

메르켈이 부시와 형성한 개인적인 라포는 성과를 올렸다. 2007년 6월에 독일 하일리겐담(Heiligendamm)에서 열린 G8 정상회의에서, 부시 대통령은 기후변화는 현실이라는 점을 처음 공개적으로 인정했다. 2050년까지 탄소 배출량을 절반으로 줄이는 문제를 심각하게 고려해야 마땅하다고 인정한 것이다. 메르켈은 처음에는 기후변화에 회의적인 태도를 보이던 미국 대통령을 자기편에 세우는 데 성공했다.

그들의 라포는 서로 의견이 달라도 외교적 위기로 악화되지 않도록 만들어줬다. 서구가 옛 소련 제국의 내부에 지나치게 깊이 관여하는 것을 민감한 사안으로 여기는 러시아의 정서를 잘 아는 메르켈은 우크라이나와 조지아공화국에 나토 회원국 지위를 제의하려는 부시의 계획에 반대하면서 주장을 관철했다. 기후변화 이슈에서 메르켈은 사실과 역사를 차분하게 설명하는 것으로 때때로 충동적인 모습을 보인 부시를 설득하는 데 성공했다. 독재적인 블라디미르 푸틴은 자존심이 매우 세고 반항적인 인물이다. 메르켈은 러시아를 나중에 오바마 대통령이 조롱하는 투로 부른 ‘지역 강국(regional power)’ 수준에 머무르게 하지는 않았다.

부시와 메르켈이 맺은 공식적인 관계는 짧았다. 2년에 불과했다. 그렇지만 두 사람은 이후에도 계속 연락을 주고받고 있다.

앙겔라 메르켈의 표정은 자신의 말보다 더 많은 것을 드러내는 경우가 많다. 2017년 7월 7일 독일 함부르크에서 열린 G20 정상회의에서 찍힌 이 사진에서 메르켈은 시진핑 중국 국가주석, 블라디미르 푸틴 러시아 대통령, 레제프 타이프 에르도안 터키 대통령과 함께 있다. (그의 뒷줄에는 나렌드라 모디 인도 총리와 아베 신조 일본 총리가 서 있다.)

8

DICTATORS

독재자들

정치의 비법?
러시아와 좋은 조약을 체결하는 것이다.

오토 폰 비스마르크, 독일제국의 첫 총리(1871~1890 재임)

러시아든 중국이든, 메르켈은 독재 정권에 접근할 때 실용적인 방식을 택했다. 그는 과장된 언사를 동원해 독재자에게 공개적으로 망신을 주는 방식은 역효과만 낳을 뿐이라며 경멸한다. 메르켈은 영화 <대부 3>에 등장하는 가상의 마피아 보스 마이클 콜레오네가 했던 다음과 같은 충고에 동의할 것이다. "네 적들을 절대로 증오하지 마라. 그 증오심이 네 판단력에 영향을 주니까." 라이벌에게 다가가는 그의 접근 방식은 두 사람 사이의 공통점이 아무리 미미하더라도 그런 공통점을 끈기 있고 고집스레 찾아내는 것이다. 그가 추구하는 가치관과 정치적 계산, 독일의 장기적 국익을 모두 달성하려는 시도는 불가능한 일은 아닐지라도 극도로 어려운 일일 수 있다. 메르켈에게 도전한 최초의 지도자가 블라디미르 푸틴인 것은 놀라운 일이 아니다.

2007년 2월 10일, 예전의 위세를 되찾은 러시아를 이끄는 침울한 표정의 총리가 뮌헨의 연단에 성큼성큼 올라 민주주의를, 서구를, 그리고 메르켈이 대표하는 모든 것을 격렬하게 비판하는 연설을 했다. “러시아인들은 민주주의에 대한 가르침을 꾸준히 받고 있습니다. 우리를 훈계하는 이들조차 스스로 그에 대해 배우는 걸 원치 않는 시절에 말입니다.” 푸틴은 그 자리에 모인 대서양 양안의 안보 전문가와 정부 관료들을 힐책했다. 불과 몇 년 전까지만 해도 고분고분하고, 유럽이 러시아를 가족의 일원으로 받아들여준 데 대해 고마워하며, 독일 총리가 러시아어를 능란하게 구사한다는 사실을 자랑스러워하던 푸틴은 온데간데없었다. 그는 필요하다면 무슨 수를 써서든 막강한 세계적인 강국으로서 러시아의 자리를 되찾는다는 목표를 표명했다. 그는 거짓말과 으름장을 뒤섞으며 청중을 조롱하고 곤란한 문제들은 회피하면서 서구의 도덕적 우월성에 상처를 냈다.

“전쟁은 줄어들지 않았습니다.” 그는 서구가 세계 전역에서 평화를 위해 중재하려 시도해왔음에도 전쟁은 줄어들지 않았다고 비난했다. “예전보다 더 많은 사람이 죽어가고 있습니다.” 푸틴은 시리아 독재자 바샤르 알 아사드(Bashar al-Assad)가 자국민을 상대로 벌이는 집단 학살을 지지하지는 않았지만, 중동에서 전쟁들을 벌인다며 워싱턴을 비난하고 냉전기를 ‘안정적인’ 시기였다고 말했다. 앞줄에 앉아 있던 메르켈은 러시아 총리의 독기로 가득한 연설에, 그리고 자신을 35년간 감금했던 체제에 대한 묘사에 큰 충격을 받은 기색이 역력했다.

소비에트연방의 지도자 니키타 흐루쇼프(Nikita Khrushchev)가 1960년에 신고 있던 구두를 벗어 UN 연단을 두드리며 “우리는 당신들을 파묻어버릴 거요!”라고 목청을 높인 이후로, 세계는 러시아의 국가 정상이 그런 독설을 퍼붓는 것을 들어본 적이 없었다. 그런데 흐루쇼프가 목청을 높인 때는 냉전이 절정에 달했던 시기였고, 이때는 2007년이었다. 당시 상황은 달라야 했다. 이후 15년간, 앙겔라 메르켈과 푸틴의 관계는 가장 불만스럽고 위험한 관계가 될 터였다. 그리고 메르켈이 다른 나라의 정상과 맺은 가장 긴 관계가 될 터였다. 그런데 그 관계의 뿌리를 찾아 거슬러 올라가면 1989년 11월 9일에 닿게 된다.

베를린에서 기차로 두 시간 거리인 드레스덴. 이곳에 주재한 서른일곱의 KGB 장교 블라디미르 푸틴은 베를린 장벽이 무너진 밤에 메르켈이 품었던 행복감 같은 것은 느낄 수 없었다. "베를린 장벽이 무너졌을 때, 이제는 끝장인 게 분명했어요. 우리는 고국이나 다름없는 곳이라고 생각했던 나라가 조만간 존재하지 않게 될 거라는 끔찍한 기분을 느꼈어요." 당시 푸틴의 아내이던 류드밀라(Lyudmila)가 한 말이다. 푸틴은 동독에서 두 번째로 큰 도시에서 활동하는 소비에트 스파이로서 생산적이고 흡족한 4년을 보냈다. 한때 미술과 음악의 화려한 중심지이던 드레스덴은 KGB 요원을 선발하기에 알맞은 곳이었다. 서독 텔레비전의 전파가 수신되지 않는 동독 도시 중 한 곳이었다는 사실도 도움이 됐다. 독일이 제2차 세계대전에서 항복하기 석 달 전에 연합군이 웅장했던 이 바로크 도시, 드레스덴에 가한 공습 때문에 시민들은 서독을 비롯한 서구를 미국의 '꼭두각시'로 여기며 오랫동안 깊은 분노를 품게 됐다. 동독 정권은 도시 한복판에 있는 루터교의 상징 프라우엔(Frauen) 교회의 웅장한 돔이 크게 갈라진 부분을 '목숨을 잃은 수만 명을 기념하고 야만적인 제국주의자들에 맞서 벌인 투쟁에서 살아남은 이들에게 영감을 주는 기념물'이라며 일부러 방치했다.

이 도시는 블라디미르 푸틴 중령에게 제2의 고향이었다. 그는 분단된 동독과 서독의 국민들을 대상으로 성공적인 스파이 활동을 벌였다. "우리 업무의 중요한 부분은 시민들에 대한 정보를 수집하는 거였습니다." 푸틴이 훗날 회상하며 말했다. 푸틴이 드레스덴에서 복무하는 동안 독일민주인민공화국군에 지대하게 공헌한 것을 인정하는 동메달을 받은 이후로, 푸틴과 류드밀라, 두 딸(동생인 예카테리나는 드레스덴에서 태어났다)은 그 도시의 삶을 즐기면서 독일어를 빠르게 습득했다. 푸틴이 유일하게 애석하게 여긴 점은 그곳에 있는 동안 몸무게가 10킬로그램 늘어난 것인데, 그는 뱃살이 붙은 것을 그 지역의 끝내주는 맥주 탓으로 돌렸다.

드레스덴은 동베를린처럼 첩보 영화 같은 드라마가 연출되는 곳은 아니었지만, KGB가 서독으로부터 첨단 기술을 몰래 빼오는 작전을 펼치기에 좋은 곳이었다. 소련의 기술 수준은 서구에 한참 뒤떨어져 있었다. 푸틴이 맡은 업무 중 하나는 엔지니어링산업의 거물 기업인 지멘스(Siemens)와 제약 회사 바이엘(Bayer), 철강 회사 티센(Thyssen) 같은 주요 기업에 소속된 과학자와 비즈니스맨들을 포섭하는 거였다. 푸틴 요원은 드레스덴 도심에 있는 암 토르(Am Tor)라는 어둑한 술집의 단골로, 그곳에서 잠재적인 포섭 대상자들을 만나고는 했다. 근처의 엘베 강둑에 있는 벨뷰 호텔(Bellevue Hotel)의 주인은 슈타지로, 그 호텔의 우아한 레스토랑과 침실에는 몰래카메라가 설치돼 있었다. 슈타지와 KGB는 툭하면 협박이 동원되는 작전들을 공동으로 수행했다.

장벽이 무너지고 한 달 뒤인 1989년 12월 5일, 치밀어 오르는 분노를 억누르지 못하고 발끈한 푸틴은 KGB 드레스덴 지부인 앙겔리카가 4번지의 3층짜리 빌라에서 걸어 나왔다. 그와 적대적인 동독인 시위자들로 구성된, 결의에 찬 소규모 집단 사이를 갈라주는 것은 강철 울타리밖에 없었다. "물러서요! 여기는 소련 영토요. 무장한 내 동료들은 사격 허가를 받았소." 푸틴은 공갈을 쳤다. 실내에 무장한 병력 같은 건 없었다. 푸틴 중령은 시간을 벌려고 연기를 하고 있었다. 그보다 앞서, 그는 분노한 시위대가 KGB

지부 근처에 있는 슈타지 드레스덴 지부를 뒤집어엎는 것을 사복 차림으로 관찰했다. 그 광경을 보며 피가 끓었지만 그걸 막을 힘이 없었던 그는 시위대가 KGB 지부의 철문을 파괴하게 놔두지는 않을 작정이었다.

"당신 누구야? 독일어를 정말로 잘하는군!" 시위자 한 명이 푸틴을 도발했다. "통역이요." 그는 거짓말을 했다. 비무장 시위대는 곧 해산했지만, 푸틴은 모스크바에, 그리고 한때 충직하게 봉사했던 위성국가에 배신감을 느꼈다. 그는 대담해진 시위대가 곧바로, 그것도 규모가 불어난 상태로 돌아올 거라고 확신했다. 절박해진 푸틴은 지역의 소련군 사령부에 전화를 걸었다. "모스크바에서 명령이 하달되기 전까지는 아무 짓도 못합니다. 그런데 모스크바에서는 이래라저래라 말이 없군요." 지역의 탱크 부대 지휘관이 그에게 한 말이다.

외톨이가 된 푸틴은 최악의 사태를 대비했다. 그는 장작을 때는 작은 난로에 KGB 문건과 파일 수백 건을 욱여넣기 시작했다. 몇 년간 축적한 정보가 폭도들 손에 들어가게 놔두는 것보다는 파기하는 편이 나았다. 그는 콜 행정부에 있는 정보원들에게 얻은 파일들을 던져 넣었고, 서독의 첨단 기업들에서 암약하는 요원들이 제출한 보고서들을 내던졌으며, 인근에 있는 라이프치히대학교(이후로도 2년간은 카를마르크스대학교로 불렸다)에서 선발한 라틴아메리카와 아프리카에서 온 유학생들과 나눈 대화를 녹취한 기록을 파기했다. "밤낮으로 문건들을 없애고 모든 접촉을 끊었습니다. 정보원들과 하던 협력은 모두 마무리하고, 자료는 무엇이 됐건 없애거나 모스크바로 돌려보냈습니다"라고 나중에 그가 말했다. 푸틴이 얼마나 미친 듯이 파기 작업을 했는지 난로가 폭발하면서 새까만 숯덩이만 남아 있었다고 한다.

몇 달 뒤인 1990년에, 그러니까 앙겔라 메르켈이 독일 정치인으로 새로이 태어난 바로 그해에 거리에서 벌어지던 시위가 혁명으로 치닫자 블라디미르 푸틴은 중고 트라반트(Trabant, 동독이 서독제 폭스바겐에 맞서려고 내놓은 값싼 경차)의 운전대를 잡고는 드레스덴에서 도망쳤다. 어린 두 딸과 20년 된 세탁기를 챙긴 푸틴 부부는 조만간 상트페테르부르크로 다시 태어날 도시 레닌그라드로 복귀했다. "소련인들은 모든 것을 남겨두고 떠났습니다. 모스크바가 동유럽을 그렇게 서둘러 떠나지만 않았더라도 우리는 훗날 우리를 괴롭힐 많은 문제를 피할 수 있었을 겁니다." 그는 제국의 몰락에 대해 씁쓸하게 언급했다.

한동안 굴욕을 겪은 러시아의 자부심 가득한 지도자이던 블라디미르 푸틴은 곧바로 결코 잊지 않을 교훈을 얻었다. 시위를 방치하고 자유가 갑자기 분출하게 놔뒀다가는 세상에서 가장 중무장한 제국조차 무너질 수 있다는 교훈을. 그가 '20세기 최악의 지정학적 참사'라고 간주한 상황을 역전시키려고 벌인 전투는 자신과 마찬가지로 실패한 국가가 낳은 앙겔라 메르켈에게 올가미를 씌울 터였다. 두 사람의 대단히 복잡한 관계는 앙겔라 입장에서는 아련한 희망과 절망 사이를 오갈 것이고, 그 과정에서 두 사람은 끈질긴 투지를 보여줄 터였다. 메르켈은 독일 총리였고, 그는 러시아의 현대판 차르였다. 이혼은 대안이 될 수 없었다.

푸틴이 뮌헨에서 대략적인 시나리오로 묘사한 세계는 메르켈 입장에서는 끔찍한 퇴행을 대표하던 강력한 나라들 사이에서 전투가 벌어지는 무대였다. 홀로코스트 이후 독일이 줄곧 내세우던 그런 일이 다시 벌어지는 건 '결코 안 된다(Never again)'는 말 뒤에는 곧바로 '결코 독일 혼자 행동에 나서지는 않는다(Never alone)'는 문장이 이어졌다. 메르켈을 비롯해 냉전 이후에 취임한 모든 총리가 그런 입장이었다. 국가 안보의 궁극적인 보증인으로 미국을 끌어들이고 서구 국가들과 맺은 동맹 안에서 안전을 확보한 독일은 경제 강국으로 번영을 누렸다. 규칙에 기초한 국제 질서, 그리고 단순히 거대한 관료제 기구라기보다 민주주의적 가치관을 공유하는 나라들의 실질적인 연합체인 유럽연합이 그의 비전이었다. 그런데 지금 푸틴이 그 비전을 위협하고 있었다.

메르켈이 푸틴이 신봉하던 대의를 일소해버린 것과 동일한 사건들의 결과로 총리가 됐다는 것은 굳이 상기할 필요가 없는 사실이었다. 두 살밖에 차이 나지 않는 푸틴과 메르켈은 동일한 배경에서 탄생한 완전히 다른 세계관을 소유하고 있었다. 푸틴의 관점에서 보면 냉전은 1989년에 끝난 게 아니었다. 냉전은 그저 짧은 휴식기에 들어갔을 뿐이었다. 그 이후로 러시아의 전략은 발전했다. 소련은 핵을 탑재한 미사일을 과시하며 으름장을 놨지만, 푸틴은 덜 비핵적인, 눈에 덜 띄는, 그렇지만 결국에는 활용성이 뛰어나고 효과적인 무기들을 채택했다. 허위 정보와 사이버 전쟁을 통해 서구에 불화를 퍼뜨리는 식으로 전술을 바꾼 것이다. 푸틴의 말에 따르면, 그는 자신을 '최후의 위대한 내셔널리스트'로 본다. 그의 궁극적인 목표는 유럽연합과 동맹국인 미국을 약화시키는 것이다. "우리의 주적(主敵)은 NATO였습니다." 푸틴이 드레스덴에서 KGB 요원으로 복무하던 시절에 이런 말을 했다. 그 주적은 오늘날에도 그대로 남아 있다.

푸틴은 메르켈이 등장하자 만만치 않은 상대를 만났다는 걸 알았다. 메르켈은 단순히 푸틴의 모국어를 유창하게 구사하는 수준에 머무르는 인물이 아니었다. 그는 소련 시절의 러시아를 직접 체험해본 드문 국가 정상이었다. 10대 초기에 러시아어 경연 대회 우승 선물로 모스크바에 다녀온 경험은 깊은 인상을 남겼다. 러시아 수도에 있는 압도적인 규모의 아름다운 건축물, 그리고 볼쇼이 발레단부터 숭고한 콘서트홀과 극장까지 그가 무척이나 흉모한 문명의 산물들이 모두 인상적이었다. 이 특징들은 소련 사회에서 행해지는, 동독이 채택한 공포체제의 모델이 된 철저한 감시와 첨예하게 대비됐다. 메르켈은 1984년의 휴가 기간에 외국인에게는 여행이 금지된 지역들로 히치하이크 여행을 다녔다. 소치(Sochi)에서 경찰에게 적발되는 바람에 허가 없이 여행을 다닌 죄로 기소된 그는 '대학 학위도 있고 법도 잘 아는 나는 왜 법을 어겼는가?'라는 제목의 에세이를 써야 했다. 그가 러시아어를 유창하게 구사하는 것을 인상적으로 본 경찰은 그와 일행들을 석방하고는 베를린으로 돌아갈 수 있게 해줬다. 메르켈이 그 후 소치를 다시 방문했을 때는 독일 총리 자격으로 엄중한 경호를 받으며 보좌관과 저널리스트로 구성된 수행단을 대동하고는 러시아 총리 푸틴과 만났다. 당연한 말이지만, 그는 소비에트 통치 아래 살았던 수십 년간의 경험을 살려 푸틴을 상대했다. 푸틴이 복무했던 경찰국가에 시달렸던 메르켈은 그가 이해타산에 능하고 잔혹한 능력을 갖고 있다는 사실을 철저하게 간파했다. 두 사람은 상대방의 개인적인 사연을 무척 친숙하게 여겼다. 동일한 사회주의 토대가 낳은 이 두 사람이 완전히 다른 인물이 됐다는 사실을 제대로 알려면 메르켈의 소박한 것을 넘어 금욕적인 라이프스타일과 제국의 권력을 과시하려는 푸틴의 욕구에 대한 경멸을 이해하면 된다. 러시아 지도자는 그간 공무(公務)만 수행했는데도 세계에서 최고 수준의 부유층에 속하는 것으로 알려졌다. "그들은 서로를 완벽하게 이해합니다." 독일의 전 국방장관 K. T. 폰 구텐베르크가 한 말이다.

메르켈은 총리로 재임하는 내내 푸틴과 정기적으로 대화를 했다. (메르켈의 러시아어 실력은 예전 같지 않고 푸틴의 독일어는 여전히 유창했기 때문에 시간이 갈수록 대화는 독일어로 진행됐다.) 그들이 하는 대화의 전형적인 패턴은 이렇다. 대화를 시작한 지 30분간 메르켈은 별다른 말을 하지 않고 푸틴은 서구가 러시아에게 안겨준 불만들(일부는 실제 사건, 일부는 상상의 사건)을 줄줄이 늘어놓는다. 메르켈은 푸틴이 이런 식으로 행동하는 것은 그에게 치유 효과가 있기 때문이라고 봤다. 그가 말을 마치면 메르켈은 이렇게 말하고는 했다. "봐요, 블라디미르, 다른 나라들은 그 상황을 그렇게 보지 않아요. 그런 시각은 당신의 이익에 도움이 안 돼요." 두 사람과 같은 공간에 있던 적이 많은, 메르켈의 오랜 내각 멤버인 토마스 데메지에르에 따르면 "메르켈은 푸틴이 실제로 존중하는 유일한 국가 정상입니다. 그는 평소에 써먹는 수법이 메르켈에게는 잘 먹히지 않을 거라는 것을 잘 압니다." 데메지에르가 언급한 푸틴의 수법은, 상황 판단력이 떨어지는 대화 상대를 혼란에 빠뜨리려고 습관적으로 동원하는 속임수와 판타지였다.

푸틴과 메르켈의 관계는 산전수전 다 겪은 전사들이 가진 엄청난 차이점뿐 아니라 각자가 마지못해 품을 수밖에 없는 상대방에 대한 존중에도 기초하고 있다. 둘은 상대의 문화와 언어를 존중한다. 푸틴은 메르켈이 표도르 도스토옙스키와 니콜라이 고골 같은 위대한 러시아 문호들을 좋아한다는 점을 높이 평가하는 게 확실하다. 메르켈은 두 나라의 밀접하게 얽힌 역사에 부담감을 느낀다. 아돌프 히틀러가 1941년 동맹국을 배신하며 기습적인 대규모 공격을 감행해 러시아는 형언할 수 없는 인명 피해를 입었다. 그 분쟁 탓에 2700만 명의 사망자가 생겼는데, 나치의 1000일에 걸친 레닌그라드 포위 작전에서 목숨을 잃은 푸틴의 형 빅토르(Viktor)도 그 중 한 명이었다. 메르켈과 푸틴은 재임 초기에 그들의 나라 사이에서 뭔가 더 나은 결과가 만들어지기를 희망했을 것이다. 그리고 두 사람의 개인적인 관계도 더 발전하기를 바랐을 것이다.

그런데 그들의 관계에 불길한 그림자를 드리운 사건이 2001년에 일어났다. 그해에 전에 없이 말랑말랑하고 겸손한 태도를 보이던 푸틴 대통령은 독일 의회에서 흠잡을 데 없는 독일어로 서구와 관계가 더 돈독해지기를 희망한다는 욕구를 표명했다. 그러면서 그는 두 국가는 같은 팀에 속한다고 분데스타크에 장담했다. "스탈린주의와 전체주의는 더 이상 자유와 민주주의 사상의 상대가 되지 못할 겁니다. (…) 러시아 국민의 정치적 선택 덕에 USSR은 베를린 장벽을 무너뜨릴 수 있었습니다." 그는 놀랍게도 장벽 개방의 공로를 '러시아'에 돌리면서 맹세하듯 말했다. "러시아는 우호적인 유럽 국가입니다."

독일 의원들은 모두 기립해서 열정적으로 박수를 쳤다. 당시 푸틴은 분데스타크 회의실 두 번째 줄에 미래의 총리가 웃음기 없는 얼굴로 앉아 있다는 것을 알았을까? 앙겔라 메르켈은 박수를 거의 치지 않았다. 그는 서독 출신 의원들은 몰랐을 무엇인가를 알고 있었다. KGB 요원은 혹독한 훈련을 받으며 체득한 가치관과 충성심을 쉽게 버리지 않는다.

당시 메르켈은 실현 가능성은 적어도 푸틴이 더 온건해지기를 바랐지만 현실은 오래지 않아 그 희망을 물거품으로 만들어버렸다. 우랄산맥의 주조 공장에서 일하는 노동자들은 곧바로 푸틴의 실물 청동 조각상을 만들었고, 러시아 전역의 공장들은 대통령의 얼굴이 들어간 무릎 덮개와 시계, 접시를 생산하라는 지시를 받았다. 푸틴이 마그니토고르스크를 방문한 후, 그가 그날 입었던 작업복은 그 산업도시의 박물관에 진열됐다. 메르켈은 자신이 상대하게 될 남자가 어떤 사람인지를 빠르게 이해했다. 푸틴의 롤 모델은 개혁주의자인 미하일 고르바초프가 아니라 독재자인 이오시프 스탈린이었다.

2006년에 메르켈이 총리가 된 직후, 푸틴은 언론을 향해 자랑스레 밝혔다. “미시즈(Mrs.) 메르켈은 러시아에 관심이 무척 많습니다. 그리고 러시아어를 할 줄 압니다!”

호감은 오래 가지 않았다. 푸틴은 메르켈이 어젠다 상단에 인권을 올려놓는 것을 보고는 호감을 거뒀다. 그는 KGB 스타일로 메르켈의 약점을 꼼꼼히 조사하기 시작했다. 그들이 처음으로 크렘린에서 만나는 동안, 푸틴은 KGB 출신이라는 사실을 일깨우는 눈싸움을 걸었다. 메르켈은 눈을 깜빡거리지 않았다. 다음번에 흑해에서 만났을 때, 메르켈이 개를 무서워한다(개에게 두 번 물렸었다)는 것을 안 푸틴은 자신이 기르는 검정 래브라도 리트리버 ‘코니(Koni)’를 풀어놨다. 코니가 총리의 주위를 맴돌며 킁킁거리자 푸틴의 얼굴에는 미소가 번졌다. 그러나 메르켈은 움찔하지 않았다. “그는 그래야만 자기가 남자답다는 걸 과시할 수 있다고 여긴 거야. 러시아는 정치도 경제도 성공하지 못했으니까.” 메르켈이 나중에 격분한 참모들에게 한 말이다.

푸틴은 메르켈의 자세를 무너뜨리려는 시도를 끊임없이 했다. 그는 회동에 지각하고는 했는데, 그건 자신이 가진 권력을 과시하려는 전형적인 시도였다. 언젠가 독일 총리가 그의 지각을 꾸짖자 푸틴은 어깨를 으쓱하며 대꾸했다. “으음, 우리는 이런 식으로 살아요.” 거기에 메르켈은 이렇게 대꾸했다. “우리는 이런 식으로 살지 않아요.” 시간 엄수라는 미덕은 겸손함, 의무감과 더불어 목사의 딸에게 어렸을 때부터 주입됐다. 그는 그런 미덕을 갖지 못한 사람들을 참을 수 없어 했다. 메르켈은 자신만의 사소한 방식들로 푸틴의 좀스러운 처신에 보복했다. “블라디미르, 다시 기도드리고 있나요?” 푸틴이 크렘린 내부의 집무실 근처에 예배실을 지었다는 것을 알게 된 메르켈은 그를 약 올리고는 했다. 두 다리를 쩍 벌리고 축 늘어진 자세를 취하면서 항상 능글맞게 웃는 푸틴의 모습에 약이 오른 오바마 대통령은 '교실 뒷자리에 앉아 따분함을 이기지 못해 안달하는 꼬맹이'가 떠오른다고 했지만, 메르켈은 푸틴의 그런 모든 행각을 유치하고 속이 훤히 들여다보이는 짓이라며 무시한다. 그가 보좌관들에게 한 얘기에 따르면, 푸틴은 "남들의 약점을 이용해먹는 사람이야. 그는 상대를 온종일 테스트해. 그런 짓에 저항하지 못하는 사람은 시간이 갈수록 왜소해지지." 메르켈은 그렇게 말하면서 집게손가락을 엄지손가락 쪽으로 움직이는 것으로 상황을 묘사했다.

하지만 푸틴은 메르켈을 겁주는 데 번번이 실패했다. 푸틴이 지독히도 심한 굴욕을 당한 드레스덴에서, 메르켈은 그의 시나리오를 뒤집어엎었다. 그를 왜소한 존재로 만든 것도, 그에게 굴욕을 안긴 것도 메르켈이었다. 두 사람은 2006년 10월에 그의 옛 근무지에서 만났다. 기자이자 인권운동가인 안나 폴리코브스카야(Anna Politkovskaya)가 모스크바에서 살해되고 사흘 뒤였다. 러시아가 체첸공화국에서 벌이는 야만적인 대리전을 다룬 안나의 취재는 대통령의 심기를 자극했다. 폴리코브스카야가 푸틴의 54회 생일에 자신의 모스크바 아파트 엘리베이터에서 총에 맞아 숨지자, 일부 관측자들은 그가 살해당한 타이밍은 우연이 아니라고 생각했다.

푸틴은 이 뻔뻔한 살인 행각에 대해 침묵했다. 그가 드레스덴 성 앞에 멈춰선 검은색 리무진에서 하차하자, 메르켈은 자신을 방문한 손님이 경악할 만한 발언을 했다. 그는 모여든 언론인에게 '이 폭력 행위에 큰 충격을 받았다'고, '폴리코브스카야 살인 사건은 해결돼야 한다'고 밝혔다. 기습 공격을 당한 푸틴은 입술을 모으고는 조리가 맞지 않는 말을 웅얼거렸다. "그 저널리스트가 러시아 정부를 가혹하게 비판한 것은 사실입니다. 하지만 나는 우리나라에서 그의 정치적 영향력은 극도로 미미했다고 생각합니다. 이 살인 사건이 러시아에 준 피해는 그가 쓴 기사들이 준 피해보다 큽니다." 그는 터무니없게도 자신을 그 범죄의 진짜 피해자로 만들려고 기를 썼다.

언론의 자유를 향한 메르켈의 지지는 푸틴의 심기를 계속 자극했다. 2010년 9월, 덴마크 신문 <윌란스 포스텐(Jyllands-Posten)>(2005년 9월 30일자)에 선지자 무함마드를 담은 만화 12편이 실렸다. 이를 계기로 시위들이 이어지고 수십 명이 목숨을 잃은 뒤, 메르켈은 살해 위협을 받고 있던 만화가 쿠르트 베스테르고르(Kurt Westergaard)에게 훈장을 수여했다. 스탈린과 처칠, 해리 S. 트루먼이 1945년에 회동했을 때보다 더 철저한 보안 속에서 옥상에 배치된 저격수들이 총리를 맞았다. 메르켈은 다음과 같이 선언하며 연설을 마쳤다. "자유의 비결은 용기입니다." 그는 기독교 원리주의자들이 플로리다의 교회에서 계획한, 코란을 불태우려는 계획을 비난할 기회도 포착했다. 그는 그 행위를 '불쾌하다'고 묘사했다. 메르켈은 미국에서 일어난 사건에 대해 얘기하는 중이었지만, 푸틴은 메르켈이 내놓은 코멘트를 전제주의 국가들 내부에서 일어나는 사건들과 관련해서 내정 개입을 해도 좋다는 것으로 해석했다.

"그는 메르켈 주위에 있을 때면 늘 딱딱한 표정이에요." 우크라이나의 인권 운동가 막심 에리스타비(Maxim Eristavi)는 이렇게 말했다. "푸틴은 원한다면 유머러스한 면모를 보일 수 있는, 심지어는 활기찬 모습을 보일 수도 있는 사람이에요. 그런데 메르켈 앞에서는 그러지 못해요. 메르켈은 그에게 창피를 주는 법을 알아요. 그의 인도주의적 본능에 호소하는 것으로 그러는 게 아니에요. 그런 방식은 쓸모없을 거예요. 그 대신 푸틴에게 인권침해와 잔혹 행위가 그의 감시 아래 행해지고 있다는 사실을 상기시키죠. 메르켈은 그에게 책임이 있다는 점을 상기시켜요." 메르켈은 역사가, 어쩌면 국제형사재판소가 살인도 마다하지 않는 이 냉소적인 인물에게 책임을 물을지도 모른다는 것을 시사했다.

메르켈의 16년 재임 기간이 끝날 무렵, 두 사람이 함께 보낸 시간은 수백 시간에 이른다. 그런데도 푸틴과 메르켈은 개인적인 화제에 대해서는 논의하지 않으려 한다. 예를 들어, 메르켈은 푸틴의 두 딸이 모스크바에 있는 독일 학교에 다녔다는 사실조차 모른다. 또 푸틴이 메르켈의 당선을 막으려고 메르켈에 대한 허위 정보를 퍼뜨렸을 때 그것이 사적인 감정에서 한 행위가 아니라는 것을 알 정도로 프로페셔널한 콤비다. 그런 사례 중 하나가 2016년 베를린에서 무슬림 난민들에게 겁탈당했다고 주장한 리사(Lisa)라는 러시아계 독일인 소녀에 대한 거짓 이야기를 퍼뜨린 것이다. “우리 리사(Our Lisa).” 푸틴의 외무장관 세르게이 라브로프(Sergei Lavrov)는 그 소녀를 이렇게 부르면서 메르켈이 사건을 은폐하고 있다고 비난했다. 얼마 안 가 독일 국민 수백 명이 총리실 앞을 행진하며 ‘리사를 위한 정의’를 요구했다. 그런데 철저한 수사에 나선 베를린 경찰은 그 소녀가 부모와 말다툼을 하고는 남자 친구와 밤을 보냈다는 사실을 밝혀냈다. 하지만 그 무렵에는 혼란과 의혹이 한데 뒤엉킨 상태였다. 물론, 메르켈은 이제는 소셜 미디어의 위력 때문에 더욱 위력이 강해진 KGB의 조악한 허위 정보 유포 전술을 경멸한다. 그렇지만 그것들을 푸틴이 보유한 권위주의적 도구 상자의 일부로 받아들인다. 메르켈 입장에서 그것은 개인적인 감정에서 비롯한 일이 아니다.

메르켈이 가진 도구 상자의 일부는 푸틴이 좋아하든 말든 항상 반체제 인사들을 지원하는 게 될 것이다. 그렇지만 그는 그런 전투가 잔혹하고 요지부동인 러시아의 독재자를 상대로 한 힘겨운 투쟁이 될 것이라는 사실을 잘 알고 있었다.

메르켈의 집무실에는 예카테리나 대제의 초상화가 있다. 독일 출신의 이 러시아 여제는 러시아를 봉건주의의 무기력에서 깨워내려고 '열린 세상으로 나가라!'고 부르짖으려고 애썼다. (메르켈이 철조망과 장벽 뒤에서 35년을 보낸 후에 자신이 그랬던 것처럼 동독인들에게 다른 경험에, 다른 생활 방식에 마음을 열라고 독려하며 자주 언급했던 게 바로 이 문장이다.) 그런 독려는 오늘날에도 여전히 독일인과 러시아인들에게 필요했다.

2020년 6월, 나치스 치하의 독일과 맞서 싸우다 전사한 소련군 병사들을 기념하는 기념물 앞에서 푸틴은 자신의 통치를 2036년까지 연장하겠다고 발표했다. 메르켈이 변화한 러시아에 대해 품은 미미한 희망은 내동댕이쳐졌다. 푸틴은 부정선거와 공포, 강압, 정적 살해를 통해 스스로 종신 독재자의 자리에 올랐다. 그의 목표는 스탈린의 집권 기간인 33년 기록을 깨는 것이다. 메르켈에게는 고통스럽게도, 푸틴은 메르켈이 무척 우러러봤던 문화와 역사, 언어를 가진 나라에 공급되는 민주주의라는 산소를 차단했다.

두 달 후, 저널리스트 안나 폴리코브스카야와 푸틴을 비판했던 숱하게 많은 이들의 암살을 비극적으로 재연한 사건이 일어났다. 알렉세이 나발니(Aleksei Navalny)가 유독성 신경 작용제가 든 차를 마신 후 쓰러진 것이다. 폴리코브스카야도 똑같은 방법에 당했지만 목숨을 부지한 뒤에 총격을 당했다. 나발니 역시 살아남았는데, 부분적으로는 메르켈이 개입한 덕이었다. 시베리아에서 항공기 편으로 베를린에 있는 샤리테(Charité) 병원으로 이송되어 투병하는 동안 메르켈은 푸틴에게 경고했다. "우리는 이 사건을 신속하게 해결할 것을 주장합니다. 현재까지 들은 얘기는 무척 심각합니다." 나발니가 혼수상태에서 깨어난 이후 메르켈이 병상을 방문하고 내놓은 메시지는 한층 더 강력했다.

건강을 되찾은 나발니는 한층 더 용기 있는 행동을 했다. 모스크바로 돌아간 것이다. 그러나 그는 거짓 혐의들 때문에 곧바로 수감됐다. 투옥된 이 야권 인사는 독재자의 도둑 정치(kleptocracy)에 맞서서 그가 보유한 가장 강력한 무기를 휘둘렀다. 그는 흑해에 있는, 지하 아이스하키 링크와 카지노, 빨간 벨벳이 깔린 물담배 라운지와 댄스용 폴(pole)을 완비한 푸틴의 수십 억 달러짜리 비밀 궁전에 대한 두 시간짜리 동영상을 공개했다. 감금된 활동가는 이것들은 전부 '역사상 최대 규모의 뇌물'로 만들어진 것이라고 주장했다. 유튜브에 올린 이 동영상은 하루 만에 2000만 회의 조회수를 기록하며 전국적인 거리 시위를 촉발시켰다.

"푸틴 치하에는 세 가지 선택지가 있습니다. 입을 닥치거나 그를 찬양하거나 목숨을 잃거나." 반정부 활동을 한 죄목으로 감금된 러시아계 우크라이나인 영화감독 올레그 센초프(Oleg Sentsov)가 한 말이다. 푸틴에게 나발니만큼이나 위험한 적수인 앙겔라 메르켈은 입을 닥치거나 그를 찬양하지 않을 것이다. 그렇다고 푸틴은 메르켈을 침묵에 빠뜨릴 수도 없다.

하지만 나발니 암살 시도는 메르켈이 추구하는 실용주의의 곤혹스러운 측면도 드러냈다. 그는 한편에서는 유럽의 단결을 촉구하며 푸틴의 인권침해를 규탄하는 활동을 이끌었다. 그렇지만 푸틴의 정적이 베를린의 병원에 혼수상태로 누워 있는 동안에도, 메르켈은 노르트 스트림 2(Nord Stream 2) 파이프라인 프로젝트를 취소하는 걸 거부했다. 이 프로젝트가 성사되면 천연가스를 러시아에서 발트해를 가로질러 독일로 가져오게 된다. 이 프로젝트가 완결되면 크렘린의 금고에는 수십 억 달러가 채워질 것이고 에너지는 EU 회원국 중 딱 한 나라, 즉 독일에만 공급될 것이다.

메르켈은 노르트 스트림 2의 추진을 허용하면서 자신이 좇는 많은 원칙적인 입장과 일치되기 어려운 사각지대를 노출했지만, 그도 타산적인 정치인이라는 사실을 상기시켰다. 최근에 천연가스 공급 선을 러시아에서 미국과 노르웨이로 바꾸면서, 그리고 러시아 국영 가스 회사 가스프롬(Gazprom)을 상대로 한 독점 금지 소송을 제기하면서 유럽의 에너지 지형이 급격하게 바뀐 것은 사실이다. 메르켈의 영향력 아래 있는 EU는 이런 영역에서, 또 다른 영역들에서도 훨씬 더 많이 관련되어 있다. 그는 통일된 외교정책을 지닌 성숙한 국가연합으로서의 유럽을 천명했지만, 독일의 이 일방적인 결정은 유럽의 기반을 약화시켰다. 더군다나 노르트 스트림 2가 완료됐을 때 제일 큰 충격을 받게 될 나라는 메르켈이 엄청난 시간과 노고를 쏟아부은 나라, 즉 우크라이나다. 파이프라인이 발트해 해저에 완공되면 키예프(Kiev)는 1년에 10억 달러가 넘는 통행료를 잃게 될 것이다. 메르켈이 이 계획을 계속 추진했을 때 여론이 얼마나 나빠질 것인지, 이 모든 상황의 무게를 재봤을 거라는 데에는 의심의 여지가 없다.

나발니 독살 시도보다 오래전에 제기됐던 이 이슈는 그의 충실한 동지들조차 당황하게 만들었다. "노르트 스트림을 왜 추진하는 거냐고 오바마가 물을 때마다 메르켈은 다른 대답을 내놓았습니다." 오바마 행정부의 국가안보자문이던 찰스 쿱찬(Charles Kupchan)은 이렇게 말했다. "재계에서 압력이 들어온다, 국내 정치 문제다, 연립정부를 계속 꾸려가려면 그럴 수밖에 없다, 이것은 내가 내린 결정이 아니다 등등. 대답이 항상 달랐죠." 진정한 대답은 이 모든 요소를 합쳐놓은 것일 가능성이 크다. 메르켈이 복잡한 상황에서 내놓기를 좋아하는 설명 중 하나는 '얻는 게 잃는 것보다 많다'이다.

개인적으로는 덜 치열한 관계였지만 시간이 갈수록 애먹인 또 다른 독재자도 메르켈에겐 골칫거리였다. 푸틴처럼, 중국 공산당 지도자들도 소련의 붕괴를 꼼꼼히 연구하며 전철을 밟지는 않겠다고 결심했다. 마오쩌둥의 초상화가 여전히 베이징 심장부에 있는 톈안먼 광장을 내려다보고 있지만, 공산당은 그의 노선을 폐기했다. 에너지와 영화, 맥주 분야의 최대 소비국인 중국은 나머지 나라들을 모두 합친 것보다 더 많은 고속철도를 깔고 공항을 지었다. 또한 중국은 얼마 안 있어 역사상 최장 기간 지속된 일당 국가로서 소련의 기록을 뛰어넘을 것이다. 새로이 등장한 이 세계 최강대국은 이미 가장 규모가 크고 인구가 많은 권위주의 국가다. 중국의 힘은 핵무기 보유량에서 비롯하는 게 아니라 빠르게 성장한 경제력과 핵심 기술의 보유를 향한 레이스에서 세계 정상에 등극하겠다고 공언한 목표에서 비롯한다.

앙겔라 메르켈은 버락 오바마 대통령이 '아시아로의 회귀(pivot to Asia)'를 떠들썩하게 외치기 한참 전부터 해마다 베이징을 찾으면서 중국 지도자들과 관계를 돈독히 다지고 있었다. "그는 일찍이 2005년에 중국은 떠오르는 별이라고, 우리는 중국과 좋은 관계를 맺어야 한다고 말했습니다. 메르켈은 장쩌민과 후진타오, 시진핑에게 시간을 투자했습니다." 그의 전 국가안보자문 크리스토프 호이스겐은 중국의 현재 지도자 시진핑과 전임자 두 명의 이름을 꼽으며 말했다. "중국이 주는 교훈과 중국이 세계에 제기하는 위협들 모두 앙겔라 메르켈의 레이더에서 벗어난 적은 결코 없습니다."

메르켈은 총리로 재임하기 시작한 초기에는 들뜬 마음으로 중국을 방문했다. 그는 문화계 인사들, 과학자들, 기업가들, 관료들을 만나고는 기운을 얻어 베를린으로 돌아왔고, 세계의 떠오르는 거인이 이뤄낸 눈부신 발전에 놀라워했다. 그는 큰 소리로 묻고는 했다. 중앙계획경제 시스템을 지닌 일당 국가가 어떻게 수억 명의 인구를 가난의 구렁텅이에서 끌어내고 지구적 영향력을 계속 미칠 수 있는 걸까? 중국은 유례없는 발전 궤적을 보이는 듯했다. 총리는 보통 독일 재계를 위한 짭짤한 교역 건수를 잔뜩 들고 베이징에서 돌아왔다. 그러면서 결국 중국은 독일제 자동차의 3위권 시장이 됐다.

그런데 2007년 11월 메르켈은 사흘짜리 베이징 방문에서 교역 건수를 한 건도 챙기지 못하고 귀국했다. 이 사건은 중국이라는 '기적'의 어두운 면을 상기시켰다. 싸늘한 냉기가 갑자기 덮친 것은 메르켈이 얼마 전에 베를린에서 달라이 라마를 접견한 것에 대한, 그리고 중국의 수도에 머무는 동안 비정부 단체와 반체제 인사, 독립 언론인들과 대화를 가진 것에 대한 중국의 보복 때문이었다. "총리는 대화할 때마다 인권 문제를 거론했습니다." 당시 대변인으로 동행했던 울리히 빌헬름(Ulrich Wilhelm)이 한 말이다. "나는 당신들이 이룬 발전을 높이 우러러보지만 이 이슈들을 제기하지 않은 채로 대화를 시작하지는 못하겠습니다." 그가 후진타오 주석을 처음 만났을 때 한 말이다.

중국인들은 메르켈이 이런 문제를 제기할 때마다 늘 발끈했고, 그것을 용납하지 못할 내정간섭으로 여겼다. 베이징이 불쾌감을 느꼈다는 증거는 메르켈과 같은 주에 중국을 방문한 프랑스 대통령 니콜라 사르코지가 300억 달러 규모의 계약을 체결한 반면, 독일 총리는 빈손으로 귀국길에 올랐다는 사실로 알 수 있다. 메르켈은 사르코지가 중국의 인권침해라는 민감한 주제를 무척 가볍게 언급했다는 사실을 잘 알았다. 이후로 그는 대부분 닫힌 문 뒤에서 중국 지도자들을 상대로 자신의 가치관을 고수하는 것과 독일의 통상 이익을 옹호하는 것 사이에서 아슬아슬한 외줄 타기를 했다. 그는 베이징과 우호적인 관계를 추구하려는 끈질긴 노력 덕에 연이어 권좌에 오른 지도자들과 일정 정도의 신뢰를 쌓을 수 있었다. 그렇지만 그 신뢰는 도덕적인 대가를 치르고 얻은 거였다.

2013년에 권좌에 오른 시진핑은 언젠가 메르켈에게, 중국과 다른 나라에서 인권을 지지하는 최상의 방법은 빈곤과 맞서 싸우는 것이라고 말했다. 이는 메르켈의 생각과 완전히 다른 것은 아니었다. 하지만 중국에 대한 존경심을 품고 열린 마음으로 중국을 비판하는 비판자로서 자신에게는 베이징이 소수자들의 기본적인 인권을 무자비하게 짓밟는 것과 관련해 심경을 밝힐 권리가 있다고 느꼈다. "당신이 탄압을 계속하면 우리는 그것에 항의하는 사람들을 공개적으로 지지하게 될 겁니다." 그는 시진핑에게 이런 말을 한 것으로 전해진다. 메르켈은 시진핑이 갈수록 강경해지고 개인 숭배를 강화하는 걸 '실망스러운 일'이라고 부르기는 했지만, '자유 대 반자유'의 통상적인 이분법보다 더 복잡한 렌즈를 통해 중국을 바라봤다. 또한 그는 강경한 협상의 대체물이 아니라 서양이 툭하면 무시하는 유서 깊은 문명을 향한 존경심을 보여주는 방식으로서 '소프트 파워(soft power)'를 사용했다.

메르켈은 대부분의 외교 순방에서 관례적인 환영 의전과 격식을 갖춘 의견 교환, 언론 브리핑을 서둘러 처리하는 편이다. 그런데 중국에서는 한층 더 느긋하게 시간을 보냈다. 그는 최근의 방문에서는 선전(深圳)을 직접 둘러보기로 결심했다. 오래전 홍콩 옆 작은 마을에 불과했던 선전은, 독일 자동차 산업이 자체적으로 배터리 셀을 개발하는 데 실패한 시기에 1250만 명이 거주하는 하이테크 허브로 탈바꿈했다. 그는 중국을 10여 차례 방문한 이후로는 시진핑 너머에 있는 누구에게 연락해야 하고 누구와 신중하게 거리를 둬야 하는지를 알게 됐다. 최종 결정권자는 시진핑일지 모르지만, 그런 시진핑도 부총리인 류허(劉鶴)의 의견에는 귀를 기울였다. 그래서 메르켈은 류허도 면담 대상자에 포함시켰다. "우리는 동시통역사의 쉰 번째 생일을 축하하고 있어요!" 그가 최근의 중국 방문 도중 기쁜 모습으로 수행단에게 소식을 전했다. 그러면서 중국 정치인들이 자신의 질문에 대답할 때 공들여 번역된 내용이 적힌 색인 카드를 읽던 시절을 회상했다. 중국 지도부도 앙겔라 메르켈에게 정성을 들였다. 메르켈은 2010년 7월에 쉰여섯 번째 생일을 축하할 장소를 선택했다. 그는 산시성의 성도(省都) 시안(西安)에 있는 중국 최초의 황제 진시황의 무덤을 찾아 거기에 함께 묻힌 병용(兵俑) 7000개를 보며 감탄했다. 이 자리에는 드물게 모습을 나타내는 메르켈의 남편도 있었다.

메르켈은 역사를 무척 좋아한다. 중국 역사에 특히 매료된 그가 보기에 중국이 현재 보여주는 세계의 중심 세력으로 부상하려는 야심은 덜 미스터리하고, 덜 위협적일 것이다. 과학자로서 그는 중국이 화약 같은 기술적 발명을 했다는 것을, 그리고 중국이 청나라 때인 17세기에 천문학 연구를 수행한 최초의 국가라는 사실을 잘 안다. "각자 잘하는 분야와 관련해서 우리가 서로에게서 얼마나 많은 것을 배울 수 있는지 시진핑 주석과 자주 얘기를 나눕니다." 언젠가 그가 한 말이다. "중국을 방문하면 지도자들은 내게 지난 2000년 중 1700년 동안은 중국이 경제적인 측면에서 세계 정상이었다는 말을 합니다. 또 '우리가 전통적으로 차지했던 자리로 복귀하더라도 불안해하지 마세요'라고 합니다." 메르켈은 한 세대 만에 이뤄낸 중국의 눈부신 발전을 그의 조국이 제2차 세계대전의 잿더미에서 다시 일어선 것과 비교한다. "중국의 발흥 역시 독일처럼 대체로 근면과 창의성, 기술에 기초해서 이뤄졌습니다." 메르켈이 총리로 재임하는 동안 중국 경제는 202퍼센트 성장했다. "10년 내에," 그는 경고했다. "우리는 중국어로 쓰인 특허 관련 서류를 읽을 수 있는 사람들이 필요할 겁니다. 중국인들은 더 이상은 그런 서류를 영어로 작성할 필요를 느끼지 않을 테니까요."

그는 중국이 인공지능 분야의 선두 국가가 되려는 목표를 세우고 있다고 내각에 상기시켰다. 2017년에 중국은 AI 연구에 120억 유로를 투자한 반면, 독일은 겨우 5억 유로에 불과했다. 그는 중국의 숨 막히는 발전 사례를 직접적인 위협으로 보기보다는 유럽을 자극하는 자극제로 보면서 이런 말을 했다. "반도체 칩은 유럽연합에서 만들어져야 하고, 유럽은 자체적인 하이퍼스케일 컴퓨터를 보유해야 하고, 배터리 셀을 생산해야 한다고 믿습니다." 그런 기술적인 주제에 대한 의견을 메르켈 정도의 자신감을 갖고 밝힐 수 있는 국가 정상은 무척 드물다. 그는 감시 국가 치하에서 살았던 경험 때문에 유럽이 프라이버시 보호를 위한 기준을 설정해야 하고, 미국과 중국 양쪽을 대체하는 대안으로서 글로벌 디지털 기준을 설정하는 규칙 제정자가 돼야 한다고 생각한다. "개인 데이터는 국가나 기업의 소유물이 아니라고 굳게 믿습니다." 그는 실용주의자이지만, 중국의 거물 통신회사 화웨이와 협상할 때는 그런 서비스 제공자에게 적용되는 좀 더 촘촘한 독일식 통제 방침을 밀어붙였다. 중국을 이데올로기의 프리즘을 통해 보려는 것을 거부하는 성향은 공산주의 치하에서 겪은 개인적인 경험을 감안하면 한층 더 두드러진다. 그럼에도 그는 중국이 동독이나 소련과는 달리 자국민 수억 명에게 이로운 쪽으로 경제를 개혁했다는 사실도 인정한다.

2019년 메르켈의 단호한 실용주의는 대서양 양안의 사람들 귀에 헛소리처럼 들렸다. 중국이 홍콩의 개혁 세력과 위구르의 무슬림에 대한 탄압을 멈추지 않았기 때문이다. 메르켈의 스타일은 자신이 가진 대안들의 무게를 재보면서 덜 사악하게 보이는 대안을 선택하는 것이다. 그는 독일의 국익에 지극히 중요한 중국과의 교역을 독일 정치의 인질로 잡을 의향이 전혀 없었다. 사학자의 관점에서 형세를 살펴본 바로는 조짐이 무척이나 불길했다. 서구는 중국을 배우지 않는다면 뒤처질 위험이 있다. 그는 중국이 여러 세기 동안 세계 문화의 정점을 대표했다는 사실을 자주 언급한다. 중국의 장인들이 실물 같은 병마용을 조각한 기원전 210년에 유럽은 무슨 일을 하고 있었나? 발흥한 문명도 우쭐해하고 부주의해지며 타락할 경우에는 몰락한다. 그는 총리 재임 마지막 몇 년 동안에 한 거의 모든 연설에서 서구가 품은 희망과 목적의식이 줄어들고 있다고 경고했다. 그는 그 희망의 불씨를 다시 피우고 싶었다. 그렇지만 그렇게 하는 데 동원할 수 있는 수단은 제한적이었다. 사람들을 분발시켜 행동에 나서게 만드는 것은 메르켈의 장점이 아니었다.

바이로이트에서 열리는 연례행사인 바그너 뮤직 페스티벌에 참석하기 위해 평소와 달리 화려하게 차려 입은 메르켈이 남편과 함께 오페라하우스에 도착했다. 요아힘 자우어(오페라에 열광하고 언론의 관심을 혐오하는 까닭에 '오페라의 유령'이라는 별명이 붙었다)와 아내는 사생활을 믿기 힘들 정도로 잘 보호해왔다. 자우어는 자신의 유명한 아내와 관련한 인터뷰를 한 번도 하지 않았다.

9

THE PRIVATE CHANCELLOR

총리의 사생활

나는 경계선이 존재한다는 점을
확실히 밝혔어요. 그래서 내 생활의
특정 영역은 대중에게
공개하지 않아요.

앙겔라 메르켈

앙겔라 메르켈은 세상에서 가장 영향력 있는 여성으로 불리기 오래전부터 이미 정치와 정치인에 대한 관심을 어떻게 다뤄야 하는지 충분히 교육받은 인물이었다. 그는 재임 기간 16년 내내 놀라울 정도로 변화가 없는 인물로 남았다. 메르켈이 한결같은 모습을 유지할 수 있었던 건 성공한 정치인 누구보다도 사생활을 보호하고, 세상이 자신에게 다가오지 못하도록 애썼기 때문이다. 때때로 어깨를 짓누르는 공직 생활을 지탱할 수 있었던 것은 바로 사생활 덕이었다.

"대중에게 구구절절 설명할 필요 없이 내가 행복하거나 슬퍼할 수 있는 공간을 유지하려고 애썼어요." 그가 2019년에 한 설명이다. "그렇게 하지 않으면 대중 앞에서 행복해지기 어려울 거예요. 이 법칙에는 예외가 없어요." 그에게 헌신적인 참모들 중에서도 베를린의 사저가 됐든 브란덴부르크에 있는 안식처가 됐든, 그의 사적인 공간에 초대받은 사람은 아무도 없다.

앙겔라와 요아힘의 빨간 타일 지붕을 얹은 소박한 흰색 시골집은 베를린과 폴란드 국경의 중간쯤에 있는 우커마르크의 호수와 삼림 가운데, 호엔발데(Hohenwalde) 마을 근처에 있다. 이 시골집에는 '대단히 간소한 가구들만 비치돼 있다'고 가끔씩 그곳을 방문하는 폴커 슐뢴도르프는 밝혔다. "그 집은 동독 분위기를 풍깁니다. 그도 그럴 것이 앙겔라와 남편이 원하는 목재를 선택할 수 없던 동독 시절에 지은 집이니까요. 그 집은 아직 다 짓지 못한 상태입니다."

이곳이 독일 총리가 주말을 보내는 저택임을 알 수 있는 것은 도로 건너편 작은 흰색 입방체 건물 안에 앉아 있는 경찰관 덕분이다. 앙겔라는 관용 검은색 아우디를 타고 도착하는 반면, 남편은 낡은 빨간색 폭스바겐 골프를 몰고 오는 일이 잦다. 메르켈은 경호원들을 무시하려 애쓰지만, 그가 근처 호수에서 잠깐 수영을 하고 나올 때면 무장한 요원 콤비가 경계심 가득한 눈으로 그의 곁을 지킨다. 메르켈은 그들에게 자신에게서 공식적으로 규정된 150미터보다 먼 200미터 떨어진 곳에 머무르라고 지시했다. 그가 근처 숲으로 산책을 갈 때면 숲 한쪽에 SUV 한 대가 늘 서 있고, 운전석에 앉은 경호원은 신문을 읽는 척한다. “이봐요, 실제로 읽고 있지 않는 거 다 알아요.” 언젠가 총리는 자신의 경호원에게 이렇게 약을 올렸다. 그 경호원은 지극히 은밀한 임무를 수행하는 와중에도 되도록 투명인간에 가까운 존재가 되라는 지시를 받았다.

집으로 들어가면, 친구들은 메르켈이 평범한 가정주부가 된다고 말한다. 오페라를 들으며 소박한 음식을 하며 긴장을 푼다. 그가 잘하는 요리는 감자수프다. 그는 식사를 마친 후에 설거지도 하겠다고 고집을 부리기도 한다. 하지만 일요일 오후 4시쯤이면, 이 가정주부는 참모들에게 다음 주에 할 업무와 관련한 문자메시지를 날리기 시작한다.

요아힘 자우어는 자신의 반려자가 뛰고 있는 리그에 경외심을 품고 있는 것 같진 않다. 메르켈의 쉰 번째 생일 파티가 열렸을 때였다. (메르켈의 전형적인 방식대로, 그 파티에는 참석자들을 위한 ‘이벤트’로 과학자가 등장해 ‘뇌: 지휘자가 없는 복잡한 시스템, 우리의 자아 이미지를 위한 결과물’이라는 제목의 긴 강연을 했다.) 자우어는 한밤중에 아내에게 고개를 돌리고는 말했다. “앙겔라, 나는 정치인이 아니야. 아침 일찍부터 연구를 해야 해.” 2011년 6월에 오바마가 메르켈에게 대통령 자유훈장(Medal of Freedom, 미국에서 민간인이 받을 수 있는 최고의 훈장)을 수여할 때, 오바마와 미셸은 메르켈과 자우어를 백악관의 개인 구역에서 열리는 만찬에 초대했다. 자우어는 초대에 응할 수 없다는 편지를 보냈다. 시카고에 있는 동료와 저녁을 먹기로 했다는 것이 그 이유다.

메르켈은 사생활에 대해 말하지 않겠다고 선언하기 전 자신이 업무에서 오는 압박감을 감당하는 데 남편이 얼마나 도움이 되는지를 이야기했다. "우리 부부 관계를 위태롭게 만드느니 약속 세 개를 취소하는 쪽을 택할 거예요." 그는 헤를린데 쾰블에게 이렇게 말했다고 한다. "그이는 내 정치 인생에서 매우 중요한 역할을 해요. 어떤 결정이 보통 사람들에게 어떤 영향을 끼치게 될지에 대한 얘기를 해줘요. 외부인(객관적 제삼자)의 관점을 내게 전해주는 사람인 거죠." 메르켈이 정계에 막 입문했을 때 보스이던 안드레아스 아펠트는 부부가 긴밀하게 협조하는 모습을 직접 목격했다. "메르켈이 대변인이었을 때 아수라장이 펼쳐졌는데 그는 어찌해야 할 바를 몰랐습니다. 그래서 남편에게 전화를 걸었죠. 자우어는 곧바로 메르켈에게 문장 몇 개를 보냈고, 그는 그것을 보도 자료에 사용했습니다." 아펠트가 한 말이다.

자우어의 역할은 메르켈의 정치적 공명판(sounding board) 노릇에만 그치지 않는다. 그는 메르켈이 한 걸음 뒤로 물러나서 쉴 수 있는 안전한 피난처도 제공한다. "끊임없이 이야기를 주고받는 것은 때때로 문제가 되기도 해요." 메르켈은 정치판의 끊임없는 사교 행사를 언급하며 쾰블에게 토로했다. "요아힘과 있을 때는 말을 할 필요가 없어요. 우리는 그냥 함께 있으면 돼요." 자우어의 가장 큰 의무는 세상 사람들의 시선에 많이 노출된 공인인 아내가 정서적 균형을 유지할 수 있도록 돕는 것이다. "우리 관계는 나한테 안도감을 줘요." 메르켈은 말했다. 그런 반려자 없이 살아갈 수 있겠느냐고 묻자 그가 답한다. "못 산다고 대답할래요."

베를린 시민들은 자우어에게 '오페라의 유령'이라는 별명을 붙였다. 오페라 애호가이면서 언론의 관심을 혐오하기 때문이다. 그는 프라이버시를 지키겠다는 자신의 권리를 당당하게 밝힌다. "나는 과학자입니다. 나한테 관심을 보이는 사람은 아무도 없습니다." 그의 (틀린) 주장이다.

앙겔라 메르켈은 공적인 생활과 사생활 사이에 엄격한 경계선을 그었지만, 가끔씩은 자신의 결혼 생활이 얼마나 '평범한지'를 무심코 드러내고는 한다. 2020년에 테크 콘퍼런스(tech conference)에 참석한 총리는 집에 '스마트' 가전제품이 있는지, 직접 세탁기를 돌리는지 질문을 받았다. "사실, 빨래는 남편이 해요." 그는 사무적인 어투로 대답했다. 메르켈은 동시대를 살아가는 대부분의 전문직 종사자 커플들과 비슷하게 가사를 분담한다는 사실을 명확하게 밝혔다.

그는 이토록 금실 좋고 헌신적인 커플이 아이를 갖지 않기로 한 이유에 대해 이렇게 밝혔다. "정치적으로 활발하게 활동하는 삶과 아이가 결합된 삶은 상상이 안 돼요." 재혼하기 몇 년 전인 서른여섯 살 때 메르켈은 자신의 믿음을 이렇게 설명했다. "결혼한다고 해서 내 생활이 바뀌지는 않을 거예요. 그런데 아이를 갖게 되면 정치를 포기해야 할 거라고 생각해요. 그 (아이) 문제는 지금 당장은 나한테 이슈가 아니에요. 앞으로도 영영 이슈가 되지 않을지도 모르고요." 그렇게 그 문제는 영영 이슈가 되지 않았다. 그는 자우어와 결혼할 즈음, 40대에 접어든 지 오래였다.

그의 베를린 거주지는 다른 국가 정상이 거주하는 저택하고는 판이하게 다르다. 그곳은 옛 동베를린의 심장부에 있는, 전쟁 전에 지은 평범한 4층짜리 월세 아파트다. 초인종 위에는 메르켈의 남편 이름이 붙어 있다. 친숙한 거리와 카페들이 좁다란 슈프레(Spree)강을 따라 뱀처럼 구불구불 이어진다. 그가 1970년대 말에 베를린으로 처음 이주한 이후 피어싱 숍과 인터넷 카페, 베트남 식당과 중동 음식 전문점, 비건 레스토랑이 들어섰다. 앙겔라가 무단 점유자이던 30년 전하고 달라진 게 없는 동네다. 그의 서른 번째 생일에 그곳을 방문한 그의 아버지는 쓴 말을 내뱉었다. "흐음, 앙겔라야, 네 생활이 많이 나아졌다고는 못 하겠구나.” 메르켈은 근처에 있는 베르톨트 브레히트 광장의 베를리너 앙상블 극장에서 열리는 공연을 여전히 보러 간다. 더 이상은 예전에 그랬던 것처럼 프리드리히슈트라세(Friedrichstrasse) 역에서 S-반을 타지 않지만, 수행 차량을 꼬리에 단 검은 세단을 타고 통근하는 현재의 방법보다는 열차 타는 쪽을 더 선호할 것이다. 자문인 에바 크리스티안젠은 2019년 뉴욕에서 크리스마스를 보내고 돌아온 후 자신을 알아보는 사람이 없어 편하게 맨해튼을 구경한 얘기를 메르켈에게 들려줬다. 그때 총리가 부러워하는 기색에 주목했다. 그것은 세상에서 가장 영향력 있는 여성으로서는 엄두도 못 낼 경험이었다. 그건 퇴임한 이후에도 마찬가지일 것이다.

메르켈에게는 프라이버시와 홀로 보내는 시간이 필수지만, 정작 늘 사람들에게 둘러싸여 있다. 임기를 시작할 때부터, 그가 경호 부대에 내린 지시는 200미터 거리를 두라는 데에서 그치지 않았다. 남편과 함께 콘서트나 오페라에 갈 계획을 세울 때마다, 그는 경호 부대에 출발 30분 전에야 그 사실을 알려준다. 경호를 위한 수색과 장애물 설치, 경비견 동원, 그 외 총리 부부의 등장을 알려주는 뚜렷한 표식들로 다른 사람들을 방해하고 싶지 않기 때문이다. 메르켈은 총리로 취임한 초기, 카메라도 경비원도 없는 총리실의 주방용 엘리베이터로 잽싸게 빠져나가 경호 부대의 손아귀를 벗어나려 했었다. 그 자유는 불과 몇 분 만에 끝났다. 주차장에 도착한 그는 경호원과 경비견이 대열을 이뤄 서 있는 것을 발견하고 말았다.

베를린의 프리드리히가에 있는 프랑스 백화점에서 평범한 쇼핑객으로 검정 플랫 슈즈를 여러 켤레 구입하는 그의 모습이 눈에 띄기도 했다. 이럴 때 그를 경호하는 요원들은 사람들 눈에 띄지 않으려고 최선을 다한다. 조용한 샤를로텐부르크 구역에 있는 단골 이탈리언 레스토랑에서 남편과 저녁을 즐기기도 한다. 메르켈이 소박하게 살든, 그가 자주 가는 슈퍼마켓(베를린 시민 대부분이 아는 것처럼 모렌Mohren가에 있는 울리히 페르브라우허마르크트Ullrich Verbrauchermarkt)에서 카트를 미는 평범한 모습을 보여주든 "그는 오라를 풍깁니다. 물론 그 오라는 권력에서 뿜어져 나오는 거죠." 슐뢴도르프는 말했다. EU의 전 외무장관인 캐서린 애슈턴(Catherine Ashton)은 이렇게 말했다. "그는 앙겔라 메르켈이에요! 그가 방안에 있을 때는 당연히 그 사실을 알게 되죠." 그가 하는 말, 재담, 찡그리는 표정, 심지어 아치 모양을 그리는 눈썹에는 무게가 실린다. 수년 전, 메르켈이 시골집으로 향할 때 울퉁불퉁 팬 도로에서 차가 연달아 덜커덩거렸다. 그러자 총리는 그저 한 마디 툭 던졌다. "어이쿠!" 이튿날, 작업자들은 아스팔트를 새로 깔아 도로를 평탄하게 만들었다.

공적인 삶은 그에게 자연스럽지 않다. 메르켈은 정치권 밖에서 일하는 사람들과 맺은 우정으로 버거운 공적 생활에서 벗어나려는 경향이 있다. 그렇지만 그들도 프라이버시를 지키려는 메르켈의 강한 욕구 탓에 제약을 받는다. 슐뢴도르프는 이탈리아 토스카나에 있는 그의 저택에서 보낸 인상적인 주말을 회상했다. 그의 아내 앙겔리카(Angelica)와 앙겔라의 남편과 함께 그곳에서 돈독하게 다진 우정은 그라파(grappa, 이탈리아의 증류주) 몇 잔을 비우고 난 뒤 밀봉됐다. 그런데 그런 우정이 싸늘히 식은 적이 있었다. 슐뢴도르프가 따스하면서도 약간은 놀리는 투로 총리의 프로필 기사를 쓴 뒤였다. 그는 메르켈에게 두 번째 4년 임기를 마친 후에 과학자 인생으로 돌아가라고 농담조로 권했다. "교단에 서고 연구하던 시절이 가끔은 그립지 않나요? 정치와 경제의 부정확함을 겪은 뒤로 과학의 정밀함에 대한 동경이 다시 피어나지는 않나요?"

메르켈이 보기에 슐뢴도르프가 쓴 프로필 기사 같은 글은 제아무리 자신을 극찬하는 내용일지라도 프라이버시를 폭로하는 것이었다. 게다가 실험실로 복귀하는 것에 전혀 관심이 없다. 그는 정치인치고는 특이한 존재일지 몰라도, 결국에는 정치의 세계에 완전히 흡수된 인물이다. "정계의 일들은 그런 방식으로 처리돼요." 그가 언젠가 한 얘기다. 정치계 한복판 삶의 짜릿함에 필적하는 자극적인 실험실이 어디 있겠는가? 메르켈은 정신없이 보낸 30년의 세월 동안 지루하다고 느낀 적이 거의 없었다.

메르켈은 그가 속한 세계와 전혀 관련 없는 분야에서 창의적인 일을 하는 사람들과 어울리기 좋아한다. "정치인들은 했던 얘기를 하고 또 하는 편이에요." 그가 짓궂게 말했다. "그것은 내 예전 직업인 물리학자 입장에서 그런 짓을 하는 것은 대죄(大罪)를 짓는 거죠. 과학의 과제는 절대로 똑같은 얘기를 두 번 하지 않는 거예요. 그건 그 사람이 마무리한 일이 하나도 없다는 뜻이니까요." 그의 이 말은 정치인은 따분할 정도로 했던 말을 되풀이하는 부류라는 사실을 드러낸 것이다. 활기차고 호기심 많은 이 정치인은 예술가들과 사귀면서 그들의 재능을 배우는 데 더 관심 있다.

슐뢴도르프는 메르켈에게 독일 배우 울리히 마테스(Ulrich Matthes) — 나치스 독일의 마지막 나날을 다룬 2004년 영화 <다운폴(The Downfall)>에서 선전장관 요제프 괴벨스 역할을 맡아 많은 찬사를 받았다 — 를 소개했다. 배우와 총리는 돈독한 우정을 나눴고, 마테스는 메르켈의 시골집에서 여러 차례 주말을 보냈다. 메르켈은 그가 베를린 극장에서 펼치는 공연을 자주 감상하고, 공연이 끝나면 밤늦도록 술자리에 남아 자신의 본업과 전혀 상관없는 대화에 빠져든다. 마테스는 그 대화의 내용에 대해서는 입을 굳게 다문다. (전 영국 총리 토니 블레어는 메르켈의 거의 알려지지 않은 이런 면모를 알게 된 후 작가 마틴 에이미스Martin Amis에게 놀라움을 표하며 말했다. "그는 늦게까지 남아서 활기찬 시간을 갖는 걸 좋아한대요.")

베를린 장벽 붕괴 20주년을 기념하는 공연을 하러 베를린에 온 세계적인 오페라 스타 르네 플레밍(Renée Fleming)은 "메르켈 총리가 아틀론(플레밍 부부가 머무르고 있는 유명 호텔) 아래층에서 환영 연회를 주최하고 있다는 얘기를 들었어요. 사람들이 1000명쯤 모여 있을 거라고 짐작했죠."라고 말했다.

"아래층에 내려갔는데 참석자가 여덟 명뿐인 거예요. 환영 연회는 오직 우리만을 위한 거였어요. 단독 공연자들과 배우자들 말이에요. 그 연회는 두 시간 동안 이어졌죠! 총리가 그날 하루를 얼마나 이른 시간에 시작했을지, 참석한 회의는 얼마나 많았을지, 그리고 저녁에 브란덴부르크 문에서 얼어 죽을 것 같은 날씨에 열린 야외 콘서트에서는 얼마나 추웠을지에 생각이 미쳤어요. 그런데도 그는 조금도 피곤해 보이지 않았어요. 자리를 뜨려고 서두르는 기색도 아니었고요. 그의 에너지는 믿기 힘들 정도예요. 우리와 대화하면서 시간을 보내는 것으로 긴장을 푼다는 사실에 깜짝 놀라 메르켈을 존경하게 됐죠."

유명한 바이로이트 음악제와 잘츠부르크 음악제의 단골손님인 메르켈과 자우어는 다른 유명인 커플이 등장할 때마다 빚는 대혼란을 일으키며 등장하지 않는다. 엷은 미소를 띠고 고개를 살짝 젖힌 메르켈은 자신을 알아보는 이들에게 정중하게 감사를 표시한다. 청중은 그와 요아힘이 한 가지 이유로 그곳을 찾았다는 것을 이해한다. 바그너나 모차르트를 즐기는 것. 커플의 보디랭귀지를 보면 분명해진다.

앙겔라 메르켈은 사람들이 그를 고상한 것만 좋아하는 사람으로 추측하지 않게 하려는 듯 축구도 좋아한다. 축구에 대한 열정, 그러니까 중산층 분위기의 취향도 갖고 있다. 베를린에서 열린 2006년 월드컵의 결승전이 벌어질 때 신문들은 평소 언론을 피하는 총리와 가진 인터뷰를 게재했는데, 그 인터뷰에서 그는 일곱 살 때부터 키워온 축구 열정을 '고백'했다. 그는 집에 TV가 없기 때문에 주말이면 별장 근처에 있는 펍에서 축구 경기를 본다고 했다. "다른 사람들과 같이 축구 보는 걸 좋아해요." 독일에서 발행 부수가 가장 많은 타블로이드지 <빌트>에 실린 말이다. 심지어 그는 독일 국가 대표팀이 묵은 호텔을 방문하는 모습을 촬영하는 것을 허용하기도 했다. 그 자리에서 그는 실업률 통계를 제시할 때 보여주는 것과 똑같은 열정으로 오프사이드 규칙을 통달했음을 알 수 있는 질문들을 선수들에게 퍼부었다. 그는 축구 전술을 담은 다이어그램을 그려 수행한 기자들을 깜짝 놀라게 만들었고, 얼마 후에는 위르겐 클린스만(Jürgen Klinsmann) 감독을 집무실로 초대해 독일 대표팀이 준결승전에서 이탈리아 대표팀에게 처참한 패배를 당한 이유를 설명하기도 했다. 통계자료와 그래프, 차트를 동원한 독일 최고 수준의 이 축구 팬은 말문이 막힌 감독에게 트레이닝 계획을 제안했다.

2012년 메르켈은 캠프 데이비드(Camp David)에서 열린 G8 정상회의에 참석했다. 캠프 데이비드는 워싱턴 DC에서 북쪽으로 한 시간 거리에 있는 소박한 대통령 별장이다. 그런데 같은 시각 뮌헨에서는 영국의 첼시와 독일의 바이에른 뮌헨이 맞붙는 UEFA 챔피언스 리그 결승전이 열리고 있었다. 메르켈은 정상회의가 열리기 전 오바마 대통령에게 회의실 근처에 TV를 설치해달라고 요청했다. "총리에게 계속 문자를 보내 스코어를 알려줬습니다." 국가안보자문 크리스토프 호이스겐이 말했다. "바이에른 뮌헨이 페널티킥을 얻자, 메르켈은 더 이상 회의실에 머무르지 못하고 TV 앞으로 왔습니다." 서서히 (영국 총리 데이비드 캐머런, 프랑스 대통령 프랑수아 올랑드, EU 집행위원장 조제 마누엘 바호주를 비롯한) 다른 정상들이 메르켈의 뒤를 따랐다.

결국, 오바마 대통령이 나타나 물었다. "우리가 여기에 G8을 하러 온 겁니까, 축구를 보러 온 겁니까?" 메르켈은 답했다. "축구 보러 온 거죠." 연장전까지 1 : 1 무승부로 이어진 경기를 첼시가 승부차기에서 극적으로 승리하자 메르켈은 캐머런을 끌어안았다. 오바마의 독일어 통역사 도로테 칼텐바흐는 무심결에 욕설을 내뱉었다. "Scheisse(Shit)". 그 소리를 들은 오바마는 웃으며 대꾸했다. "내가 아는 유일한 독일어가 그거예요." 전 EU 외무장관 캐서린 애슈턴은 말했다. "그는 평소에는 진지한데 가끔씩 이어폰을 꽂고 축구 중계를 들으면서 EU 회의장에 들어오고는 해요."

메르켈에게 음악과 축구, 창의적인 사람들과 은밀히 보내는 밤 그리고 주말이 도피를 뜻한다면, 책도 마찬가지다. "그는 독서를 무척 좋아합니다." 전 대변인 울리히 빌헬름은 이렇게 말했다.

"우리는 총리에게 책을 추천하곤 했습니다. 대부분이 전기나 역사에 관한 책이죠. 그는 국빈 방문을 떠나기에 앞서 방문하는 국가의 정치체제와 지도자의 성격에 관한 책들을 두루 읽습니다. 그 지도자는 협조적인 사람인가, 어떤 스타일인가, 정서적으로 얼마나 안정적인 사람인가. 그는 회의 때나 순방 시에도 늘 책을 읽습니다. 이 점에서 남편과 무척 비슷합니다. 총리 부부와 같이 비행기에서 열한 시간을 보낸 적이 있는데, 자우어 박사는 내내 랩톱 컴퓨터를 앞에 놓고는 박사 논문을 읽고 연구비 제안서를 작성했습니다."

지식을 향한 총리의 열정을 누구나 다 높이 평가하는 것은 아니다. 전직 물리학자는 60대에 접어든 2014년, 자신이 생각하기에는 유익한 시간을 친구들과 동료들에게 선사했다. 사학자 위르겐 오스테르하멜(Jürgen Osterhammel)을 초빙해 19세기에 유럽과 아시아가 서로를 어떻게 인식했는지 45분짜리 강연을 하게 한 것이다. 그 전해에 크로스컨트리 스키를 타다 골반이 부러졌던 메르켈은 회복하는 동안 그 주제를 다룬 오스테르하멜의 1600페이지짜리 벽돌 같은 책을 읽었다. 동굴 같은 콘라트 아데나워하우스를 가득 채운 CDU 당원 수백 명이 강연 뒤에 이어질 칵테일파티를 고대하며 끈기 있게 강연장을 지켰다. "그들의 얼굴엔 학자의 입에서 나오는 얘기를 들으며 곤혹스러워하는 기색이 역력했다. '시간의 지평선'이나 '상호 의존의 속도', '합성물 분석' 같은 개념에 담긴 충격은 그들로서는 받아들이기 힘든 것들이었다." <슈피겔>은 이를 두고 이렇게 보도했다.

메르켈은 대단한 성취를 이룬 다른 여성들과 대화할 방법도 찾아내려 든다. 일정이 빡빡하게 잡힌 공식 순방 중에도 그렇다. 그가 이런 여성들과 어울리면서 느끼는 쾌감은 2015년 펜실베이니아 애비뉴 건너편에 있는 공식 영빈관 블레어하우스(Blair House)에서 열린 조찬 행사 때 잘 드러났다. 메르켈의 요청에 따라 그 행사에는 그가 만나고 싶었던 여러 분야의 여성들이 참석했는데, 대법관 소니아 소토마요르(Sonia Sotomayor)와 엘리나 케이건(Elena Kagan), 상원의원 수전 콜린스(Susan Collins)와 다이앤 파인스타인(Dianne Feinstein), 자선사업가 멀린다 게이츠(Melinda Gates) 등이 포함됐다. "우리는 테이블 주위에서 대단히 개인적인 대화를 가졌습니다." 독일 마셜 펀드(German Marshall Fund)의 수장 카렌 돈프리드(Karen Donfried)가 한 말인데, 그 대화는 총리 자신의 호기심을 제외하고는 어떤 어젠다도 없이 이어졌다. "메르켈은 리더십 포지션과 개인적인 삶을, 그리고 '실내에 있는 유일한 여성 신드롬(only woman in the room syndrome)'을 어떻게 결합했는지에 대해 우리 모두의 의견을 듣고 싶어

했어요. 그는 다른 여성들과 함께하는 시간을 즐기는 게 분명했어요."

하지만 메르켈은 다른 역사적인 여성 지도자, 즉 작고한 마거릿 대처와 자신을 비교하는 것에는 발끈했다. "타당하지 않아요." 힐러리 로댐 클린턴(Hillary Rodham Clinton)은 메르켈에게 동의했다. "메르켈은 말하고자 하는 걸 행동으로 표현해요. 반면 대처는 이미지를 무척 많이 의식했죠. 대처의 경우 공개적으로 보여준 모습이 대부분 그의 페르소나였죠. 앙겔라 메르켈에게는 일이 중요해요. 대처는 모든 회의를 전투에 참가하는 것처럼 임했어요. 반면 메르켈에게 회의는 문제의 해법을 찾아내는 것이 더 중요한 자리죠. 그런 자리에서는 의견이 상충되는 쌍방 주장의 중간쯤에서 해법을 찾아내는 게 보통이죠."

그럼에도, 소도시의 청과상 집 딸로 태어나 영국 총리에 세 번 당선된 대처와 메르켈에게는 몇 가지 공통점이 있다. 훈련받은 과학자이고, 둘 다 노력을 통해 자신들의 이미지를 만들어냈으며, 남성들이 판치는 정계에서 활약했고, 자신들이 나아갈 길을 조금씩 조금씩 개척해야 했다. 메르켈과 대처는 일반 유권자들의 선택이 아니라 의원내각제 시스템에서 당선됐다. 둘 다 지적 능력이 뛰어났으며, 엄청나게 많은 데이터를 통달했고, 고압적인 남성들 앞에서도 주눅 드는 법이 없었다. 마거릿 대처의 외모를 보면 장식이 화려한 핸드백과 패물, 여성스러운 정장, 헤어스프레이로 손질한 반짝거리는 헤어스타일은 메르켈이 의도적으로 고수하는 수수한 측면과 확연히 대비된다. 대처의 경호원은 휴대용 무기뿐 아니라 총리가 신을 스틸레토 힐까지 주머니에 넣고 다닌 것으로 알려져 있다. 메르켈의 보좌진과 달리, 대처를 지근거리에서 보좌하는 참모들은 모두 남성이었다.

그는 영민하고 막강한 여성들에게 둘러싸이는 것을 즐긴다. 그런데 흥미로운 사실은, 공개적인 모임에서 스스로 페미니스트라고 생각하면 손을 들라는 요청을 받은 메르켈이 머뭇거리다가 그렇게 했다는 것이다. 슐뢴도르프가 2017년 메르켈의 4선을 지지하는 전면 광고를 후원해달라며 독일의 여성 단체들에 접근했을 때, 그들은 그 요청을 거절했다. 그들은 총리가 페미니즘의 대의를 지지하는 목소리를 충분히 내지 않았다고 주장했다. "그들은 메르켈이 여성들을 지지하는 목소리를 더 공개적으로 냈어야 한다고 생각합니다." 슐뢴도르프의 설명이다. "자신은 모든 독일인의 총리라고 자주 열변을 토하기보다는 말입니다."

다른 많은 문제에서처럼, 메르켈은 가부장제를 정면이 아니라 에둘러 공격하는 쪽을 선호한다. 2018년에 이스라엘에서 청년 비즈니스 리더 그룹을 만났을 때, 그는 남성들만으로 구성된 미래의 재계 거물들을 환영하고는 이렇게 덧붙였다. "다음번엔 미래의 리더들 사이에 여성들이 있으면 지금처럼 실망하지 않을 겁니다." 메르켈은 당시 하이파대학교(Haifa University)에서 명예박사 학위를 받았는데, 론 로빈(Ron Robin) 총장은 메르켈에게 자랑스레 밝혔다. "우리 학생 중에 65퍼센트가 여성입니다." 그 얘기를 들은 총리는 교수들 중 여성의 비율이 어떻게 되느냐고 물었고, 총장은 불편한 기색으로 대답했다. "으음, 아아, 거기까지 가려면 조금 더 노력해야겠죠." 그는 가벼운 질문을 던지는 것으로 자신이 주장하려는 바를 전달하고 관철했다.

메르켈은 남성들에게 점잖게 행동하라고 요구하면서 작은 쾌감을 얻는다. "그가 품은 자존심의 일부는 헬무트 콜을 비롯한 강한 남성들을 상대로 승리한 것에서 비롯된 것입니다. 그는 강한 남성들을 존중하지만, 속이 옹골찬 남자들일 경우에만 그렇죠. 말만 번지르르하게 늘어놓는 남자는 존중하지 않습니다." 토마스 데메지에르의 말이다. 메르켈은 사적인 자리에서는 준비도 안 돼 있고 호기심도 없는 정치인들을 향한 경멸을 숨기지 않는다. "그런 사람들의 3분의 2는 어떤 이슈들에 제대로 관심을 갖지도 않아요. 전달된 서류들 중 일부조차 읽지 않는 사람들이죠. 자기가 무슨 얘기를 하는지도 모르고요." 메르켈은 볼프강 이싱어 대사에게 분통을 터뜨리면서 EU의 통치 기구인 유럽이사회(European Council)를 구성하는 다른 정상들을 거론했다. 물론 자신은 모든 브리핑 서적을 읽는다. 동료나 적수들이 어깨를 나란히 하기 어렵다고 생각하는 기술적·법적 세부 사항에 특히 강점을 보인다. 그는 협상 과정에서는 상세한 내용을 파악해서 상대를 무방비 상태에 몰아넣는다. 다른 이들은 바라는 것을 얻으려고 매력과 으름장을 활용하지만, 메르켈은 논리와 팩트를 활용한다. 그는 상대편이 어설픈 모습을 보이면 숙제를 제대로 하라고 차갑게 권한다.

전 호주 총리 케빈 러드(Kevin Rudd)는 메르켈과 여러 시간을 보낸 후 이런 말을 했다. "그는 여자 카드(woman's card)를 휘두르지 않습니다. 여성스럽지 않은 건 아니지만, 골다 메이어(Golda Meir, 이스라엘 최초의 여성 총리) 같은 유명한 할머니처럼 친밀하게 굴지 않아요. 앙겔라를 상대할 때는 위대한 지도자를 상대한다는 느낌이 듭니다. 여성 지도자라는 생각은 전혀 들지 않으면서도 말입니다. 언젠가 우리가 리슬링(Riesling, 라인강이 원산지인 청포도 품종으로 만든 와인) 잔을 들고 총리 집무실 테라스에 서서 베를린의 경이로운 풍경을 구경하고 있을 때였습니다. 아래에서 한 무리의 중년들이 그를 보고는 외쳐대기 시작했습니다. '무티(Mutti)! 무티!' 그게 '엄마(Mommy)'라는 뜻이냐고 물었더니 그는 약간 민망해하면서 그렇다고 하더군요. '흐음, 앙겔라, 정치인들의 호칭 중에는 그것보다 더 험악한 게 많아요'라고 했죠. 그런데 그건 독일 사회가 여전히 꽤 보수적이라는 것을 보여주는 것이었습니다."

권세를 가진 힘 있는 여성을 '엄마'라고 부르는 사람들이 여전히 일부 존재하는 나라의 총리가 된 것은 그 자체로 많은 것을 대변해준다.

2013년 4월 독일인들은 사생활을 숨기는 것으로 유명한 총리를 찍은 사진들을 보고는 충격을 받았다. 이탈리아 연안의 이스키아(Ischia) 해변을 카키색 반바지와 캐주얼한 청색 셔츠 차림으로 걸어 다니는 메르켈과 수영복 차림의 메르켈, 반팔과 반바지 차림으로 의붓 손주들이 바위에 오르는 것을 돕는 메르켈을 촬영한 사진들은 많은 정치인이 자신을 '평범한 사람'으로 보여주는 증거로 활용할 법한, 화목한 가족을 주제로 한 스냅사진이었다. 하지만 그는 달랐다. 타블로이드지 <빌트>가 실은 이 사진들은 메르켈의 엄청난 분노에 곧바로 인터넷에서 자취를 감췄다.

대서양 건너편에서, 힐러리 로댐 클린턴은 언론을 통제하는 메르켈의 능력이 부럽다고 인정했다. "놀라울 따름이에요! 그의 사진들은 인터넷에 등장했다가 감쪽같이 사라져버렸어요." 힐러리는 감탄했다. 총리의 사생활을 침해하는 것에 대한 분노는 메르켈 자신이 아니라 대중에게서 비롯한 거였다. '우연히' 찍힌 내밀한 모습을 담은 사진을 소셜 미디어에 올리는 이 시대에, 그를 비판하는 이들조차 메르켈의 스캔들 없는 통치를 마지못해 존경한다. 대부분의 공인들은 얻기 힘든 프라이버시라는 권리를 메르켈에게 넘겨준 것이다.

메르켈은 '저를 아시잖아요!(You know me!)'라는 아이러니한 캠페인 슬로건으로 그해 가을 선거에서 승리했다. 그런데 사실, 총리로 재임한 지 7년 가까운 세월이 지난 그 시점에도 독일인들은 자신들의 총리에 대해 제대로 알지 못했다. 그중 한 사례로, 독일인들은 그의 전기를 쓴 필자에게 총리에게 손주들이 있느냐고 가끔씩 묻곤 한다. 그의 가족, 동생들, 의붓아들들은 대중에게 '출입 금지' 구역이다. 대중은 그가 사적인 자리에서 얼마나 재미있는 사람인지도 모르고, 업무 후 활기찬 사람들과 좋은 시간을 갖는 것을 즐긴다는 것도 모른다. 두드러진 사실은, 그의 동포들이 프라이버시에 대한 그의 욕구를 수긍한다는 것이다. 심지어 그런 그를 존경한다. 승리를 안겨준 선거 슬로건은 메르켈이 동료 시민들에게 보내는 윙크였다. 그리고 다들 그 사실을 잘 알고 있었다.

그런 그도 가끔은 심중 저 깊은 곳에 있는 감정을 공개적으로 드러낸다. "이것은 제가 하고 싶었던 연설이 아닙니다." 2016년, 고통스러운 기색이 역력한 앙겔라 메르켈은 외무장관으로 일했던 기도 베스터벨레의 장례식에 모인 조문객들에게 말했다. 독일 고위직 중 처음으로 자신이 게이라는 사실을 밝힌 베스터벨레는 쉰넷 나이에 백혈병으로 타계했다. (2년 전 메르켈은 예순 번째 생일을 축하하는 파티에서 참석자들에게 선물 대신 백혈병 연구 재단에 기부를 해달라고 요청했었다.) 정계에서 은퇴한 뒤 어떻게 살지 계획을 세우고 있다는 얘기를 종종 했던 메르켈은 그의 말마따나 기도 베스터벨레에게 제2의 삶이 허용되지 않았다는 사실이 특히 더 슬펐다. 총리는 추도사에서 그들의 관계는 단순한 동료가 아닌 훨씬 더 가까운 관계였다고 밝혔다. "기도와 저는 인생에 대한 얘기를 나눴습니다. 우리는 서로를 무척 좋아했습니다." 그는 그들이 서로 만나기로 했던 마지막 날에 대해 말했다. "우리는 이른 저녁 총리실에서 만나고 싶었습니다. 그러나 기도는 그날 저녁 있을 TV 출연을 준비하기 위해 약속을 취소해야 했습니다. 다음 기회에 보자고 했죠. 그러나 다음 기회는 없을 겁니다." 메르켈의 말소리는 속삭이는 수준을 간신히 넘었다. 그가 공적인 생활이 개인적인 인간관계에 가한 충격을 이토록 솔직하게 털어놓은 적은 없었다. 텔레비전 인터뷰 탓에 그는 친구에게 작별 인사를 하지 못했다.

그와의 신뢰는 두 사람이 맺은 친밀한 관계의 비결이었다. "우리는 항상 서로 의지할 수 있었습니다. 필요할 때는 침묵을 지키는 그의 능력, 서로에게 의지할 수 있는 능력은 무척 드문 것입니다." 메르켈이 이보다 더 큰 찬사를 보낸 적은 없었다.

메르켈은 최소한 한 사람을 위한, 한때 가까웠던 사람을 위한, 그의 신뢰를 잃었던 사람을 위한, 그 대가로 자신도 신뢰를 잃었던 사람을 위한 애정과 고마움도 간직하고 있었다. 2017년 7월, 서구의 다른 지도자들은 앙겔라 메르켈의 정치적 출세에 누구보다도 많은 공로가 있는 헬무트 콜을 떠나보내기 위해 한자리에 모였다. 콜의 한때 제자이던 메르켈은 유럽연합의 청색 깃발에 덮인 관을 따라 프랑스 스트라스부르에 있는 EU 의회 본부로 들어갔다.

"그는 위대한 독일인이자 위대한 유럽인이었습니다. 그는 장벽 뒤쪽에 있는 남녀 수백만 명에게 자유로운 인생을 살 기회를 주었습니다. 그 사람들 중에는 저도 있었습니다." 그는 복받치는 감정을 주체하지 못하며 말했다. 정말이지, 헬무트 콜이 매첸을 초기부터 지원하지 않았다면 앙겔라 메르켈의 경이로운 커리어는 상상조차 못 할 일이었다.

"제게 기회를 줘서 고마워요, 헬무트."

(2015년 바이에른 알프스의 수려한 풍경을 배경으로 환담하는) 앙겔라 메르켈과 버락 오바마. 이 둘의 관계는 당시 세상이 알던 것보다 더 복잡했다. 두 사람은 많은 면에서 비슷했지만 메르켈은 오바마의 탁월한 수사법을 의심쩍어했고, 오바마는 메르켈의 고집스러워 보이는 성향 때문에 때때로 짜증을 냈다.

10

LIMITED PARTNERS

그리 많지 않은 파트너들

버락 오바마가 메르켈에게 느끼는 감정.
사랑은 그걸 묘사하는 단어로서
절대 과하지 않다.

벤저민 로즈(Benjamin Rhodes), 버락 오바마 대통령의 보좌관

"신사 숙녀 여러분, 연사께서 입장하십니다!" 미합중국 하원의 경위가 크게 외쳤다. "독일연방공화국의 총리님입니다!"

2009년 11월 3일, 앙겔라 메르켈은 환한 얼굴로 눈물을 참으려 연신 눈을 깜빡거리며 흔치 않은 상하 양원 합동 회의에서 연설하기 위해 연단으로 성큼성큼 나아갔다. 상하원 의원들은 벌떡 일어나 "만세!" 하고 외치며 박수를 보냈다. 메르켈은 평상시에는 과도한 박수에 민망해하지만, 이날은 청중의 진심 어린 온기에 한껏 들떠 보였다. 50년 넘는 세월 동안 양원 합동 회의에서 연설하는 최초의 독일 총리 메르켈은 고국에서는 절대로 하지 않을 연설을 했다. 극도로 꺼리는 자신에 대한 이야기를 한 것이다.

"20년 전만 하더라도, 장벽이 무너지기 전만 하더라도, 저는 이런 일이 일어날 줄은 꿈에도 생각하지 못했습니다." 그는 이런 말로 연설을 시작했다. "저는 서독에 있는 친척들을 통해 밀반입한 영화와 책을 보면서 미합중국에 대한 저만의 그림을 그렸습니다." 그가 우상으로 여긴 대상은 브루스 스프링스틴이나 록키산맥만이 아니었다. "저는 아메리칸드림에 열광했습니다. 그 꿈은 누구나 성공할 기회를 갖는 것, 개인적인 노력으로 성공적인 인생을 성취할 기회를 갖는 것입니다." 20세기 말에 아메리칸드림을 성취하는 것이 얼마나 어려운 일이 됐든, 앙겔라 메르켈은 때로는 6400여 킬로미터 떨어진 곳에서도 여전히 그 꿈을 실현할 수 있다는 것을 보여줬다.

그는 요란한 박수 소리가 잦아들 때까지 기다렸다 연설을 재개했다.

"지금은 식량을 공수해서 전달한, 베를린을 기아에서 구해낸 파일럿 여러분께 감사 인사를 드릴 때입니다. (…) 지난 수십 년간 독일에 주둔했던 미국인 1600만 명에게 감사의 뜻을 전합니다. 군인과 외교관으로서 그분들이 베푸신 지원이 없었다면 (…) 유럽의 분열을 극복하는 일은 결코 불가능했을 겁니다. (…) 한때 어둠의 장벽이 있었던 곳에 느닷없이 문이 열렸고, 우리 모두는 그 문을 통해 거리로, 교회로, 경계선 너머로 걸어갔습니다. 모두에게 뭔가 새로운 것을 만들어낼 기회가, 변화를 빚어낼 기회가, 새로운 출발이라는 모험을 감행할 기회가 주어졌습니다. 저 역시 새로운 출발을 했습니다. (…) 그렇습니다. 모든 것이 가능합니다."

개인적 감정을 드러내는 것이 용인될 뿐만 아니라 높이 평가받는 미국에서, 메르켈은 독일에 있을 때보다 더 자유롭게 속내(자신이 느끼는 고마움과 자신이 품은 낙관론)를 표현해도 괜찮다는 기분을 느꼈다. 그런데 연설을 감상적인 내용으로만 채우는 경우가 절대 없는 메르켈은 진심에 더해 알맹이 있는 두 가지 주제도 끼워 넣었다. 선견지명을 가진 그는 대서양 양쪽에 있는 세계화(globalization)를 두려워하는 이들에 대해 이런 말을 했다. "우리는 이런 우려를 막연히 무시하는 게 아닙니다. 세계화는 우리가 다른 사람들과 함께 행동하라고 부추기기 때문에 모든 나라에 좋은 기회라는 점을 국민들에게 설득하는 것은 우리의 의무입니다. 동맹과 동반자 관계는 (…) 우리를 더 나은 미래로 데려갈 것입니다." 그는 연설을 이어가며 자신이 이끄는 행정부가 세운 외교정책의 핵심을 명확히 설명했다. 이 노선들은 2009년에는 표준적인 문안으로 보였겠지만, 10년이 흐른 뒤에 보면 거의 유토피아적으로 보인다.

메르켈은 자신이 영웅으로 여기는 미국 대통령 로널드 레이건과 조지 H. W. 부시에게 독일 통일을 가능하게 해준 데 대해 감사하고, 다음과 같이 연설을 마무리했다. "유럽에 미국보다 나은 동반자는 없습니다. 그리고 미국에 유럽보다 나은 동반자는 없습니다." 그날 의회를 쩌렁쩌렁 울린 환영의 박수 소리가 메르켈, 그리고 아마도 독일과 미국의 관계에서 정점이 될 거라는 사실을 그도, 박수를 보낸 이들도 알지 못했다.

앙겔라 메르켈이 버락 오바마에게 호감을 갖는 속도는 더뎠다. 대선 기간에 카리스마 넘치는 젊은 정치인을 지켜본 메르켈의 견해는 회의적이었다. 루터교 신자인 메르켈이 겸손을 미덕으로 여기는 것은 놀랄 일이 아니다. 그런데 처음부터 오바마의 특징으로 언급된 것 중에 겸손은 들어 있지 않았다. 그가 2004년 민주당 전당대회에서 마틴 루터 킹 주니어와 존 F. 케네디를 연상시키는, 구체적으로 변변하게 이뤄낸 것도 없으면서 카리스마를 주체하지 못하는 모습을 보였을 때, 메르켈의 눈에 그는 안달하는 젊은이로 보였다.

"메르켈은 처음에 오바마를 약간 경계했습니다. 그는 알고 싶어 했죠. '오바마의 어젠다는 무엇인가? 그의 진짜 모습은 어떤 걸까?'" 힐러리 클린턴의 말이다. 2008년에 시사 주간지 <슈테른>은 오바마를 표지에 등장시키면서 '구세주, 아니면 선동가?'라는 헤드라인을 달았다. 이 헤드라인에 담긴 모호함을 메르켈도 느꼈다.

대통령 후보 오바마는 이미 큰 무례를 저질렀다. 자신이 외교정책의 전문가라는 점을 뽐내기 위해 브란덴부르크 문에서 선거 유세를 위한 연설을 하도록 허락해달라고 요청한 것이다. 브란덴부르크 문은 베를린에서 가장 역사적인 의미가 큰 교차로이자, 그 도시를 분단한 소련과 미국 점령지 사이에 있던 경계선이었다. 메르켈이 생각하기에, 그는 아직 그런 특권을 요구할 자격이 없는 사람이었다. 총리는 그 요청에 대한 반응으로 그보다는 덜 신성시되는 장소를 제의했다. 티어가르텐의 전승기념탑. 오바마는 연설 장소의 품격이 격하된 제안을 품위 있게 받아들이면서 열의가 도를 넘었다고 참모들을 꾸짖었다.

연설 장소가 어디였건, 버락 오바마의 베를린 데뷔는 정치적 이벤트라기보다는 록 페스티벌에 가까웠다. 베를린 시민 20만 명이 브란덴부르크 문과 꼭대기를 황금으로 장식한 전승기념탑(19세기에 프러시아가 거둔 군사적 승리의 상징)을 잇는 널따란 거리를 가득 메웠다. 여름 저녁 베를린의 공원을 희망과 사랑으로 빛나게 만든 오바마의 연설은 질서가 잘 잡힌 우드스톡 페스티벌(Woodstock Festival) 같은 행사로 변신했다. 파란 카펫이 깔린 런웨이 위를 떠다니는 것처럼 높은 곳의 연단에 오른, 얼마 지나지 않아 온 세상이 친근하게 여기게 될 미소를 지은 오바마는 청중의 포효에 손을 흔들어 화답했다. 그의 손짓은 또 다른 환호를 이끌어냈다. 오바마 대통령 후보의 연설은 JFK의 '나는 베를린 사람입니다(Ich bin ein Berliner).'나 레이건의 '고르바초프 씨, 이 장벽을 무너뜨립시다!' 같은 인상적인 문구를 만들어내지는 못했지만, 시대는 바뀌었다. 2008년은 단순한 훈계를 허용하지 않는 시대였다. 오바마는 전임자들과 다른 장벽을 소환했다. 그는 강권했다. "인종과 종족, 토박이와 이민자, 기독교도와 이슬람교도, 유대교신자 사이를 가르는 장벽을 세우는 건 있을 수 없는 일입니다. 이제 이것들은 우리가 무너뜨려야 하는 장벽입니다." 군중은 함성으로 그의 요청을 받아들였다. 그날 오바마의 연설에 제일 요란한 환호성이 터진 것은 이렇게 선언했을 때였다. "어떤 나라도, 제아무리 크고 힘 있는 나라도 이런 난제를 단독으로 해결하지는 못합니다." 당시는 세계적인 규범을 공격적인 태도로 무시한 조지 W. 부시 치하의 8년을 겪은 뒤였다. 제일 두드러진 사례는 사담 후세인이 '대량 살상 무기'를 보유했다는 입증되지 않은 '증거'를 바탕으로 UN의 동의 없이 이라크 전쟁을 개시한 것이다. 오바마의 연설은 더 협조적인 미국, "서로의 말을 경청하고 서로에게 배우며 무엇보다 서로를 신뢰할 동맹국에 속한" 미국에 대한 암묵적인 약속이었다.

그런데도 메르켈은 오바마에 대한 회의적인 태도를 바꾸지 않았다. "한 사람이 빼어난 말솜씨로 다른 사람의 심금을 울려 마음을 바꾸게 만들 수 있다는 생각에 저는 공감할 수 없습니다." 그는 건조한 말투로 이야기했다. "그렇기는 해도, 멋진 발상이기는 하죠." 그가 취한 회의적인 태도의 배후에 시샘 같은 게 있었을까? 그는 오바마가 청중의 마음에 불을 붙이는 장면을 텔레비전으로 지켜보면서 오로지 연설만으로 청중을 광란의 도가니에 빠뜨리는 일을 자신은 결코 하지 못한다는 사실을 다시금 자각했다. 메르켈이 연설을 끝맺었을 때 "당신을 사랑해요!" 하고 외치는 사람은 세상에 없다.

메르켈은 오히려 의도적으로 따분한 연설을 하는 연사에 가깝다. 그는 말에 더없이 신중하다. 말은 적게 할수록 좋다고, 중요한 것은 그 말이 가져오는 결과라고 믿는다. 그래서 그가 전하려는 메시지가 아무리 급박한 것일지라도, 때로는 산만한 세계의 관심을 붙잡는 데 실패한다. 그가 2007년 9월 이란에 핵무기 프로그램을 폐기하라고 요청하기 위해 했던 UN 총회 연설이 그런 사례다. "이 프로그램의 위험에 대해 누구도 일말의 의심을 품어서는 안 됩니다." 그는 가시거리 안에 이란 대사가 앉아 있는데도 이렇게 경고했다. "우리, 자신을 속이지 맙시다. 이란이 핵무기를 만들고 있다는 사실을 세계가 이란에 입증해서는 안 됩니다. 그런 폭탄을 만들려는 노력을 하고 있지 않다는 걸 이란이 세계에 납득시켜야 합니다." 연설에 탁월한 연사가 이렇게 직설적인 경고를 했다면 단숨에 세계의 관심이 쏠렸을 것이다. 그런데 메르켈의 입에서 나온 연설은 스크린에 잠시 등장했다 사라지는 음향이나 다름없었다.

닫힌 문 뒤에 있는 메르켈은 연단에 선 메르켈보다 훨씬 더 강하다. 그는 총리가 되기 전에도 이란이 핵무기를 보유해야 한다고 열변을 토하는 이란 특사를 만났다. 특사는 메르켈에게 왜 독일은 자기 나라를 신뢰하지 않느냐고 물으며 말을 끝냈다. 메르켈은 이스라엘이라는 주제에 대한 견해를 묻는 것으로 맞받아쳤다. 이란 특사가 시오니스트(Zionist, 고대 유대인들이 고국 팔레스타인에 유대 민족 국가를 건설하는 것을 목표로 한 유대민족주의 운동가)를 향한 욕설로 말을 끝내자 메르켈은 차분하게 물었다. "이제는 우리가 왜 회의적인지 아시겠죠?"

메르켈이 버락 오바마에게 품었던 의구심이 어떤 것이었건, 오바마가 취임하고 2년이 지난 2010년에 메르켈의 국민 80퍼센트가 그를 지지했다. 독일 국민이 미국 대통령에게 보내는 지지도로는 역사적인 기록이었다. 오바마가 그해에 건강보험개혁법을 통과시키자 메르켈 역시 미국의 새 행정부 수반이 내놓을 수 있는 결과물을 인정하기에 이르렀다.

시간이 흐르자 동독 출신의 루터교도 과학자, 그리고 케냐인 아버지와 미국 중서부 출신 미국인 어머니 사이에서 태어난 변호사는 자신들이, 적어도 기질 면에서는 무척 비슷한 사람들이라는 사실을 인정하게 됐다. 두 사람 다 지적인 사람들로 감정보다는 사실을 더 신뢰했고, 차트와 두툼한 브리핑 서적을 좋아했으며(메르켈은 특히 더 그랬다), 신분보다는 직무로서 정치를 대하는 탈인격화 한 정치를 선호했다. 두 사람 다 놀라운 역경을 이겨낸 아웃사이더였다. 하지만 메르켈은 공식 석상에서 늘 활기찬 모습으로 매력을 발산하는 오바마가 소규모 무리 안에서는 날카로운 모습을 보이면서 웃음기 없는 얼굴로 교수나 변호사 같은 인상을 풍기는 일이 잦다는 사실을 발견하고는 깜짝 놀랐다. "메르켈은 영민한 사람을 무척 좋아합니다.” 2013년부터 2017년까지 오바마 행정부의 국무부 유럽 담당 차관보를 지낸 빅토리아 뉼런드(Victoria Nuland)가 한 말이다. “메르켈은 오바마가 지적인 능력에서 자신에게 필적한다고 느꼈습니다.” 두 국가 정상과 같은 공간에 자주 있었던 뉼런드는 이렇게 덧붙였다. “메르켈은 오바마와 시시덕거렸습니다. 키득거리고는 했죠. 그는 때로는 야한 농담을 했고, 푸틴의 신체 부위를 두고 약간 괴상한 농담을 하기도 했습니다.”

메르켈을 향한 오바마의 존경심은 해가 갈수록 커졌다. “앙겔라 메르켈은 정확히 오바마가 본보기로 삼아 따라간 지도자상입니다. 메르켈은 실용을 중시하지만 원칙에서 벗어난 모험을 하는 것을 주저하지 않습니다.” 오바마의 보좌관인 벤 로즈가 한 말이다. 또 다른 보좌관이자 훗날 국무장관이 된 앤토니 블링컨(Antony Blinken)은 오바마 대통령이 이런 말을 했던 걸 떠올렸다. “모든 사안에 대해 뭔가 알고 싶은 게 있으면 앙겔라한테 물어볼 거야.” 메르켈의 재임 기간이 오바마보다 3년밖에 길지 않았지만, 그는 메르켈의 판단을 우러르며 의지했다. 오바마가 여성들을 책임자로 앉히면 전 세계 문제의 절반을 해결할 수 있을 거라는 말을 자주 한 진정한 페미니스트라는 사실도 그들의 관계에 도움이 됐다. 결국, 말썽을 피우는 인물들은 하나같이 남성이었다. 푸틴, 에르도안, 네타냐후, 그리고 훗날의 트럼프. “오바마가 다른 국가 정상이나 정치인과 진정한 관계로 발전한 사례가 있다면 바로 메르켈과의 관계입니다.” 블링컨의 견해다.

오바마가 2011년에 메르켈에게 대통령 자유훈장을 수여한 후, 영부인 미셸 오바마는 앙겔라에게 이렇게 속삭였다. “있잖아요, 버락은 당신을 끔찍이 아껴요.” 메르켈은 이 말을 듣고 어찌나 기분이 좋았던지 순방에 동행한 기자단에게 그 말을 전하면서 약간은 엉큼하게 묻기까지 했다. “미셸이 한 그 말이 무슨 뜻이라고 생각해요?” 그날 저녁 만찬에 참석한 고위 관료들의 여흥을 돋우기 위해 초빙된 가수 제임스 테일러(James Taylor)는 자신의 인기 발라드 곡 '유브 갓 어 프렌드(You've Got a Friend)'를 메르켈에게 불러줬다. 나중에 테일러는 그 노래를 선곡한 것은 자신이 아니라 백악관의 요청이었다고 밝혔다.

두 지도자의 관계를 돈독하게 만든 또 다른 공통점은 양쪽 다 빌 클린턴이나 헬무트 콜이 선호하는, '게임하는 방식'의 정치를 좋아하지 않는다는 것이다. 두 사람 다 한껏 들뜬 군중의 지지를 바라지 않았다. 그리고 다른 정치인과 어울리는 것을 딱히 좋아하지 않았다. 그들은 별난 아웃사이더가 되는 쪽을 선택했다. 둘 다 자신의 역할을 문제 해결로 보고, 정치를 목표 자체가 아니라 목표 달성을 위한 수단으로 본다. 또 상황을 과장되게 연출하는 것을 기피한다. 2003년에 조지 W. 부시가 미합중국의 대(對)이라크 임무는 완수됐다고 성급하게 선언하면서 그랬던 것처럼 두 사람이 비행복 차림으로 항공모함에 착륙하는 모습을 보게 될 일은 없을 것이다.

메르켈과 오바마 모두 유발 하라리(Yuval Harari)가 쓴 두툼한 책 <사피엔스>를 재미있게 읽었다. 음악 취향은 상당히 다르지만, 두 사람 다 음악을 감상하며 현실에서 벗어나 휴식을 취한다. 메르켈은 어린 시절에 들었던 전통적인 루터교 찬송가를 들을 때 제일 큰 힘을 얻는데, 지금도 교회에서 찬송가 부르는 것을 즐긴다. 또한 그는 많은 독일인들이 그러는 것처럼 바흐의 <크리스마스 오라토리오>와 <마태 수난곡>을 들으며 감동을 받는다. 러시아 소프라노 안나 네트렙코(Anna Netrebko)가 <라 트라비아타>의 비올레타 역을 맡아 부르는 고음의 노래를 들으면서 소박한 독일 요리를 만드는 일 또한 그를 기쁘게 한다. 오바마는 아레사 프랭클린(Aretha Franklin)과 프린스(Prince), 그리고 챈스 더 래퍼(Chance the Rapper)와 제이지(Jay-Z) 같은 힙합 아티스트를 좋아한다. 두 사람 다 반어법을 많이 쓰는, 때로는 남의 폐부를 찌르는 유머 감각을 가졌는데, 메르켈은 종종 표정으로 유머를 구사한다. 메르켈은 요아힘 가우크의 일흔 번째 생일 파티에서 건배사를 하며 이런 건배사를 할 만한 최상의 인물은 사실 가우크 자신일 거라고 했는데, 사실 이건 오바마가 할 법한 재담이다.

동지로서 8년을 보내는 과정에서 오바마와 메르켈의 차이점도 드러났다. 두 사람이 함께 직면한 많은 위기들 때문에 특히 더 부각됐다. 말을 많이 하지 않는 오바마의 협상 스타일은 외교라는 전쟁터에서 단 한 뼘의 땅을 놓고도 치열한 전투를 마다하지 않는 메르켈의 지칠 줄 모르는 투지와 어울리지 않았다. "그만둬요!" 오바마는 푸틴이 미국을 상대로 사이버 전쟁을 벌이는 것과 관련해, 특히 러시아가 2016년 대선에서 도널드 트럼프 편에 서서 벌인 뻔뻔한 일들에 격분해 언성을 높인 것으로 알려졌다. 푸틴의 뻔한 거짓말에 기분이 상한 미국 대통령은 그를 논리적으로 설득하려는 노력을 포기하는 단순한 해법을 선택했다. 그런데 그건 메르켈의 방식이 아니다. 그는 오바마와 대화를 계속하면서 다양한 위기가 벌어지는 동안 푸틴과 통화하라고 간청했다. "이 문제는 나 혼자 해결할 수 없어요." 그 자리에 있었던 사람들에 따르면, 메르켈은 딱 잘라서 말했다. "푸틴은 듣고 싶은 말을 해주는 아첨꾼들로 둘러싸인 환상의 세계에 살고 있어요." 메르켈은 오바마에게 말했다. "그는 백악관에서 전화를 걸어왔다고 떠벌릴 거예요." 메르켈이 푸틴과 대화하라고 간청했음에도, 오바마는 얼마 지나지 않아 푸틴의 술책에 진저리를 치면서 메르켈에게 서구를 대표하는 책임을 져달라고 요청했다.

미국 대통령이라고 해서 메르켈을 상대하는 것이 늘 순탄하진 않았다. 그는 독일 총리를 '한결같고 솔직하며 지적으로 엄밀하고 본능적으로 상냥하다'고 여기면서도 '기질적으로 보수적'이라고 생각했다. 오바마는 2020

년에 발간한 회고록에 이렇게 썼다. "자신의 지지층을 잘 파악하는 요령 좋은 정치인이라는 사실은 언급할 필요도 없다. (…) 메르켈에게 독일은 인프라에 더 많은 지출을 하거나 세금을 삭감해서 모범을 보일 필요가 있다고 권할 때마다, 그는 정중하면서도 확고한 태도로 반대했다. '그런데요, 버락, 그게 우리를 위한 최선의 접근 방식은 아닌 것 같네요.' 그는 그런 말을 할 때면 내가 약간 저속한 것을 권했다는 듯이 얼굴을 살짝 찡그리고는 한다."

두 협력자는 근본적인 정치 원칙을 놓고 의견을 달리하기도 했다. 메르켈이 위기를 타개하기 위해 무력을 동원하는 데 회의적이라는 사실은 2011년 3월에 확연히 드러났다. 당시 UN 안전보장이사회는 리비아의 통치자 무아마르 카다피가 자국민을 상대로 야만적인 폭격을 일삼는 걸 막기 위해 비행 금지 구역을 설정하는 안건을 가결했다. 메르켈은 자신이 이끄는 독일 정부 내에서, 그리고 동맹국인 프랑스와 영국, 무엇보다도 미국에서 이 잔인한 독재자에 맞서 단일 대오를 형성해야 한다는 엄청난 압박을 가했지만 투표에 기권했다. 미국과 충돌하는 것을 결코 원하지 않는 독일 총리로서는 내리기 힘든 결정이었다. 그러나 결국, 전쟁은 의도하지 않은 결과를 낳을 뿐 위기를 해결하는 경우는 드물다는 메르켈의 확신이 승리했다. 그는 비행 금지 구역은 깔끔한 명칭이 시사하는 것보다 훨씬 더 많은 것을 의미한다는 사실을 알고 있었다. '비행 금지'는 카다피의 방공 체계를 폭격한다는 의미이고 리비아 영공을 시도 때도 없이 순찰한다는 뜻이었다. 메르켈이 보기에 이것은 전쟁을 부르는 또 다른 행위일 뿐이었다.[1]

메르켈의 결정은 고독한 데다가 엄청난 비판에 직면했다. 그 결정 탓

1 나중에 트럼프 대통령이 시리아에서 미군 병력을 철수시키면서 미국에 협력한 쿠르드족을 배신했을 때, 메르켈은 시리아에 갇힌 쿠르드족을 구하기 위해 NATO의 비행 금지 구역을 설정하자는 아네그레트 크람프카렌바워(Annegret Kramp-Karrenbauer) 국방장관의 제안을 다시금 거부했다. 이처럼 그는 독일이 군사작전에 개입하는 것을 일관되게 거부했다. 더불어 이런 말도 했다. "우리가 어떻게 나오든 러시아는 그 제안을 거부할 거예요."

에 메르켈은 미국과 다른 길을 가게 됐고 중국, 러시아와 입장을 같이하게 됐다. 결과적으로 비행 금지 구역을 설정했는데도 리비아에 혼란 상태가 이어졌다는 관점에서 보면, 메르켈의 결정에 반대하기는 쉽지 않다.

어쩌면 메르켈 자신도 미국이 벌인 또 다른 파멸적인 전쟁인 이라크 전쟁을 지지한 것을 후회할 것이다. 그는 총리가 되기 전인 2003년 <워싱턴 포스트> 독자 의견란에 슈뢰더 총리가 이라크 전쟁을 반대하는 것은 선거 전략이라고 주장하는 글을 기고했다. 총리가 된 지금 그의 생각은 달라졌다. 이라크에서 오래 지속된 재앙 같은 전쟁은 미국의 중동 정책에 대한 그의 믿음을 뒤흔들었다. 그는 백악관과 충돌하는 것보다 리비아에서 이라크 전쟁이 재연되는 것이 더 두려웠다.

비행 금지 구역을 설정하자는 오바마의 요청이 '놀라운 방안'으로 대두된 것도 도움이 되지 않았다. 오바마는 최후의 순간까지도 전쟁은 피할 수 있다고 메르켈을 안심시켰다. 안전보장이사회의 투표가 시작되기 직전에 펜타곤을 방문한 메르켈의 국방장관 토마스 데메지에르는 오바마의 장성들이 전쟁을 반대하고 있고 오바마도 마찬가지라고 메르켈에게 보고했다. 그런데 오바마가 결정을 망설이는 동안, 벵가지(Benghazi)에 있는 반(反)카다피 반군들은 더욱더 절박해졌고, 오바마의 국무장관인 힐러리 클린턴과 UN 대사 수전 라이스(Susan Rice)는 '우리가 지켜보는 가운데' 대학살이 벌어질 거라고 예상했다. 결국 전쟁을 하기로 결정한 오바마는 메르켈에게 전화해 자신의 마음이 변한 것을 알리는 데 실패했다. 메르켈은 UN 주재 독일 대사 페터 비티히(Peter Wittig)를 통해 그 소식을 알게 됐다. 메르켈도 UN 투표에서 기권할 것이라는 말을 전하려고 오바마에게 전화하지 않았다. 그는 독일이 중동에서 벌어질 결코 끝나지 않을 전쟁에 참전하는 것을 '외톨이 독일'이 되는 것보다 더 위험한 일로 받아들였다. 미국은 폭격 작전을 벌인 후 리비아에서 대체로 등을 돌렸다. 중앙정부가 없는 리비아가 계속해서 혼란으로 빠져들면서 전쟁에 반대한 메르켈이 선견지명이 있었다는 사실을 비극적으로 입증했다.

오바마와 메르켈의 관계가 최악으로 치달은 때는 2년 뒤인 2013년 6월 23일이었다. 그날 블라디미르 푸틴은 즐거운 목소리로 발표했다. "올해는 크리스마스가 일찍 당도했습니다!" 그가 가리킨 것은 홍콩발 모스크바행 아에로플로트 항공기의 도착이었다. 그 비행기에는 수천 건의 극비 문서를 '선물'로 갖고 오는 미국인 내부 고발자 에드워드 스노든(Edward Snowden)이 타고 있었다. 수년간 오바마와 메르켈에게 인권침해를 자행한다는 매서운 비판을 받던 푸틴은 스노든에게 선뜻 정치적 망명지를 제공했다.

미국이 미국 정부의 이름을 내걸고 벌이는 짓을 대중에게 알리고 싶다고 선언한 스노든은 <워싱턴 포스트>와 영국 신문 <가디언>에 수천 페이지에 달하는 극비 문서를 공개하기 시작했다. 이 문건이 폭로한 비밀 중에는 오바마 행정부가 메르켈 총리의 개인 핸드폰을 도청하고 있다는 사실도 들어 있었다. 이런 도청은 각국 정보기관이 심지어 동맹국 사이에서도 가끔씩 조심스럽게 하는 일이지만, 보통은 들통나는 일이 없다. 이런 사실이 폭로되자 독일 국민 상당수가 제멋대로 구는 스물여덟 살의 국방 부문 컴퓨터 기술자 에드워드 스노든을 버락 오바마의 자리를 대체할 새로운 영웅으로 추앙했다.

20대 시절 내내 실험실 동료이자 가까운 친구에게 염탐을 당한, 감시국가의 희생자였던 메르켈은 스노든의 폭로를 접하고 격분했다. 그는 곧바로 오바마에게 전화를 걸어 정제하지 않은 말들을 퍼부었다. 그가 독일어로 오바마를 맹비난한 것은 분노의 강도가 엄청나다는 사실을 보여준다. "지금이 냉전시대인가요? 친구는 친구를 염탐하지 않아요!" 메르켈은 오바마를 비난했다. 미국의 제44대 대통령에게 독일 총리를 달랠 수 있는 말은 없었다. 신뢰는 깨졌다. 두 나라의 관계가 급속도로 냉랭해지면서, 극도로 침착한 사람으로 알려진 크리스토프 호이스겐도 한동안 백악관의 업무 상대인 수전 라이스와 대화를 중단했다. 하지만 두 동맹국 사이의 침묵이 그리 오래가진 못했다. 냉랭한 상황이 정확히 얼마나 지속됐는지 기억하는 사람은 아무도 없다. 독일인들이 주장을 관철하기에 충분할 정도의 시간만 흘렀다.

오바마는 외교적으로도 개인적으로도 창피했다. 메르켈은 해외 지도자들 사이에서 그의 가장 친한 친구였다. "오바마 대통령이 그처럼 낙담한 모습을 보인 건 손에 꼽을 정도였습니다." 라이스의 의견이다. 오바마의 유럽담당자문 찰스 쿱찬은 내게 이렇게 말했다. "우리의 입장은 독일인들이 기이한 시간 왜곡을 겪고 있다는 거였습니다. 그들은 너나없이 도청하는 강대국의 '게임의 규칙'에 따라 행동하지는 않고도 독일이 유럽의 거대한 경제 엔진 노릇을 할 수 있다는 듯이 굴었습니다." 그런데 메르켈은 이런 냉소적인 접근 방식 때문에 무척 괴로워했다.

빅토리아 뉼런드는 메르켈의 통화 녹취록을 읽어봤다. "그 도청에서 우리가 얻은 것은 하나도 없습니다. 메르켈은 무척 영리하고 조심성 있는 사람이라 전화기에 대고 민감한 이야기를 하지 않습니다." 뉼런드가 내게 한 말이다. "그저 '저녁 약속 장소가 어디야?'나 '내일 일정이 어떻게 되지?' 같은 대화가 대부분이었죠." 뉼런드가 보기에, 독일이 격분한 것은 프라이버시를 침해했기 때문이 아니었다. "메르켈 입장에서는 민망했기 때문이라고 생각합니다. 그 일은 메르켈이 오바마가 진심으로 신뢰하는 무리의 일원이 아니라는 사실을 보여주는 증거였으니까요." 미국이 정기적으로 기밀 정보를 공유하는 영국이나 캐나다 같은 나라들과 다르다는 표식 말이다. "우리는 독일과… 기밀 정보가 아니라 경제 정보만 공유해요. 분데스타크를 기밀 정보가 새나가는 구멍으로 간주하거든요." 뉼런드는 솔직히 털어놨다.

독일 언론, 특히 타블로이드지들은 독일 사회 깊은 곳에 잠복해 있던 반미 감정을 부추기는 축제를 맞은 듯했다. 독일인들을 특히 화나게 만든 내용은 미국이 역사적인 브란덴부르크 문 근처에 있는 감청 기지에서 도청했다는 스노든의 폭로였다. "독일에서 핸드폰 통화를 가로챘다면, 명백히 독일 영토에서 독일 법률을 위반한 겁니다. 이에 따른 책임을 반드시 져야 할 겁니다." 메르켈의 내무장관은 호통을 쳤다. 메르켈의 수석참모 페터 알트마이어(Peter Altmaier)는 독일 주재 미국 대사 존 에머슨(John Emerson)에게 상황을 바로잡으려면 구체적인 행동이 필요할 거라고 으름장을 놓았다. 에머슨은 곧바로 베를린 주재 CIA 지부장에게 짐을 싸라고 지시했다. ("누군가는 책임을 져야 했습니다." 대사의 회상이다.) 그러는 동안, 오바마는 메르켈과 참모들을 달래기 위해 수석참모 데니스 맥도너(Denis McDonough)를 베를린에 급파했지만 아무 소용이 없었다.

오바마는 그해 6월 국빈 자격으로 독일을 방문할 계획이었다. "기분 좋은 방문이어야 하는데, 상황이 완전히 딴판이 돼버렸죠." 벤 로즈는 말했다. 독일 공영방송 ARD는 현재 독일 인구의 60퍼센트 이상이 미국을 신뢰하지 못할 나라라고 여기는 한편, 미국을 의지할 만한 동맹국으로 보는 인구는 35퍼센트밖에 되지 않으며, 이는 러시아를 우호적인 협력 관계를 맺을 만한 나라로 여기는 사람보다 약간 많은 수준이라고 보도했다.

오바마가 총리실에 도착하자, 메르켈은 그를 발코니로 안내해 자신이 날마다 실험실로 갈 때 탔던 S-반을 가리켰다. 메르켈은 오바마가 명확하게 인식하고 있음 직한 내용을 설명했다. "독일인들이 이토록 격노하는 이유는, 그리고 내가 이렇게 분노하는 이유는 우리가 감시 국가에서 자랐기 때문이에요." 이 솔직한 대화로 이전의 화해를 위한 노력이 성과를 이룬 듯 보였다. 오바마와 메르켈은 이후로 공개 석상에 함께 등장할 때마다 '친구들을 염탐한 일'에 대한 질문 공세에 시달렸다. 하지만 메르켈의 전략은 깨진 신뢰 위에 풀이 무성하게 자라도록 방치하는 거였다. 위태로운 현안은 그것 말고도 대단히 많았다. 오바마는 결코 공개적으로 도청에 대한 책임을 지지 않았지만, 그 일 이후 이런 발표를 했다. "우리는 동맹국들을 도청하지 않을 겁니다." 메르켈은 원한을 심중에 담아두거나 국가 대사를 개인적인 일로 받아들이는 사람이 아니었다. 메르켈은 오바마가 자신의 개인용 휴대폰 도청을 승인했다는 사실을 잊었다. 그래야만 했기 때문이다. 그는 새 휴대폰을 장만했다.

그로부터 채 두 달도 지나기 전에, 앙겔라 메르켈과 버락 오바마는 훨씬 더 시급한 사안들을 처리해야 했다. 오바마에게는 메르켈이 필요하다는 것을 입증할 위기였고, 두 정상을 어느 때보다도 더 가까운 사이로 만들어준 위기였다.

시리아에서 아사드 가문의 40년에 걸친 혹정(酷政)을 끝내려는 평화로운 행진으로 시작된 시위가 암울한 쪽으로 방향을 틀었다. 지난 2년간 푸틴의 지원을 받은 시리아군은 시위대에 실탄을 발사하고 야만적인 배럴 밤(barrel bomb, 헬리콥터에서 투하하는 파편이 가득 담긴 용기)을 다마스쿠스(Damascus)와 알레포(Aleppo)의 민간인 거주지에 투하해 수십만 명을 피란길로 내몰았다. 그러던 2013년 8월, 다마스쿠스 교외 지역에 가한 파괴적인 화학무기 공격으로 민간인 1400명 이상이 잠을 자던 중에 목숨을 잃었다. 메르켈은 사린 가스의 참혹한 위력을 잘 이해하는 과학자로서, 그리고 아마도 독일인으로서, 엄청난 충격을 받았다. 동시에 그는 폭력에 폭력으로, 무기에 무기로 맞서서는 안 된다고 결심했다. 메르켈은 그런 사람이었다. 그리고 그런 사람이 아니었다.

하지만 버락 오바마는 이 문제에 대통령직을 건 사람처럼 보였다. "독재자가 대명천지에 어린이 수백 명의 목숨을 가스로 앗아버리고도 대가를 치르지 않는다면 우리가 세계에 무슨 메시지를 보낼 수 있겠습니까? (…) 아사드는 축출돼야 합니다!" 그는 8월 31일에 이렇게 촉구했다. 결과 지향적인 메르켈에게 이 발언은 중요한 의문을 제기했다. 이런 목표를 달성하려면 미국 대통령은 얼마나 깊이 관여해야 할까? 오바마는 메르켈이라면 절대로 저지르지 않을 실수를 저질렀다.

그보다 며칠 전 존 케리(John Kerry) 국무장관은 미국은 말이 아닌 폭탄으로 시리아에 책임을 물을 의향이 있다고 이미 발표했다. 민간인을 상대로 한 화학무기 사용은 '레드 라인(red line)'을 넘어선 것이라고 선언한 오바마는 메르켈에게 아사드의 공격에 맞선 군사적 대응을 지지해달라고 요청했다. "메르켈은 유럽의 주도적인 지도자였기 때문에 우리는 그의 지지가 필요했습니다." 로즈의 설명이다. "오바마와 메르켈이 몇 시간 동안 태블릿 PC를 들고 앉아 세계경제를 진작할 방법이나 아프가니스탄이 폭발하지 않도록 막을 전략을 짜는 모습을 봤습니다." 그런데 이제 오바마에게 필요한 것은 메르켈의 전략적 전문성이 아니었다. 로즈의 증언에 따르면 오바마는 가장 존경하고 존중하는 지도자가 보내는 도덕적인 지지가 필요했다. 프랑스는 이미 다마스쿠스를 향해 미사일을 발사할 준비가 돼 있었다. 메르켈은 그렇지 않았다.

"이건 친구로서 하는 말이에요. 나는 당신이 누구의 지지도 받지 못하는 상황에 빠져드는 것을 원치 않아요." 메르켈은 오바마에게 경고했다. 그는 아사드의 공격에 맞선 공동 대응책을 지지하는 유럽의 여론을 구축하라고 제안했다. "그러면 상황은 당신이 모호한 주장에 노출되지 않는 쪽으로 전개될 거예요." 메르켈은 미국이 이라크 전쟁에서 겪은 낭패를 염두에 두고 말했다. 메르켈은 적어도 미국이 성급하게 또 다른 중동전쟁으로 돌진하는 속도를 늦추고 전면적인 외교전을 펼치자고 간청했다. 그러는 사이 오바마는 갈팡질팡했다. 로즈의 말에 따르면, 메르켈의 경고는 오바마에게 큰 영향을 끼쳤다. "그가 시리아 폭격을 부담스러운 일로 여기는 모습을 본 것은 그때가 처음이었습니다."

"당신, 나를 엿 먹이는 거죠?" 오바마가 시리아 공격을 반대하는 쪽으로 결정했다는 소식을 수석참모 맥도너에게 들은 수전 라이스는 상스러운 말로 그에게 따졌다. 그 대신, 오바마는 의회를 찾아가 무력 보복을 승인해 달라고 요청할 작정이었다. 공화당이 통제하는 의회가 이 공격에 대한, 또는 이 외의 많은 방안에 대한 대통령의 요청을 승인할 가능성은 희박했다. 이것은 체면을 세우려는, 그러니까 자신이 내뱉은 말을 철회할 핑곗거리를 얻으려는 시도였다. 그렇지만 이 시도는 먹히지 않았다. 미국 대통령 오바마가 부린 변덕은 자신의 국제적인 평판을 훼손했다. '실행하지 않은 위협'은 아사드에게 영향력을 행사하려는 행정부의 노력에 짙은 그림자를 드리웠다. 앙겔라 메르켈이 오바마에게 충직하고 솔직 담백한 협조자라는 점이 입증됐다. 하지만 제아무리 능력이 뛰어난 메르켈도 협상의 전제 조건으로 아사드의 하야를 요구한 일로 입은 오바마의 피해를 없던 일로 돌려놓을 순 없었다. 그리고 살인마 독재자 아사드는 권력을 유지하기 위해서라면 마지막 남은 시리아인과도 싸울 작정이었다.

앙겔라 메르켈은 자신을 나치식 경례를 올리는 사람으로 묘사한 항의에 큰 충격을 받았다. 그리스에서 이 메르켈 모형이 화형을 당한 것은 글로벌 금융 위기로 황폐해진 유럽 남부 국가들에 긴축정책을 강요한 데 대한 그리스의 분노 때문이었다.

11

EUROPE IS SPEAKING GERMAN NOW

유럽은 지금 독일어로 말하고 있다

독일인들은 1000년이라는 기간 동안
정상 상태를 제외한 모든 것을 경험했다.

A. J. P. 테일러(A. J. P. Taylor), 영국 사학자

앙겔라 메르켈이 취임하면서 세운 목표 중 하나는 독일을 '정상적인' 나라로 만드는 거였다. 위대함을 좇는 나라의 국민들에게는 괴상한 소원으로 보일 것이다. 그런데 두 차례 세계대전의 참상을 겪고 분단국가로 40년을 보낸 후, 번성하는 경제의 열매를 조용히 향유하는 기회는 반가운 변화로 보였다. 평화는 전쟁보다 나았고, 번영은 가난보다 나았다. 그리고 유럽 공동체의 존경받는 회원국이 되는 것은 따돌림당하는 나라가 되는 것보다 훨씬 나았다. 이는 제2차 세계대전 이후 태어난 세대가 얻은, 독일이 두 번이나 유럽을 갈기갈기 찢어놓았다는(독일인의 기억에 깊이 뿌리내린) 사실이 남긴 씁쓸한 교훈이었다. 심지어 독일인들은 자신들의 역사를 받아들이는 법을 배우는 고통스러운 과정을 가리키는 단어를 만들어내기까지 했다. 페르강엔하이츠베벨티궁(Vergangenheitsbewältigung), 거칠게 옮기면 '과거 극복(또는 과거 대처)'이라는 뜻이다. 이 작업은 옛 제3제국

영토에 점점이 자리하고 있는 많은 강제수용소를 이른 나이에 견학하는 일에서 시작된다. 이 과정의 또 다른 부분은 애국심을 보란 듯이 과시하거나 독일의 우월성을 드러내면서 다른 나라들을, 지금과는 다른 나라였던 독일이 저지른 짓에 피해를 입은 피해국을 적대시하지 않는 것이다.

그런데 아이러니하게도, 독일이 국제무대에서 지나치게 적극적으로 행동하는 데 대한 해묵은 우려를 되살린 장본인이 바로 메르켈 자신이었다. 오래전부터 그는 통일된 강한 유럽은 독일이 공격적이던 과거로 회귀하는 것을 막고, 러시아의 침략에 다시 고통받는 일이 없도록 막는 일종의 보장책으로 봤다. 그런데 이 비전은 2008년에 글로벌 경제와 더불어 붕괴 위험에 처했다. 그해의 금융 위기는 다음과 같은 근본적인 질문을 둘러싼, 유례없는 EU 내부의 불화에 불을 댕겼다. 독일이 제일 앞자리를 차지하고 있는 유럽의 강한 회원국들은 더 큰 타격을 받은, 더 약한 회원국들을 돕는 데 어느 정도의 책임을 져야 옳은가?

이 위기를 관리하는 메르켈의 모습은 지도자로서 그가 가진 강점뿐 아니라 약점도 드러낼 것이 분명했다. 그는 자신을 지지하는 보수적인 지지자들을 달래고 유럽의 공식 총리나 다름없는 자신의 지위를 굳히면서 결국에는 2002년 이후로 이른바 유로존(eurozone)을 구성한 19개국에서 사용한 공동 통화를 구해내는 데 성공할 터였다. <뉴욕타임스> 칼럼니스트 로저 코언(Roger Cohen)이 예상한 대로였다. "헨리 키신저는 유럽의 전화번호를 물어본 것으로 유명하다. 그는 이제 안다. 앙겔라 메르켈에게 전화를 걸어라." 그런데 이 성공에는 대가가 따랐다. 그 자신을 비롯해 독일의 평판과 관련한 대가였다.

유럽연합은 앙겔라 메르켈에게 중요한 역사적 업적이다. 유럽연합으로 말미암아 모두 동일한 통화를 사용하는 19개 회원국으로 구성된 국경 없는 대륙이 탄생했으니까. 냉전시대 이후 낙관론이 팽배하던 1999년에 탄생한 유로존은 화폐동맹의 차원을 뛰어넘는 존재로 보였다. 그것은 '통일되고 자유로운' 유럽으로, 미래에 분쟁이 일어나는 일은 불가능한 데다 상상도 되지 않는 지역이자, 유럽인들이 국경을 넘을 때마다 여권을 제시하거나 환전할 필요가 없는 유럽이었다. 그렇기에 유로는 단순한 심벌의 차원을 뛰어넘는 존재였다. 그것은 이 통일체를 유지하는 핵심적인 열쇠였다.

하지만 유로는 심각한 결함을 여러 개 갖고 태어났다. 금융 위기를 완화하거나 개별 회원국을 규제할, 미국의 연방준비은행(FRB, Federal Reserve Bank)과 비슷한 유럽 연방준비은행이, 즉 중앙은행 시스템이 없었다. 모든 회원국은 독자적인 정치체제와 예산, 적자를 유지했다. 게다가 유로 지역 내부에서 노동력이 이동하는 데에는 제한이 있었다. 이를테면 텍사스에서 정리해고 된 목수가 미네소타에 정착할 수는 있지만, 그리스에서 정리해고 된 목수가 독일에서 쉽게 일자리를 찾을 수는 없었다. 미국인들은 일자리를 찾아 이 주에서 저 주로 이동하는 데 대해 별다른 고민을 하지 않지만, 유럽인은 언어와 문화, 역사에 의해 각자 속한 지역의 경제에 예속되는 경우가 대부분이다. 어느 한 회원국의 실업률을 낮출 방법은 존재하지 않는다는 뜻이다.

메르켈이 남편과 치르는 여름철 연례행사인 잘츠부르크 음악제에서 하이든의 오페라를 즐기고 있을 때, 그의 핸드폰에 미국 주택 시장에서 발생한 문제와 관련한 경고 문자메시지가 들어왔다. 'IKB가 곤경에 처했습니다.' 수석경제자문 옌스 바이트만(Jens Weidmann)이 보낸 문자메시지였다. 'IKB가 뭐죠?' 그가 답신을 보냈다. 그가 곧 알게 됐듯, IKB는 독일의 지역 은행인 독일산업은행(Deutsche Industriebank)으로, 이 은행의 델라웨어 지사는 서브프라임 모기지 위기의 충격을 받아 이미 휘청거리고 있었다. 세계화한 경제와 많은 금융기관의 촉수는 미국에서 두 번째로 작은 주인 델라웨어를 비롯한 지구상 구석구석에 뻗쳐 있었다. 미국에서 곤경에 처한 그 작은 은행은 이후 몇 년간 메르켈을 괴롭히게 될 사건을 연달아 일으키면서 통일 유럽이라는 그의 비전과 현실의 거리가 얼마나 먼지를 드러낼 터였다.

서브프라임 모기지, 독성 자산(toxic assets), 국가 채무 같은 복잡한 개념은 원래 메르켈에게는 미지의 영역에 속한 것들이었다. 그는 2005년에 총리 선거운동을 하는 동안 '총(總)' 개념과 '순(純)' 개념을 헷갈린 적이 있었다. 그런데 상호 연결된 세계경제가 무너져 내리는 이때, 그는 월스트리트에서 무모하게 만들어낸, 의도적으로 사람을 헷갈리게 만들려는 이름의 금융 상품을 해독해야 했다. 기초적인 개념은 파악하기 쉬웠다. 상환 부담이 적은 대출과 조건이 까다롭지 않은 모기지(mortgage) 덕분에 고위험 부동산 분야로 자금이 쇄도했고, 규제에서 벗어난 은행과 대출 기관들은 상환 능력이 부족한 수백만 명에게 무턱대고 대출을 해줬다. 그 결과는 글로벌 유동성 위기였고(쉬운 말로 하면, 현금 흐름에 문제가 생겼다), 금융 긴축정책이었다. 그 결과로 대공황 이후 75년 만에 최악의 경제 위기가 빚어졌다. (앙겔라 메르켈의 리더십을 보여주는 차원을 넘어서서 글로벌 금융이라는 불가해한 세계를 깊이 캐는 것은 이 책의 범위, 무엇보다 내 두뇌의 범위에서 벗어나는 일이다.) 이 금융 위기의 심각성은 104개국의 수입액과 수출액이 하락했고, 제조업과 무역업, 고용률이 급격히 하락했다고 설명하는 것으로 충분할 것이다. 이것은 세계경제가 얼마나 심하게 글로벌화 했는지 보여주는 증거다. 유럽에서만 무려 500만 명이 일자리를 잃었다.

독일은 다른 유럽 국가들보다는 선방했다. 부분적으로는 문화와 정치, 사업과 금융 분야와 관련한 활동을 할 때 깊이 밴 습관의 결과였다. 독일 국민들은 유럽의 다른 나라들과 미국에 만연한, 빚을 얻어 소비하는 행위를 거부했다. 쿠르츠아르바이트(Kurzarbeit), 또는 조업단축(short time)으로 알려진 전통의 결과로, 기업들은 노동자를 해고하기보다는 노동자 개개인의 노동시간을 줄이라는 권고를 받았다. 근면과 검약이 몸에 배고 분수에 맞는 생활을 하는 것을 미덕으로 신봉하는 독일은 생산성 면에서 이웃 나라들을 능가했다. 독일의 실업률은 세계적인 불경기가 이어지는 동안에도 유로존에 속한 다른 나라들보다 한참 낮았다. 불가피하게, 유럽의 여러 나라에서 메르켈과 그의 조국을 향한 분노가 터져 나왔다. 유럽의 일부 지역에서는 이런 감정이 결코 사라지지 않는 것으로 판명됐다.

이 위기는 결국 오래전에 명백히 밝혀졌어야 하는 사실을 드러냈다. 유럽은 경제가 활기를 띠는 북부의 나라들과 이른바 주변부의 경제가 침체된 나라들로 이뤄져 있는데, 후자는 단일 화폐를 쓰는 유로존의 회원국으로서 동일한 규칙을 따르며 국가를 운영해야 했다. 지구상에서 충격을 가장 심하게 받은 나라들은, 늘 그렇듯 가장 취약한 나라들이었다. 그리스와 포르투갈, 스페인, 이탈리아의 실업률은 20퍼센트 이상으로 치솟았고, 그리스 청년의 절반 가까운 수가 백수가 됐다. 이런 통계치는 대공황 시대의 수치와 맞먹으면서 가진 자와 못 가진 자 사이의 깊은 골을 드러냈다.

비난할 대상을 찾는 사람들은 최근 들어 많은 사람들에게 유럽의 총리로 추앙받은 여성에게서 마음껏 불만을 토해낼 수 있는 악당을 찾아냈다. 앙겔라 메르켈은 그리스(상호 연결돼 있고 상호 의존적인 유로존 교역 블록의 회원국)를 지원해야 하는 필요성과 '낭비하는 남유럽(profligate South)'에 구제금융을 지원하는 데 분개하는 독일 국내 여론 사이에 갇힌 신세였다. 메르켈의 비전은 가장 부유한 나라(독일)가 고통에 몸부림치는 나라에 도움을 주는 통일 유럽이었다. 하지만 한편으론 그리스에 구제금융을 제공하면 다른 나라에 의존하는 문화가 생겨날 테고, 위험한 선례를 남길 것이라는 고민도 따랐다. 이것이 그가 빠진 딜레마였고, 독일 총리에 취임한 이후 그가 겪은 가장 혹독한 시련이었다.

이에 대한 해법은 사람마다 달랐다. 재무장관인 볼프강 쇼이블레는 재정을 깔끔하게 정리하기 전까지는 그리스를 유로존에서 제외하자고 목소리를 높였다. 그러나 총리의 목표는 축출이 아니라 개혁이었다. 독일인들은 이 점에서는 총리를 지지했다. 심지어 북유럽의 다른 부유한 국가들은 그러지 않았는데도 말이다.

다른 EU 회원국들과 한없이 긴 회의에서, 그는 유럽이 생산성 면에서 중국에 얼마나 뒤떨어졌는지를 보여주는 차트를 자주 꺼내 들었다. 유럽인들은 글로벌화한 경제에서 경쟁력을 갖는 법을 배워야 한다고 목소리를 높였다. 미래를 위해 지금 당장은 이를 악물고 고통을 감내해야 한다고 외치고는 했다. 제2차 세계대전이 끝난 후 서독의 신속한 경제 재건을, 즉 '라인강의 기적'이라고 불리는 발전을 자랑스러워하는 그는 다른 나라들이 독일의 금욕적인 라이프스타일과 지출 규제 정책을 본받고 건전한 세금 납부 습관을 국민들에게 심어주기를 원했다. (그리스 국민들은 대담하게도 그렇게 하지 않았다. 국민들에게 자국 경제는 건전하다고 거짓말을 늘어놓고는 그사이 국민들의 재산을 훔쳐간 정치 계급을 몰아낼 필요성은 언급조차 하지 않았다.) 결국 메르켈은 허리띠를 조이라는 처방을 내렸다. 그리스 국민들이 책임 있는 행동을 할 때까지 구제금융은 없을 터였다.

보수적인 성향을 가진 그가 대부분의 재정 문제에 내놓은 해답은 긴축이었다. “모든 사람이 자기 집 앞을 쓸면 마을 전체가 깨끗해질 겁니다.” 메르켈은 때때로 괴테의 말을 인용하며 이런 말을 했다. 그는 독일 국민들에게 그들의 예금은 안전하다고 약속함으로써 이즈음 자신을 신뢰하게 된 독일인들을 진정시켰다. 그렇지만 독일 국경 너머에서 심하게 곤두박질치고 있는 나라들을 안심시키진 못했다.

메르켈은 모든 악성 대출에는 대출을 받은 사람과 대출을 해준 사람이 있다는 사실을, 그리고 은행들(고통받는 나라들이 재정 역량을 상회하는 과도한 비용을 인프라와 프로젝트에 지출할 수 있게 해주는 대신, 그 나라들의 리스크를 측정하면서 현명하게 행동할 것이라고 생각되는 기관들)도 일부 책임을 지는 게 마땅하다는 사실을 가볍게 판단한 듯 보였다. 메르켈은 그런 일을 가능하게 해준 조력자들에게 불이익을 주는 대신, 자국 정부와 국제 금융 시스템이 그릇된 행동을 한 데 따라 발생한 불이익을 많은 서민들에게 떠넘기고 있는 듯 보였다. 긴축을 처벌로 보는 이런 관점이 진실과 완전히 동떨어진 것은 아니다. 빚(debt)을 뜻하는 독일어 슐트(schuld)는 ‘잘못된 일에 대한 책임(guilt)’이라는 뜻이기도 하다.

노벨상 수상자인 미국 경제학자 조지프 스티글리츠는 베를린에서 총리를 만나 조언했지만 메르켈은 따르지 않았다. “메르켈은 유럽인이라는 정체성이 아니라 독일인이라는 협소한 정체성을 선택했습니다. ‘우리 국민’이라는 정체성을 말입니다.” 그가 한 말이다. 외부의 관찰자들이 보기에, 메르켈은 입으로는 유럽을 사랑한다고 공언하면서도 독일에 해를 끼치면서 유럽을 구할 의향은 없는 듯 보였다.

스티글리츠에 따르면, 독일은 긴축 모델을 제의했지만, 신속한 회복을 돕기 위한 지출을 하면서 긴축정책의 균형을 잡아줄 경기 부양 정책을 실행에 옮길 의향은 없었다. 한 나라의 운명이 모든 나라의 운명에 영향을 끼치는 시대가 왔다. 긴밀하게 연계된 세계가 그에 따른 대가를 치러야 할 시대다.

메르켈이 인간사에서 불합리한 것의 영향을 고려하는 데 실패한 것은 이번이 처음이 아니었다. 유럽에서 75세 이상인 사람은 누구나 제2차 세계대전의 공포를 기억하고 있었다. 그리스의 반독일 정서는 여전했다. 1941년 나치 병사들이 아크로폴리스의 유서 깊은 아테네 성채에 나치의 상징인 스바스티카를 게양하는 모습을 기억하고 있기 때문이다. 메르켈을 향한 반감도 마찬가지였다. 그리스가 두 자릿수 실업률이라는 고통 속으로 깊이 잠기는 동안, 그리스인들에게 친근한 정치인이 아닌 메르켈의 모형은 그리스 곳곳의 마을 광장에서 불길에 휩싸이고 있었다. 아테네의 역사적인 신타그마 광장(Syntagma Square) 주위에 쓰레기가 쌓였다. 쪼들린 정부가 필수 인력을 제외한 모든 인력을 정리해고 했기 때문이다. 저금리 대출을 열심히 내줬던 모든 은행의 금고가 텅텅 비었다. 강요된 긴축은 아테네 사람들만이 아니라 로마와 아일랜드의 더블린, 포르투갈의 리스본에 사는 사람들에게서 활력을 앗아갔다. 유럽 대륙에 속한 많은 나라의 유서 깊은 수도의 거리들이 시위 행렬 때문에 막혔는데, 그 자리에서 메르켈은 고통스러운 재정긴축을 선동하는 주요 인물로 지탄을 받았다.

언변을 타고난, 더 능수능란한 정치인이라면 아테네로 가서 고통받는 사람들에게 다음과 같은 연설을, 처칠 스타일의 엄혹한 '피, 땀, 눈물'을 호소하는 연설을 했을 것이다. "저는 여러분 옆에 있을 겁니다. 그러나 우리는 일부의 희생 없이는 여러분을 구할 수 없습니다." 그러나 처칠의 스타일은 메르켈의 천성과 거리가 멀었다. 2012년 10월에 마침내 아테네 방문에 나선 메르켈은 정치 인생에서 처음으로 접하는 상황을, 대중의 분노를 경험했다. 그가 탄 자동차 행렬이 지나가는 동안 거리의 그리스인들은 야유를 퍼부으며 '메르켈, 우리는 당신을 환영하지 않아!'라고 적힌 깃발을 흔들었다. 어떤 무리는 그의 차가 지나가는 동안 스바스티카 깃발을 불태웠고, 나치 스타일 군복 차림의 사람들이 가득 탄 다른 차는 경찰 저지선을 뚫고 들어왔다. 메르켈은 큰 충격을 받았다. 독일에서 스바스티카를 내보이는 것은 형사처벌 대상이다.

오바마 대통령이 가하는 압력도 그의 스트레스를 키웠다. "더 과감한 조치를 취할 필요가 있어요." 그는 메르켈에게 강권했다. "독일의 잉여 재정으로 상황이 극도로 어려운 국가들에 더 많은 대출을 해주세요." 오바마가 프랑스 칸에서 열린 2011년 G20 정상회의에서 그에게 촉구한 내용이다. "제발요, 앙겔라, 당신은 유럽의 여왕이잖아요! 당신은 할 수 있어요!" 메르켈은 날카롭게 대꾸했다. "사람들은 나를 긴축의 여왕이라고 불러요." 아마도 1990년대 이후 처음으로, 메르켈은 공개적인 자리에서 낙담의 눈물을 흘렸다. "Das ist nicht fair. Ich bringe mich nicht selbst um." "이건 부당해요. 나는 (정치적) 자살을 하지는 않을 거예요. 우리 중앙은행은 정부에서 독립된 기관이에요. 우리 헌법을 만든 사람은 당신들 미국인이고요. 지금 당신이 하는 요청, 당신이 나한테 강권하는 방안은 내 직무에 부여된 권한을 위반하라는(달리 말해, 독일의 중앙은행을 무시하라는) 거예요." 그는 독일의 전후 헌법 초안을 잡을 때 워싱턴이 맡았던 역할을 언급했다.

그러나 그가 드러낸 감정은 충분한 효과를 얻진 못했다. 연설에 나선 그의 단호한 표정과 경건한 분위기는 유럽에서 가장 심한 충격을 받은 국가들에게 완전히 그릇된 신호를 보냈다.

그 몇 년을 함께 겪은 메르켈과 유럽에서 그의 주요한 파트너만큼 생판 다른 인물들을 상상하는 건 쉽지 않은 일이다. 그 파트너는 항상 들떠 있는 듯한 프랑스 대통령 니콜라 사르코지였다. 그는 사람들의 눈길을 끄는 이상한 행동을 하고 백만장자의 요트를 좋아하는 통에 '블링 블링(Bling Bling)'이라는 별명이 붙을 정도였다. 자신을 홍보할 기회를 쫓아다니는 충동적인 사르코지는 메르켈이 경멸하는 모든 특징을 체현한 인물처럼 보였다. (사르코지의 매력 넘치는 가수 겸 모델 아내 카를라 브루니가 메르켈이 프랑스 대통령을 위해 주최한 만찬을 준비하는 동안 메르켈의 남편처럼 생선을 사는 모습을 상상하기는 어려운 일이다.) 하지만 상황 때문에 그와 함께 일하게 된 메르켈은 늘 그렇듯 나름대로 최선을 다했다. "니콜라, 당신 옆에 있으면 내가 에너지 절약 램프인 것 같은 기분이에요." 언젠가 메르켈이 던진 농담이다.

유로 위기 동안 두 사람이 운명 공동체가 됐다는 사실을 인정한 사르코지는 2008년에 독일의 역사적 도시이자 독일과 벨기에, 네덜란드를 갈라놓는 경계선에서 가까운 아헨(Aachen)에서 메르켈이 명망 높은 샤를마뉴상(Charlemagne Prize, 유럽 통합에 기여한 인물에게 수여하는 상)을 수상한 것을 축하했다. "저는 동독에서 온 이 여성을 무척 존경합니다." 허풍기가 있는 프랑스 대통령은 공언했다. "철의 장막 뒤에서 살았던 젊은 여성이 27개국과 통일 독일의 수반이 될 때까지 거쳐온 여정은 그 얼마나 대단합니까!" 그런 후, 깜짝 놀란 자우어 박사에게 고개를 돌린 사르코지는 말했다. "앙겔라와 저는 호흡이 잘 맞는 커플입니다. 그리고 그는 지난해에 제가 존경심을 품게 된 용감한 여성입니다, 무슈 메르켈." 자우어 박사는 그리 유쾌한 기색이 아니었다.

사르코지가 엉뚱한 짓을 하기는 했지만, 이 자리는 오랜 두 라이벌이 참석한 예식이었다. 메르켈은 유로를 구해내고 그리스를 유로존이라는 한 울타리 안에 두는 것이 경제적 차원을 초월한 문제인 이유를 자세히 설명할 기회를 잡았다. “어째서 공동의 목표를 달성하기 위해 헤아릴 수 없이 많은 날을 밤낮없이 협상에 협상을 거듭하며 보내느냐고요? 유로가 실패할 경우, 그것은 그저 통화가 실패하는 데 그치지 않기 때문입니다.” 그는 말했다. “그건 유럽이 실패하는 것입니다.” 결국, 공동 통화는 유럽을 국경이 개방된 통일체로 묶는 데 필수적인 존재였다.

프랑스 언론이 두 지도자에게 붙인 명칭 ‘메르코지(Merkozy)’는 결국 어색하지만 통일된 전선을 구축했다. 부유하고 안정적이며 활력이 넘치는 나라 독일은 같은 대륙 나머지 국가들의(심지어 프랑스도 포함해) 건전성 여부를 무시할 수 없었다. 그들은 그리스 총리 요르요스 파판드레우(George Papandreou)와 점점 더 위기로 몰리는 듯 보이는 이탈리아의 실비오 베를루스코니 총리에게 최후통첩을 보냈다. 구제금융을 받는 대가로 그들 나라의 재정을 감독할 EU 감시 요원들을 받아들이라는 내용이었다. 그들에게 다른 선택지는 남아 있지 않았다.

그렇게 협상이 타결됐지만, 대가가 따랐다. “지금 갑작스레 유럽이 독일어로 말하고 있습니다.” 기독민주연합의 원내대표 폴커 카우더(Volker Kauder)가 유로를 구해내는 과정에서 독일이 수행한 역할을 자랑스레 언급하며 이렇게 공표했을 때, 메르켈은 움찔했다. 유럽을 호령하는 독일의 이미지는 그에겐 악몽이었다. 그런데 이런 상황이 빚어진 데에는 자신에게도 책임이 있었다. 그는 수천만 명이 고초를 겪는 동안에도 결정을 내리는 데 꾸물거렸고, 글로벌 불경기 때문에 치러야 하는 인적 비용을 인지하는 데에도 지나치게 오랜 시간이 걸렸다. 그는 PR 전쟁에서 패했다. 유럽에서 제일 중요한 국가이자 그가 애지중지하는 연합체의 구심점인 독일의 지도자로서 그에게는 독일보다 불운한 나라를 구해내는 것 말고는 달리 선택의 여지가 없었다. 다른 나라들의 경제가 얼마나 추잡하게 운용돼왔건, 글로벌 금융 위기를 촉발하는 과정에서 월스트리트의 무모한 은행가들이 어떤 역할을 수행했건 상관없었다. 금융 위기는 앙겔라 메르켈이 지켜보는 가운데 일어났고, 그걸 해결하는 것은 유럽에서 가장 부유하고 경제 관리가 잘된 나라의 총리가 치러야 하는 피할 수 없는 대가였다.

메르켈은 몇 년에 걸쳐 그리스에 여러 차례 구제금융을 제공하는 데 동의했지만, 그가 보여준 느릿한 반응은 그리스 국민들의 고통을 연장시켰다. 문제에 다가가는 그의 꼼꼼한 접근 방식은 그 문제의 영향을 직접 받는 많은 사람들에게 먹혀들지 않았다. 메르켈이 지나치게 신중하게 처신하는 모습을 본 사람들은 그를 인간적인 고통에 무감각한 사람이라고 생각했다.

언젠가 앙겔라 메르켈은 잠도 못 자는 위기상황에는 비축해둔 에너지로 버틸 수 있지만, 위기가 지나가면 침대에 쓰러져버린다고 했다. 그에게 대중 앞에서 이런저런 모습을 보이는 것은 복잡한 문제들을 해결하는 것보다 더 진이 빠지는 일이다. 극적인 상황을 피하면 에너지를 절약하는 데 도움이 된다. 자신을 '에너지 절약 램프'라고 묘사한 그의 표현은 사뭇 적절하다. 날마다, 또는 시간마다 마사지를 받을 필요가 없는 튼튼한 자존심도 장점이다. 남들이 자신에게 주는 창피에는 면역이 된 듯 보이는 그는 남들에게도 창피를 주지 않는다. 이런 모든 특징 덕에 그는 문제가 닥치면 곧바로 에너지를 쏟는다. 문제가 복잡하다며 짜증을 내는 성격이라면 이미 오래전에 그와 독일은 탈진했을 것이다.

메르켈의 가혹한 긴축정책을 꾸짖는 듯한 결정이 2015년에 내려졌다. 그리스인들이 카리스마 넘치는 젊은 사회주의자 알렉시스 치프라스(Alexis Tsipras)를 지도자로 선출한 것이다. 그가 선거운동 기간에 내건 약속 중 하나가 세 번째 구제금융을 받는 조건으로 베를린이 강요한 가혹한 제약에서 탈피하겠다는 거였다. 그렇지만 새로 당선된 그리스의 선동가는 얼마 가지 않아 메르켈이 내놓은 처방 앞에 무릎을 꿇었다.

치프라스의 재무장관인 야니스 바루파키스(Yanis Varoufakis)는 메르켈이 어떻게 '사람의 심리를 조종하는 술책과 범상치 않은 근면성'으로 그의 상사를 무력하게 만들었는지를 이렇게 설명했다.

> "앙겔라 메르켈은 EU 공식 만찬이 끝난 후에 두 사람만 따로 자리를 잡자고 제안했다. 그런 자리를 마련해 치프라스가 (EU가 그리스에 강요하는 긴축을 끝장내는 데 관한) 문건을 내밀고 두 사람이 그것을 논의하자는 거였다. 공식 만찬은 한밤중까지 이어졌고, 치프라스는 두 사람이 독대할 기회는 사라졌다고 생각했다. 하지만 그렇지 않았다. 메르켈은 그를 가까이 있는 회의실로 안내했고, 치프라스와 협정문의 모든 문장을 검토하면서 몇 시간을 보냈다. 마침내 협의가 끝났을 때(기록에 따르면 네 시간 뒤) 메르켈은 그에게 축하한다고 인사했다. 치프라스는 메르켈의 축하 인사, 근면성, 그리스의 계획을 믿기 힘들 정도로 상세하게 파악한 비상한 머리에 무척 강한 인상을 받았다."

두 지도자가 한 철야 회동의 결과는 치프라스가 희망한 것처럼 그리스 예산에 대한 독일의 통제를 풀어주는 것이 아니라, 그가 (세 번째 구제금융의 대가로 세율을 높이고 지출을 삭감하는 정책을 실행하는 것을 비롯한) 메르켈이 내놓은 조건에 합의한 거였다.

밤샘 협상을 하고 난 다음인 2015년 7월 13일 아침, 메르켈은 브뤼셀에 있는 유럽연합 본부 텔레비전 카메라 앞에서 '그렉시트(Grexit)'는 피했다고 발표했다. 그리스는 EU에 잔류할 것이다. "얻는 것이 잃는 것보다 많습니다."[1] 기진맥진한 기색이 역력한 총리가 특유의 간결한 스타일로 한 말이다. 그 자리에 있었던 저널리스트 베른트 울리히는 이 문장을 이렇게 해석했다. "친애하는 국민 여러분, 무척 힘든 협상이었습니다. 저는 지난 몇 달간 (몇 년간!) 그리스를 EU에 남게 하려고 소처럼 열심히 일했습니다. (…) 이것은 유럽에 무척 중요한 일입니다. (…) 그렇지만 이 결정으로 큰 소동을 벌이고 싶지는 않습니다. 저를 아시잖습니까! 어쨌든 저는 잠을 좀 자야겠습니다." 밤샘 협상을 마친 메르켈은 자기 침대에서 몇 시간 눈을 붙이려고 베를린으로 날아갔다.

독일인들은 메르켈의 이 말을 울리히가 해석한 내용과 비슷하게 받아들였을 것이다. 그러나 총리는 더 큰 청중을 향해, 다른 메시지를, 진심이 담긴 메시지를 희망하던 사람들을 향해 연설하고 있었다. 메르켈은 벼랑 끝에 있던 그리스를 마침내 구조해내는 작업을 하면서 당연히 받아 마땅한 칭찬은 결코 듣지 못했다.

하지만 이 기간이 낳은 가장 위험한 부산물은 메르켈의 이미지가 타격을 받은 것이 아니었다. 그 부산물은 그리스에 베푸는 EU의 구제금융을 반대하며 탄생한, 독일에서 제2차 세계대전 이후 최초로 정치적 성공을 거둔 극우 정당인 독일을 위한 대안(AfD)이었다. 독일과 다른 나라에서 현대적인 포퓰리즘이 발흥한 시초는 2008년의 첫 은행 파탄으로 거슬러 올라

---

1 메르켈이 자신이 내린 결정에 대해 설명하는 경우는 드물지만, 그가 치프라스와 합의하면서 '잃는 것'에는 그리스에 긴축재정을 강요하는 것이 들어 있었고 더 책임 있는 통치와 더 높은 성장률이 그 뒤를 이었다. 그렇지만 2020년에 코로나19가 덮치면서 그리스는 다른 많은 나라들이 그러듯이 이전부터 추진해온 긍정적인 궤도에서 이탈해버렸다.

갈 수 있다. 그런데 메르켈은 이 정치적 운동의 의미를 2016년에야 인식하게 됐다. 그때까지는 다른 위기들이 그것을 시야에서 가리고 있을 터였다.

Twitter
'우아, 메르켈 총리는 지칠 줄 모르네요. 이번 주 여행 경로는 기내지에 실린 가상의 비행경로처럼 보입니다.' 2014년 푸틴이 우크라이나에서 벌인 전쟁의 평화적 해법을 찾아내려고 셔틀 외교를 펼치는 동안 메르켈이 소화한 가공할 여행 일정을 보여주는 지도. 그는 서구를 대표해 협상했다. 독재자와 말이 통하는 유일한 지도자였기 때문이다.

12

THE WAR IN UKRAINE—"GET ME ANGELA ON THE PHONE"

우크라이나 전쟁 "앙겔라한테 전화 연결해"

전쟁은 평화의 문제들을 피해
비겁하게 달아나는 도피처일 뿐이다.

토마스 만(Thomas Mann), 독일계 미국인 작가(1875~1955)

유로존 위기 때문에 앙겔라 메르켈이 유럽의 재정 안정이라는 책임을 떠맡았다면, 러시아가 우크라이나에서 벌인 전쟁은 독일이나 그 자신을 위해서나 그다지 원하지 않았던 역할, 그러니까 서구의 정치적 지도자 역할을 떠맡도록 내몰았다. 이 역할은 사람의 진을 빼놓으면서 끊임없이 신경을 곤두서게 했다. 메르켈은 우크라이나 관련 사안에서 협상자로서 월등한 기량을 보여줬지만, '갈수록 법을 무시하는 권위주의 시대에 끈질긴 외교를 펼친다'는 그의 신념이 가진 한계도 노출하게 된다. 실지(失地) 회복 정책을 추진하는 크렘린의 독재자가 원칙에 입각해 신중하게 행동하는 (독일 헌법의 허약한 실행력에 제약을 받는) 메르켈을 상대하려고 판 구덩이는 매우 깊었다. 그럼에도 메르켈은 남들이 푸틴과 맞서지 못하고, 맞설 생각조차 하지 않을 때 푸틴에게 이를 입증했다. 위기가 고조됨에 따라, 그는 냉전이 종식된 이후 가장 심각한 도전에 직면한 기존 외교 규범(이 규범에서 가장 벗어난 사례는 1990년대에 발칸반도에서 벌어진 참혹한 전쟁들이었다)의 가장 단호한 수호자로 떠올랐다.

유럽에서 두 번째로 큰 나라인 우크라이나는 오랫동안 지정학적 비극의 피해자였다. 히틀러와 스탈린 모두 비옥한 농토, 철광석과 가스와 원유를 비롯한 천연자원, 서쪽과 동쪽에 걸쳐 있는 전략적 요충지라는 이점을 노리고 대륙의 변방에 있는 이 나라를 점령하고 착취하는 것을 목표로 삼았다. 실제로 히틀러와 스탈린이 권좌에 있을 때 목숨을 잃은 우크라이나인 수는 유럽의 다른 나라들보다 많았다. 유대계 인구가 많은 우크라이나는 히틀러에게 대량 학살을 위한 이상적인 표적이 되었다. 학살이 일어나기 이전 스탈린은 소련에서 인구가 두 번째로 많은 이 지역에 집단화와 산업화를 강요하고, 굴복시키는 것을 목표로 삼고 농부들에게서 곡물을 강탈했다. 20세기에 인간이 일으킨 두 번째로 규모가 큰 기근을 통해 그들을 걸인으로 또 시체로 만들어버렸다. (20세기 최악의 기근은 그보다 나중에 마오쩌둥 치하의 중국이 겪었다.) 제노사이드(집단 학살)라는 단어를 만들어낸 폴란드 변호사 라파엘 렘킨(Rafael Lemkin)은 우크라이나를 소비에트 제노사이드의 대표적 사례로 꼽았다.

1991년에 소련이 붕괴한 후, 히틀러와 스탈린에게 막대한 국부와 인명을 빼앗긴, 그리고 기댈 만한 민주주의 전통이 사실상 없는 우크라이나는 2014년까지 수십 년간 옛 공산주의의 부패한 지도자들 치하에서 허우적거렸다. 그러다가 2014년이 되자 마침내 국운이 트이는 것처럼 보였다. 그런데 바로 그때 푸틴이 오랜 고초를 겪어온 이 나라에 대한 러시아의 소유권을 적극적으로 주장하기 시작했다. 그러면서 우크라이나는 세계의 주목을 받게 됐고, 메르켈과 푸틴, 그리고 현재까지 세 명의 미국 대통령이 그 소용돌이 속으로 빨려 들어갔다. 위기의 뿌리에는 러시아를 세계 열강의 대열로 복귀시킨다는 푸틴의 목표가 있었다. 목표를 달성하려면 먼저 옛 제국부터 복원해야 했다. 러시아의 서쪽 및 남서쪽 국경과 맞닿아 있는 우크라이나를 러시아의 궤도 안으로 들여오고, 워싱턴이나 브뤼셀이 아닌 모스크바에 충성하게 만들 필요가 있었다.

분란은 2월에 시작됐다. 그때 우크라이나는 유럽연합과 포괄적인 정치적·경제적 합의문에 서명하기 직전이었다. 서명하게 되면 대륙의 나머지 나라들과 우호적인 교역의 문이 열릴 터였고, 최종적으로는 EU 회원국이 될 것이라는 전망 아래 정치적으로 서쪽에 더 가까워질 터였다. 이 거래를 차단하기로 결심한 푸틴은 우크라이나의 부패한 대통령 빅토르 야누코비치(Viktor Yanukovych)에게 유럽연합 대신 러시아가 주도하는 유라시아경제연합(Eurasia Economic Union, 푸틴이 EU와 중국에 맞설 대책으로 설립한 정치적·군사적·경제적 연합체)에 가입하라고 압력을 넣었다. 150억 달러 수표를 내밀면 열악한 경제 사정으로 국민들의 불만이 팽배한 우크라이나를 매수할 수 있을 거라 짐작한 푸틴은 구제금융을 제공하겠다고 약속했다. 그 대가는 우크라이나가 EU와 진행하고 있는 교역 협상을 중단하는 거였다.

그런데 사태는 예상하지 못한 방향으로 흘러갔다. 두려움을 모르는 젊은 시위자들이 키예프의 유서 깊은 거리로 쏟아져 나오면서 "야누코비치는 하야하라!"고 외친 것이다. 시위 군중은 이후 며칠간 규모가 커지면서 더욱 대담해졌고, 조국을 오랫동안 허약하게 만든 부패를 종식시키라고 목소리를 높였다. 그들은 야누코비치에게 약속했던 것처럼 친 EU 조약에 서명하라고 요구했다. 푸틴은 1989년에 드레스덴에서 트라우마로 남은 사건들을 떠올리게 하는 시위를 보며 불안에 떨었다. 그가 러시아의 '영향권(sphere of interest)'으로 여기는 지역에서 군중이 사태를 장악하고 있었다. 최악의 악몽이 그에게 큰 충격을 가하는 듯 보였다.

2월 18일, 야누코비치의 군대가 키예프에 있는 마이단 광장(Maidan Square)에서 시위대를 향해 발포하면서 100여 명이 목숨을 잃었고 평화적인 시위는 폭동이 되고 말았다. 사흘 후, 군중을 통제하지 못하면서 자신의 운명이 다른 독재자들의 그것과 비슷해질 것이라는 두려움에 시달리던 야누코비치는 러시아에 있는 피신처로 도주했다. 이 소식을 들은 마이단 광장의 시위대는 열광적으로 환호했다.

이 나라의 바깥에 있는 두 관찰자(개인적으로 권위주의 메커니즘에 친숙했던 사람들)는 야누코비치가 도피하면서 우크라이나에 권력 진공상태가 만들어졌음을 깨달았다. 앙겔라 메르켈은 그에 따르는 위험을 인식했고, 블라디미르 푸틴은 그것이 기회라는 것을 간파했다. 푸틴은 선수를 쳤다.

마스키로브카(Maskirovka, 가장무도회)는 지난 세기 초기에 러시아군이 개발한 테크닉으로, 다음의 세 단어로 요약할 수 있다. 기만, 부인, 허위 정보. 야누코비치가 도주하고 일주일쯤 지난 2월 27일, 아프가니스탄 전쟁에 참전했던 베테랑 소련군과 러시아 정보 요원, 친러시아 우크라이나인과 용병들로 구성된, 하나같이 오합지졸인 사람들이 크림주(Crimean)의 주도 심페로폴(Simferopol)과 흑해의 주요 항구 세바스토폴(Sevastopol, 러시아가 해군기지를 유지하고 있는 곳), 그리고 남동부에 있는 도네츠크(Donetsk)와 루한스크(Luhansk), 하르키우(Kharkiv)를 장악하고는 키예프에서 독립한다고 선언했다.

허약한 우크라이나군은 무방비 상태였다. 오랫동안 방치되고 부패해 장비가 열악해진 우크라이나군은 3만 명 수준까지 줄어들어 있었다. 현대적인 장비로 무장하고 침공한 러시아군의 상대가 되지 않았다. 야누코비치 정부는 심지어 국방부가 있는 건물을 매물로 내놓기까지 했었다. 경계경보가 워싱턴 DC의 펜타곤과 백악관으로 빠르게 퍼졌다. "러시아군이 아조프해(Sea of Azov)에 있는 우크라이나의 유일한 항구 마리우폴(Mariupol)까지 진군할까 봐 두려웠습니다." 오바마가 재임할 때 러시아와 우크라이나 지역을 담당한 펜타곤 관리 에벌린 파커스(Evelyn Farkas)가 말했다.

심리적인 측면을 보면, 미국은 우크라이나에서 이런 냉전 시나리오가 펼쳐지는 데 전혀 준비되어 있지 않았다. "우리는 러시아군이 현대화하고 있고, 위협 수준을 높은 단계까지 올리고 있다는 정보를 계속 받고 있었습니다." 파커스는 인정했다. 그렇지만 그는 2008년 러시아의 조지아 침공은 '독특한 사건'으로 취급됐다면서 이렇게 회상했다. "냉전은 끝났습니다. 21세기 유럽에서는 어떤 나라 군대든 이웃 나라로 행군해 들어가는 것은 있을 수 없는 일이었죠. 행정부의 정책 담당자들은 그런 문제는 우려하지 않았습니다." 그 시점에 워싱턴은 유혈 사태를 막기 위해 우크라이나군에게 주둔지에 머물러 있으라고 충고했다.

메르켈은 미국 대통령만큼 놀라지는 않았다. 그는 푸틴이 자유를 사랑하는 민주주의자로 변신할 것이라는 환상을 품은 적이 결코 없었다. 하지만 그는 부(富)에 대한 애정과 혁신을 드러내는 푸틴이 부를 성취한 서구의 사례를 통해 더 개방적이고 EU에 친화적이 되기를 바랐다. 2014년 이전 메르켈은 우크라이나 정책을 마땅히 그곳을 관리해야 하는 EU에 맡기고 낙관적으로 생각했다. 우크라이나는 그의 주요 관심사가 아니었다. 푸틴의 침공은 각국이 서로의 국경선과 자주권을 존중할 것을 약속하는(모두 러시아가 서명한) 많은 조약과 문건을 소중히 모셔온 유럽의 비전을 산산조각 냈다. 우크라이나를 침공한 지금, 푸틴은 크림반도[1]에 대한 소유권을 주장하면서 러시아의 미래를 서구의 일부가 되는 것이 아니라 서구의 반대 세력에 서는 것으로 정의하고 있었다.

푸틴은 서구가 동요하고 있는 동안에도 진군을 계속하면서 거짓말을 토해냈다. 소련 시대에 작성된 시나리오의 먼지를 털어낸 그는 그 시나리오를 바로 펼쳐 날조된 설명을 늘어놨다. "불법적인 파시스트 군사정부가 키예프와 크림반도에 있는 러시아인들을 위협하고 있습니다." 이것이 크렘린의 주장이었다. 그러면서 현지 군중의 소요를 부채질하기 위해 소셜미디어와 사용 가능한 모든 통신수단을 활용했다. 크림반도에 러시아계 사람들이 대규모로 거주하고 있다는 사실을 감안하면, 그 거짓말들에 혹할 사람은 많았다. 주요 산업 중심지인 도네츠크에서 얼룩무늬 위장복 차림에 모조 군용장구를 갖춘 친러시아 민병대가 현지 입법부를 급습하고는 소련과 차르 시대의 깃발들을 휘날렸다(심지어 연방기까지 등장해 향수를 부추겼다). 푸틴은 크림반도 주민들이 러시아의 개입을 요청했다고 주장했다. 크렘린이 1956년에 헝가리 혁명을 짓밟은 것을 정당화하고 1968년에 체코슬로바키아에서 일어난 프라하의 봄을 짓뭉개려고 탱크를 보낸 것을 인정받으려고 재탕했던, 날조해서 퍼뜨린 판타지와 동일한 맥락의 주장이다. 모스크바는 1948년에도 냉전시대를 여는 충돌에서 동일한 시나리오를 내세우며 소련의 서베를린 봉쇄를 정당화했었다. 그런데 이때는 전 세계가 냉전시대는 끝났다고 여기던 때였다.

대응 방법을 놓고 서구의 의견은 갈렸다. 오바마 대통령은 그가 공개적으로 조롱하던 러시아 지도자를 상대할 때는 인내하지도 신뢰하지도 않

---

1 흑해 북쪽 해안에 있는 크림반도의 소유권은 역사적으로 우크라이나와 러시아 사이를 여러 차례 오갔지만, 1954년 이후로는 공식적으로 우크라이나의 영토였다.

았다. "푸틴이 자신만만하다면 그렇게 항상 웃통을 벗은 상태로 있지는 않을 거야." 오바마가 한 말이라고 한다. 오바마가 러시아를 '지역 강국'이라고 칭했던 것도 두 사람의 관계에 도움이 되지 않았다. 그와 달리, 메르켈은 러시아의 독재자에 대한 개인적인 관점을 공개적으로 표명하지 않았다. 우크라이나의 수도 키예프는 워싱턴 DC에서 8000킬로미터나 떨어져 있지만, 베를린에서는 겨우 1200킬로미터 거리밖에 안 된다. 하지만 푸틴에게 화해의 손길을 내밀지는 않았다.

메르켈은 위기에서 벗어날 방안으로 당연히 외교를 선택했다. "메르켈은 푸틴을 상대로 대화를 하는, 심지어 그를 논리적으로 설득하는 자신의 능력을 꽤 믿었어요." 빅토리아 뉼런드가 한 말이다. "그는 자주 이렇게 말했어요. '내가 그를 조금 구워삶게 해줘요.' 그는 우리에게 늘 이 점을 상기시켰어요. '나는 과학자예요. 문제들을 제일 작은, 가장 잘 관리할 수 있는 부분들로 쪼개는 것을 좋아해요. 그리고 그 과정에 감정이 끼어들 여지가 없어요. 중요한 것은 해법을 찾아내는 거예요.'" 오바마는 회의적인 태도를 유지했지만, 메르켈이 상황을 책임지고 서구를 대표해 푸틴을 상대하는 것보다 나은 대안은 없었다. 그가 내린 이런 결정의 바탕에는 러시아 지도자와 엮이는 것에 대한 개인적인 혐오감과 그 일을 완수할 수 있는 메르켈의 능력에 대한 존중이 있었다.

푸틴이 어떤 면에서든 신세를 지지 않은 해외 지도자와 길게 교류하는 경우는 드물다. 하지만 메르켈은 예외였다. 그가 푸틴과 서구 사이를 중재하고 싶어 해서 그런 것은 아니었다. 메르켈이 노벨평화상(그는 이렇게 고귀한 상은 고사하고 상 받는 것 자체를 좋아하지 않는다)을 탐내고 있어서도 아니었다. 순전히 이 과업의 최적임자는 자신이라는 것을 이해했기 때문이다. 유럽이사회 상임의장 헤르만 반롬퓌위(Herman Van Rompuy)

는 푸틴에게 겁을 먹었고, 그를 상대로 하는 협상에 열의를 잃었다. 오로지 메르켈만이 푸틴이 입을 굳게 다물고 풍기는 위협에, 그리고 그가 구사하는 다른 KGB 식 술책에 면역이 돼 있는 듯했다.

이 대결에서 승리하려는 푸틴도 메르켈만큼이나 결의가 대단했다. 그러나 메르켈과 달리 그는 바라는 것을 얻기 위해서라면 무기도 기꺼이 사용할 셈이었다. 러시아군은 군복을 입었든 아니든 우크라이나의 돈바스(Donbas)와 도네츠크, 루한스크 지역에서 작전을 벌이며 폭탄과 탱크로 주민들을 집에서 내몰고, 조국을 수호하려고 든다는 이유로 살육했다. 심지어 푸틴이 환한 기운을 뿜어내며 소치 동계올림픽의 아름다운 폐막식에 참석하고 있을 때조차 그랬다.

속으로 조용히 분을 삭이는 스타일인 메르켈은 러시아가 우크라이나를 공격하는 동안 서른여덟 번이나 푸틴과 대화를 했다. "그들은 날마다 접촉했습니다. 메르켈은 참을성 있는 대화를 통해 푸틴의 공격적이고 과장된 행동을 막으려고 노력했죠." 총리가 지휘한 협상 팀의 일원이던 볼프강 이싱어는 말했다. 메르켈은 근본적으로 비도덕적이고 명분이 없는 전쟁에서 빠져나오는 진출 차선(off-ramp)을 푸틴에게 제공하기로 결심했다. 그는 자신의 관점이 무엇이건(여기서 혐오감은 지나친 표현이 아니다) 이런 대화를 통해 결국에는 푸틴을 현실로 복귀시킬 수 있을 거라고 보았다. "그는 그럴듯 합리적인 사람입니다. 메르켈은 푸틴이 자기 입장, 즉 다른 나라의 국경을 공공연히 침해하는 행위가 말이 안 된다는 걸 깨달을 때가 올 거라고 느꼈습니다." 이싱어의 설명이다. 그는 푸틴이 이미 점령한 영토를 포기하게 만들겠다는 절박한 희망을 품었지만, 한편으로는 지연 전술도 쓰고 있었다. 오랫동안 방치돼온 우크라이나군을 재건할 필요가 있었다. 우수한 장비를 갖춘 러시아군을 물리치기 위해서가 아니라 최소한 진군을 막아내기 위해서 말이다.

푸틴과 메르켈은 보통 러시아어로 대화했다. 그러나 메르켈은 자신의 주장을 피력해야 할 때면 모국어를 사용했다. 우선, 그는 논리적 설득을 시도했다. "당신은 국제법을 거스르고 있어요." 그는 푸틴을 부를 때면 항상 격식을 차리지 않은 호칭인 '두'(Du, 영어의 'You'에 해당하지만, 격식을 차릴 때 쓰는 'Sie'와 달리 편한 사이에서 쓰는 호칭. - 옮긴이)를 썼다. 하지만 푸틴은 메르켈에게 자신의 군대가 아니라고 계속 거짓말을 했다. "우리 군복은 누구나 살 수 있어요." 그것이 뻔뻔한 그의 해명이었다.

메르켈은 거짓말에는 그에 상응하는 조치가 따른다는 것을 실제로 보여주기 위해 다음 만남을 취소했다. 그는 러시아가 대륙에서 제일 중요한 교역 파트너와 관계를 단절할 여유가 없다는 걸 알고 있었다. 그럼에도 푸틴은 우크라이나를 침공한 군대는 러시아군이 아니라고 6주 동안 고집했다. 심지어 그의 특공대원들이 크림 지역 의회와 비행장 두 곳을 장악했을 때도 그랬다. "그는 자신만의 세계에 살고 있어요. 현실과 접촉하지 않는 세계에서요." 메르켈은 오바마에게 씁쓸하게 말했다.

"메르켈은 푸틴과 대화한 후에 오바마와 통화하고는 했습니다." 당시 백악관 보좌관이던 토니 블링컨은 이렇게 회상한다. "'나한테 끊임없이 거짓말을 늘어놓는 남자를 상대로 무슨 일을 해야 할지 모르겠어요.' 그가 오바마에게 이렇게 말하면 오바마는 껄껄 웃으면서 대답했죠. '나도 당신하고 똑같은 입장이에요.'" 푸틴은 자신이 하는 말을 상대가 믿을 거라고는 기대하지 않았다. 그의 거짓말은 상대를 조롱하는 짓이었다. 자신의 입장을 인정하지 않으려는 상대와 협상하는 것은 불가능한 일이다. KGB로부터 혼란과 의혹을 퍼뜨리라는 교육을 받은 그가 보기에 현실 세계의 외교 행위는 러시아가 구사하는 레퍼토리가 아니었다.

하지만 메르켈에게는 그가 부리는 허세에 대응할 더 뛰어난 능력이 있었다. 미국 주재 독일 대사 에밀리 하버(Emily Haber)는 메르켈이 협상하는 모습을 관찰하고는 이런 말을 했다. "그는 대화 상대가 아주 단순히, 마치 어린애처럼 말한 내용을 따라 하는 것으로 상대의 가식적인 모습에서 드라마적인 요소를 다 빼내요. 푸틴이 '국익'이나 '역사적 불만'을 큰 소리로 외쳐대면, 메르켈은 그걸 간단한 몇 구절로 정리해요. 상대방의 생각이 미흡한 것처럼 만들어버리죠." 항상 그의 목표는 상대방이 달성하려는 것을 상세히 설명하게 만드는 것이다. 이런 식으로 장황한 언어의 장막을 걷어내고 진지한 협상이 이뤄지게 만든다.

긴장감이 팽배했던 그 몇 주 동안 메르켈을 지켜본 사람들은 그가 계속 자기감정을 철저히 통제했다는 데 의견을 같이한다. "나는 줄곧 생각했습니다. 정당한 이유가 없는 이 끔찍한 위기에 그가 무척 열받았을 게 분명하다고요." 유럽안보협력기구에 파견된 전 미국 대사 대니얼 베어(Daniel Baer)가 말했다. "그런데 그가 화내는 모습을 본 적이 없습니다. 그는 '나한테는 화낼 여유가 없어. 사소한 문제를 가진 사람들은 화낼 여유가 있겠지만'이라고 말하는 듯한 표정이었습니다." 몇 년 전에 메르켈은 그런 순간 자신의 머릿속에서 일어나는 일에 대해 설명했다. "외줄을 타는 곡예사처럼 집중하고 문제에 몰두합니다. 오로지 다음 걸음만 생각하죠." 푸틴에 맞서기 위해 탱크나 민병대가 없는 그가 이 결투에 동원하는 무기는 집중력과 강철 같은 투지다.

총리는 절박한 처지가 된 우크라이나군을 돕기 위해 (런던과 파리, 워싱턴의 일부 인사들이 지지했던) 중무장 병력을 파병하는 방안에 반대했다. 그는 무력은 대부분의 분쟁을 종식하는 데 실패했을 뿐 아니라 툭하면 심화했다는 점에 확신을 갖고 국민들이 평화주의를 강하게 옹호한다는 사실도 유념했다. (2015년에 실시한 어느 여론조사에 따르면 독일인 열 명 중 여섯 명이 동맹국이 공격을 당하더라도 무력 사용에 반대한다고 했다.) 더군다나 독일 헌법에 따르면 독일의 무장 병력은 총리의 직접 지휘를 받지도 않는다.[2]

독일연방공화국과 그 나라의 총리가 자국의 역사를 지나치게 인식하고 있다고 주장하는 사람들도 있을 것이다. 그런 비판자들은 중요한 차이점을 보지 못했다. 많은 서구인들에게 '역사'란 제1차 세계대전과 제2차 세계대전을 뜻한다. 메르켈은 냉전이 낳은 결과물이다. 서구는 결국 무력 견제와 인내, 전략을 통해 소련 제국을 물리쳤다. 소비에트 탱크가 철수 계획 없이 헝가리나 체코슬로바키아의 수도나 서베를린으로 쳐들어갔을 때 그 도시들을 해방시킨 것은 NATO 병력이 아니었다. 푸틴의 우크라이나 침략을 이겨내기 위해서는 중화기를 제공하지 말아야 한다고 한 이유를 밝혀 달라는 압박을 받은 메르켈은 이렇게 설명했다.

"나는 일곱 살이었을 때 장벽이 세워지는 광경을 목격했습니다. 장벽 설치는 국제법을 철저히 위반하는 짓이었지만, 당시 동독 시민들을 보호하기 위해 군사적 개입을 해야 옳다고 믿는 사람은 아무도 없었죠. 나는 우리가 견지하는 원칙들이 결국에는 승리할 것을 100퍼센트 확신합니다. 냉전이 끝났을 때 냉전이 끝날 것을 알아챈 사람은 아무도 없었습니다. 그렇지만 냉전은 끝이 났죠."

앙겔라 메르켈은 그의 고국만큼이나 그 자신도 유혈 참사 없이 자유를 경험하며 살게 됐다. 지금, 그의 내면에 있는 신중한 현실주의자는 분노에 휩싸인 이상주의자에게 승리를 거뒀다.

---

2 독일이 직접적인 위협을 받을 때 분데스타크의 3분의 2 이상이 전쟁을 승인해야 한다.

2014년 3월, 푸틴은 러시아 병력이 주둔하고 러시아계 인구가 많은 크림반도에서 국민투표를 실시하라고 명령했다. 투표 내용은 놀랄 것도 없이 원상태로 복원된 러시아 제국에 합류할 것이냐 아니냐였다. 3월 18일, 푸틴은 득의양양하게 선언했다. "러시아 인민의 마음속에서 크림반도는 항상 러시아의 일부였습니다." 한 달 후, 그는 이른바 작은 녹색 사내들(little green men, 소속을 알려주는 휘장이 없는 민병대)이 위장한 러시아 군인이었다는 걸 인정했다.

이즈음, 미국 공화당의 외교정책 연구 기관은 우크라이나에 무기를 전달하는 방안을 지지했지만, 이 방안들을 찬성하는 오바마 행정부의 인사들은 투표에서 밀렸다. 백악관은 이 분쟁이 러시아와 서구 사이의 대리전으로 비화될까 두려워했다. 오바마가 메르켈의 판단을 존중한다는 점을 감안하면 그는 이 결정과 상당히 관련이 있었다.

사학자 티머시 스나이더(Timothy Snyder)에 따르면 이것은 실수였다. "메르켈과 오바마는 생존을 위해 분투하고 있는 우크라이나군에 미사일과 다른 중화기를 공급해야 옳았습니다." 그가 필자에게 한 말이다. "그랬다면 두 사람이 러시아의 침공을 심각한 일로 여기고 있다는 것을 세계에 보여줬을 겁니다." 하지만 서구의 수석 협상가는 단호한 입장을 유지했다. 메르켈은 이라크와 리비아에서 벌였던 '이길 수 있는' 분쟁들이 낳은 의도하지 않은 결과들을 관찰했다. 그리고 우크라이나가 군사적 대결에서 러시아의 경쟁 상대가 될 수 있을 거라고 보지 않았다. 또한 21세기 전쟁에서 제일 위험한 무기는 탱크와 대포가 아니라는 것도 다른 사람들보다 먼저 알고 있었다. "저는 민주주의의 기반을 약화시키고 우리의 미디어에 침투하며 대중의 여론을 부추기는 비군사적 하이브리드 전쟁이 두렵습니다." 그가 2015년의 뮌헨안보회담에서 한 말이다. 그가 한 말은 사이버 전쟁과 소셜 미디어, 허위 정보 캠페인으로 구성된 다가오는 전장(戰場)에 대한, 푸틴이 서구보다 더 민첩하게 활용하고 있다는 것을 이미 입증하고 있는 전쟁에 대한 경고였다.

"우리에게는 허위 정보를 확산시키는 데 이용되는 소셜 미디어를 막아낼 계획들이 있었습니다." 블링컨은 말했다. "우리는 러시아가 퍼뜨리는 허위 정보를 억제할 방안을 논의하려고 실리콘밸리에 갔었습니다. 그렇지만 우리는 소셜 미디어가 어마어마한 영향력을 발휘하리라는 것을 제대로 이해하지 못했습니다." 오바마 행정부에서 정권을 넘겨받으려고 대통령에 입후보한 힐러리 클린턴은 2016년 푸틴의 강력한 신무기에 직면했지만 이미 때는 너무 늦었다.

정보를 무기화하는 것은 민주주의 국가들 사이에 불화의 씨앗을 뿌리려는 러시아의 저비용 테크닉 중 하나였다. 상대 국가 고위 인사들의 통화 내용을 엿듣지 않는 나라는 거의 없다. 그러나 거기에는 그 정보를 공개하지 않는다는 불문율이 있다. 하지만 푸틴의 민병대가 취약한 우크라이나의 표적들을 공격하던 2014년 2월에, 스나이더의 말에 따르면 푸틴은 '반짝거리는 싸구려 보석' 중 하나로 세계의 시선을 분산했다. 빅토리아 뉼런드와 우크라이나 주재 미국 대사 조지 피아트(George Pyatt)가 통화한 내용을 누출한 것이다. 이 통화에서 두 사람은 우크라이나의 여러 정치인에 대해 논의했다. 피아트는 EU가 단호한 행동을 취하는 속도가 지나치게 느리다며 투덜거리는 소리를 듣고 있다. 뉼런드는 "EU는 엿이나 먹으라고 해요!"라는 말로 그의 말을 끊는다. 이 대화 내용이 녹음된 테이프는 바이럴로 퍼졌고, 잠깐 사이에 모스크바가 아닌 워싱턴이 우크라이나에서 말썽을 부리는 오만한 양아치가 되었다.

메르켈은 전화 통화에 부주의한 뉼런드의 행태에 화가 치솟았다. 총리도 가끔씩은 상스러운 말을 내뱉지만, 그건 골을 넣을 수 있는 결정적인 찬스를 놓친 데 따른 반응인 게 보통이다. (그는 정치적 격변이나 미디어의 대혼란을 묘사하기 위해 영어 단어 shitstorm을 사용한 적이 여러 번 있었다.) 그런데 그가 동독에 살면서 감시에 대한 편집증이 생겼다는 것을 감안하면, 통화 도중에 남우세스러운 말이 녹음되는 일은 절대로 없을 것이다. 크리스토프 호이스겐은 이렇게 외교 의례를 위반한 것을 사과하는 메모를 메르켈에게 보내라고 뉼런드에게 요청했고, 그는 적절한 절차에 따라 그렇게 했다.

메르켈은 협상 도중에 그 나름의 마스키로브카 순간을 누렸다. 국제적인 지지를 얻어야 하는 푸틴의 필요성, 그리고 유럽과 북미의 강대국들로만 구성된 제일 배타적인 클럽 G8의 회원 자격을 얻고 싶은 푸틴의 욕망을 잘 아는 메르켈은 이중의 타격을 가했다. 푸틴은 2014년 소치 동계올림픽을 위해, 그리고 새로 건설된 올림픽시티에서 올림픽이 폐막한 후 곧바로 치르게 될 G8 정상회의를 위해 어마어마한 노고와 천문학적인 돈을 쏟아부었다. 이 두 행사는 러시아가 차르 시대의 영광을 되찾았다는 것을 전 세계에 보여줄 수 있는 완벽한 행사였다. 그런데 메르켈은 그의 파티를 망쳤다. 그는 소치 G8 정상회의는 열리지 않을 것이라고 발표했을 뿐 아니라, 러시아는 더 이상 G8의 회원국이 아니라고도 밝혔다. 소프트 파워를 행사하는 것이 그의 방식이었다. 그런데 그는 소프트 파워만으로도 푸틴에게 고통스러운 타격을 가할 수 있다는 걸 보여줬다.

2014년 봄과 여름에, 러시아군은 여전히 우크라이나 동부에서 작전을 벌이면서 양측에 민간인과 군인 수천 명의 사상자를 발생시키고 포로들을 사로잡았다. 푸틴과 메르켈 사이의 협상은 교착상태에 빠졌다. 그러던 중

한 건의 끔찍한 사건이 벌어지면서 푸틴은 분쟁을 종식하려는, 분쟁을 끝내려고 노력을 기울이는 메르켈을 지지하는 오바마의 관심을 부활시켰다.

푸틴은 7월 17일 어쩌다 가진 오바마와의 통화 도중에 불쑥 이런 말을 뱉었다. "대통령님, 지금 우크라이나 상공에서 비행기가 추락했다는 보고가 들어오고 있습니다." 오바마는 자기가 러시아 대통령과 통화하는 동안 정보기관 관계자들에게 확인해보라고 신호를 보냈다. 전화를 끊을 무렵, 오바마는 우크라이나 동부에 흩어져 있는 시신들의 이미지를 컴퓨터 화면으로 보았다. 암스테르담을 떠나 쿠알라룸푸르로 향하는 말레이시아항공 17편이 러시아 분리주의자가 발사한 지대공미사일에 의해 공중에서 폭파된 것이다. AIDS 컨퍼런스에 참석하러 가던 다수의 승객들을 포함해 298명 전원이 목숨을 잃었다.

이튿날, 백악관은 이 항공기가 러시아 분리주의자가 점령한 우크라이나 동부 지역에서 발사된 러시아제 지대공미사일에 의해 격추됐다는 결론을 내렸다. 푸틴은 분노한 척하는 등 전형적인 반응을 보였다. 뻔뻔한 부인과 늘 퍼붓던 허위 뉴스, 서구 관리와 미디어의 편견에 대한 반발이 그 뒤를 이었다. 그가 이렇게 거짓말 세례를 퍼부었는데도, 한 국가의 테러리즘 수준에까지 이른 행동에 대해 국제적인 분노가 들끓었다. 다섯 나라가 이 비극의 직접적인 영향을 받았다. 호주, 벨기에, 말레이시아, 우크라이나, 네덜란드다. 이 중 네덜란드는 가장 많은 국민을 잃었다.[3]

민간인을 태운 항공기가 격추된 사건은 오바마 행정부 내에서 폭풍 같은 불길을 일으켰고 워싱턴과 베를린의 관계를 바꿔놓았다. 오바마의

3 6년간의 조사를 마친 2020년 3월에, 298명의 목숨을 앗아간 혐의(각각의 사건으로 본다면 최대 종신형 처벌을 받을 수 있었다)로 기소된, 러시아 정보기관과 연관된 네 명의 재판이 마침내 시작됐다. 피고들과 크렘린 사이에서 날마다 양측을 접촉한 것으로 거론된 인사들 중에는 푸틴의 측근인 블라디슬라프 수르코프가 있었다.

수석참모 데니스 맥도너는 독일의 업무 상대 페터 알트마이어와 연결되는 핫라인을 설치했다. 푸틴을 상대하는 것은 시간 낭비라는 결론을 일찌감치 내린 오바마였지만 이후로는 이 사안에 몰두했다. 앙겔라가 이 활동을 주도했다. 이제부터 두 사람은 나란히 보조를 맞출 터였다. 오바마는 일상적으로 보좌관들에게 지시했다. "앙겔라한테 전화 연결해."

그해 9월 웨일스에서 열린 NATO 회의에서 서구 동맹국들은 군사력과 국방 역량에 '새로운 활기를 불어넣는 데' 전념하기로 하면서 동유럽에 영구 주둔하는 신속 대응 병력을 구축하기로 맹세했다. 아시아로 회귀하기 위해 한때 피했던 범대서양주의자(Atlanticist, 미국과 서유럽 사이의 긴밀한 관계를 강조하는 인물) 모드로 복귀한 오바마 대통령은 테이블을 쾅쾅 쳐대며 NATO의 전체 회원국에게 국방비를 더 많이 내놓으라고 요구했다. 그러고는 보좌관들에게 회원국들이 국방비 지출 얘기만 나오면 "말만 그럴듯하게 하지 알맹이는 하나도 없다"고 투덜거렸다. (메르켈은 총리로 16년을 재임하는 동안 독일의 허약한 국방력에 대한 연설은 단 한 번도 하지 않았다. 그는 그것이 인기 없는 주제라는 것을 알았다. 다른 선택을 하자고 국민들을 설득하는 것이 진심에서 우러난 일이 아닌 것은 분명하다.)

한편, 자신의 설득력을 자신한 총리는 다른 유럽 지도자들의 도움을 받으면서 푸틴과 대화를 계속 이어갔다. 같은 달, 메르켈과 푸틴은 벨라루스의 수도 민스크에 있는 독립궁전의 화려한 예식장에서 분쟁 지역의 지도 위로 허리를 숙였다. 두 사람은 우크라이나의 운명을 놓고 연달아 협상을 벌였는데, 때로는 협상이 15시간씩 이어지기도 했다. 메르켈은 그 테이블에서 아주 긴 시간을 보냈다. 그는 고기 요리나 빵과 잼이 제공되는 광경을 보고서야 그때가 몇 시인지를 깨달았다고 말했다.

항공사진과 전장(戰場) 지도, 러시아군의 진군 상황에 대한 정보로 무장한 메르켈은 민병대의 일일 동향, 민병대가 장악한 전초기지, 그 과정에서 발생한 사상자 등 러시아군의 침공에 관련된 세세한 정보를 내밀면서 친숙한 과학수사관처럼 치밀한 주장을 펼쳤다. "난 돈바스에 있는 모든 나무를 알고 있다고 생각해요." 그는 언젠가 이런 주장을 펼쳤다. 그의 무기는 실제 무기가 아니라 이런 팩트들이었다. 팩트로 무장한 그는 푸틴에게 책임을 추궁할 수 있었다. 그는 즉각적인 휴전과 전선에서의 중포(重砲) 철수를 강력하게 주장하면서, 러시아 분리주의자들이 직전에 기습했던 우크라이나 동부의 작은 마을 로흐비노베(Lohvynove)를 가리켰다. 메르켈은 러시아 제국을 복원하겠다는 푸틴의 장대한 비전을 이렇게 요약했다. 별다른 중요성도 없는, 어느 누구도 위협하지 못하는 작은 마을이 그날 밤을 넘기지 못할지도 모른다.

푸틴은 협상 도중 간간이 테이블을 떠났다. 그러고는 (좋은 경찰, 나쁜 경찰이 번갈아 들어오는 방식으로) 보좌관인 블라디슬라프 수르코프를 협상장에 들여보냈다. 푸틴은 수르코프가 총리를 괴롭힐 만한 마초 기질을 풍긴다는 것을 잘 알았다. 무례하고 무뚝뚝한 그는 푸틴의 전투견이라는 역할을 숨기려는 수고조차 하지 않았다. 메르켈은 이 크렘린의 정보원을 상대할 때 푸틴을 상대할 때보다 보다 강철 같은 자제력을 유지하려고 애쓰면서 더 힘든 시간을 보냈다. 푸틴을 '러시아의 샤를 드골'이라고 부르면서 비굴할 정도로 충직한 수르코프는 목소리를 높였다. "러시아가 외톨이가 되느냐, 다른 나라들을 호령하는 우두머리 수컷이 되느냐는 것은 러시아 국민들이 결정할 문제입니다." 수르코프나 그의 보스가 선호하는 쪽이 어느 쪽이냐에 대해서는 의문의 여지가 없었다.

민스크 협상장의 문이 열렸을 때, 저널리스트들은 여전히 우크라이나

지도 위에 몸을 숙이고 있는 메르켈을 봤다. “프랑스 외무장관 로랑 파비위스(Laurent Fabius)를 비롯해 실내에 있는 많은 관료들이 잠들어 있었습니다.” 어느 목격자가 한 말이다. 메르켈과 푸틴의 집중력은 결코 약해지지 않았다.

마지막 협상이 진행되는 동안, 푸틴과 신임 우크라이나 대통령 페트로 포로셴코(Petro Poroshenko), 즉 점령자와 피점령자가 나란히 앉아 있는 기묘한 장면이 연출됐다. 프랑스 대통령 프랑수아 올랑드는 메르켈 옆에 앉았다. “앙겔라는 절대 혼자 협상하지 않았습니다. 그는 사람들 눈에 자신이 유럽의 지도자로 비치는 것을 결코 원하지 않았지요. 설령 자신이 실제로 그런 존재일지라도 말입니다.” 한때 메르켈의 윗사람이었던 로타어 데메지에르가 한 말이다.

길고 긴 하루를 보낸 데 따른 보상은 결국 이튿날인 9월 4일 오전 11시에 도출됐다. “우리는 희망에 차 있습니다.” 지친 기색이 역력한 총리가 대기하고 있던 언론에 휴전을 알리면서 한 말이다. 그는 침략의 책임을 묻기 위해 문건에 푸틴의 서명을 받았다. 그렇지만 그는 그 문건에 적힌 내용이 (존중된다 할지라도) 얼마나 오랫동안 존중될 것인지에 대해서는 일말의 환상도 품고 있지 않았다. 어쨌든 휴전협정을 맺으면서 많은 인명을 구할 수 있었다. 대기하고 있던 검정 세단에 오른 총리는 베를린의 집에서 몇 시간의 숙면을 취할 수 있었다. 이제 우크라이나에서의 전쟁은 (현실에서는 아닐지라도 공식적으로는) 끝났지만, 러시아의 크림반도 점령은 계속됐다. 그럼에도 메르켈에게는 활용할 수 있는 강력한 무기가 하나 더 있었다. 바로 경제제재다. 자유시장을 철석같이 신봉하는 총리는 독일 재계에 압력을 가하는 것을 주저한다. 재계 지도자들의 지지를 받는 메르켈은 대(對)러시아 제재가 독일 경제에 큰 영향을 줄 거라는 사실을 잘 알았다.

그렇지만 러시아에 대한 독일의 제재는 푸틴에게 경제적 처벌의 두려움을 강하게 심어줄 것이라는 점도 알고 있었다. 그가 보기에 푸틴의, 그리고 푸틴 친구들의 경제적 이익을 위협하는 것보다 그를 더 잘 굴복시킬 다른 방법은 없었다.

푸틴은 독일 재계의 이해관계가 메르켈의 경제제재 제안을 차단할 것이라고 자신했다. 그의 제재 계획은 해마다 30만 명의 노동자를 고용하는 기업 6000곳의 독일과 러시아 간 교역량을 4분의 1 이상 위축시킬 터였다. 그럼에도 그는 유럽의 장기적인 안전을 위해 어느 정도의 이익은 포기하라고 재계 핵심 인사들을 설득했다. 그들 중 누구도 (자동차 제조 업체나 제약 업계의 거물도) 수십 억 달러와 수천 개의 일자리를 비용으로 치르게 될 러시아 제재를 환영하지 않았지만, 모두 메르켈의 계획에 협조했다. 독일 은행들도 러시아에서 철수하면서 푸틴의 올리가르히(oligarch, 러시아의 신흥 재벌)들이 신생 벤처기업 설립에 필요한 자금 조달을 훨씬 어렵게 만들었다.

메르켈은 이 제재 전선에서 굳건하게 단결된 모습을 유지하자며 26개 EU 회원국을 규합했다. 헝가리와 이탈리아는 유럽의 단결보다 러시아를 상대로 한 교역 및 다른 관계들을 우선시하며 협조를 거부했고, 프랑스는 수익이 짭짤한 대러시아 무기 거래를 유예하는 데 마지못해 동의했다. 그렇지만 이후 18개월 동안 모든 EU 회원국이 러시아 제재 3라운드에 동의하면서 우크라이나에 대한 공격이 계속되는 한 푸틴과 그 측근들의 여행을 금지하고 은행 대출을 동결하며 교역을 중단했다. 미국과 유럽연합 사이의 이런 행동 조율은 제재를 위해 작동시켜야 하는 많은 부분들을 관리하는 수백 명이 이뤄낸 기술적인 위업이었다. 그런데 복잡한 사안을 관리 가능한 부분들로 쪼개는 일은 합의를 도출해내는 것과 마찬가지로 메르켈이 가진 탁월한 능력이다. 그가 없다면 EU는 단결된 모습을 보여주지 못할 것이다. 그렇지만 EU는 그런 모습을 보여줬다. 그 이후로 지금까지 7년간, 러시아는 제재의 고통을 당해왔다. 그리고 푸틴도 교훈을 배운 듯 보인다. 옛 러시아 제국에 속했던 나라들은 적어도 현재까지는 안전하다. 이것은 불완전한 평화지만, 메르켈 입장에서는 이런 평화일지라도 전면전보다는 낫다.[4]

2014년과 2015년에 메르켈이 벌인 셔틀 외교를 목격한 이들은 그 과정을 설명할 때 시간과 날씨 따위는 개의치 않고 서브를 거듭 넣는 테니스 경기를 보는 것 같았다고 말하곤 한다. 우크라이나 휴전협정 준수 여부를 감시하는 그룹의 일원인 대니얼 베어는 2015년 2월 10일에 총리의 주간 여행 일정을 트위터에 올렸다. '월요일 키예프, 화요일 베를린, 수요일 모스크바, 그러고는 뮌헨, 워싱턴 DC, 오타와, 베를린, 그리고 마침내 베를린의 집. 메르켈 총리는 지칠 줄 모르네요. 이번 주 여행 경로는 기내지에 실린 가상의 비행경로처럼 보입니다.' 그런데 그건 가상의 경로가 아니었다. 메르켈은 60대 여성이었다.

그 주 수요일 뮌헨에서의 국제적인 정책 입안자들 모임에서 한 연설에 약간의 감정이 들어간 것은 지칠 대로 지쳤기 때문일 것이다. 메르켈은 그날 아침을 모스크바에서 맞았고, 전날에는 민스크에 있었다. 그는 역사 이야기로 연설을 시작했다. "독일이 모든 문명화된 가치관을 철저히 배신하며 자행한 '쇼아'는 70년 전에 끝났습니다. 유혈이 낭자하던 이 공포가 막을 내린 후, 인류의 평화로운 공존을 보장하기 위한 새로운 국제 질서가

4 우크라이나 영토의 복원을 목표로 체결된 민스크 협정(Minsk Accords)과 제2차 민스크 협정(Minsk Two)은 그 기나긴 낮과 밤들이 낳은 결과물이었다.

탄생했습니다.” 그는 이렇게 말하면서 NATO와 유럽연합 같은 조직들을, 우크라이나 전쟁을 끝내기 위해 공조했던 조직들을 거론했다. “어제 키예프와 모스크바에서 했던 논의가 성공할 것인지 여부는 불분명합니다. 그럼에도 그런 논의를 하려고 노력할 가치는 있습니다. 우리는 우크라이나 국민들에게 빚을 지고 있습니다.” 그가 내린 결론이다. 그가 보기에, 푸틴이 벌인 전쟁에서 중요한 것은 영향권이나 역사적 원한이 아니었다. 그 전쟁에서 중요한 것은 사람이었다. 메르켈은 말했다. 자신이 성공하든 못 하든, 자신은 그 사람들을 위해 평화를 추구하고 있노라고.

총리는 오후 2시 15분에 뮌헨을 떠나 워싱턴 DC로 향했다. 그는 비행하는 여덟 시간 반의 대부분을 오바마 대통령과 그의 보좌진과 가질 회의를 준비하며 보냈다. 그의 일정에는 바이에른에서 곧 열릴 G7 정상회의가 있었다. 이슬람 국가(ISIS)도 다시금 활기를 되찾는 심란한 조짐을 보이고 있었다. 워싱턴 DC에 착륙한 메르켈은 쾌적한 14℃의 날씨를 즐길 시간이 없었다. 백악관으로 직행한 그는 별도의 환영 행사 없이 오벌 오피스로 안내됐다. 조 바이든 부통령, 존 케리 국무장관, 그의 자문인 크리스토프 호이스겐과 대변인 슈테펜 자이베르트가 모여 몇 시간 동안 회의를 가졌다. 주요 의제는 우크라이나에 대한 것이었다. 이후에 기자들 앞에 선 메르켈은 이 전쟁은 무기로는 이기지 못할 전쟁이라는 말을 되풀이했다. 그의 협상 전략에서 리스크를 봤느냐는 질문을 받은 그는 이렇게 답했다. “물론이죠. 그렇지만 우리가 아무 일도 하지 않는다면 상황은 더 악화될 겁니다.” 기진맥진한 기색이 역력한 친구 옆에 선 오바마 대통령은 이렇게 덧붙였다. “이게 성공한다면, 그것은 메르켈 총리의 비범한 노력이 낳은 결과물이 될 겁니다.”

4년 후, 총리의 초인적인 끈기를 모르는 것인지 아니면 철저히 무시하는 것인지, 오바마의 후임자는 우크라이나의 신임 대통령 볼로디미르 젤렌스키(Volodymyr Zelensky)를 들들 볶았다. "있잖소, 독일은 당신들을 위해 하는 일이 거의 없소." 젤렌스키는 그렇지 않다는 걸 잘 알았지만, 도널드 트럼프와 입씨름을 할 처지는 아니었다.

우크라이나에서는 2014년 이후로도 산발적인 전투가 벌어졌다. 그리고 러시아는 그 전투들의 강도를 마음대로 정했다. 2019년 현재, 우크라이나인 1만3000명쯤이 목숨을 잃었는데, 그중 4분의 1은 민간인이다. 여전히 한 달에 우크라이나 시민 10명쯤이 조국을 수호하다 목숨을 잃는다. 그럼에도, 현재 우크라이나는 푸틴이 침공하기 이전보다 훨씬 단결돼 있다. 어떤 면에서 자신의 영향권을 지키려 했던 러시아 지도자는 무력에 의지한 순간 우크라이나를 잃고 말았다.

그런데 다른 면에서 보면, 푸틴은 목표 달성에 한결 더 가까워졌다. 수만 명이 청색과 금색으로 구성된 유럽연합 깃발을 자랑스레 휘날리며 마이단 광장에서 시위를 벌이던 열정은 우크라이나에서 사라진 지 오래다. 푸틴은 언제라도 전쟁을 재개할 수 있는 상태를 유지하는 한 NATO가 우크라이나에 회원국 자격을 주지 않을 것이라는 점을 잘 안다. 러시아 제국은 영토를 확장하고 있지는 않을지 모르지만, 그건 그 제국의 라이벌들도 마찬가지다. 전쟁의 열기는 이제 식을 대로 식었다. 그러나 메르켈에게는 전면전보다는 미래의 발전 가능성을 가진 얼어붙은 분쟁이 항상 더 나은 대안이다.

우크라이나 전쟁이 푸틴 입장에서 성공한 전쟁인 또 다른 이유가 있다. 그는 이 분쟁 덕에 치명적인 신형 미사일과 장갑 탱크보다 더 우수한 무기들을 시험해볼 수 있었다. 그의 뻔뻔한 날조, 사이버 전쟁, 나날이 자행하는 시선 분산과 혼란 야기 행각은 러시아가 차기 미국 대선을 훼방 자동원할 무기 같은 것이었다. 새로운 힘을 갖게 된 푸틴은 세계 무대의 분쟁보다는 상대적으로 판돈이 덜 드는 지역의 분쟁으로 시선을 옮길 준비를 마쳤다. 그러기에 앞서 메르켈은 독일 내부에서 제기된 난제들에 직면할 것이다.

메르켈이 2015년 7월 로스토크에서 팔레스타인 소녀와 만난 자리. 그가 내비친 감정은 장기적인 결과를 낳고 총리로서 내린 가장 극적인 결정으로 이어졌다. 그 결정은 중동 난민 100만 명에게 독일 국경을 개방하는 것이었다.

13

THE SUMMER OF REEM

림의 여름

림(Reem)은 본문에 등장하는 팔레스타인 난민 소녀의 이름이기도 하고, '외모와 지성과 매력을 겸비한 완벽한 여성'이라는 뜻을 가진 속어이기도 하다. - 옮긴이

제가 여기 서 있사옵니다.
저는 할 수 있는 것이 없사옵니다.
그러니 하나님이시여, 저를 도와주소서.

마르틴 루터, 독일의 종교개혁 지도자(1483~1546)

우리 모두는 독일인들에게
난민을 대하는 법을 배워야 한다.

톰 세게프(Tom Segev), 이스라엘 사학자이자 홀로코스트 생존자의 아들

2015년, 유럽의 심각해지는 난민 위기를 다루겠다는 앙겔라 메르켈의 결정은 독일을 세계의 윤리적 중심국으로 탈바꿈시켰다. 세계 여러 나라들이 시간이 갈수록 외국인 혐오에 무릎을 꿇는 상황에서, 그는 자신의 정치적 유산을 확정 지을 숨 막힐 정도로 대담한 결정(신중한 것으로 잘 알려진 지도자한테는 어울리지 않는 결정)을 내리면서 독일을 이민자의 나라로 변신시켰다.

열네 살 난 소녀는 레바논계 팔레스타인 출신이라는 것이 드러나는 조금은 어색한 독일어로, 몸을 살짝 떨며 말했다. 림 사윌(Reem Sahwil)이 불안감에 떠는 것은 이해할 만했다. 대화 상대가 독일 총리였기 때문이다. "제 앞날이 어떤 모습일지 모르겠어요. 독일을 떠나게 되면 끔찍할 거예요." 소녀는 말했다. "우리는 여기에서 행복해요. 저한테는 목표가 있어요. 저는 여기에서 대학에 가고 싶어요."

2015년 7월 15일, 메르켈은 독일 북동부에 있는, 자신의 지역구에서 가까운 로스토크에서 일상적인 타운홀 미팅을 갖고 있었다. 여러 대의 카메라가 자리를 잡은 가운데, 신중한 선발 과정을 거쳐 마이크를 쥐게 된 해맑은 소녀에게 특이한 점은 딱히 없었다. 정치인들은 이런 미팅을 수백 번 넘게 갖는다. 총리도 매번 해온 것처럼 무의식적으로 미팅을 진행해나갔다. "정치는 힘든 일이에요." 메르켈은 짜증이 살짝 묻은 목소리로 소녀에게 말했다. "이 나라에 온 수만 명의 사람들이 있는데, 전쟁을 피해서 온 게 아닌 사람들은 독일을 떠나야 해요. 어떤 이유에서건 독일에 오고 싶다고 하면 우리는 상황을 도저히 감당하지 못하게 될 거예요."

소녀는 울먹이기 시작했다. 그러다 갑자기 모든 게 변했다. 총리가 마이크에 대고 계획에 없던 한마디를 한숨 쉬듯 내뱉은 것이다. "고트

(Gott)." "하나님(God)." 입술을 굳게 다물고 감정이 북받쳐 눈빛이 부드러워진 메르켈은 소녀에게로 한 걸음 다가갔다. 마이크를 들고 있다 대본에 없는 전개에 이상한 낌새를 챈 사회자가 불쑥 내뱉었다. "총리님, 이건 민감한 사안으로…."

메르켈은 (단지 그 자리에 있다는 이유로 불운을 맞은 사회자에게) 몸을 돌리고는 쏘아붙였다. "민감한 사안이라는 건 나도 알아요!" 그는 림의 등을 쓰다듬으며 중얼거렸다. "자자, 너는 참 착한 아이 같구나. 너는 오늘 무척 좋은 말을 했어." 열네 살 난민 소녀와 예순세 살 유럽 지도자 중 어느 쪽이 더 감동을 받았는지는 구분하기 어려웠다.

독일에 도착한 난민의 수는 2012년에 7만7000명에서 2015년에 47만5000명으로 급격히 치솟았다. 이런 사태가 본격적으로 시작된 때는 2014년이었다. 2014년은 전쟁으로 붕괴된 국가를 피해 피란길에 오른 시리아인과 사하라 이남 아프리카인들이 에게해의 자그마한 관광지를 난민이 넘쳐나는 수용소로 만들기 시작한 해였다. 과도한 부담을 짊어지게 된 UN의 세계식량계획(WFP)이 난민 수용소 지원 규모를 곧 감축할 거라는 루머도 유럽으로 향하는 난민의 규모를 키우는 데 한몫했다. 이걸 자신들의 문제로 간주하지 않은 서유럽의 지도자들은 난민 문제를 외면했고, 심하게는 그들을 경멸했다. 영국 총리 데이비드 캐머런은 난민들을 '벌떼(swarm)'라고 불렀고, 포퓰리스트인 헝가리 총리 빅토르 오르반(Viktor Orbán)은 '당신들은 우리의 일자리를 차지하지 못할 것이다!'라는 경고성 옥외광고판을 시골 지역에 세우라고 명령했다. 터키는 임시 피란소를 제공했지만, 빠른 시일 내에 고국으로 돌아갈 것이라는 희망이 사라진 사람들에게 취업 허가증이 없는 임시 정착은 근본적인 해법이 아니었다.

시리아에서 출발한 위험천만한 여정에서 살아남아 터키나 그리스 등 발칸반도를 가로지른 사람들(아빠의 어깨에 목마를 탄 어린이들과 어머니의 품에 안긴 젖먹이들을 데리고 있는 사람들이 많았다)은 이제 가장 비우호적인 국가에 맞닥뜨렸다. 헝가리는 EU 회원국이었지만 (두루뭉술하게 규정된) EU의 궁핍한 사람들을 향한 기본적인 배려라는 인도주의적 가치들을 대놓고 어겼다. 2015년 여름에, 오르반은 세르비아와 접한 헝가리 국경에 가시철조망을 설치하라고 명령했다. 헝가리 국경 경비대원들이 가시철조망 아래를 비집고 들어오는 남성과 여성, 어린이들을 막으려고 소총을 휘두르는 모습이 카메라에 포착됐다. "그 무엇도 망명지를 찾는 이들에게 자행하는 폭력을 정당화하지 못합니다." 메르켈은 헝가리와 세르비아 국경에서 무장한 경비대원들이 지친 난민들을 가축 우리 같은 컨테이너에 몰아넣는 장면을 보고는 몸서리를 치며 말했다.

메르켈은 림과 감정이 복받치는 만남을 가진 후 그 어린 난민에 대한 생각을 떨칠 수가 없었다. 그는 림을 베를린에 두 번 초대했고, 그 자리에서 림은 지난 4년간 로스토크에서 보낸 삶과 독일이 얼마나 고향처럼 느껴지는지를 말했다. "제 친구들, 제 방, 저를 진찰해주시는 의사 선생님들이 모두 이 나라에 있어요." 소녀는 뇌성마비도 고칠 수 있었다. 어린 소녀에게나 총리에게나 가슴 아픈 만남이었다. 림은 메르켈을 측은히 여기게 됐다. 나중에 림은 "우리만큼이나 힘이 없는 분이었다"라고 덧붙였다.

그해 여름, 메르켈이 무척 잘 아는 곳에서 몸서리치게 끔찍한 사진들이 계속 날아왔다. 부다페스트의 켈레티(Keleti) 기차역은 젊은 앙겔라 카스너가 동구권을 떠돌아다니던 학창 시절에 방문했던, 옛 오스트리아-헝가리 제국으로 들어가는 웅장했던 관문이었다. 이 친숙한 랜드마크는 이방인들이 겪는 곤경에 대한 유럽의 무관심을 응축해 보여주는 곳이 됐다.

시리아 난민들은 그 기차역의 드높은 아치들 아래에 누더기나 다름없는 텐트들을 세웠다. 이 임시변통의 난민 수용소는 얼마 가지 않아 수천 명의 사람들로 넘쳐났고, 헝가리 정부는 그들의 망명을 허용하지도 못하고 그들이 계속 길을 가게 놔두지도 못하는 진퇴양난에 빠지고 말았다. 오르반은 무슬림 '침략'에 맞선 유럽 기독교의 수호자를 자처했다. 국가가 통제하는 TV 방송국은 난민 아이들의 모습을 방송하지 말라는 명령을 받았다. 그들을 잠재적인 테러리스트로 묘사한 대통령의 발언에 의문을 품는 헝가리인들이 생길지도 모르기 때문이다. 오스트리아나 독일로 향하는 열차에 탑승하는 것이 결코 허용되지 않을 거라는 생각에 절망한 많은 난민이 도보로 오스트리아 국경을 향해 출발했다. 그해 8월, 그중 71명이 불법 입국 알선 업자들이 오스트리아 고속도로에 버려둔 냉동 트럭 내부에 갇혀 질식사했다. 그러자 일부 무심했던 관찰자들조차 동요하기 시작했다. 앙겔라 메르켈은 더 이상은 무심한 관찰자가 아니었다.

헝가리(나치스의 제노사이드를 방조했던 유럽연합 회원국)에서 날아온 이미지들은 메르켈의 마음을 뒤흔들었다. 난민을 다루는 EU의 시스템, 이른바 더블린 조약(Dublin Regulation)에 따르면 이주자들은 처음 발을 디딘 국가에서 등록 절차를 밟게 돼 있었다.[1] 그러나 그 조약은 지켜지지 않았다. 난민의 압도적인 (그리스와 이탈리아 같은 평범한 '관문' 국가들이 처리할 수 있는 수준을 뛰어넘는) 규모 때문에, 그리고 규칙에 저항하는 회원국들의 행태 탓에 그렇게 된 것이다. 난민들이 헝가리처럼 공공연히 적대감을 표시하는 나라에 등록하는 것에 저항하면서 혼란은 점점 더

1 그들의 운명(정치적 난민이냐 경제적 이주자냐, 영구 망명이 허용되느냐 일시 망명이 허용되느냐)은 현지에서 결정되지만, 이 결정은 EU의 규제 아래 설정된 관료적 절차에 따라 이뤄져야 한다. 이 규제는 모두 꼼꼼한 합의를 거친 것들이지만, EU의 수도인 브뤼셀도, 다른 어느 나라도 대비하지 못했던 (유럽으로 쇄도하는 전후 최대 규모의 이주민이라는) 현실은 이 규제들을 집어삼켰다.

심각해졌다. 전체적인 상황을 마무리 짓고 싶었던 오르반은 결국 이주자 수천 명을 통과시켰다. 그들이 켈레티역의 악취와 난장판을 열차로 탈출하는 것을 허용한 것이다. 그런데 이것은 문제의 해법이 아니었다. 또 다른 축출일 뿐이었다.

그러자 메르켈은 2015년 8월 말에 사전 예고 없이 정책 변화를 발표했다. "독일은 난민을 외면하지 않을 겁니다." 그는 EU의 더블린 조약과 평소 보여주던 신중한 스타일을 거스르며 말했다. "유럽이 난민 문제를 해결하지 못한다면 그것은 우리가 바라던 유럽이 아닐 것입니다." 그는 말을 이으면서 EU 회원국 26개 나라에 수용 역량에 맞춰 더 많은 수의 난민에게 망명지를 제공해달라고 요청했다. "저는 이 난민들을 최악으로 대우하는 유럽 국가가 어디인지를 따지는 상황을 원치 않습니다." 곧 부서질 듯한 선박을 타고 지중해를 횡단하거나 발칸반도를 거슬러 독일로 향하는 사람들의 수가 증가하는 상황에서, 그는 그에 따른 부담은 도움의 손길을 갈구하는 난민들의 몫이 아니라 유럽의 몫이라는 점을 명백히 밝혔다. 어떤 지도자도 결코 끝나지 않을 전쟁이 낳은 피해자들에 대한 서구의 도의적 의무감을 그토록 도덕적으로 명료하게 웅변한 적은 없었다.

역사에 해박한 메르켈은 또 다른 여름에 일어났던 사건들에 대해 잘 알고 있었다. 1938년 미국을 비롯한 32개국이 프랑스 제네바 호수에 있는 아름다운 온천 도시 에비앙(Evian)에 모였다. 히틀러의 조여오는 올가미에서 벗어나야 하는 절박한 처지가 된 독일과 오스트리아의 유대인들에 대한 방안을 논의하기 위해서였다. 결국 그들은 아무 짓도 하지 않기로 결정했고, 그러면서 유대인 수백만 명이 나치스의 손에 목숨을 잃게 되었다. 메르켈은 역사가 되풀이되는 것을 허용하지 않기로 결심했다.

놀라운 것은 메르켈이 이 문제에 대한 의견을 밝혔다는 것이 아니라 유럽의 동맹국들과 논의하지 않은 채 의견을 밝혔다는 점이다. 그때는 여름이었다. 그래서 휴가를 떠난 장관들 중 일부와 연락하는 데 애를 먹었다. 대부분의 장관은 결국 총리와 상담 후 설득당했지만 말이다. 그러나 한 명은 그렇지 않았다. 연립정부에 속해 있던 자매 정당인 바이에른기독사회연합(CSU, Bavarian Christian Social Union)의 대표 호르스트 제호퍼였다. 총리가 그에게 연락했는데도 무슨 까닭인지 전화를 받지 않았다. 며칠 뒤에는 메르켈이 자신에게 연락하려는 노력을 기울이지 않았다고 주장했다. 못마땅해한 정치인은 제호퍼만이 아니었다. 메르켈이 소속된 정당의 더 보수적인 당원들도 고민 없이 감정에 휘둘려 행동한다고 그를 비난했다. 그렇지만 앙겔라 메르켈이 순전히 감정이나 충동 때문에 무슨 결정을 한다는 건 상상하기 어렵다. 그럼에도, 난민에 대한 독일과 EU의 방침을 변화시킬 더 나은 방안들이 있었을 거라고 느낀 사람들이 많았다.

"EU의 해법을 도출하려는 노력을 기울였어야 합니다." 예나 지금이나 마키아벨리 스타일의 정치인인 헨리 키신저가 한 말이다. "노력을 기울였는데도 그들이 메르켈의 의견을 기각하면, 그의 행동이 EU가 난민을 수용하지 않은 데 따른 후속 조치로 비쳤을 겁니다." 다른 이들은 앞날에 대한 전망을 협소한 시각으로 바라봤다고 총리를 비판했다. 헬무트 콜이 경건하게 언급했듯, "국가적인 단독 행위가 아무리 개인적으로 외롭게 내리는 결정이라고 하더라도, 과거지사가 돼버리는 게 분명합니다. 유럽인들 사이에서 실현 가능한 것이 무엇인지 더 나은 생각을 다시금 도출해야 합니다." 결과적으로, 이 시나리오는 난민 수천 명, 수만 명에게 조국의 문호를 개방한 여성을 이기적인 사람으로 묘사한다. 키신저도 동의했다. "난민 한 명에게 피신처를 제공하는 것은 인도주의적인 행위입니다." 그는 과거에 자신의 제자였던 사람을 꾸짖었다. "그렇지만 100만 명의 이방인을 받아들이는 것은 독일 문명을 위태롭게 만드는 짓입니다." 그 일에 대해 메르켈은 이렇게 대답했다. "나한테 다른 선택지는 없었어요."

아마도 그랬을 것이다. "그 순간 앙겔라는 정치적 결과에 대해서는 생각하고 있지 않았습니다. 그건 그가 평생 동안 겪었던 순간들과는 다른 차원이었어요." 총리와 몇 십 년간 알고 지내온 (그리고 앙겔라의 어머니에게서 영어를 배운) 독일의 개신교 신학자 엘렌 위베르셰어(Ellen Ueberschär)의 의견이다. "그리스도께서는 항상 일을 하고 계세요. 이 결정은 메르켈의 기독교 신앙에서 온 겁니다. 그의 뒤엔 마르틴 루터가 있습니다." 그의 루터교 가치관과 독일의 가장 어두운 역사를 반면교사로 삼는 것을 감안하면, 그리고 그가 그리스에 긴축을 강요하면서 인간적인 고통을 초래했던 최근의 경험을 감안하면, 자신에게 다른 대안은 없다는 발언은 진심에서 우러난 것이다. 그런데 그가 유럽의 동맹국들이 자신처럼 이 상황을 주시하고 자신의 결정을 지지해주기를 기대했던 것도 분명하다.

멀찌감치 떨어진 곳에서 상황을 주시하던 이들은 그 결과를 있을 성싶지 않은 일로 여긴다. "마음속 깊이 불길한 예감을 느끼면서 이 상황을 지켜봤습니다." 미국의 전 재무장관 행크 폴슨은 고개를 가로저으며 말했다. "메르켈은 옳고 그름에 무척 예민합니다. 그는 다른 상황에서는 탁월한 솜씨로 외줄 타기를 했습니다. 그런데 난민 문제에서는…. 물론, 그는 옳은 일을 했습니다. 그렇지만 그로 인해 정치적으로 실패하게 될까 봐 두렵습니다."

베를린 장벽이 팡파르나 어떤 준비도 없이 무너졌던 밤을 연상시키는 일이 일어났다. 독일은 난데없이 날마다 이주민 수천 명을 받아들였다. 대부분 중동 출신으로, 다수가 야만적인 시리아 내전을 피해 온 사람들이었지만, 이라크와 아프가니스탄에서 (미국이 시작하고는 대체로 내팽개친 전쟁들을 피해) 온 사람도 많았다. 독일 국경이 개방됐는데, 통상적으로 이뤄지던 이주자와 정치적 난민을 분류하는 절차는 입국 허용자의 숫자와 관련한 법규들과 마찬가지로 난민의 수에 압도당해 작동하지 않았다. 메르켈이 사우나에 갔던 1989년의 밤과 달리, 이번에는 그가 책임자였다. 그는 9월부터 10월까지 밤마다 7000명의 난민이 도착하면 독일 국경을 닫아걸라는 식의 명령은 내리지 않았다. 늦가을 무렵, 20만 명의 난민이 독일 망명을 신청했고, 그해 연말까지는 80만 명 이상이 도착했다. 총리는 그들이 처한 상황을 국민들에게 보기 좋게 꾸며 전달하지 않았다. 그는 그것을 '통일 이후에 우리가 맞은 가장 큰 도전'이라고 표현했다.

그런데 독일에 도착한 난민들을 환영한 사람은 앙겔라 메르켈 혼자만이 아니었다. 난민들을 실은 기차가 반짝거리는 뮌헨역에 들어오면, 플랫폼에 늘어서서 환호하며 '독일에 오신 걸 환영합니다'라는 표지판을 높이 들어 올린 시민들이 기진맥진한 남녀와 아이들을 맞았다. 자원봉사자들은 따뜻한 음료와 꽃을 제공했다. 그들은 또 학교와 매장을 공동 숙소로 바꾸는 것을 도왔고, 다른 이들은 젊은 난민들의 멘토가 돼주겠다는 포스터를 걸거나 독일어 수업이나 음악 수업을 기획했다.

다른 독일 도시들도 뮌헨의 본보기를 따랐다. 1948년과 1949년 소련이 베를린을 봉쇄했을 때 미국 주도의 공수작전에 활용된 템펠호프(Tempelhof) 비행장은 드넓은 난민센터로 신속하게 전환됐다. 바이에른에 있는 마을들은 새벽 세 시에 침상 수백 개를 마련해냈다. 독일의 놀랍도록 관대한 태도에 전 세계가 깜짝 놀랐다. 심지어 독일 국민들조차도 자주 놀라고는 했다.

"포르쉐를 몰고 골프를 즐기는 치과 의사를 비롯해서 모든 사람이 거들었습니다." 메르켈의 대변인 슈테펜 자이베르트가 말했다. 자이베르트 자신도 시리아 청년 세 명을 총리의 대언론 사무실 인턴으로 고용했다. 국가안보자문 크리스토프 호이스겐도 비슷한 얘기를 했다. "뮌헨에 사는 의사 친구는 여행 도중 물을 충분히 구하지 못해 병이 난 사람 수백 명을 치료하고 있다는 말을 하더군요."

독일은 역사적으로 난민들의 피난처이던 미국이 그 역할에서 뒷걸음질을 치는 시기에 전통적으로 독일답지 않은 특성, 즉 인도주의를 보여준 일에 자긍심을 느꼈다. 독일인들은 변화를 위해 역사의 올바른 편에 선 상황을 즐겼다. 그런데 독일은 급격한 변화에 익숙하지 않은 보수적인 사회다. 메르켈은 "난민들을 맞으며 기쁜 표정을 지을 수 없는 나라는 제 조국이 아닙니다!"라고 공언하며 자기 입장을 명확히 밝혔지만, 그의 국민들이 그와 뜻을 같이한 것은 아니었다.

위기 상황은 지도자들의 장점을 한껏 끌어낼 수 있다. 앙겔라 메르켈도 그런 경우를 자주 경험했다. 그런데 이 특별한 위기는 지도자로서 그가 가진 최악의 특징 두 가지를 전면으로 끌어내기도 했다. 그는 그 정책이 어째서 독일의 국익에 부합하는지를 명확하고 효과적으로 설명하는 데 실패했다. 그리고 신중하던 평소와 달리 스스로 그 이슈에 대한 확신을 갖게 되자, 다른 사람들도 분명히 자신과 뜻을 같이해줄 거라고 믿었다.

이 두 가지 특징은 이전에도 그의 정치 인생에서 말썽을 일으켰었지만, 지금처럼 심각했던 적은 없었다. 메르켈은 난민 수용을 주로 도덕적인 관심사로 봤기 때문에 이 일이 어째서 독일의 궁극적인 국익에 도움이 되는지를, 그리고 독일의 글로벌 이미지를 한층 더 제고하는지를 설명하는 데 실패했을 것이다. 예를 들어, 난민의 절반 이상이 스물다섯 살 이하이고 독일이 고령화라는 문제에 직면하고 있었기 때문에, 많은 고용주들이 새로운 기술을 배우려는 열의가 넘치는 젊은 노동력의 유입으로 수혜를 받았다. 그는 경제 이민(economic migrant)과 말 그대로 목숨을 구하려고 도망쳐 온 난민 사이의 차이점을 설명하지도 않았다. 설명을 해줬다면 독일인들이 그가 사용한 것과 같은 도덕적 렌즈를 통해 이 문제를 볼 수 있었을지도 모른다. 때때로 메르켈은 유권자들의 우려를 경솔한 듯한 태도로 무시하면서 이렇게 딱 잘라 말하고는 했다. "난민을 두려워하는 사람에게는 난민의 사정을 알려줘야 마땅합니다." 하지만 총리를 지지해오던 CDU의 당원들과 그 라이벌인 사회민주당의 많은 당원이 그가 추구한 독일의 새로운 난민 정책인 환영 문화 '빌코멘스쿨투어(Willkommenskultur)'를 진심으로 존중했다.

메르켈은 자신의 난민 정책은 독일의 자랑스러운 전후 헌법, 즉 기본법(Grundgesetz)에 따른 것이라는 점을 독일인들에게 상기시키고는 했다. "외국인을, 특히 무슬림을 받아들이고 싶어 하지 않는 국민은 독일의 헌법과 우리의 국제법적 의무에 반하는 사람들입니다." 그는 이렇게 말하면서 자신의 정책에 대한 반대를 제노포비아라고 냉담하게 일축하고는 했다. 그런데 자신은 단지 헌법에 따라 행동하고 있을 뿐이라는 총리의 주장은 자신이 한 일과 비슷한 일을 하지 않고서도 다른 독일 정치인들이 수십년간 헌법을 존중해왔다는 사실을 무시하는 것이었다.

불운도 나름의 몫을 했다. 그해 여름 독일의 인적 인프라의 상당 부분을 책임진 내무장관 토마스 데메지에르가 폐렴에 걸려 병상에서 업무를 보는 신세가 된 것은 사태 처리에 도움이 되지 않았을 뿐 아니라 초기의 혼란에도 일조했다. 상황을 봐가며 즉각적으로 대처해 체계를 잡는 것은 정부 입장에서는 어마어마한 활동이었다. 정부는 비어 있는 격납고와 학교 체육관, 버려진 공장을 피난소로 개조한 후 수만 명을 전국 각지에 있는 새 '집'으로 수송하는 한편, 누구를 어디로 보냈고 그들이 처한 특별한 상황은 무엇인지를 꼼꼼하게 기록했다. 게다가 난민들은 계속해서 입국했다. 우르줄라 폰 데어 라이엔과 함께 메르켈 밑에서 오래 복무한 데메지에르는 2018년에 내각을 떠났지만 여전히 분데스타크에서 활동하고 있었다. "공원 벤치에서 자야만 하는 사람이 나와서는 안 됐습니다." 그가 총리실 근처에 있는, 장식품이라고는 벽에 걸린 소박한 나무 십자가밖에 없는 검소한 사무실에서 필자에게 자랑스럽게 말했다.

그런데 총리는 그것만으로는 만족스럽지 않았다. 난민 위기가 발생한 동안 내무차관이었고 현재는 미국 주재 대사인 에밀리 하버는 데메지에르의 약간은 자신 없는 의사 결정에 메르켈이 이의를 제기했던 (긴장감이 팽팽한) 회의를 회상했다. "최종 결과까지 다 생각해본 다음 역순으로 작업을 하고 있지 않은 건가요?" 메르켈은 조바심을 내며 데메지에르에게 물었다. 메르켈이 내무장관의 이런 리더십을 불만스러워한 것이 총리를 위해 봉사했던 수십 년의 세월이 불명예스럽게 끝나게 된 요인이었다는 것이 중론인데, 이런 불만은 약간 부당했다. 이 상황은 메르켈도 최종 목적지에서 앞뒤로 이어지는 경로에 대해 충분히 고민하지 않은 사례였기 때문이다.

동시에, 그는 디딤돌들에 대해서는 남들보다 더 영악하게 판단했다. "총리는 이것을 단일한 긴급사태와 관련된 단발성 정책이라고 발표하라는 조언을 들었어요. 그런데 그걸 거부했어요." 하버 대사가 말했다. 메르켈의 의중은 확고했다. "그랬다가는 난민들이 우리 국경으로 쇄도해오는 일이 벌어질 겁니다. 그건 당신이 은행에 맡긴 예금은 토요일까지만 보장된다고 발표하는 거나 마찬가지예요. 패닉 상태가 벌어질 겁니다. 국경을 오늘까지만 개방한다니까 어서 빨리 가자는 조바심이 확산될 거란 말입니다."

"물론 메르켈의 생각은 옳았어요." 하버는 말을 이어나갔다. "경비원을 세우고 국경을 폐쇄하는 식으로는 처리할 수 없는 일이니까요. 그런 일을 하려면 법적인 체계와 절차, 수송 시설 등이 필요한데, 우리가 그 모든 것을 제대로 갖추기까지 여섯 달이 걸렸어요." 메르켈은 신속히 난민을 이동시켜야 한다는 압박을 가하면서도 충동에 휘둘리지 않으면서 차분하게 사태를 꿰뚫어 결국 성과를 올렸다. 무장한 독일 경비원들이 절박한 심정으로 국경으로 몰려오는 사람들을 막아선다면 50년간 구축해온 호의적인 이미지를 옛 제3제국의 이미지로 되돌려놓았을 것이다.

초기의 행복감에 도취된 환영 분위기가 가라앉은 후, 뉴스 프로그램들은 얼마 안 가 국경에서 벌어지는 난장판(독일인들이 특히 심란하게 여긴 상황)을 담은 장면들을 쉴 틈 없이 보여줬다. 그렇지만 광범위한 분야에서 빠른 속도로 적응해가는 관료제를 위해 자원봉사자 수천 명이 나섰다. 림사윌 가족을 비롯한 난민 수십만 명에게 영구 망명이 허용됐다. 독일의 새로운 난민 정책이 시행되고 3년째인 2018년 연말 무렵, 새로 도착한 80만 명 중 거의 절반이 취직을 했거나 직무 교육 프로그램을 이수했다. 새 이주민 전원에게 요구된 조건은 독일어를 학습할 것, 취학연령에 해당할 경우에는 학교에 다닐 것, 그리고 정착할 장소를 자의적으로 선택하지 못한다는 것이었다. 메르켈은 프랑스와 영국의 도시들 주위를 둘러싼, 이민자들이 빼곡하게 차 있는 수용소를 만들어내는 것은 피하기로 결심했다.

"Wir schaffen das." 총리는 2015년 가을 내내 어떻게 그런 성과를 달성할 것이냐는 질문을 받을 때마다 이 말을 되풀이했다. "우리는 이 상황을 해결할 수 있습니다." 극적인 상황 연출을 좋아하지 않는 메르켈은 그런 식으로 단조롭게 표현했다. 그는 자신이 하는 말이 유로 위기가 절정에 달했을 때와 동일한 효과를 내기를 바랐다. 그때 그는 독일인들에게 예금이 안전하다는 걸 믿게끔 하기 위해 밋밋한 말투를 활용했었다. 그런데 메르켈이 이번에 내린 단호한 판단은 이민에 반대하는 극우파에 의해 그를 반대하는 슬로건으로 둔갑했다.

독일을 위한 대안(AfD)은 유로 위기가 한창이던 2010년 독일이 그리스에 제공하는 구제금융에 이의를 제기하기 위해 결성됐다. 유럽회의주의(Euroscepticism, 유럽 통합에 반대하는 이념)에 기초한 정당인 AfD의 두드러진 특징 중 하나는 당원의 대부분이 남성이라는 것이다. 투표권을 가진 여성 당원은 17퍼센트밖에 되지 않는다. 당원 일부는 전에는 CDU 소속이었지만 메르켈의 사회적·경제적 리버럴리즘에 환멸을 품게 된 사람들이다. 하지만 독일을 위한 대안은 출범했을 때부터 공공연히 내셔널리즘을 표명하고 반이민 정책을 내세운 정당이었다.

2년 후, 구제금융이 먼 과거의 일이 되어 대중의 인식에서 사라지자, 정당의 존재 타당성을 확보하려고 몸부림치던 AfD는 새로운 대의를 찾아내고는 당의 사명을 메르켈의 난민 정책에 반대한다는, 훨씬 더 감정적인 전투로 전환했다. 당명은 총리가 자주 쓰는 "대안은 없습니다"(그가 금융위기 동안 처음 사용한 표현)라는 주장을 교묘하게 뒤튼 것이다. 이 정당은 옛 동독 지역에서 이민에 반대하는 투사들을 길러내는 기름진 토양을 찾아냈다. 서독인들은 동독을 떠받치기 위해 각자의 소득수준을 바탕으로 이른바 '연대세(Soli, Solidarity Tax)'를 계속 납부한다. 그런데 메르켈의 지역구에서 활동하는 포퓰리스트들은 시리아 난민을 지원하게 되면 자신들에게 돌아오는 몫이 줄어들 것이라고 두려워했다. "우리는 어떻게 하라는 거야?" 그들은 따졌다.

AfD에 대처하는 메르켈의 전략은 그 정당에 관심이라는 산소를 주지 않는 것이었다. "다른 사람들의 존엄에 의문을 제기하는 사람들은 무관용으로 대하겠습니다." 그는 딱 잘라 말하면서, 지금까지 보여주지 못한 여유로움을 보여달라고 국민들에게 호소했다. 그는 말했다. 독일인의 철두철미함은 위대하지만 지금 우리에게 필요한 것은 독일적인 융통성이라고.

메르켈은 참을성이 있었다. 그는 상황이 끝나기까지 기다리는 것이 때로는 최상의 정책이라는 것을 헬무트 콜에게서 배웠다. 그런데 몇 달이 흘러가는 동안 반발은 커졌고, 옛 동독 지역인 켐니츠(Chemnitz)와 하이데나우(Heidenau)에서는 거리 폭력이 자행됐다. 그런데도 그는 아무 조치도 취하지 않았다. 메르켈은 자신이 펼치는 정책의 윤리적 정당성을 주장하는 차원을 넘어 강하게 옹호할 기회를 거듭 놓쳤다. 그는 국민들의 마음을 얻는 기술에 숙달하지 못했는데, 정치인에게 이것은 심각한 결점이었다.

리더십을 실행에 옮기는 측면(설득하기, 격려하기, 납득시키기)은 필수적인 기술이다. 팩트를 찾아내고 데이터를 분석하는 훈련을 받은 과학자 앙겔라 메르켈은 남들도 자신처럼 합리적일 거라고 여겼는데, 이런 사고방식은 때때로 그의 눈을 가렸다. 그가 구사하는 수사법은 자신을 악마로 묘사하는 이들의 열정에는 상대가 되지 않았다. 입에서 불을 뿜어내는 선동가들 때문에 국력이 쇠했던 적이 있는 나라에서, 오랜 세월 정치인에게 그런 특성이 없다는 것은 장점이었다. 그런데 시대는 갈수록 무절제해졌고, 메르켈은 이런 특성들을 갖출 능력이 없거나 갖추려는 의지가 없어 보였다.

2015년 8월 말 체코 국경과 가까운 작은 마을 하이데나우에서 메르켈은 자신과 친근하게 지내며 일상을 공유했던 일부 사람들에게 증오의 대상이 됐다. 'Wir sind das Volk!'('우리는 국민이다!') 분노한 군중은 울부짖었다. 그들은 슈타지 국가가 몰락한 1989년에나 어울릴 법한 슬로건을 적은 표지판을 들고 있었다. 달라진 것은 이제 적이 비밀경찰이 아니라 메르켈이라는 점뿐이었다. "페레터(Verräter)!"("반역자!") 그들은 총리가 지나가는 동안 총리에게 고함을 치며 야유를 퍼부었다. 그는 고개를 숙이고는 그들이 보이지 않는 척, 그들의 외침이 들리지 않는 척하면서 지나갔다. "쌍!" 누군가가 그를 향해 추잡한 욕설을 퍼부었다.

군중의 행위에 일일이 반응하는 것은 군중을 자극할 뿐이라고 확신한 총리는 자제력을 잃고 흥분해서는 '역겹다'는 말을 내뱉고 난민 쉼터로 개조된 예전의 철물점으로 들어갔다.

이보다 평화로운 시위자 무리가 도로 건너편에 서서 총리가 눈길을 던지기를 바라고 있었다. 메르켈은 서둘러 군중에게서 벗어나면서 그들을 무시했다. 그들은 총리가 쉼터 내부에서 400명의 난민에게 연설하는 모습을 핸드폰을 통해 생방송으로 시청했다. "총리가 난민들에게 그들을 보호하겠다고 말하고 있습니다." 시위자 중 한 명이 외쳤다. "그런데 우리는 쳐다보지도 않았습니다! 어떻게 하라는 거죠?"

메르켈이 쉼터에서 나올 무렵, 전에는 평화롭게 굴던 시위자들이 성난 군중과 한 덩어리가 돼 있었다. 대중의 분위기에 더 민감한 안테나를 가진 정치인이라면 그날 하이데나우에서 두 건의 행사를 거행했을 것이다. 난민을 위한 행사, 그리고 불안해하는 현지인들의 우려에 귀를 기울이는 행사 말이다. 독일인 상당수는 메르켈의 난민 정책에 찬성했지만, 그들 중 다수는 하이데나우에서 살아본 적 없는 사람들이었다. 하이데나우는 통일 이후로 지역의 사업체들이 파산하고 그 후손들이 더 나은 일자리가 있는 서쪽으로 이주하는 것을 경험한 지역이었다. 경제가 안정된 곳이라 하더라도, 난민 때문에 자신들의 직업과 사회적 위상이 위협을 받고 있다고 느끼는 이들이 많았다. 그들은 총리에게서 자신들을 안심시키는 말을 듣고 싶었다. 그런데 하이데나우의 이 늦여름 날에, 메르켈은 자신들의 미래에 대한 두려움에 떠는 시위자들의 목소리에 귀를 기울이려고 하지 않았다. 그들이 좇는 대의에 대한 혐오와 의견을 표명하는 방법에 대한 분노가 메르켈의 눈과 귀를 막았다. 도덕적 우월성을 느낀 그가 국민들 중 불만을 가진 사람들을 향해 손을 내밀지 않은 것이다. 그리고 그 사람들은 어디엔가 숨어 있는 게 아니었다.

메르켈이 2015년 가을의 난민 위기 동안 "망명은 상한선을 모른다"고 말한 의미는 망명하려는 사람의 인권에는 한계가 없다는 거였다. 요르단과 레바논, 터키의 지저분한 수용소에 있는 난민 수천, 수만 명은 그렇게 듣지 않았다. 그들은 듣고 싶은 말로 들었다. 독일 총리가 우리 모두를 받아들여줄 거야. 시리아 난민 아나스 모다마니(Anas Modamani)가 미소 짓는 메르켈과 셀피를 찍었을 때, 곳곳에 있는 수용소의 난민들은 그를 수호성인으로 여기게 됐다. 유로 위기 동안에는 메르켈의 얼굴에 히틀러의 수염이 그려진 반면, 이제 그의 주름 많은 얼굴을 담은 사진은 절박한 난민들의 소지품이 됐다. 그들은 새로운 구세주의 이름을 연호했다.

메르켈은 빛의 속도로 지구를 돌아다니는 소셜 미디어의 위력도 과소평가했다. 페이스북에서, 난민 수천 명은 총리가 그들 중 한 명과 찍은 셀피를 보고는 감격에 겨워 숨도 제대로 쉬지 못했을 뿐 아니라 핸드폰에 장착된 GPS의 도움을 받아 시리아에서 독일로 향하는 길을 안내해줄 앱을 다운로드 했다. 날마다 난민 수천 명이 '시리아인을 망명지까지 안내할 안전한 무료 경로 앱'을 설치하고는 기차표를 구입하는 방법부터 차림새(말쑥한 옷, 헤어 젤, 데오도런트)에 이르는 온갖 것에 대한 조언을 얻었다. 그 앱은 21세기 난민을 위한 진정한 안내 책자였다.

메르켈은 그의 인생에서 제일 극적인 막이 펼쳐지는 동안 유감을 표명한 적이 결코 없었다. 6개월 후, 국경 개방 정책에 대해 반성해본 적이 있느냐는 질문을 받은 그는 딱 잘라 대답했다. "아뇨." 하지만 독일 의회에서 난민을 위한 예산을 두 배로 올리는 최초의 '망명 패키지(Asylum Package)'를 통과시켰을 때에는 총리는 포괄적인 난민 정책을 미세하게 조정해야 했다. 결국 논란이 많은 60억 유로 수준이 된 예산을 확보한 메르켈은 마음이 딱 맞는 동지는 아니지만 터키의 레제프 타이프 에르도안 대통령과 협상에 나섰다. 협상 내용은 그리스에 상륙해서 망명지를 찾아 터키로 향하는 모든 난민을 (독일로 이동하는 것을 허용하지 않는 채로) 받아들인다는 거였다. 독일의 국경이 닫히기 시작하고 있었다.

그는 난민에 대한 'Wir schaffen das' 방침에서는 결코 물러서지 않았지만, 2015년 12월 무렵, 메르켈은 정치적 메시지를 교체했다. 난민을 미소로 환대하지 않는 사람은 조국의 일원이 아니라고 말하던 시절은 가버렸다. 난민을 환대하는 책임을 평범한 독일인들에게 부과하던 날들은 사라지고 있었다. 메르켈은 변화한 독일에 새로 도착한 이들에게 기대하는 것이 무엇인지를 명확히 밝혀야 했다. "난민에게는 독일의 방식에 적응해야 할 책임이 있습니다." 그는 2015년 CDU 전당대회에서 이런 말로 우레와 같은 박수를 이끌어냈다. "다문화주의는 사기가 아닙니다." 말뿐인 걸 신뢰한 적 없던 그는 이 가혹하게 들리는 성명의 내용을 자세히 설명하는 데 실패했다. 그가 뜻한 바는 독일이 여러 민족으로 구성된 나라가 되는 것을 원치 않는다는 것이었다. 어쨌든, 청중은 이를 듣고 좋아했다. 9분 동안 이어진 박수가 멈추자 그는 무뚝뚝하게 감사 인사를 하고는 덧붙였다. "우리에게는 해야 할 일이 있습니다." 정말, 그에게는 해야 할 일이 있었다.

난민들에게 독일 국경을 개방했을 때, 메르켈은 유럽연합이 무엇을 상징하는지 국민들에게 다시 일깨우고 싶었다. 존중할 만한 가치에 기반을 둔 국가들이 이룬 공동체의 연대. 그런데 그가 보여준 본보기에 자극받기는커녕, 독일의 포괄적인 환영 문화에 맞먹는 모습을 보여준 다른 나라는 한 곳도 없었다. 스웨덴과 오스트리아는 유럽의 다른 나라들보다는 관대한 태도를 보였지만, 그들 역시 자국의 문호를 닫아가고 있었다.

2015년 11월, 이라크와 시리아의 이슬람 국가(ISIS)와 연계된 테러리스트들이 조직적으로 파리를 공격해 130명을 살해했다. 다음 달에는 과격분자가 된 젊은 무슬림 부부가 캘리포니아 샌버너디노에 있는 사무용 빌딩에서 열린 명절 파티에 난입해 반자동화기를 난사하며, 14명의 목숨을 빼앗고 22명에게 부상을 입혔다. 이어진 경찰의 추격과 총격전 끝에 공격자들은 모두 사살됐다. 남편은 시카고에서 나고 자란 미국 시민이고 파키스탄 출신인 아내는 합법적인 영주권자로 밝혀지면서 이 사건은 미국 국내 테러리즘 사건이 됐다. 이 비극적인 사건은 반이민 정서와 이민자에 대한 두려움을 키우는 데 불을 지폈다. 미국 공화당 소속 주지사 30명이 시리아 난민의 재정착에 반대하는 성명을 발표했고, 공화당이 다수당인 하원은 시리아 난민의 입국을 사실상 중단하는 법안을 통과시켰다.

백악관은 그에 대한 반응으로 "시리아 난민의 상한선을 1만7000명에서 10만 명으로 높였다"고 오바마의 보좌관 벤 로즈는 필자에게 말했다. "앙겔라를 위해 그런 일을 했습니다. 그렇게 하면 더 이상 외톨이가 아닐 테니까요." 오바마가 한 말이다. 메르켈은 미국 대통령이 의회에 묶인 신세라는 점을 이해했지만, 왜 다른 유럽 국가들에게 더 많은 난민을 받아들이라고, 그렇게 해서 독일의 부담을 덜어주라고 소리 높여 권하지 않는 것인지 의아했다. 그리고 왜 그는 난민 위기의 근원인 시리아 내전을 끝내는 문제를 놓고 푸틴과 열의를 갖고 대화하지 않았던 걸까?

난민 100만 명의 독일 입국이 허용됐다는 사실은 당연히 2015년의 헤드라인이었다. 깜짝 놀랄 다른 숫자는 언론의 시선을 훨씬 덜 받았다. 600만~700만 명으로 추산되는 독일인들이 그들을 도왔다는 사실 말이다.

앙겔라 메르켈은 강렬한 웅변가는 아닐지 모르지만, 상대의 말을 귀담아듣는 '뛰어난 경청자'라는 게 강점이었다. 이런 뛰어난 자질은 총리가 난민 정책을 자발적으로 실행에 옮길 보병들을 독일 전역에서 모으던 2017년 봄에 잘 드러났다. 총리실 아트리움에서 배낭을 든 학생들이 메르켈을 반원형으로 둘러싸고 앉아 있었다. 여성들은 보수적인 정장 차림이었다. 그가 덜 알려졌더라면, 총리는 이 청중과 구분되지 않았을 것이다. 가끔 조롱할 때 쓰이는 '구트멘셴(Gutmenschen),' 즉 착한 사람으로 불린 이 사람들은 그를 열성적으로 지지했다.

"맞습니다. 이건 힘든 길입니다. 그렇지만 이런 모습이 독일에 중요합니다. 유럽에 중요합니다." 메르켈은 그들에게 말했다. "이것은 우리의 평판에, 우리가 세계에서 차지하는 위상에 중요합니다. 이것은 우리 역사에서 대단히 중요한 장입니다. 그래서 제가 여러분에게 감사드리는 것입니다." 그는 사람들에게 하고 싶은 말만 하려고 그 자리에 있는 게 아니었다. 이른 아침에 총리는 시민들과 알맹이 있는 대화를 하고 있었다. 작은 공책에 간간이 뭔가를 적는 그가 보여주는 집중력은 절대적인 수준으로 보였다. 심지어 두 눈조차 얘기를 듣고 있는 듯 보였다. 메르켈은 거기 있는 그들만큼이나 열심히 해법을 찾고 있는 모습이었다.

"아프가니스탄이 안전하지 않은 때에 어떻게 난민들을 아프가니스탄으로 돌려보낼 수 있는 겁니까?" 곱슬머리가 덥수룩한 젊은 남성이 물었다. 최근에 메르켈은 이 작업을 시작했다. 그는 아프가니스탄이 안전하지 않다는 사실은 부인하지 않았다. 그렇지만 아프가니스탄 대통령한테서 자기 나라를 전쟁 지역으로 분류하지 말아달라는 부탁을 받았다고 설명했다. "그것은 정치적 결정이었습니다." 그는 대답했다. 자신을 시리아인이라고 소개한 젊은 남성은 거의 완벽한 독일어로 말했다. "저는 기술적인 분야의 독일어 실력이 부족해 은행 관련 업무의 강의를 들을 수 없습니다." 총리는 그의 이름을 노트에 적었다.

그는 이렇게 자원봉사자들 및 난민들과 대화하는 것을 즐기는 게 분명했다. 하지만 그는 자신의 의무도 유념하고 있었다. "우리나라는 심각하게 분열돼 있습니다." 그는 인정했다. "장벽이 무너진 이후 독일이 이렇게 심하게 분열됐던 때가 또 없었던 것 같습니다. 장벽이 무너진 시절, 저는 제가 지지하는 편에 설 수 있었습니다." 자원봉사자들은 어느 한 편에만 속할 수 없는 총리의 이미지를 재미있어 하는 눈치였다. "그렇지만 저는 난민 수용에 찬성하는, 그리고 반대하는 독일인을 아우르는 모든 독일인의 총리입니다." 그는 그들에게 상기시켰다.

격동의 해인 2015년은 메르켈에게는 상상도 못할 만큼 최악으로 막을 내렸다. 총리가 우커마르크의 시골집에서 남편과 수수하고 차분한 새해 전야 만찬을 즐기려고 자리에 앉았을 때, 독일에서 네 번째로 큰 도시에서 끔찍한 장면이 벌어졌다.

쾰른 대성당과 라인강을 따라 놓인 기차역 사이에 있는 광장은 한 해 마지막 날을 흥겹게 보내려는 술꾼들로 흥성한 전통적인 번화가다. 자정 무렵까지 거리는 인파로 북적거렸고 경찰이 드문드문 보였다. 아무도 꼬맹이들이 폭죽을 터뜨려 소동을 부리거나 술꾼들이 술에 취해 뻔한 사고를 치는 차원을 넘어서는 사건이 일어날 거라고는 예상하지 못했다. 그런데 '외모가 북아프리카인이나 아랍인'이고 '독일인이 아닌' 것으로 신원이 확인된 남성들이 여성들을 둘러싸고는 추행하고, 심지어 겁탈까지 했다.

"그들은 우리 팔을 붙잡고 옷을 벗긴 후 가랑이 사이로 몸을 집어넣으려고 했어요." 어느 피해자가 신고한 내용이다. 200명이 고소장을 제출했다. 처음에 떠오른 용의자 명단에는 알제리인 아홉 명과 모로코인 여덟 명, 이란인 다섯 명, 시리아인 네 명, 독일인 세 명, 이라크인 한 명, 세르비아인 한 명, 미국인 한 명이 포함돼 있었다. 용의자 32명 중 22명이 망명 절차 단계에 있는 것으로 밝혀졌다. 게다가 이미 흉악하기 이를 데 없는 상황을 한층 더 악화시킨 것은 이 사건을 취재하기를 머뭇거리는 게 확연한 언론의 태도와 사건을 보고하기를 주저한 경찰의 태도였다.[2]

이 충격적인 이야기에 처음으로 달려든 사람들 중에는 TV 리얼리티 프로그램이 낳은 스타에서 미국 대통령 후보로 변신한 인물이 있었다. 세계 대부분의 지역에서는 거의 무명에 가까운 인물이던 도널드 트럼프는 이런 트윗을 올렸다. '독일이 입국을 허용한 이민자들이 독일 국민들에게 대규모 공격을 감행하고 있다.'

뮌헨에서 행복감에 젖어 난민을 환대하고 석 달이 지난 시점에서 벌어진 이 사건 때문에 독일 여론이 바뀌었다. "그때부터 세상은 우리가 하는 모든 일을 그릇된 것으로 봤습니다." 토마스 데메지에르가 언론의 취재와 대중의 분위기에 대해 말했다. "도대체 어떤 바보 같은 놈들이 그렇게

2 독일에는 미국의 폭스 뉴스 같은 건 없다는 사실을 주목해야 한다. 일반적으로 독일 언론은 미국 언론에 비해 논조가 훨씬 더 온건하고, 더 회의적이며, 팩트 확인을 더 많이 한다. 타블로이드 언론이 활개를 치며 보다 진지한 뉴스 문화와 공존하고는 있지만 말이다.

많은 사람을 받아들일 수 있는 거야? 하나같이 범죄자들이잖아!"

메르켈이 이 문제를 다룬, 많은 이들이 시청한 텔레비전 인터뷰를 위해 나섰다. 그는 눈에 띄게 우울한 모습이었다. "국가는 모든 사람이 법규를 준수할 거라고 보장할 책임이 있습니다." 그는 강조했다. "이 나라는 양성평등, 종교의 자유, 표현의 자유, 관용에 기초하고 있습니다. 모든 사람이 이 원칙을 고수해야 합니다."

그렇지만 메르켈은 스스로 가장 뿌듯해하는 업적이기에 정책을 뒤집지는 않을 작정이었다. 늘 그렇듯, 국민들의 반응을 세심하게 좇았고, 오래지 않아 여론조사 숫자가 드러낸 내용을 보고 안도했다. 데메지에르가 품은 두려움은 과잉 반응으로 판명됐다. 쾰른 사건의 여파가 있었음에도, 독일인의 90퍼센트가 전쟁을 피해 온 사람들에게 머물 곳을 제공하는 것을 찬성했다. 민주적이고 관용적인 새로운 독일뿐 아니라 10년 넘게 독일을 이끈 지도자에게 보내는 찬사였다. 그러나 그가 제2차 세계대전 이후로 제일 심각한 위기로 여겨진 사건에 유럽인들이 연대하기를 꿈꿨지만 이는 달성하기 힘든 일로 남았다. 잔혹한 시리아 전쟁이 계속 이어지는 2020년 무렵, EU는 여전히 난민 위기를 놓고 통일된 정책에 합의하지 못했다.

다른 26개 EU 회원국 중 일부만이라도 독일 편에 섰다면 이 문제는 오래전에 해결됐을 것이다. 인구가 500만 명이 안 되는 레바논은 시리아인 150만 명에게 피신처를 제공했다. 2015년 유럽에 들어온 난민의 수와 동일하다. 유럽 인구는 5억5000만 명이다. 시리아에 있는 마지막 사람이 유럽에서 피신처를 찾는다 할지라도 그들의 규모는 유럽 전체 인구의 0.03퍼센트에 불과할 것이다.

앙겔라 메르켈은 난민 위기 동안 차분해 보였다. 잠 못 드는 밤을 보내거나 자신의 선택을 뒤늦게 후회하는 조짐은 전혀 없었다. 그는 자신이 믿는 도덕적 원칙들에 의거해 위험천만한 선택을 했지만, 자신의 선택에 만족스러워하는 눈치였다. 그럼에도 메르켈의 최후를 예견하는 선지자들은 작업에 나섰다. 칼럼니스트 로스 도우타트(Ross Douthat)는 '위기 직전에 놓인 독일'이라는 제목으로 <뉴욕타임스>에 이렇게 썼다.

> '고령화되고, 세속화되고, 대체로 동질적이던 사회가 이렇게 문화적 차이가 큰 이민자들을 평화로이 흡수할 가능성이 있다고 믿는다면, 당신은 독일의 정부 대변인으로서 미래가 밝다. 하지만 당신은 멍청이이기도 하다. (…) 고로 물러나야 한다. 독일이, 그리고 유럽이 고결하지만 어리석은 당신의 행동에 대한 대가를 치르는 것을 피할 수 있도록 말이다.'

AfD의 지도자인 프라우케 페트리(Frauke Petry)의 생각도 같았다. 그런데 총리는 예상하지 못했던 인물의 지지를 받았다. 바로 그의 전남편이었다. 울리히 메르켈은 전처와 관련해서 공개적으로 내놓은 처음이자 마지막 견해에서 그의 난민 정책을 지지했다. 드레스덴에 거주하는, 최근에 은퇴한 화학자는 이렇게 말했다. "그의 난민 정책은 자신이 신봉하는 가치들에 기초한 정책을 실행에 옮긴 사실상 첫 사례입니다. 그것은 인류애와 연민을 보여주는 올바른 일이었습니다." 그는 전처에게 투표한 적이 한 번도 없었다는 것도 인정했다. 하지만 2016년에 다른 이들에게 연민을 보이는 건 인기 있는 정치적 주제가 아니었다. 그리고 메르켈이 권좌에서 내려올 때가 됐다고 생각한 사람들이 부르는 합창 소리는 갈수록 커지고 있었다.

2017년 10월 24일 분데스타크에서 메르켈이 새로 당선된 극우 정당 AfD의 지도자인 알렉산더 가울란트(Alexander Gauland)와 알리체 바이델(Alice Weidel)을 일부러 외면하고 있는 모습이다. 그들이 의회와 공공 영역에 모습을 드러냄으로써 독일 정치는 더욱 전투적으로, 심지어 때로는 폭력적으로 변모하게 되었다.

14

THE WORST OF TIMES

최악의 시간들

동맹국과 싸우는 것보다 더 나쁜 유일한 일은
동맹 없이 싸우는 것이다.

윈스턴 처칠

2016년은 앙겔라 메르켈이 총리로 재임하는 동안 가장 어려움을 겪은 해였다. 그가 애지중지하는 유럽연합이 좌초했다. 테러의 물결이 독일 사회에 엄청난 충격을 주면서 그의 난민 정책을 위협했다. 그리고 11월 8일, 우러러보던 미국이 그가 극도로 혐오하는 독재자들을 지지하는 인물을 새 대통령으로 뽑았다.

메르켈은 자신을 향한 정치적 지지가 예상했던 것보다 더 오래 지속되고 있다는 사실을 오래전부터 인지해왔다. 그는 헬무트 콜이라는 모범 사례에 정통했다. 콜은 총리로 16년을 재임한 후 투표에서 져 총리직에서 물러나는 수모를 겪었다. 메르켈은 젊은 당원 동지들이 기독민주연합(CDU)을 이끌게 해줄 때가 왔다고 콜에게 주장했었다. "빈사 상태에 빠진 정치적 만신창이로 남고 싶지 않아 정계에서 은퇴할 적절한 시점을 찾고 있어요." 메르켈은 이런 말을 공개적으로 한 바 있다. 그는 세 번째 임기의 만료 시점이 다가오자 제2의, 사실은 제3의 인생을 살기 위한 준비에 들어갔다. 2016년에 일어난 사건들이 탈출구를 막아버리기 전까지는.

안티고네(Antigone, 그리스신화에 등장하는 오이디푸스의 딸로, 불운한 사건에 휘말린 끝에 스스로 목숨을 끊은 비극적인 캐릭터)가 메르켈이 제일 좋아하는 고전의 여주인공이라는 사실은 대단히 흥미롭다. 안티고네는 대단히 열정적인 사람이고 도덕적으로 정당한 분노를 느끼는 사람이며 그래서 결국 인간 사회의 삶을 살기에는 부적당한 인물이다. 앙겔라 메르켈의 리더십은 과업을 완수하기 위해서라면 뜻이 맞지 않는 상대하고도 기꺼이 타협하겠다는 마음가짐에 크게 의지했다. 그가 보기에 국가는 국민을 위한 결과물을 내놓아야 마땅하다. 그래서 그는 "저는 모든 독일인의 총리입니다"라고 거듭 주장했다. 그런데 심술궂은 새 시대에는 많은 이들이 (안티고네에게 불운한 최후를 안겨줬던) 열정이 부족하다는 이유로 총리의 흠을 잡았다. 하지만 메르켈은 자신이 국민들을 이끄는 데에도, 인간 사회의 삶을 살아가는 데에도 적합한 사람이라는 사실을 입증했다.

그러나 2016년엔 정치를 하면서 얻는 즐거움은 자취를 감춘 듯 보였다. 독일의 지도자로 11년을 보낸 후, 그의 침착한 성품에는 총리 자리가 안겨주는 중압감과 외로움이 스며들어 있었다. "여러분이 적어도 저의 행운을 빌어주신다면 행복하겠습니다." 그는 격렬한 회의를 마친 후 연립정부 파트너인 CSU 당원들에게 구슬픈 어조로 말했다. 그런데 2016년은 메르켈이 유럽의 사실상 경제적·정치적·도덕적 지도자에서 한 걸음 더 도약해 자유세계의 지도자라는 망토를 걸치는 해가 될 터였다.

2016년 5월, 앙겔라 메르켈은 제1차 세계대전에서 가장 야만적이었던 베르됭(Verdun) 전투의 100주년을 기념했다. 그는 고개를 숙이고는 바다를 이룬 듯한 흰색 십자가들 사이를 걸었다. 그곳은 프랑스군과 독일군 30만 명이 묻힌 곳이었다. 제1차 세계대전은 모든 전쟁을 끝장낼 전쟁으로 여겨졌었다. 그렇지만 불과 20년 후, 미국이 고립주의로 퇴각하자 아돌프 히틀러는 악의를 품고 꼼꼼하게 다음번 분쟁을 기획했고 홀로코스트를 일으켰다. 아이들이 한 뼘밖에 안 되는 땅을 차지하기 위해 조상들이 피를 흘렸던 푸른 들판 곳곳에서 연(kite)처럼 보이는 흰색 띠를 흔들자, 메르켈은 눈물을 흘렸다.

유럽은 제2차 세계대전을 막기 위해 단결할 수 없었다. 그러나 제2차 세계대전이 끝나고 3년 뒤에 처칠은 선언했다. "우리는 모든 나라의 국민이 자신이 태어난 땅에 느끼는 소속감만큼 자신이 유럽인이라는 사실을 자랑스러워하기를 희망합니다. 그들이 유럽 대륙의 어느 곳에 가더라도 '여기에도 집에 있는 것 같아'라고 진정으로 느낄 수 있기를 희망합니다."

하지만 무척이나 실망스럽게도, 2016년을 사는 많은 영국인들은 유럽이 자신들의 집이라는 인식에 관심이 없는 듯 보였다.

EU를 바라보는 영국인들의 관점은 항상 모호했다. 1975년에 영국의 유럽연합 잔류 여부를 놓고 첫 국민투표가 거행되는 동안, 독일 총리 헬무트 슈미트는 영국의 선거운동에 개입하지 말라는 경고를 받았다. 그렇지만 고집불통인 그는 외교 관례를 어길 필요가 있을 만큼 상황이 급박하다고 믿었다. 그는 영국 노동당을 상대로 연설하며 목청을 높였다. "여러분이 항의 차원에서 퇴장하신다 해도 제가 진정으로 하고 싶은 말은 이것입니다. 대륙에 있는 여러분의 동지들은 여러분이 머무르기를 원합니다." 슈미트는 기립 박수를 받았고, 영국인들은 잔류 쪽에 표를 던졌다.

2016년의 고도로 양극화된 환경에서 독일 총리의 연설이 — 특히 언어의 힘으로 사람들의 마음을 바꿔놓을 수 있다는 걸 믿지 않는 사람의 말이 — 유럽연합 탈퇴에 찬성하는 표를 던지려는 영국인들을 설득할 수 있을 거라고는 생각되지 않았다. 6월 23일 열린 선거에서 영국이 유럽연합을 떠나는 것으로 결정되자 메르켈은 마음이 쓰라렸다. 결과를 접한 그는 아픔을 느끼기도 했지만, 무슨 일이 일어나고 있는지 판단이 서지 않는 멍한 상태에 빠지기도 했다. 그는 그리스를 유럽연합의 울타리 안에 남겨뒀지만, 브렉시트에 맞섰을 때는 무력했다. 영국의 이탈이 끼치는 악영향은 그리스의 이탈에 따른 것보다 훨씬 컸다. 그는 다른 나라들의 탈퇴가 이어질지도 모른다고 두려워했다. 그의 불안감을 더욱 부채질한 것은 영국이 EU에서 빠짐에 따라 베를린이 유럽의 공식적인 수도가 된 거나 다름없다는 사실이었다. 이것은 앙겔라 메르켈이 자신이나 조국을 위해 품은 야심이 결코 아니었다.

그는 영국의 역사적인 결정에 대한 반응으로 딱 한마디를 내뱉었다.

"유감스럽습니다." 다시금 버스가 떠난 뒤에 열심히 손을 흔들어봐야 아무 소용 없다는 사고방식과 특유의 자제력으로 깊은 괴로움을 억눌렀다. 그는 서구 동맹에 생긴 파열이 블라디미르 푸틴에게 희소식이 될 줄을 잘 알고 있었다. 브렉시트가 가결되면서 EU는 군사 역량의 40퍼센트를 잃을 터였다. 그런데도 그가 할 수 있는 일은 거의 없었다.

극우와 극좌에 포진한 정적들조차 그의 난민 정책이 영국인들의 반무슬림 인종주의에 추진력을 제공해 브렉시트를 유발했다며 손가락질했지만, 독일 국민 대다수는 메르켈을 지지했다. 2016년 2월과 7월 사이에 총리의 지지율은 59퍼센트로 14퍼센트포인트 상승했다. 그렇지만 그해가 끝날 때까지는 아직도 한참이 남아 있었다.

브렉시트가 결정되고 한 달 후, 프랑스에서는 프랑스혁명 기념일(Bastille Day, 7월 14일)에 튀니지인 테러리스트가 니스의 바닷가 산책로에 있는 무리를 향해 임대 버스를 몰아 어린이를 비롯한 86명의 목숨을 빼앗고 458명을 다치게 했다. 나흘 후, 열일곱 살 아프가니스탄 난민이 독일 뷔르츠부르크(Würzburg)의 열차 안에서 도끼를 휘두르며 승객들을 공격해 다섯 명에게 부상을 입힌 후 제압됐다. 나흘 뒤에는 북적이는 뮌헨 쇼핑몰에서 총격 사건이 일어나 아홉 명이 목숨을 잃고 뮌헨이 봉쇄에 들어갔다. 이란계 독일인이면서도 자신을 아리아인이라고 밝힌 10대 총잡이는 ISIS에서 영향을 받은 것이 아니라, 2011년에 총을 난사해 79명의 인명을 앗아간 노르웨이의 극우 반이민주의자 아네르스 브레이비크(Anders Breivik)의 영향을 받았다. 뮌헨 학살을 겪은 독일인들은 메르켈이 한 해 전에 난민 정책을 발표한 이후로 자신들의 안전이 그 어느 때보다 취약하다고 느꼈다.

침울해진 총리는 불안에 떠는 나라를 진정시키기 위해 알프스에서 보내던 휴가를 중단했다. 그는 자신이 느끼는 불안감을 감추려는 어떤 시도도 하지 않으면서 이 공격들을 "일상이 산산조각 나는, 있어서는 안 될 우리 모두가 겪는 시련"이라고 표현했다. "이제는 우리 중 누구라도 피해자가 될 수 있습니다." 그러고서 그는 소셜 네트워크를 모니터링하는 조기 경고 시스템을 도입하겠다고 약속했다. 두 눈 주위에는 다크서클이 드리웠다. 웃음기 없는 총리는 주장했다. "안전을 바라는 우리의 욕구는 우리의 가치관과 균형을 이뤄야 합니다. 우리는 거대한 도전에 직면하고 있습니다. 난민들의 권리를 명확하게 설명하는 우리의 가치관과 우리의 헌법을 지켜야 합니다."

그해 여름에 들이닥친 태풍들은 다 지나가지 않았다. 같은 달, 터키 군부 내의 반정부 파벌들이 레제프 타이프 에르도안의 정부를 전복하려는 쿠데타를 일으켰다. 체포를 간신히 모면한 터키 대통령은 핸드폰으로 지지자들에게 이스탄불과 앙카라의 거리에서 반격을 개시하라고 지시했다. 공군 제트기들이 공중에서 폭격을 가하는 가운데, 반군은 몇 시간 내에 진압됐다. 반혁명이 혁명의 뒤를 이었다. 에르도안은 3만7000명을 체포하라고 명령했고, 부역자로 판단된 10만 명이 직장에서 해고됐다. 실패한 쿠데타의 여파로 독립 언론은 사실상 제거됐다. 터키의 철권통치자는 반란 세력을 향한 가차 없는 보복에 나섰고, 앙겔라 메르켈이 세속적인 이슬람 공화국의 모델이 되기를 희망했던 나라를 더욱더 장악했다.

2016년 가을, 메르켈은 소속 정당이 지방선거에서 네 번 연속으로 패한 일로 비난을 받고 있었다. 그 의석을 넘겨받은 정당은 새롭게 세력을 확장한 AfD였다. CDU가 압도적인 의석에 미치지 못한 데에는 독일 유권자들이 같은 총리의 통치 아래 11년을 보내면서 느낀 '메르켈 피로감(Merkel fatigue)'이 한몫했다.

메르켈은 결국 지나치게 오래 고수한, 엄청난 조롱을 받은 슬로건 'Wir schaffen das'를 내렸다. '우리는 이 상황을 해결할 수 있습니다'는 2016년의 커져가는 위기들에 대한 대답으로는 부적절하다는 것을 슬픈 어조로 인정했다. "국민들을 독려하기 위해 그 문구를 사용했습니다만, 더 이상은 사용하지 않을 겁니다. (…) 그 누가 알겠습니까만, 우리가 지난 몇 년간 세상의 모든 문제를 바로잡은 것은 아닙니다." 그는 인정했다. 하지만 그가 고위직 인사로는 매우 드문, 그런 회한을 표명했다고 해서 추진하던 정책들을 중지하지는 않았다.

그런데 최악의 뉴스는 독일 내가 아니라 국외에서 날아들었다. 퇴임하는 미국 대통령 오바마는 짧은 통화를 통해 대선에서 공화당 후보 도널드 트럼프가 전 국무장관이자 상원의원이자 퍼스트레이디였던 민주당 후보 힐러리 클린턴을 이기고 당선됐다고 알렸다. 메르켈은 큰 충격을 받았지만 손을 부들부들 떠는 데 에너지를 낭비하지는 않았다. 그가 가장 동경하던 나라가 나름의 선택을 한 것이므로.

앙겔라 메르켈에게 미국은 모든 것을 시작하게 해준 나라이자 새로운 인생을 살게 해준 나라였다. 미국은 1945년 이후로 독일 안보를 뒷받침했다. 워싱턴이 냉전 기간에 꾸준히 서구를 이끌지 않았다면 소련 제국이 무너지는 일은 없었을 것이다. 러시아 의회에서는 도널드 트럼프가 승리했다는 뉴스를 들은 의원 전원이 벌떡 일어나 환호성을 지르고 박수갈채를 쏟아냈다.

이제 메르켈은 자신의 정치적 미래를 다시 고려해봐야 했다. 2017년에 네 번째 임기를 위해 입후보해야 할까, 아니면 오랫동안 계획해온 대로 그가 두려워하는 존재, 즉 이빨 빠진 호랑이가 되기 전에 떠나야 할까. 자리를 그대로 지키고 싶다면 선전을 펼쳐야 했다. 2005년에 그에게 권력을 안겨준 CDU-CSU와 SPD로 구성된 이른바 대연정(grand coalition)[1]은 흔들리고 있었다. 사회민주당(SPD)은 위기에 처해 있었는데, 당세가 약해진 건 메르켈이 그 당의 많은 핵심 프로그램을 전용했기 때문이다. 여성의 권리 관련 정책(메르켈은 2014년 독일 기업이라면 의무적으로 이사회에 여성을 30퍼센트 배정해야 한다는 내용으로 법을 개정했다), 평등 결혼 관련 정책(메르켈은 소속 정당 의원들에게 양심에 따른 투표를 하라고 지시해서 관련 법안을 통과시켰다), 기후변화 관련 정책(메르켈이 이 정책을 실행해서 올린 소득은 녹색당이 추구하는 목표에 비하면 그리 대단치 않은 수준이었지만, 어쨌든 이 정책은 그가 항상 마음속에 품고 있던 것이었다), 그리고 제일 극적인 정책인 원자력발전 포기 관련 정책이 그 사례다. 친기업적인 중도우파 정당으로 연립정부에 참여했던 자유민주당(FDP, Free Democratic Party)은 여론조사에서 나타난 지지율이 형편없자 물러날 준비를 했다. 그리고 제일 중요한 문제는 기독사회연합(CSU)이 총리의 난민 정책을 뒤집겠다고 위협한 거였다. (그럴 능력도 없었고 그러지도 않았지만, CSU의 선동적인 지도자 호르스트 제호퍼는 메르켈의 삶을 비참하게 만들고 있었다.)

11월 중순(오바마의 두 번째이자 마지막 임기가 끝나기 두 달 전)에 오바마 대통령과 갖는 마지막 만찬 석상에 앉았을 때에도 어린시절 다이빙 보드에서 뛰어내리는 데 45분이 걸린 적이 있던 메르켈은 여전히 출마 여부를 결정하지 못한 상태였다.

---

1 2009년과 2013년 사이에는 SPD가 아니라 리버럴한 중도우파 정당 FDP가 CDU-CSU의 연립정부 파트너였다. SPD는 메르켈의 세 번째 임기 때 연립정부에 다시 참여했다.

그는 만찬 장소를 대단히 신경 써서 골랐는데, 그 장소는 총리실의 공식 다이닝 룸이 아니라 베를린의 상징적인 아틀론 호텔로 결정됐다. 역사가 흠뻑 스며든 운터 덴 린덴 거리와 브란덴부르크 문의 교차로에 있는 이 호텔의 호화로운 다이닝 룸에서, 오바마는 재건 중인 라이히스타크와 최근 베일을 벗은 유대인 학살 추모 공원을 모두 볼 수 있었다. 이 전설적인 호텔은 1932년의 클래식 영화 <그랜드 호텔(Grand Hotel)>에 영감을 준 곳이다. 그 영화에서 당시 활동사진의 슈퍼스타였던 스웨덴계 미국 배우 그레타 가르보는 유명한 대사를 내뱉는다. "혼자 있고 싶어요." 아틀론은 독일 수도를 대표하는 건물이자 살아 있는 박물관이다.

은밀하게 식사를 즐길 수 있는 작은 다이닝 룸에는 오로지 두 정상만을 위한 식사가 마련되었다. 측근인 보좌관들은 근처에 있는 별도의 방에서 식사를 했다. 두 사람은 세 시간 동안 회의록 작성자가 없는 상태에서 자유로이 얘기를 나눴다. 이 자리는 두 친구가 저녁을 먹는 자리였다. 그들은 브렉시트와 트럼프의 당선, 그리고 메르켈이 미국이라는 동맹국 없이 직면하게 될 새로운 현실의 의미에 대해 얘기했다. "출마해야 해요." 오바마는 메르켈에게 강권했다. 이 만찬은 오바마가 대통령으로 8년을 재직하는 동안 개인적으로 가진 만찬 중 가장 길었다.

오바마와 메르켈이 상대의 참모들에게 인사하려고 모습을 나타냈을 때 "두 사람 다 진이 빠진 기색이었다"고 벤 로즈는 회상했다. 총리는 감정을 억누르며 말했다. "우리 두 사람은 무척 긴밀하게 일해왔어요. 이제 원치 않았던 결과를 맞게 됐죠. 그렇지만 우리에게는 뿌듯해할 이유가 있어요." 로즈는 잔을 들고 건배사를 했다. "자유세계의 새로운 지도자를 위하여." 앙겔라 메르켈의 얼굴에는 웃음기가 없었다. 그것은 그가 추구하지도, 좋아하지도 않았던 역할이다.

그럼에도 트럼프가 당선되고 2주 뒤인 11월 20일에 메르켈은 거의 유례가 없는 네 번째 임기의 총리직에 입후보하겠다고 발표했다. 그는 당선될 경우, 그리고 임기를 완료할 경우 16년 동안 총리로 일하게 되는데 이는 헬무트 콜(역시 16년)과 오토 폰 비스마르크(1871년부터 1890년까지 19년)를 제외하면 어느 누구보다 오래 재임하는 것이었다. "이 문제를 오랫동안 고심해왔습니다." 메르켈은 베를린 당사에 모인 CDU 당원 수백 명에게 침울한 어조로 말했다. "이 선거는 적어도 독일 통일 이후의 어느 때보다 어려운 선거가 될 겁니다. 우리는 이전에는 결코 겪지 않았던 도전을 사방에서, 우익들에게서 받게 될 겁니다. (…) 우리의 가치관과 이해관계, 그리고 우리의 생활 방식이 도전받을 겁니다. (…) 미국 대선이 끝난 후로는 특히 더 그렇습니다." 그는 네 번째 임기 이내에 완수할 수 있을 거라고 생각하는 결과물에 대해서는 현실적이었다. "어떤 사람도 혼자서는 독일의, 유럽의, 그리고 세계의 상황을 바꿔놓을 수 없습니다. 독일연방공화국의 총리는 더더욱 그렇게 못 합니다." 그렇지만 다른 이들은 총리의 능력을 총리 자신보다 더 많이 신임하는 듯 보였다. 자신들의 후보에 자신감을 가진 당원들은 메르켈의 입후보에 89.5퍼센트의 지지도를 보였다.

합리적인 결정이었지만, 그럼에도 개인적으로는 힘든 결정이었다. 메르켈은 증오로 일그러진 얼굴들을 봤고 음탕한 말들로 포장된 분노의 목소리를 들었다. 모두 자신을 향한 거였다. 그는 자신의 네 번째 임기가 국내 그리고 해외에서 얼마나 많은 논란거리가 될 것인지를 잘 알았다. 그런데 그는 권위주의와 포퓰리즘이 전 세계에서 발흥하는 상황에서 달리 대안이 보이지 않았기 때문에 입후보한 것이었다. 그가 운동장을 떠나면 그 운동장은 트럼프와 푸틴과 시진핑의 차지가 될 터였다.

버락 오바마가 떠나면서 앙겔라 메르켈은 위기에 처한 자유세계를 이끄는, 하지만 머뭇거리는 지도자가 될 터였다.

2016년은 아직도 그에게 날릴 마지막 일격을 남겨두고 있었다. 크리스마스 장터는 오랫동안 이어져 내려온 독일의 소중한 전통이다. 12월 독일 전역에 열리는 야외 장터들에서는 고풍스러운 작은 나무집에 수공예품과 보석류, 지역의 특산품들을 전시해놓고 수천 명의 쇼핑객과 관광객들을 끌어모으고 있었다. 향신료를 넣은 와인과 소시지가 풍기는 냄새가 카이저 빌헬름 기념 교회 옆에 차려진 크리스마스 장터의 공기를 가득 채웠다. 베를린의 제일 붐비는 거리인 쿠르퓌르스텐담에 있는 이 교회는 제2차 세계대전을 상기하기 위해 일부러 파괴된 상태로 놔둔 곳이었다. 2016년 12월 19일 밤 여덟 시가 막 지났을 때, 대형 트럭 한 대가 군중 속으로 돌진해 12명의 목숨을 빼앗고 56명에게 부상을 입혔다. 운전사 아니스 암리(Anis Amri)는 망명 신청이 기각된 튀니지 이민자였다. 그가 현장에서 도망치면서 유럽 도처에서 추격전이 펼쳐졌다. 나흘 후, 암리는 이탈리아 밀라노에서 경찰의 총에 쓰러졌다. 사건 직후 테러리스트 조직 이슬람 국가(ISIS)는 곧바로 수십 년 사이 독일에서 일어난 사건 중에서 가장 많은 인명을 앗아간 이 공격이 자신들이 한 일이라고 주장했다.

크리스마스 장터 공격이 자행된 이튿날, 독일 주재 미국 대사는 총리에게 작별 인사를 하러 갔다. “집무실로 들어가서 말했습니다. ‘유감입니다.’ 그러자 메르켈이 ‘나도 당신이 떠나서 유감이에요’라는 말로 제 말을 끊더군요.” 존 에머슨의 회상이다. “그는 그 공격의 배후에 누가 있는지, 얼마나 많은 사람이 관련됐는지, 부상자들의 상태가 얼마나 심각한지 등 모든 세부 정보를 확보하기 전까지는 그 공격에 대한 반응을 보이는 걸 원치 않았습니다. 그 시점에는 사실을 전부 파악하고 있지는 않았습니다. 지극히 메르켈다운 반응이었습니다. 그는 팩트를 완전히 파악하기 전까지는 속내를 드러내는 걸 원치 않을 겁니다."

총리는 도널드 트럼프와의 첫 만남을 준비하기 위해 대사에게 많은 것을 배우려고 노력했다. "그는 트럼프의 선거운동 집회들을 꼼꼼히 관찰했습니다." 에머슨은 말했다. "그는 자신이 히틀러를 겪었던 독일인에게는 친숙하지만 미국인에게는 새로운 유형의 선동정치가인 트럼프를 대면하게 될 거라는 점을 이해했습니다. 그에게 비행기를 타고 가서 트럼프와 개인적인 관계를 구축하라고 권했습니다. 그에게 말했죠. '트럼프는 모든 일을 개인적인 일로 간주해요'라고요."

2018년 6월 캐나다의 샤를부아(Charlevoix)에서 열린 G7 정상회담. 막무가내로 분열을 일으키는 도널드 트럼프를 상대로 메르켈은 서구 동맹국 전체를 대표해 서 있는 듯한 자세를 취했다.

15

ENTER TRUMP

트럼프의 등장

당신이 부조리한 내용을 믿도록
만들 수 있는 사람은 당신이 잔혹한 짓을
저지르게 만들 수도 있다.

볼테르(1694~1778)

하나님은 바보와 술꾼, 미합중국을 위한
특별한 섭리를 갖고 있다.

독일 총리 오토 폰 비스마르크

트럼프는 역사에 기록된 독재자들을 낯설어하는 듯 보였지만, 독일인들 눈에, 특히 메르켈 세대의 눈에 그들은 모두 무척이나 친숙해 보였다. 나폴레옹 1세와 히틀러, 스탈린이 프랑스나 독일이나 소련을 '위대하게' 만들겠다면서 펼친 권위주의적 작전들은 유럽을 유린하면서 묘지로 채웠다. 총리로 보내는 마지막 몇 년에 접어든 메르켈은 전쟁을 체험한 사람들이 사라졌을 때 일어날 수 있는 일에 대한 우려를 자주 표명했다.

"우위를 잡고는 그걸 계속 고수하세요." 오바마가 트럼프 당선 이후에 메르켈에게 한 조언(말로 들을 때보다 실천에 옮기기가 훨씬 더 힘들다는 것이 판명된 조언)이다. 메르켈은 그런 사람(트럼프)을 민주적 규범을 지키는 남자로 바꿔놓을 능력이 자신에게 있다고 믿을 만큼 순진하지 않았다. 그러나 의견을 개진할 기회가 있는 한, 그는 자신의 가치관을 소리 높여 외치면서 산사태가 세계적인 재앙으로 커져가는 걸 막기 위해 모든 것을 동원해 싸울 참이었다. 그렇지만 그는 '현재 위치를 고수하는' 단순한 과업을 수행하는 데에도 시시포스 같은 끈덕진 인내와 낙관이 필요할 것이라는 사실을 당시에는 깨닫지 못했다.

트럼프는 공화당 예비선거 동안 정적들을 한 명씩 꼽아가며 모욕하고 비하했다. 그런데 서로 의견이 대체로 일치하는 나라들이 결성한 집단을 협박하는 것은 한 번에 하나의 표적을 향해서 체중을 실어 몸을 날리는 것보다 더 어려운 일이었다. 그래서 서구 동맹의 단결 유지는 메르켈의 주요 목표가 됐다. 그는 세계의 시민들을 자국의 이익만이 아니라 범세계적 이익을 위해 행동하도록 고무하려 애썼다. '고무'는 그처럼 언어의 위력을 수상쩍게 여기고 말이 그리 많지 않은 사람에게는 자연스러운 형태가 아니었다. 그렇지만 민주주의는 옹호자가 필요했기 때문에 앙겔라 메르켈은 난국에 대처하며 수완을 발휘했다.

앙겔라 메르켈은 도널드 트럼프와 첫 대면을 앞두고 트럼프가 1990년에 <플레이보이>와 한 인터뷰 기사를 읽었다. 이후 오랜 시간이 흐르는 동안 세계에 친숙해진 트럼프가 '패자들'에게 퍼붓는 호통과 그들을 향한 경멸이 그 시절의 인터뷰에 이미 모두 드러나 있었다. 당연한 얘기지만, 거기에 메르켈이 좋아하는 미덕과 겸손은 없었다. 그렇기는 해도 그 인터뷰는 세계를 진화론적 관점으로 접근하는, 상식적인 사고를 하는 사람이라면 두 눈을 크게 뜨게 만들 트럼프의 접근 방식에 힌트를 제공했다. "나는 적들을 으스러뜨리는 것을 좋아하고 남을 믿지 않는 사람입니다." 트럼프는 으스댔다.

독일을 향한 그의 기이한 분노는 이 과거 인터뷰에 이미 명백하게 드러나 있었다. (묘하게도 그는 오랫동안 자신은 독일계가 아니라 스웨덴계 혈통이라고 주장했다.) 당시로서는 우스꽝스럽게 느껴지는 가정을 전제로 한 "트럼프 대통령이 오벌 오피스에 들어가서 처음으로 할 일은 무엇일까요?"라는 질문에 트럼프는 이렇게 대답했다. "이 나라에 굴러 들어오는 모든 메르세데스-벤츠에 세금을 부과할 겁니다."

메르켈은 조사 작업을 강행하면서 대필 작가가 쓴 그의 1987년도 자서전 <거래의 기술>을 읽었다. 부동산 거물의 빼어난 협상 솜씨를 과시하려는 의도로 출판한 책이지만, 이 책은 결과물에는 관심이 없고 온전히 승리를 주장하는 데에만 모든 관심을 쏟는 사람을 그려낸 초상화다. 메르켈은 트럼프의 개인적인 버릇(제스처, 보디랭귀지, 노려보기, 쾌활한 모습에서 흉포한 모습으로 돌변하는 계산된 속도)에 친숙해지기 위해 트럼프가 출연한 TV 리얼리티 프로그램 <어프렌티스(The Apprentice)>의 한 시즌을 감상하는 고역을 감내했다.

히틀러의 대규모 집회 활용에 친숙한 메르켈에게 가장 충격적이었던 것은 트럼프가 미국의 심장부에서 연 선거운동 집회들이었다. 트럼프가 분노한 청중의 에너지를 민주당 후보 힐러리 클린턴을 향한 악의에 찬 구호인 '그를 투옥하라! 투옥하라!'를 외치는 쪽으로 돌리는 광경은 특히 더 메르켈을 심란하게 했다. 메르켈의 국가안보자문은 이런 트럼프도 백악관에 들어가면 달라질 거라고 장담했다. "그는 변하지 않을 거예요." 메르켈은 대답했다. "그는 자신을 뽑아준 사람들에게 한 약속을 지킬 거예요."

메르켈은 트럼프 시대에 살아남으려면 겸손의 차원을 뛰어넘는 자질을 소환할 필요가 있다고 느꼈다. 그러려면 우선 자신이 보유한 자제력을 모두 끌어내야 했다. 트럼프는 메르켈이 시사 주간지 <타임> '올해의 인물' — 베이비부머 세대에게는 오스카상 수상에 맞먹는 영예 — 로 선정된 2015년 12월에 지독한 허기와 시샘을 드러냈다. 자신이 소유한 골프클럽 사무실들의 사방 벽에 자기 사진이 담긴 가짜 <타임> 표지를 액자에 담아 전시한, 그러다가 잡지사가 소송을 걸겠다고 위협하자 떼어낸 트럼프에게 이것은 연기가 아니었다. '<타임>은 결코 나를 뽑지 않을 것이다.' 트럼프는 메르켈이 선정된 후 이런 트윗을 올렸다. '사람들이 제일 좋아하는 인물은 나인데도 말이다. 그들은 독일을 망치고 있는 사람을 선정했다.'

그럼에도 메르켈은 미국의 신임 대통령과 함께 일해나갈 방법을 찾아내야 했다. 구명보트에 의지하듯 미국을 향한 존경심에 매달린 그는 2016년 대선 결과를 미국 국민 탓으로 돌리지 않고 — 트럼프가 유권자 투표에서는 힐러리 클린턴에게 300만 표 가까이 뒤졌음에도 트럼프에게 확실한 승리를 안겨준 — 미국의 선거인단 시스템 탓으로 돌렸다. 메르켈은 예의 신중한 태도로 트럼프에게 전화를 걸었다. 당선을 축하하며 '민주주의와 자유, 법 존중, 인간적 품위를 비롯한 공통의 가치'를 상기할 목적이었다. 메르켈의 메시지는 새 대통령에게 밀려든 당선 축하 메시지 수천 건 중에서 제일 호들갑스럽지 않았던 게 분명하다. 그는 그에게 아첨하지 않았다. 최초로 백악관 회동을 요청하는 인사가 되지도 않을 터였다. 그는 영국 총리 테리사 메이와 일본 총리 아베 신조가 트럼프 타워와 오벌 오피스를 향해 질주하도록 놔뒀다. 그는 자기 순서가 오기를 기다리면서 새로운 시대에 어울리도록 조정해야 할 사안에 대해 연구했다. 메르켈은 변덕이 죽 끓듯 하는 트럼프의 성격을 이해하려면 그의 트윗 계정을 팔로할 필요가 있다는 것을 깨달았다. "나는 트윗을 하지 않습니다. 검색엔진에 '트위터 도널드 트럼프'라고 입력했을 뿐입니다. 그걸로 모든 걸 얻었습니다." 그가 한 말이다.

그가 헬무트 콜 내각의 일원이던 정치 입문 초창기에 독일 주재 대사였던 로버트 키밋을 비롯한 트럼프 이전 시대의 공화당 소속 옛 친구들은 그의 접근 방식을 다시 잡아주려고 애썼다. "앙겔라, 그의 모든 트윗과 그가 터뜨리는 감정은 무시해요. 그러고 비즈니스맨 트럼프를 상대해요. 그는 거래에 능해요. 그러니까 그하고 거래를 해요." 키밋은 제안했다. 조지 W. 부시의 국가안보자문이던 스티븐 해들리(Stephen Hadley)는 이렇게 조언했다. "전략적 인내를 발휘하세요." 공화당 원로들은 트럼프가 있는 '방(room) 안에 어른들'이 있을 거라고 그를 안심시켰다. 그러면서 우크라이나가 국경을 보호해주겠다는 서구의 보장에 대한 대가로 핵무기를 포기했다는 점을 설명하면 신임 대통령은 블라디미르 푸틴의 침략에 맞설 필요가 있다는 점을 깨달을 거라고 주장했다. 더불어 공화당 자문들은 메르켈에게 자신 있게 말했다. 트럼프가 가진 최악의 본능들을 억제하기 위해 의회가, 국무부가, 펜타곤이 있다고.

트럼프가 와일드카드로 뽑은 인사 중 한 명인 마이클 플린(Michael Flynn) 장군이 러시아 대사와 교류한 일과 관련해 FBI에 거짓말을 했다는 이유로 국가안보자문이 된 지 24일 만에 사임하자 총리의 심중에서 희망이 솟구쳤다. 엑슨(Exxon)의 전 회장이던 국무장관 렉스 틸러슨(Rex Tillerson), 국방장관 제임스 매티스(James Mattis) 장군, 플린의 후임자인 H. R. 맥매스터(McMaster) 중장을 비롯해 트럼프가 선택한 내각 인사들은 메르켈과 그의 팀에게는 숱하게 많은 국제 회합에서 만나 이미 친숙한 사람들로, 모두 다 NATO와 EU를 지지했다. 트럼프 취임 후 초기 몇 달간, 대서양 양안 관계가 지속될 가능성에 대한 희망은 여전히 존재했다.

그런데 자세히 관찰해보면(메르켈이 분명 그렇게 하듯), 트럼프는 취임 선서를 하기 전부터 이런 희망에 초를 쳤다는 걸 알 수 있다. "한 국가의 국민들은 다른 나라 사람들이 들어와 자신들의 나라를 파괴하는 것을 원치 않습니다. (…) 나는 독일이 했던 짓을 하고 싶지 않습니다." 그는 1월 16일 인터뷰에서 이렇게 선언했다. 메르켈 입장에서 더 고통스러운 것은 트럼프가 NATO를 태평스러운 태도로 무시한 사실이었다. "NATO는 더 이상 쓸모가 없습니다." 그는 70년간 유럽을 안전하게 지키기 위한 정책을 실행해온 조직에 대해 말하면서 이렇게 덧붙였다. "그 나라들은 자신들의 몫을 지불하지 않고 있는데, 이것은 미합중국에 매우 부당한 처사라고 생각합니다." 유럽연합으로 화제를 돌린 대통령 당선자는 예의 무시하는 투로 의견을 밝혔다. "EU는 부분적으로는 교역 부문에서 미국을 박살 내려고 결성됐습니다." 메르켈과 푸틴 중에 누구를 더 신뢰하느냐는 질문을 받은 미국 대통령은 중립을 지키겠다고 주장했다. "처음에는 양쪽을 다 신뢰하겠지만, 그 입장이 얼마나 오래갈지는 두고 봅시다." 그에 대한 대답은, 전혀 길지 않다는 거였다. 대서양 양쪽에 있는 전후 세대 지도자들이 미래의 스탈린이나 히틀러에 맞서려고 공들여 만들어낸 보호 장치들이 위태로워지고 있었다.

독일의 전 외무장관 요슈카 피셔는 메르켈과 그의 팀이 당시에는 공개적으로 표명하기를 주저했던 충격에 대해 상세히 설명했다. "서구를 내부에서 파괴할 수 있을 거라는 생각은 꿈에도 해본 적이 없습니다." 트럼프의 행동은 유럽의 모든 나라를 곤경에 빠뜨렸지만, 두 나라의 뒤엉킨 역사를 감안하면 독일을 특히 더 애먹였다. "독일은 본질적으로 1949년에 미국이 기틀을 세운 나라입니다. 독일이 물리적·도덕적으로 철저하게 파괴당한 후 다시 일어설 수 있었던 것은 미국적인 기상과 비전, 대규모 자본의 투입 덕분이었습니다." 피셔의 설명이다. "그런데 이제 미국 대통령이 독일이라는 최고의 업적을 성취한 조직 NATO(전후 성공담의 모델)의 미래에 의문을 제기한 겁니다." 많은 독일인이 전후 이어온 동맹 관계의 종식을 접하며 느끼는 감정은 프로이트적 상실감에 가까웠다. "부모에게 버림받은 아이가 된 것 같은 기분입니다. '아빠는 어디에 있어요?' 하고 묻고 싶은 기분이죠." 조지 W. 부시가 재임하는 동안 미국 주재 대사로 복무했던 볼프강 이싱어가 한 말이다.

앙겔라 메르켈은 국제 정세에 무지한 국가 정상을 많이 만났었다. 그래서 트럼프가 국제 정세에 무지하다는 사실은 그리 큰 충격이 아니었다. 그를 당혹스럽게 만든 것은 서구 동맹 관계의 기둥을 공격하는 트럼프의 무신경한 방식, 그리고 그와 푸틴 사이의 지독히도 모호한 관계였다. 트럼프는 1988년에 베를린에서 열린, 미합중국에 역사상 최악의 피해를 입힌 독일의 핵 스파이 클라우스 푹스(Klaus Fuchs)의 장례식에 푸틴이 참석했다는 사실을 신경이나 쓸까? 트럼프에게 그것은 (설령 그 사실을 알고 있다 하더라도) 모두 먼 과거지사일 뿐이었다.

트럼프의 보좌관들은 메르켈의 팀에게 조언했다. 트럼프에게 설교하지 말라고. 그는 주의지속시간이 무척 짧은 사람이라고. 상세 정보도, 배경 사연도, 지나치게 많은 팩트도 필요 없다고. "우리는 트럼프와의 첫 만남을 위해 메르켈이 총리로 지내는 동안 그 어느 누구를 만날 때보다도 더 열심히 준비했습니다." 크리스토프 호이스겐은 말했다.

"최근에 트럼프를 일대일로 만났던 캐나다 총리 쥐스탱 트뤼도에게 연락했습니다. (…) 마이크 펜스 부통령하고도 얘기를 나눴고, 이방카 트럼프와 재러드 쿠슈너에게도 조언을 구했죠. 다임러와 폭스바겐, BMW 같은 독일 기업 CEO들에게 백악관 회담에 배석해달라고 요청해 그들도 함께 했습니다. 독일 기업이 미국에 얼마나 많은 일자리를 제공하는지를 보여주는 차트도 준비했습니다. 독일의 미국 내 투자가 미국의 독일 내 투자의 10배라는 사실을 보여주는 보고서였죠."

2017년 3월, 독일 총리와 회담을 앞둔 트럼프는 건성건성 준비했다. 모든 일을 즉흥적으로 처리한다는 평판대로, 제45대 미국 대통령은 메르켈을 처음 만나는 날 아침에야 맥매스터에게 브리핑을 받았다. 오벌 오피스 옆에 있는 욕실에서 문을 약간 열어둔 채로.

백악관 현관에서 메르켈을 맞은 트럼프는 관례대로 그를 오벌 오피스로 안내했다. 상황은 그곳에 들어서자마자 곧바로 악화됐다. 트럼프는 악수하자는 메르켈의 제안을 무시하는 듯 보였다. "우리 기자들은 총리가 '악수하시죠'라고 말하는 걸 들었습니다. 그러니 그도 그 소리를 들었을 게 분명합니다." <디 차이트>의 케르스틴 콜렌베르크(Kerstin Kohlenberg)가 한 말이다. "그는 메르켈 총리가 독일어로 말할 때 이어폰을 꽂지 않았습니다. 메르켈이 트럼프 쪽으로 몸을 기울이면 그는 메르켈에게서 먼 쪽으로 몸을 기울였습니다."

기자들과 카메라가 떠나자 트럼프는 자신이 좋아하는 리얼리티 쇼에서 자주 하던 행동거지를 보였다. 게임 참가자(이 경우에는 미국을 방문한 국가 정상)가 자신의 방식으로 게임을 풀어가지 못하도록 방해한 것이다. "앙겔라, 당신은 나한테 1조 달러를 빚졌소." 그는 으르렁거렸다. 이 숫자를 고안해낸 것은 당시 트럼프의 수석 전략가이던 스티브 배넌(Steve Bannon)으로, 독일이 NATO에 지불해야 한다고 생각되는 액수를 귀에 꽂히게 설명하려고 의도한 거였다.

"NATO는 그런 식으로 운영되지 않습니다." 메르켈은 냉랭하게 대꾸하면서 NATO는 회비를 납부해야 하는 클럽이 아니라고 지적했다.[1] 게다가 미국도 독일에 빚진 게 있었다. 메르켈은 독일 내에 여전히 무질서하게 지어지는 미군 기지는 중동과 아프가니스탄에서 미국이 펼치는 작전을 위한 본거지라고 설명했다. 하지만 메르켈은 대체로 함부로 입을 열지 않았다. 독일의 강력한 평화주의 성향을 전달하려는 시도는 트럼프가 들을 수 있는 주파수 대역폭을 넘어서는 일이 될 터였다. 최근의 여론조사는 영국인 55퍼센트와 프랑스인 41퍼센트가 NATO 동맹국을 러시아가 공격했을 때 반격으로 무력을 사용할 준비가 돼 있다는 걸 보여줬다. 반면, 독일인들은 34퍼센트만이 그렇게 할 준비가 돼 있다고 밝혔다. 메르켈은 독일이 난민을 그토록 많이 받아들인 것은 '정신 나간 짓'이라는 트럼프의 비난에 대한 대답으로 미국의 조언을 받아 기초한 독일 헌법과 제네바협정 모두가 소중히 여기는 난민의 권리와 관련 법규를 인용했다. 트럼프는 메르켈의 말을 끊으면서 돌연 자기가 더 유쾌하게 생각하는 쪽으로 화제를 바꿨다. 바로 최근에 나온 그의 여론조사 숫자들이다.

---

1 북대서양조약기구(NATO)는 공동 방어 개념을 기초로 한 조직으로, 29개 회원국 전체가 운영 자금에 기여하고 있다. 자국 국내총생산(GDP)의 2퍼센트를 납부한다는 가이드라인을 지키는 건 아홉 개 나라밖에 없지만 말이다. 그렇지만 그 2퍼센트는 가이드라인에 불과할 뿐, 트럼프가 묘사한 것처럼 '청구서'는 아니다.

한 가지 사안에서 다음 사안으로 거칠게 방향을 트는 트럼프의 버릇은 덜 침착하고, 덜 준비된 국가 정상들을 당황하게 만들었다. "그가 주제를 제멋대로 전환하면서 마치 감정이 시소를 타는 양 수시로 돌변하는 모습을 접한 사람은 충격에 휩싸일 수도 있어요." 트럼프의 국가안보위원회 위원이던 피오나 힐(Fiona Hill)의 의견이다. "그는 1분 동안은 무척 정중해요. '앙겔라, 당신은 참 놀라운 사람이군요!' 그러다가 갑자기 이러는 거죠. '앙겔라, 당신은 우리를 뜯어먹고 있소, 그러니 그런 짓을 멈추시오!'" 트럼프에게 다가가는 메르켈의 신중하게 계산된 접근 방식이 먹히는 듯 보였다. 어느 정도는. 메르켈은 설교하지 않았고 그가 감당하지 못할 팩트를 제시하지도 않았다. 절제된 방식으로 상황을 설명했다. 침착성을 유지하면서, 짜증스러운 감정을 드러내는 건 가끔씩 눈동자를 굴리는 것으로 억눌렀다. 허풍기 넘치는 사내들에 익숙한 메르켈은 사자 조련사가 구사하는 저음의 일정한 톤으로 말했다. 처음에는 영어로, 그다음은 독일어로.

"트럼프는 실제로 메르켈의 말을 경청했어요." 힐은 놀라워했다. "결국, 메르켈의 말이 그 모든 브리핑 자료보다 나았죠. 트럼프에게는 스타일과 스왜그(swag)가 중요해요. 그런데 메르켈은 차분하게 지배력을 행사했죠. 그가 영어로 말할 때 내는 저음의 목소리는 상대의 심리적 무장을 해제해요." 트럼프는 영국 총리 테리사 메이를 짜증스러워했지만 (트럼프의 환심을 사려고 기를 쓴다는 점에서 유죄였다) 메르켈의 말은 하루 종일 들을 수도 있다고 말했다.

총리는 이 상황을 최대한 이용하려고 애썼다. 이튿날 이어진 독일과 미국 재계 지도자들의 회동에서 메르켈은 어쩌다 보니 대통령의 딸 이방카 트럼프 옆에 앉게 됐다는 걸 알게 됐다. 이방카는 일반적으로 부통령이 앉을 자리를 차지하고 있었다. 따라서 이번 백악관의 주인은 그 자리를 패밀리 비즈니스로 생각한다는 것을, 그리고 이방카가 대통령의 총애를 받는 딸이라는 사실을 메르켈은 주목했다. 메르켈은 G20에서 파생된 행사로 곧 열릴 예정이던 위민20(Women20) 정상회담에 참석해달라며 즉석에서 대통령의 장녀를 베를린으로 초청했다. "이방카의 환심을 산 건 영리한 행보였어요." 힐은 말했다. "이방카는 메르켈을 좋아하고, 그 사실은 트럼프에게 중요하니까요."

품위 있는 초청자 모드로 돌아간 대통령은 메르켈을 백악관 2층의 개인 구역으로 안내해 역사적인 링컨의 침실을 보여줬다. 총리는 동맹국들을 상대로 무역을 무기로 사용하는 일은 피해야 한다는 점을 트럼프에게 다시 피력할 기회를 잡았다. 그러면서 세계는 지나치게 상호 연계돼 있기 때문에 일방적인 관세와 교역 장벽은 먹히지 않는다고 강조했다. 한 나라가 관세를 인상하면 다른 나라도 똑같은 조치를 취할 것이고, 그러면 무역 전쟁이 발발할 것이라고. 트럼프가 무역 전쟁에서 쉽게 승리할 가능성을 외쳐대자 메르켈은 대답했다. "흐음, 알아서 잘 판단하도록 하세요, 대통령님." 메르켈은 책임은 트럼프에게 있다는 점을 상기시키면 그가 책임 있는 행동을 하게 될지도 모른다는 희망을 품었다.

두 사람의 첫 외교적 만남을 끝맺은 의례적인 언론 브리핑은 두 지도자 모두에게 나름의 유용한 교훈을 제공했다. 모든 눈이 메르켈에게 쏠린 동안, 트럼프는 비꼬는 투로 백악관 기자단에게 말했다. "우리에게는 적어도 공통점이 하나 있습니다. 우리 두 사람은 전임 행정부에 의해 도청당했을 겁니다." 오바마 행정부가 2016년 선거운동 기간에 자신을 염탐했다면서 퍼부었던 그릇된 비난을 은근히 거론한 것이다. 기자 몇 명이 낄낄거리는 동안, 총리의 얼굴은 완벽히 무표정을 유지했다. 불신감의 표시로 곧추세운 고개와 치켜올린 눈썹만이 메르켈의 감정을 보여주고 있었다. 총리는 트럼프의 망상을 받아주지도, 그의 바라는 대로 미소 짓지도 않을 작정이었다.

트럼프는 총리가 베를린으로 돌아가고 있을 때 트윗을 올렸다. '여러분이 들은 가짜 뉴스와 달리, 나는 앙겔라 메르켈 독일 총리와 끝내주는 회담을 했습니다.' 메르켈은 그가 그런 식으로 언론의 관심을 얻으려고 하는 걸 싫어했다. 어느 보좌관은 이렇게 전했다. "메르켈은 (트럼프의) 그런 행태는 다른 독재자들에게 언론은 만만한 대상이라는 생각을 심어줄 거라는 걸 알고 있었죠." 트럼프는 계속해서 지독히 전형적인 특유의 분열적인 방식으로 다른 트윗을 올렸다. '독일은 NATO에 어마어마한 액수를 빚지고 있습니다. 그리고 미합중국은 독일에 제공하는 막강하고 매우 값비싼 국방에 대한 대가를 더 많이 받아야만 합니다!'

이 방문에서 돌아온 메르켈은 억지로라도 새로운 현실을 받아들여야 했다. 논리적인 다음 행보는 독일의 군사 역량을 강화하는 일이 될 터였다. 트럼프가 원했기 때문이 아니라 독일을 위한 정책의 일환으로서 말이다. 사실 메르켈은 2015년부터 주저하는 연립정부 파트너인 사회민주당 당원들에게 국방 예산을 40퍼센트 증액하자고 촉구했다. 그런데 세계 4위의 경제 대국이 트럼프가 요구한 것처럼 국방 지출을 GDP의 2퍼센트까지 늘리려면 예산을 수백억 달러 늘려야 하고, 그럴 경우 독일이 국방비 지출 면에서 미국과 중국에 이어 세계 3위 국가가 된다는 사실을 어떻게 트럼프에게 이해시킬 수 있겠는가? 결국, 트럼프가 자행한 약자 괴롭히기는 의도하지 않은 결과를 낳았고, 독일의 국방 예산을 증액하려는 메르켈의 시도를 불가능한 일로 만들어버렸다. "이 인간한테 돈을 더 지불하라고요?" 이싱어는 한껏 과장된 표현을 동원하며 물었다. "말도 안 됩니다."

트럼프가 취임하고 넉 달째가 됐을 때, 메르켈은 서구 세계의 질서에 대한 그의 반항적인 도전에 응할 장소로 우스꽝스러울 만큼 독일적인 배경을 선택했다. 뮌헨에 있는 맥주 텐트 안, 독일 전통 의상인 무릎까지 내려오는 가죽 반바지를 입고 던들을 두른 여성들이 서빙하는, 그 지역 맥주가 담긴 머그잔을 들어 올리는 불콰한 얼굴의 남성들 무리 속에서 메르켈은 거침없이 의견을 개진했다. 그는 맥주를 제대로 들이켜려고 그 자리에 모인 사람들에게, 아니 전 세계 사람들을 향해 선언했다. 미합중국은 더 이상은 믿음직한 파트너가 아니라고.

메르켈은 같은 달에 시칠리아에서 열린 우울한 G7 정상회의에 참석한 뒤에도 비슷한 의견을 밝혔었다. "우리가 서로 한껏 의지할 수 있었던 시대는 어느 정도 저물었습니다." '어느 정도'는 단언하는 것을 끔찍이 싫어하는, 항상 더 나은 결과를 위해 문을 살짝 열어두는 메르켈이 선택할 법한 전형적인 단어였다. 그런데 그의 입장에서 이것은 무척 강경한 의견 표명이었다. "우리 유럽인들이 우리 손으로 운명을 개척해야 한다는 사실이 제 눈에는 뚜렷이 보입니다." 그는 나중에 이렇게 덧붙였다. "물론, 우리는 미국과 영국, 러시아를 비롯한 이웃 국가들과 우호적인 관계를 유지해야 합니다. 그렇지만 우리는 우리의 미래를 위해 스스로 싸워야만 합니다." 이제 미국은 러시아와 더불어 독일의 '친구' 명단에 들어 있는 한 나라에 불과하다는 사실이 이 순간을 쓰라린 분수령으로 만들었다. "이제 세상에는 미국 우선주의(America First)를 신봉하는 대통령이 있습니다." 독일이 모든 것에 우선한다고 으스대는 일은 결코 없을 총리는 말했다. 메르켈은 내셔널리즘을 눈곱만치라도 표명하는 것을 본능적으로 혐오했다. 조국의 어떤 점을 좋아하느냐는 질문을 받은 그가 내놓은 전형적이고 실소를 터뜨리게 하는 대답은 이랬다. "우리나라에는 찬 바람을 막아주는 근사한

창문들이 있습니다." 그는 언젠가 어느 CDU 연회에서 테이블을 장식한 자그마한 독일 국기들을 치우라고 요청했었다.

그러나 트럼프는 막무가내였다. "이 상황은 우리가 유럽에서 우리 나름의 원칙과 가치를 수호해야 한다는 뜻입니다." 메르켈은 발표했다. 브렉시트가 동맹 관계의 한쪽 주춧돌을 빼버린 시점에 유럽연합이 어떻게 그렇게 할 수 있을지는 두고 볼 일이었다. 그럼에도 메르켈의 단호한 발언에는 유럽의 다른 어떤 지도자의 발언보다 더 큰 무게가 실려 있었다. 독일은, 그리고 특히 이 총리는 유럽에서 영국에 버금가는 미국의 확고한 동맹이었다. (가장 글로벌화한 두 나라 미국과 영국이 내셔널리즘을 선택했다는 아이러니는 인상적이다.) 이제 메르켈은 다른 계획을, 더 유럽 중심적인 계획을 세우고 있었다. 그는 지금까지는 지나치게 신중했다. 그리고 위험천만한 세계에서 독일은 미국이 펼친 안보 우산이 필요하다는 사실을 분명히 인식하고 있었다. 그래서 메르켈은 워싱턴과 결별하는 대안은 생각조차 하지 않았다. 다른 무엇보다 중요한 분야인 외교와 국정 운영 분야에서 그가 구사하는 어투가 급변했다.

그래서 2018년 5월에 트럼프와 두 번째 회담을 하려고 백악관에 들어갈 때 메르켈의 기대는 확연히 줄어 있었다. 회담은 15분간 지속됐는데, 그 15분은 트럼프가 "EU는 규모만 작을 뿐 중국보다 더 나쁩니다"라고 호통을 치고는 유럽연합은 미합중국을 이용해 먹으려고 만든 기구라고 덧붙이기에 딱 알맞은 시간이었다. 트럼프가 유럽산 철강과 알루미늄에 부과하겠다고 으름장을 놓은 관세를 실제로 실행할 것으로 보느냐는 언론의 질문에 메르켈은 아주 짧게 대답했다. "대통령께서 결정하실 겁니다." 이것은 트럼프에게 자신이 한 행동에 대한 책임을 지우려는 시도였다. 그게 제대로 먹히고 있는 것처럼 보이지는 않았지만 말이다. 트럼프가 느닷없이 참전 용사 문제를 늘어놓기 시작했을 때 메르켈의 강철 같은 자제력에 빈틈이 보였다. "누군가가 우리의 참전 용사를 불쾌하게 대우하면, 우리는 그 즉시 그들에게 발포할 겁니다! 그들이 독일에서 그러는 것처럼요!" 그는 이렇게 말하면서 메르켈에게 고개를 돌렸는데, 때때로 메르켈의 속내를 가장 잘 보여주는 눈썹이 한껏 치켜올라가 있었다.

"앞으로 보낼 10년이 우리가 과거에서 교훈을 얻었는지 보여줄 겁니다." 메르켈이 트럼프와 오찬을 함께한 후 한 말이다. "교훈을 얻지 못했는지도 보여줄 거고요." 말을 그리 많이 하지 않는 이 여성이 한 말은 그게 전부였다. 그런데 그 정도 말로도 모든 게 전달됐다.

트럼프의 전매특허인 '모욕 외교'의 전모가 완전히 드러난 것은 2018년 6월에 캐나다 샤를부아에서 열린 차기 연례 G7 정상회담 장소에서였다. 이 정상회의는 전통적으로 사진 잘 받는 배경 속에서 오랜 친구를 비롯한 친숙한 얼굴들과 느긋하게 어울리는 모임으로, 그 자리에 참석한 정상들은 서구를 지탱하는 민주적 원칙과 경제적 제휴에 다시금 몰두하고는 했다. 그해의 정상회담은 젊음을 발산하는 쥐스탱 트뤼도 총리가 퀘벡주 로렌시아산맥(Laurentian Mountains)의 풍광을 만천하에 자랑할 기회였다. 그런데 트럼프의 계획은 달랐다. 그 모임의 음울한 기운을 포착해 아이콘의 반열에 오른 사진은 그날의 분위기를 잘 보여준다. 두 팔을 쭉 뻗고 선 메르켈은 팔짱을 끼고는 '나를 너희 맘대로 할 수 있는지 확인해봐' 하고 조롱하는 듯 턱을 내밀고 노려보는 트럼프를 향해 몸을 숙이고 있고, 트뤼도와 아베 신조, 프랑스의 새 대통령 에마뉘엘 마크롱은 메르켈이 동네 건달과 맞붙는 모습을 애절한 눈빛으로 관망하고 있다. 트럼프는 그가 늘 수적으로 열세가 될 수밖에 없는 이런 다자간 모임에 짜증을 냈다. 심지어 그는 '법칙에 기초한 국제 질서' 코뮤니케(communiqué, 민주적 가치와 자유시장을 지향하는 서구 민주주의 국가들의 연대를 지지하는 내용의 표준 문안)에 서명하는 것을 막판까지 거부하기도 했다. 결국 메르켈의 압박을 받은 그는 뚱한 표정으로 서명했다. 몸을 크게 젖힌 그는 주머니에서 스타버스트(Starburst) 사탕 두 개를 꺼내 메르켈 쪽으로 툭 던졌다.

"나한테 받은 게 하나도 없다는 말은 하지 말아요, 앙겔라!" 그가 이죽거리면서 한 말이다. 이 유치한 행동의 결과로 사탕이 떨어지면서 소리가 났지만, 메르켈은 미소를 짓지도 얼굴을 찡그리지도 않았다. 상황을 인지하지 못한 척했다. 건달 입장에서는 제일 불만스러운 반응이었다. 미국의 제33대 대통령인 해리 S. 트루먼의 제2대 국무장관이었던 딘 애치슨(Dean Acheson)은 언젠가 트루먼에 대해 이런 말을 했다. "그에게는 지도자가 가질 수 있는 최악의 악덕이 없습니다. 그와 그가 맡은 직무 사이에 자존심이 끼어드는 일은 절대로 없습니다." 메르켈은 트럼프의 미끼를 덥석 무는 대신 트루먼이 연상되는 특징을 드러냈다. 이 특징은 트럼프를 미치게 만들었다.

평소에 여성을 상대할 때 써먹는 모욕과 협박이라는 수법이 별 효력을 발휘하지 못하는 상황은 그에게 실망을 안겨줬다. 이런 수법을 피하는 연습을 했던 메르켈의 수법은 상황을 이해하지 못하는 척하면서 재빨리 주제를 바꿔 자신이 하고 싶은 질문을 던지는 것이다. 이렇게 미꾸라지처럼 빠져나가는 상대에 익숙하지 않았던 트럼프는 메르켈을 모욕의 단골 표적으로 삼았다. 그런데 묘하게도, 트럼프는 가끔 메르켈에게 마지못해 존경심을 표하기도 했다. 그는 2018년 봄에 신임 미국 주재 독일 대사 에밀리 하버를 만나는 자리에서 물었다. "당신도 상사만큼 똑똑한가요?" 트럼프는 NATO 회담에 참석해서 훼방을 놓은 다음에 회담장을 떠날 때도 구경꾼인 기자단에게 비슷한 방식으로 메르켈을 지칭하며 이런 말을 했다. "참 대단한 여자 아니에요?" 그러고는 한 마디를 툭 던졌다. "나는 이 여성을 사랑합니다!" 당연히 그는 오래지 않아 이런 트윗을 올렸다. '독일의 범죄율이 치솟고 있습니다!' 그런데 그 시점에서 독일의 범죄율은 1992년 이래 가장 낮은 상태였다. 이즈음 메르켈이 잘 알고 있듯, 미국 대통령이 가는 길에 팩트가 끼어드는 경우는 절대로 없었다.

메르켈 팀의 멤버들은 미국의 카운터파트들에게 트럼프가 관심이 없는 이슈들, 즉 발칸반도와 아프가니스탄 같은 (정상적인 국정 운영과 외교를 수행하기 위해 계속 관심을 가져야 하는 영구적인 분쟁 다발 지역) 이슈에 어느 정도 진전이 있었다고 주장할 수 있었다. (트럼프가 발트해(Baltic) 지역 지도자들과 대화를 하면서 이 지역을 발칸반도(Balkans)와 혼동했을 때, 총리는 더 이상 눈썹을 치켜올리지도 않았다.) 그런데 NATO와 이란, 러시아, 중국, 기후변화와 관련된 사안처럼 메르켈이 가장 신경을 많이 쓰는 이슈의 상황은 답보 상태이거나 악화됐다. 트럼프는 갖은 고생 끝에 이란과 타결한 핵 협정을 파기하겠다는 위협을 실행에 옮겼고, 기후변화와 관련한 2015 파리협정에서 탈퇴했다. 이런 행보는 메르켈이 품은 핵심적인 신념의 한복판을 뒤흔들었다. 이란은 이스라엘의 안보를 위협했고, 파리협정은 환경부 장관으로 재임하던 정치 경력 초기에 교토의정서의 토대를 다지는 과정에서 그가 맡은 역할을 상기시켰다.

"보기 좋지 않습니다. 제 기준에서는 심한, '환멸'이란 말을 쓰겠습니다." 격분한 메르켈이 독일인들에게 한 말이다. 그는 트럼프와 자신의 핵심적인 차이점일지도 모르는 부분을 이런 말로 압축해 설명했다. "저는 윈-윈(win-win) 상황이 있다고 생각합니다. 트럼프는 오직 한 사람만 승리하고 상대방은 패하는 상황만 있다고 믿습니다."

그 시점부터 총리는 워싱턴과 베를린 사이의 일상적인 교류를 외무장관과 재무장관, 무역대표, 대사에게 맡겼다. “그와 트럼프 사이에 인간적인 관계는 없습니다.” 당시 메르켈의 국가안보자문이던 크리스토프 호이스겐은 이렇게 말했다. “그들은 대화를 합니다. 그는 메르켈의 말을 듣습니다. 그는 흥분합니다. 그러고는 까먹습니다. 다음번에 똑같은 이슈를 제기하고 우겨댑니다. 그런데 그러고 나서도 실질적인 진전은 없습니다.” 호이스겐은 단호하게 주장했다. “방치된 핵심 사안들 위로 잡초가 무성해졌습니다.” 메르켈의 고위급 보좌관 중 한 명이 한 말에 따르면, 2018년에 독일 총리와 외무장관은 백악관에 있는 이해하기 힘든 ‘괴짜’를 상대하고 있었다. 메르켈은 대립으로 치닫는 대서양 양안 관계를 바로잡으려는 시도를 중단했다. 이제 유럽에 활기를 불어넣는 것이 그의 주된 목표가 될 터였다. 그가 그 목표를 달성하려고 동원한 수단은 대체로 상징적인 것이었다. 그는 (언론이 그에게 이런 칭호를 헌사하기를 즐기는 것과 상관없이) 실제로 유럽의 총리가 아니었기 때문이다. 그는 설득과 솔선수범으로, 그리고 워싱턴에서 불어오는 역풍에 대해 느끼는 불안감이 커지고 있다는 신호를 보내는 것으로 유럽을 이끌었다. 메르켈은 스스로 통제 불능으로 폭주하는 시대에 봉사하려고 한 것은 아니었다. 이런 시대에 걸맞은 신념을 갖추기 위해 자신이 품은 핵심적인 신념을 내팽개치지도 않았다. 무엇보다도 그는 유럽과 독일이 자신들이 믿는 가치를 신봉하며 트럼프의 시대를 잘 이겨내기를, 그리고 (무기가 아니라 사상으로) 후일 싸움터에 나설 채비를 갖추기를 원했다.

트럼프의 임기가 중간쯤 지난 시점에 메르켈의 세계는 2005년 총리에 취임했을 때와 생판 달라 보였다. 이제 그는 분노를 주체하지 못하는 공격적인 러시아, 갈수록 권위주의와 팽창주의가 도를 더해가는 중국, EU 동쪽에 포진한 '자유를 제한하는 민주주의자들'을 상대했고, 에르도안은 터키가 유럽의 문간에 있는 온건한 이슬람 공화국이 되기를 바라는 메르켈의 희망을 내동댕이쳤다. 중동에서 진보적으로 보이던 젊은 사우디아라비아 왕자 무함마드 빈 살만(Mohammed bin Salman)은 냉혹한 살인자나 다를 바 없다는 사실이 증명됐다.

메르켈에게 최근 쓰라린 경계경보를 울린 것은 독일 사학자 헤르프리트 뮝클러(Herfried Münkler)가 내놓은 1000페이지 가까운 책 <30년 전쟁: 유럽의 재앙, 독일의 트라우마, 1618~1648(The Thirty Years War: European Catastrophe, German Trauma, 1618~1648)>였다. 그가 미친 듯이 탐독한 이 노작은 결국에는 스페인부터 스웨덴까지 유럽 대부분의 지역을 집어삼킨, 대륙의 인명을 대량으로 앗아간 흉포한 17세기의 전쟁을 재구성한다. 메르켈은 저자를 총리실로 초빙했고, 그와 사학자는 두 시간 동안 1555년에 유럽의 피비린내 나는 종교전쟁을 종전시킨 아우크스부르크 화의가 체결되고 70년이 지난 후에 어떻게 전쟁이 다시 터지게 됐는지에 대해 이야기를 나누었다. 평화가 70년간 이어진 후, 앞서 벌어진 전쟁의 잔혹 행위에 대한 개인적인 기억을 가진 사람은 거의 생존해 있지 않았다. 그래서 유럽은 특별한 이유도 없이 흉포한 또 다른 전쟁에 맹목적으로 빠져들었다.

메르켈은 시간이 갈수록 400년 된 그 사건들과 오늘날의 정황 사이에 위험한 유사점들이 있다는 사실에 주목하게 됐다. "왜냐하면 지금은 제2차 세계대전이 끝나고 대략 70년쯤 지난 시점이고, 조금 더 있으면 우리 중에 전쟁을 체험한 사람은 아무도 없을 것이기 때문입니다." 그가 2018년 5월에 한 연설에서 서글픈 어조로 한 말이다. 메르켈은 주위를 둘러보며 또 다른 범세계적 참상을 빚어낼 끔찍한 가능성을 확인했다. "그들은 자기가 원하는 일은 무엇이건 할 수 있다고 믿습니다. 한 사람은 이곳에서 더 많은 것을 요구하고, 다른 사람은 저곳에서, 그리고 조금 더 공격적으로 굴다가 갑자기 모든 질서가 엉망이 됩니다." 그가 한 말인데, 누구를 두고 하는 말인지 구체적인 이름을 거론할 필요는 없었다.

시대는 더 강렬한 언어를 요구했다. 앙겔라 메르켈이 갖고 있지 않은 언어를. 그는 강렬하고 열정적인 호언장담을 대답으로 내놓을 생각이 없었고, 그럴 능력도 없었다. 침묵, 절제된 표현, 감정을 싣지 않은 위트가 그가 선호하는 무기였다. 독일 자동차에 관세를 부과하겠다는 트럼프의 계속된 위협에 대한 질문을 받은 그는 대답했다. "우리 자동차가 갑자기 미국의 국가안보에 위협을 제기했다면, 그건 우리에게도 충격적인 일일 겁니다." 그러면서 지적했다. "사실, BMW의 최대 공장은 바이에른이 아니라 사우스캐롤라이나에 있습니다! 불만이 있는 사람이 있다면, 우리는 그 문제를 대화로 풀어야 합니다. 세상사는 그런 방식으로 작동합니다." 그는 2019년 2월에 뮌헨에서 열린 국제 안보 회담을 이렇게 날카로운 말로 마무리 지었다. BMW와 메르세데스에 위협을 느낀 사람이 (트윗을 올리면서 그런 일을 하지 않을 때에는) 별 말이 없다는 사실은 아무도 떠올릴 필요가 없었다.

2019년 봄, 메르켈의 어머니 헤를린트 카스너가 향년 90세를 일기로 타계했다. (아버지 호르스트 카스너는 8년 전에 85세를 일기로 타계했다.) 메르켈은 전형적인 스타일대로 상심을 전적으로 자신 안에만 묻어뒀다. 슬픔을 삭일 시간을 갖겠다며 휴가를 내지도 않았다. 하지만 인터뷰도 절대로 하지 않고 딸에 관한 이야기를 공개적으로 하지 않던 어머니는 앙겔라의 성장기에 중요한 역할을 했다. 남편을 따라 동독으로 가면서 많은 것을 포기해야 했고, 소비에트연방 지역에서 영어를 가르치는 것조차 금지당했던 헤를린트는 어린 앙겔라가 학교를 다녀온 후 동독 체제를 향해 커져만 가는 불만을 쏟아내는 상대였다. 장벽이 무너졌을 때 약속한 것처럼 모녀가 굴 요리를 먹으러 켐핀스키 호텔에 다녀온 적은 결코 없었지만, 헤를린트 카스너는 자신의 첫아이가 통일 독일의 총리 취임 선서를 하는 모습을 네 번이나 볼 정도로 충분히 오래 살았다. 메르켈의 어머니는 템플린의 사회민주당 지역 당사에서 활발하게 활동하는 당원이었고 자신의 딸에게 표를 던진 적이 결코 없었지만, 모녀 사이는 대단히 가까웠다. 앙겔라는 어머니를 떠나보내면서 절대적으로 신뢰하는 몇 안 되는 사람 중 한 명을 잃었다.

두 달 후, 하버드대학교 학위 수여식에서 연설하려고 매사추세츠 케임브리지를 찾았을 때 로런스 배카우 총장 옆에 앉게 된 메르켈은 총장에게 자신이 느낀 상심에 대해 말했다. "메르켈은 여전히 어머님을 잃은 사실에 깊은 슬픔을 느끼고 있었습니다." 배카우가 한 말이다. 당연하다. 앙겔라 메르켈이 모든 사람의 눈이 자신에게 쏠려 있다는 사실을 잘 아는 독일 내보다 외국에서 낯선 이와 슬픔을 나누는 걸 더 자유롭게 느꼈다는 사실은 주목할 만하다.

케임브리지의 구름 한 점 없는 날에, 메르켈은 자신이 가장 이상적으로 여기는 미국을 경험했다. "총리가 하버드에 도착했을 때, 야드(The Yard, 하버드대학교 중심부에 있는 교차로)의 분위기는 넬슨 만델라가 학위 수여식 연사로 왔을 때를 연상시켰습니다." 셰익스피어 학자이자 사학자인 스티븐 그린블랫(Stephen Greenblatt)은 말했다. "그의 방문은, 엄청난 도덕적 용기를 세상에 보여준 역사적 인물이 더 이상 지속할 수 없을 것 같은 생활 방식에 대해 우리가 품을 수 있는 최고이자 마지막인 희망이 등장한다는 느낌을 주었습니다. 학생들은 메르켈 총리가 보호하려고 애쓰는 관심사가 자신들과 관련된 것이란 걸 아는 듯 보였습니다."

중세시대 분위기를 풍기는 하버드대학교 학위 수여식의 화려한 행사(알록달록한 예복을 입은 교수진, 수천 명의 학생과 학부모, 애교심으로 똘똘 뭉친 여러 세대의 동문)에 푹 빠진 메르켈은 평소와 달리 검정과 빨강이 섞인 실크 예복 차림의 눈부시게 빛나는 모습으로 등장했다. 인생의 문턱에 선 활기 넘치는, 풋내 나는 학생들이 인산인해를 이룬 모습을 돌아본 그는 얼굴 가득 환한 미소를 지었다. 중국 이민자의 딸이자 하버드 동창회의 역대 최연소 회장인 마거릿 M. 왕(Margaret M. Wang)은 총리를 유럽의 지도자로 소개하면서 평등 결혼 장려, 독일 최초의 최저임금법 통과, 100만 명 이상의 난민에게 국경을 개방한 것을 업적으로 꼽았다. 청중은 메르켈이 연설을 시작하기 전부터 자리에서 벌떡 일어났다. "시작합시다!" 길게 이어지는 박수를 편안하게 여긴 적 없는 메르켈이 사무적인 말투로 말했다.

메르켈은 1947년 미국 국무장관 조지 C. 마셜(George C. Marshall)이 바로 이 자리에서 했던 연설을 떠올렸다. 마셜은 서유럽의 피폐한 경제를 일으키고 갈수록 확장되는 러시아에 맞서 유럽의 민주주의를 안정화하기 위해 170억 달러의 보조금을 제공하겠다고 발표했다. 총리는 백악관에서 흘러나오는 (트럼프의) 위험천만한 분열 책동에 대해 자신이 할 수 있는 가장 강력한 답변을 내놨다. "고착되고 변하지 않을 것처럼 보이는 것도 변할 수 있습니다." 그는 경고했다. "우리는 한 나라가 아니라 범세계적인 관점에서 생각하고 행동해야 합니다. 혼자가 아니라 함께 해야 합니다. (…) 당연하게 받아들일 일이란 세상에 없습니다. 우리 개개인이 누리는 자유는 보장된 게 아닙니다. 민주주의와 평화, 번영도 마찬가지입니다."

그는 대학원생들에게 고개를 돌리고 강권했다. "여러분이 느낀 충동이 아니라 품은 가치들 옆에 굳건히 서십시오. (…) 잠시 걸음을 멈추세요. 침묵을 지키세요. 생각하세요." 그는 이런 말로 자신이 의사 결정에 다가가는 접근 방식을 공개했다.

그 연단에 선 자신에게 워싱턴의 시선이 쏠리고 있다는 사실을 잘 아는 그는 현실 정치의 분야로 뛰어들었다. "보호주의와 무역 분쟁은 세계의 자유무역을, 그리고 우리의 번영의 토대를 위험에 빠뜨립니다. (…) 기후변화와 그에 따른 기온 상승은 인간이 초래한 겁니다. 이 문제에 혼자서 대처해서는 결코 성공하지 못할 겁니다. 장벽을 쌓지 마십시오. 장벽을 허무십시오. 거짓말을 진실이라고 우기거나 진실을 거짓말이라고 몰아세워서는 안 됩니다." 그는 이렇게 연설을 마무리 지었다. 청중은 벌떡 일어나 평범한 시대라면 더없이 자명해 보였을 연설을 한 메르켈에게 가늠하기 어려운 긴 시간 동안 박수를 보내면서 지금은 평범한 시대가 아니라는 사실을 웅변했다.

메르켈은 선동 정치에 반대하는 사람일 것이다. 그렇지만 하버드 야드를 채운 청중이 보내는 생동감 넘치는 존경의 표현조차 즐기지 못하는 사람은 아니었다. 지나치게 분석적이고 과하다 싶을 정도로 쉽게 믿음을 주지 않으며, 종종은 절망적일 정도로 신중한 그도 인간이다. 그가 통치하는 나라의 분개한 국민 중 일부가 자신에게 퍼부은 야유와 조롱을 겪은 뒤였기에, 그에게 쏟아진 환호는 확실하게 기분을 끌어올렸다. 그가 마술처럼 오바마와 어깨를 나란히 할 현란한 언변의 대중 웅변가로 변신한 것은 아니다. 하지만 이 청중에게 메르켈은 그들이 닮고 싶어 하는 가치관의 화신이었다. 앙겔라 메르켈에게 학생들의 반응은 그가 받을 수 있는 최상의 지지였다. 그들은 다른 사람들을 존중해달라는 그의 애원에, 그리고 팩트와 판타지를 구분해달라는 그의 요청에 갈채를 보냈다. 이 두 가지 다 위협받고 있는 시대에 말이다. 맞다, 그들은 위험에 처한 가치들을 옹호해달라며 그들에게 호소하는 여성에게 갈채를 보냈다.

"그런 연설은 독일에서는 절대로 하지 않을 거예요." 어느 정도 시간이 흐른 뒤에 에바 크리스티안젠이 한 말이다. "독일인들은 그런 연설은 지나치게 감정적이고 감상적이라고 생각할 거예요." 감정과 감상은 그의 꾸밈없는 직설적인 스타일과 더불어, 하버드 학생들이 갈채를 보낸 특징이다.

케임브리지에서 보낸 그 완벽한 날이 선사한 유쾌한 기분은 그해 여름을 넘기지 못했다. 그달 말 일본 오사카에서 메르켈은 미국 대통령과 마지막일지도 모를 만남을 가졌다. 선진 20개국 정상이 모인 이른바 G20에서 트럼프는 또다시 민주적 가치와 전통을 짓뭉갰다. 푸틴과 농담을 나누던 트럼프는 러시아의 미국 정치 개입을 가볍게 여기는 듯한 행동을 했다. 트럼프는 환한 미소를 짓고 집게손가락을 흔들며 러시아인에게 '경고'했다. "우리 선거에 간섭하지 마쇼!" 멍하게 쳐다보던 푸틴은 자신이 장차 그런 짓을 벌일 것이라는 분위기를 풍기면서 공포에 빠진 척하며 고개를 저었다. 그에게는 자기만족에 빠져 히죽거릴 이유가 있었다. 불과 며칠 전, 푸틴은 '자유민주주의의 죽음'을 발표하며 전 세계 언론의 헤드라인을 장식했다.

"리버럴한 사상은 원래 기대한 수명을 넘어 더 장수했습니다." 푸틴은 <파이낸셜 타임스>와 가진 헤드라인을 장식할 만한 인터뷰에서 국경 개방을 향한 범지구적 환멸을 가리켰다. 푸틴이 이제 쓸모없다고 선언한 이슈들은 독일 총리 리더십의 핵심에 자리한 것들이었다.

메르켈은 자신이 품은 가치와 권위주의 쪽으로 기운, 부인할 길 없는 세계적인 분위기 사이에서 위험천만한 상태로 간신히 균형을 잡고 있었다. 독일보다 더 중국의 시장과 러시아의 에너지, 미국의 안보 보장을 필요로 하는 나라는 없었다. 라이벌 강대국들에게 세계를 맡기려는 욕망이 독일보다 덜한 나라는 없었다. 메르켈에게 EU는 파괴적인 내셔널리즘을 억제하는 기구였다. 그런데 영국 없이 얼마나 오래도록 그렇게 할 수 있을까? 미국 없이는?

총리는 점점 더 유럽에, 그리고 27개국을 극도로 헐거운 연합으로 묶고 있는 유대에 초점을 맞췄다. 메르켈은 레오나르도 다빈치 사망 500주년 기념식을 서구에 이런 현실을 상기시킬 기회로 삼았다. "지난 5세기 동안, 가장 중요한 발명들은 유럽에서 이뤄졌습니다. 이후로 한동안은 그렇지 않았습니다." 그가 던진 메시지는 한마디로 '깨어나라, 유럽! 깨어나라, 미국!'이었다.

메르켈은 장벽이 무너진, 그리고 그가 동독에서 서독으로 건너왔던 1989년의 승리의 나날들 이후로 서구 민주주의가 직면한 예상치 못한 장애물들을 2019년 6월에 모두 요약했다. "얼마 안 있어 발칸반도에서 분쟁이 터졌고, 이후에는 이슬람권에서 분쟁이 일어났습니다. 주요 경제 대국으로 부상한 중국이 민주적이지 않은 국가도 경제적으로 성공할 수 있다는 사실을 보여주며 자유민주주의의 도전 세력이 됐습니다. 그러고는 이슬람 테러리즘의 도전이 있었고, 특히 2001년 9월 11일에는 미국에 대한 공격이 있었습니다." 그는 과학자다운 문구로 방향을 틀면서 결론을 지었다. "우리는 자유로운 시스템이 승리할 것이라는 걸 뒷받침할 절대적인 증거를 아직 갖고 있지 않습니다." 총리는 특유의 절제된 표현으로 말했다. "그 점이 걱정스럽습니다."

그해 여름, 끈질기게 덮치는 스트레스가 결국 메르켈의 발목을 잡았다. 그의 몸(그의 나이의 절반밖에 안 되는 젊은 사람들도 감당하기 힘겨운 빡빡한 일정을 소화하며 수십 년을 보낸 예순다섯 살의 여성치고는 놀랄 정도로 팔팔한 몸)이 자신의 생각을 배신하고 있는 듯 보였다. 그가 공식 석상에서 몸을 떠는 모습이 열흘 사이에 두 번이나 목격됐다. 그는 몸이 떨리는 걸 막으려고 두 팔을 붙잡았다. 우크라이나 대통령 볼로디미르 젤렌스키를 환영하는 예식을 거행하는 도중에 군악대가 독일과 우크라이나의 국가를 연주할 때, 총리는 온몸이 떨리는 걸 주체할 수 없는 듯 보였다. 독일인들이 메르켈에 대해 당연하게 받아들이던 것 중 하나가 강건한 체력이었다. 베이징에서 날아온 이후에도 곧바로 집무실로 향하는 것으로 유명한, 그들의 강철 총리(Iron Chancellor)에게 드러나지 않은 건강 문제가 있는 걸까? 여러 위기가 덮친 이 계절 동안, 일부 관측자들은 그가 일으킨 경련을 병약해진 징조로 해석했다. (보좌관들은 어머님을 잃은 슬픔에서 벗어나지 못한 탓으로 돌렸다.)

“간단하게 말하고 싶어요. 여러분은 저를 꽤 오랫동안 아셨고, 제가 임기를 완료할 수 있다는 걸 잘 아시죠.” 메르켈은 독일 언론에 말했다. “한 사람의 인간으로서 저 역시 제 건강에 관심을 가져요. 제 정치 경력이 2021년에 끝날 것이기 때문에 특히 더 그렇죠. 저는 이 경력이 끝난 뒤에 행복한 삶을 살고 싶어요.” 메르켈은 간략하고 대단히 인간적인 설명으로 자신의 신체가 필생의 업무를 수행하는 데 적합한지 여부를 놓고 벌어진 논란을 일축했다.

미국의 기준에서 보면, 총리의 건강과 관련한 사실을 밝혀내기를 주저하는 독일 언론의 모습은 놀라워 보인다. “우리 언론협회는 회의를 열었습니다.” 베를린에서 활동하는 칼럼니스트 아나 자우러브레이(Anna

Saurebrey)는 말했다. "우리는 총리의 건강이 직무 수행을 막지 않는 한 그 문제를 취재하지 않는다는 전통을 고수하기로 결정했습니다. 그는 명백히 직무를 수행하고 있습니다. 그래서 우리는 이것을 총리의 개인적인 문제로 봅니다." 이 불안정한 신세계에서, 총리의 프라이버시를 존중하겠다는 언론의 이 집단적인 결정은 참으로 진기해 보인다.

앙겔라 메르켈은 서구의 가치들이 위협을 받고 있다며 경보를 발령하는 것 이상의 일을 했다. 트럼프가 민주당의 소수자 여성 의원 네 명(이 중 셋은 미국 출신이었고, 하나는 소말리아 난민이었다가 귀화한 미국인이었다)을 비판하면서 '그들은 완전히 망가지고 범죄가 들끓는 곳들로 돌아가 그곳을 바로잡는 일을 돕는 게 마땅하다'고 권하자, 메르켈은 "제 입장은 트럼프의 공격하고는 확실히 거리가 멉니다."라고 발표하고 이렇게 덧붙였다. "저는 공격을 당한 이 여성들에게 연대감을 느낍니다. (…) 미국의 강점은 온갖 다양한 나라에서 온 사람들이 미국을 위대한 나라로 만드는 데 기여하는 것에 있습니다." 그의 이 말은 트럼프에게 자신이 늘 입에 달고 다니는 구호를 상기시켰다.

하지만 소중히 여기는 가치들을 강화하려는 메르켈의 노력은 대중의 눈에는 대체로 보이지 않는 것들이었다. 독일의 어두운 역사 때문에 독일 총리가 국내 사안의 영역에서 취할 수 있는 행동의 범위에는 의도적으로 많은 제약이 따랐다. 푸틴과 시진핑, 에르도안, 인도의 나렌드라 모디 총리와 달리 메르켈은 자신의 의지를 실행에 옮길 권한이 부족했다. (게다가 그것은 그의 스타일도 아니었다.) 그는 수십 년에 걸쳐 구축한 관계를 바탕으로 조금씩, 그러나 집요하게 시스템을 작동시켰다. 그를 지지하는 충직한 CDU 동지들은 연방공화국 도처의 밑바닥 민심을 계속 그에게 전했다. 주요 정당을 대표하는 막강한 내각을, 그리고 법률들이 대체로 정중한 토론을 거쳐 통과되는 분데스타크의 다수를 점한 연립정부를 가진 그는 리허설이 잘된 오케스트라의 지휘자다.

그런데 냉엄한 진실은 그가 총리로서 보내는 시간을 자신이 관심을 쏟는 기후와 디지털화 같은 문제가 아니라 온갖 위기들이 잡아먹고 있다는 거였다. 글로벌 금융 위기부터 후쿠시마 핵 재앙과 우크라이나 전쟁, 난민 100만 명의 도착이라는 전후 유럽이 맞은 최악의 인도주의적 위기까지 결코 약화되지 않고 악화되었다. 그 사건도, 그리고 그가 제일 자랑스러워하는 업적인 그 문제의 해결도 앙겔라 메르켈의 다음 위기로 이어졌다. 독일을 위한 대안(AfD)의 갑작스러운 발흥이라는 위기로.

2017년 9월에 프랑크푸르트에서 열린 AfD 반대 시위 참석자들을 경찰이 보호하고 있다.

16

"SOMETHING HAS CHANGED IN OUR COUNTRY . . ."

"우리나라의 뭔가가 달라졌습니다…"

그런 일이 벌어졌다.
그러므로 그 일은 다시 일어날 수 있다.

프리모 레비(Primo Levi), 유대계 이탈리아인, 홀로코스트의 생존자이자 작가

증오는 범죄가 아니다.

알렉산더 가울란트, 독일을 위한 대안(AfD)의 공동 지도자

네 번째 총리로 당선되기 위한 선거운동에 나선 앙겔라 메르켈은 몽유병에 걸린 사람처럼 보였다. 그는 시대가 급격하게 변하지 않았다는 듯 행동했다.

2017년 9월 24일, 독일인들은 메르켈이 현실과 동떨어져 있다는 걸 알려주었다. 그의 소속 정당에 표를 던진 독일 국민의 수는 제2차 세계대전 이후 어느 때보다도 적었다. 기독민주연합(CDU)의 지지율이 41.5퍼센트에서 33퍼센트로 고꾸라지면서, CDU는 분데스타크의 598석 중 65석을 잃었다. 국민들이 12년째 재직 중인 총리를 포함해 정치인들에게 피로감을 느끼면서 이 선거에서는 딱 한 정당을 제외한 모든 정당이 패했다.

메르켈은 가까스로 총리직을 유지했지만, 그것을 승리라고 얘기하긴 어려웠다. 다시 그는 기독사회연합(CSU)과 연립정부를 꾸리고, 사회민주당(SPD)도 연립정부에 포함했다. 이른바 대연정이라고 부르는 연립정부였지만, 그다지 웅대한 느낌은 풍기지 않았다. 메르켈이 연립정부를 꾸리는 데는 여섯 달이 걸렸다. 그 과정이 예상보다 오래 걸린 것은 대체로 SPD 탓으로 돌릴 수 있다. 창당 이후 최악의 선거 결과를 받아 든 이 정당은 (메르켈이 이 정당이 추진하던 안을 너무 많이 도용한 데에 질릴 대로 질린) 더 과격한 계파와 더 온건한 (나이 많은) 당원들 사이의 분열 때문에 교착상태에 빠져 있었다. 메르켈은 리버럴한 자유민주당(FDP), 환경을 중시하는 녹색당과 연립정부를 구성하는 다른 경로를 시도했지만 그들도 그가 드리운 그림자 안에서 활동하는 데에는 관심을 보이지 않았다. 자신들이 이 선거의 진정한 승자인 독일을 위한 대안(AfD)에 얼마나 많이 가려지건 상관없이 말이다.

2017년 선거에서 독일 사회는 1945년 이후로 가장 큰 성공을 거둔 극우 정당을 보며 엄청난 충격에 빠졌다. AfD가 공공연하게 외국인을 혐오하는 선거운동을 벌인 후, 이제는 AfD 당원 94명이 고루한 분데스타크에 줄지어 들어서며 전체 의석의 15퍼센트 이상을 채웠다. AfD가 의사당에 들어가면서 정중하게 합의를 이끌어내는 독일의 정치 분위기에 잔혹한 분위기가 새로이 형성됐다. 당의 창설자 중 한 명인 일흔여섯의 알렉산더 가울란트는 메르켈을 끝까지 '추적(hunt)'하겠다고 공표했다. 그 추잡한 위협을 문자 그대로 받아들인 사람은 얼마 없었지만 귀에 거슬리는 건 사실이었다. 총리 입장에서 제일 속상했던 것은 그의 지역구가 AfD가 내건 혐오와 공포의 메시지를 가장 잘 수용한 곳으로 보였다는 사실이었다. 동독 유권자의 20퍼센트 가까이가 우익 내셔널리즘 정당에 표를 줬다. 독일 전체로 봤을 때 AfD의 지지율 평균은 12.6퍼센트였다.

선거 결과에 메르켈이 처음 보인 반응은 그 상황에서 극적인 요소를 빼는 그의 성격이 그대로 드러났다. "실망하지 않습니다. 우리는 접근 방식을 바꿀 생각이 없었습니다." 독일이 처한 새로운 정치적 현실에 대한 믿을 만한 대답도, 통찰력 있는 대답도 아니었다. "공포는 좋은 원동력(driver)이 아닙니다." 메르켈은 이런 말을 하는 것을 즐긴다. 하지만 현실 부정도 좋은 원동력은 아니다. 메르켈은 통치에 대한 접근 방식을 바꿀 필요가 없었다고 주장함으로써 상상과 현실에서 비롯한 분노 때문에 포퓰리스트의 먹이가 된 국민들의 마음을 사로잡을 기회를 놓쳤다. 총리로서 12년을 재직한 그는 독일 국민의 일부와는 단절된 듯 보였다. 그리고 그들이 느끼는 불만을 해결할 의향이 없거나 능력이 없는 것으로 보였다.

AfD는 정치적 반대 세력과 공통점을 찾아냈고, 반대 세력이 받는 지지를 빼앗아오기에 충분할 정도로 정책을 실현했다. 그들은 메르켈에겐 새로운 도전자였다. AfD는 한 가지 문제에만 집중하는 정당인데, 바로 앙겔라 메르켈과 그가 상징하는 모든 것을 향한 증오다. 난민, 여성의 권리

향상, 평등 결혼, EU, NATO. "메르켈은 과거의 시대정신을 반영합니다." 앙겔라의 친구 시몬 스테인(Shimon Stein)이 선거가 끝난 다음 날 아침에 베를린의 단골 카페에서 만났을 때 한 말이다. 독일에서 은퇴하기로 한 전직 이스라엘 대사는 자신이 선택한 새 나라의 미래를 진정으로 우려하고 있었다. "우리는 독일이 끔찍했던 역사 때문에 독특한 나라가 될 거라고 추측했습니다. 이제 '정상화' 과정에 들어선 독일은 포퓰리스트들이 야당에서 활동하거나 기존 연립정부 내부에 합류한 이웃 국가들과 같은 처지가 됐습니다. 앙겔라 입장에서 이것은 통과해야 할 시험입니다. 서둘러 행동을 취해야 합니다. 하지만 신속한 대응은 그의 스타일이 아니죠."

AfD가 2013년 그리스에 제공한 EU의 구제금융에 반대하며 처음으로 모습을 나타냈을 때, 메르켈은 AfD를 무시하려고 애썼다. 그 정당의 명칭조차 언급하지 않을 정도였다. AfD에 쏠리는 관심을 차단할 수 있을 줄 알았다. 극우 정당과 협력하는 것은 설령 그것이 간접적이라도, 그의 소속 정당이 다른 당과 싸우는 데 AfD의 지원이 필요할 경우라도 넘어서는 안 될 빨간 선이었다. 그런데 AfD는 메르켈이 그들의 존재를 인정하지 않는다고 해서 사라지진 않았다. 결국 메르켈은 평소의 관행으로 돌아갔다. 참을성 있게 대화한 것이다. 혐오감을 토해내는 극우 정당의 지도자들과 하는 대화가 아니라, 그들이 던지는 메시지에 민감하게 반응하는 시민들과 대화했다. 그는 마침내 AfD에 표를 던진 유권자들에게 접근했지만 때는 이미 늦은 뒤였다.

옛날에 동독 영토였던 지역에는 죽어버린 도시들이 줄줄이 늘어서 있거나 미국 애팔래치아산맥의 빈곤 지역과 비슷한 곳들이 있는 것은 아니다. 그런데 이 지역에 사는 사람들은 서쪽에 사는 사람들에 비하면 패배자라고 생각한다. 그것은 그릇된 인식의 차원을 넘는다. 통일 이후 동독 지역 거주자들에게 어마어마한 혜택을 줘온 지 30년이 지났지만 소득과 취업률, 낙관주의 측면에서 여전히 옛 서독지역에 뒤떨어져 있다. 1600만 명인 동독 지역 거주자들은 6700만 명인 서독 지역 거주자들에 비해, 비슷한 수준의 사람들이 버는 소득의 86퍼센트를 번다. 동쪽에 본사를 둔 주요 기업은 하나도 없다.[1] 2015년에 중동 난민 100만 명가량이 입국한 사건은 서쪽을 향해 품었던 이들의 분노를 더 악독한 수준으로 끌어올렸다. AfD는 이런 이유들 때문에 불만을 품은 동쪽 사람들에게서 증오와 배제의 메시지를 뿌릴 기름진 토양을 찾아냈다.

동쪽에서도 상대적으로 번창한 지역의 주민들 중 일부가 AfD에 표를 던진 사실은 그들의 선택이 단순히 '문제는 경제야, 바보야'가 아니었다는 것을 분명히 보여준다. 여기에는 동쪽 사람들의, 자신들의 독일에 대한 기여가 서쪽의 궁핍한 친척들의 기여를 넘어선다는 것을 인정받고 싶은 욕구가 자리한다. 슈타지 체제 아래 50년간 고통을 겪었다는 것을 인정받고 싶은 욕구도 기름을 부었다.[2] 동독인 중 한 사람은 세계에서 제일 영향력 있는 여성이었다. 그런데 그가 그들을 위해 해준 게 뭐가 있나? 메르켈의 측근 중 일부는 동독 사람들을 오바마에게 실망하고 불만만 많은 아프리카계 미국인에 비교했다. 오바마가 그들의 상황을 개선하기 위해 무슨 일을 했건, 만족하는 일은 결코 없을 거라는 점에서 맥락을 같이한다고 본 것이다.

---

1 동쪽의 연평균 소득은 2만2500달러이고, 서쪽은 2만6300달러다. 급격히 개선되고 있기는 하지만 동쪽의 실업률은 서쪽보다 10퍼센트 높다.

2 서독은 서독 재건을 위해 150억 달러를 제공한 미국 프로그램 마셜 플랜(Marshall Plan) 덕에 제2차 세계대전의 폐허 위에서 신속하게 새 출발을 했고 1970년대 무렵에는 번영을 이뤘다. 그런데 소련은 자신들의 것을 본뜬 독재 체제를 동독에 강요하는 데 그치지 않고 동독의 부를 앗아가면서 황폐화시켰다. 심지어 가동 중인 철도 트랙까지 러시아로 되가져갔다.

통계 수치는 많은 동독 지역 도시들의 텅 빈 도심을 보여주지 않는다. 이 지역의 일부 도시들에 만연한, 뒤처졌다는 의식을 제대로 느껴보려면 베를린에서 프랑크푸르트안데어오데르(Frankfurt an der Oder, 독일의 동쪽 끝에 있는 도시로, 중부에 있는 경제 중심지 프랑크푸르트와는 다른 곳이다 – 옮긴이)를 향해 달리는 기차를 타봐야 한다. 여러 민족이 섞여 살아가는 수도에서 기차로 한 시간 거리밖에 안 되는 곳에 있는데도 이 도시는 독일의 금융 허브인, 마인(Main)강 유역에 있는 프랑크푸르트의 가난뱅이 사촌에 해당한다. 이곳에서 수염이 덥수룩한 무슬림 남성이나 베일을 쓴 여성의 모습은 AfD의 포스터에서만 볼 수 있다. 그 포스터들은 '이슬람은 여기에 속하지 않는다(Islam doesn't belong here)'라는 위협적인 메시지를 전한다. 2017년 선거 전부터 나타난 인종 혐오적인 프로파간다는 시민 5분의 1에게 겁을 줬고 AfD에 표를 던지게 만들었다. AfD의 창립자 알렉산더 가울란트는 프랑크푸르트안데어오데르에서 자랐다. 그는 길거리에서 백인이 아닌 주민을 보기 힘들었다. 사실, 이 거리들은 무시무시할 정도로 비어 있다. 해가 진 뒤에는 특히 더 그렇다.

깔끔하게 복구된 기차역, 잘 꾸며진 공원, 그리고 공허한 느낌이 드는 사실상 유령도시가 방문객을 맞는다. 반짝거리는 새 쇼핑몰은 손님이 거의 없고, 매장들에는 대부분이 중국산인 가정용품과 의류, 장난감 할인 상품들이 가득하다. 이곳에서 세계화는 발전이 아니라 전염병과 동의어다. 공산주의 시절에 활기 있던 레크리에이션 센터이자 영화관이었던 곳은 그라피티로 덮인 판자로 막혀 있다. 1989년 이후 도시인구의 3분의 1이 이곳을 떠났고, 떠난 뒤로는 돌아올 줄을 모르는 제조업과 비효율적으로 운영되는 공장들에 기초한 지역 경제는 송두리째 파괴됐다. 질 좋은 일자리들은 대부분 경영을 위해 서쪽에서 온 전문가들의 몫이었다. 심지어 이 도시의 노동자들 중 일부는 갈색빛 강물이 흐르는 오데르강을 건너 맞은편 강변에 있는 폴란드의 스우비체(Słubice)로 가기도 한다. 그곳은 담배 연기가 자욱한 시끌벅적한 술집들이 있고 거리는 활기차며 암시장용 담배를 팔면서 호황을 누린다. 그라피티로 덮인 건물들은 허물어지고 여기저기 도로가 팬 스우비체는 연대세의 혜택을 받지 못해 냉전시대 가난뱅이들의 도시처럼 보인다. 그렇지만 스우비체는 자신을 슈투트가르트나 함부르크 사람들과 비교하며 열등감에 시달리지는 않는다. 왠지는 몰라도, 오데르강의 폴란드 쪽 분위기는 맞은편보다 더 경쾌하고 분노 또한 덜 느껴진다.

AfD는 프랑크푸르트안데어오데르 사람들의 피해 의식에 기름을 부었다. 신문 판매대에 놓인 이 지역의 우익 신문들은 'Das Vergessene Land('잊힌 땅'이란 뜻으로 동독을 가리킴)'와 '덱시트(Dexit, 독일은 EU를 탈퇴하라는 요구)' 같은 AfD를 지지하는 헤드라인들을 실어댔다.

난민이 대거 유입됐지만 독일의 관대한 사회복지 시스템의 혜택이 줄지 않았다는 사실은 관심 밖이었다. 동독인들은 자신들에게 관심을 가져주기를 원했다. AfD에 투표한 유권자의 60퍼센트는 무관심에 항의하는 차원에서 투표를 했다고 밝혔다. 그리고 이제 관심을 가져줄 준비를 마친 정당이 있었다. 20세기 독일이 낳은 저명한 작가 토마스 만이 언젠가 이렇게 말했다. "두 개의 독일은 존재하지 않는다. 사악한 술책을 통해 제일 우수했던 사람들이 악한 세력으로 돌변한 한 나라만 있을 뿐이다." 앙겔라 메르켈은 그런 술책의 물결이 또 몰아칠까 두려웠지만, 그걸 막을 준비는 돼 있지 않은 듯 보였다.

"우리는 두려움에 떠는 사람들이 필요합니다." AfD의 프라우케 페트리는 인정했다. 베를린에는 80~90퍼센트의 학생이 독일어가 아닌 언어를 쓰는 학교들이 있다. 그것은 (현실은 더 이상 그렇지 않더라도 역사적으로는) 전원이 백인이고 기독교인인 데에 익숙한 동독 사람들에게는 엄청나게 무시무시한 일이었다. 시끌벅적한 인종의 용광로는 프랑크푸르트안데어오데르 출신들에게는 적대적으로 또 이질적으로 보일 수 있다. 그런 많은 이들에게 새로운 벤데(Wende, '변화', '전환점' 등을 뜻하는 독일어) 이후 시대(post-Wende era, 독일인들이 장벽 붕괴 이후의 시대를 부르는 명칭)는 과거로부터 끊이지 않고 계속 이어지는 시간의 일부였던 것으로 보인다. 그들은 지금 나치스와 공산주의자들의 탄압에 이어지는 세 번째 탄압을 겪고 있는데, 이번 탄압의 주체는 베씨와 그들의 지도자 앙겔라 메르켈이다.

공포는 인간의 감정 중에서 제일 이용하기 좋은 감정에 속한다. 중년의 동독 여성이 타운홀 미팅 도중에 일어나 독일의 이슬람화를 막기 위해 무슨 계획을 세웠느냐고 메르켈에게 물었을 때, 총리는 차분하게 대답했다. "공포가 좋은 조언자였던 적은 결코 없습니다. 우리의 일상에도, 사회에도 그렇습니다. 공포에 의해 형성된 문화와 사회는 미래를 제대로 이해하지 못할 겁니다." 그의 말에는 진심이 가득 담겨 있었다. 그렇지만 그 여성의 마음은, 또는 이후에 이 대화에 대한 기사를 읽은 다른 AfD 지지자들의 마음은 조금도 바꿔놓지 못했다.

화려하게 복구된 드레스덴에 있는 AfD의 당사는 극우가 '타인'에 대한 공포를 어떻게 이용하는지를, 그리고 팩트가 실제로는 얼마나 중요하지 않은지를 명백하게 보여줬다. 사방의 벽에는 선거운동 포스터들이 붙어 있었다. '새로운 독일? 우리는 그걸 직접 만들 수 있습니다.' 어느 포스터에 적힌 문구로, 그 포스터에는 만삭인 금발의 젊은 독일 여성의 사진이 있었다. 이민이 독일의 곤두박질치는 출산율을 높일 거라는 총리의 주장을 겨냥해서 날린 화살이었다. 다른 포스터는 수영복을 입은 두 여성을 보여준다. 등 뒤에서 찍은 사진에는 '부르카? 우리는 비키니가 더 좋습니다' 라는 슬로건이 적혀 있다. 필자는 드레스덴에서 이틀을 보내는 동안 중동 사람으로 묘사할 수 있을 만한 사람을 한 명도 못 봤지만, 그 지역의 AfD 지도자 중 한 명인 라인하르트 귄첼(Reinhard Günzel)[3]은 이렇게 주장했다. "드레스덴의 범죄율이 증가했습니다. 나는 아내나 딸이 밤에 외출하는 것을 허락하지 않을 겁니다." 필자와 만나는 자리에 구닥다리 자전거를 타고 온 그가 헬멧을 벗고 잔주름이 지도록 미소를 지었을 때, 나는 네오나치스가 아니라 고등학교 때 과학 선생님을 떠올렸다.

내가 드레스덴의 범죄율이 실제로는 감소했다는 통계 수치들을 제시하자, 귄첼은 어깨를 으쓱하고는 대답했다. "으음, 범죄가 많이 일어나지는 않을지도 모르죠. 그렇지만 당신도 그런 일이 당신한테 일어나는 것을 바라지는 않을 겁니다." 귄첼도 총리처럼 전문교육을 받은 물리학자로 한때는 동독 과학아카데미에서 일했다. 두 사람의 유사점은 거기서 끝난다. 동독 공산당 당원이던 그는 메르켈이 난민 수십만 명에게 국경을 개방했을 때 AfD에 입당했다. 귄첼은 오늘날 독일이 홀로코스트를 속죄할 특별한 책임이 있다고 믿지 않는다. '과거를 극복하자'는 뜻의 '페르강엔하이츠베벨티궁'은 그에게는 친숙한 개념이 아니다. 다른 동독인들에게도 마찬가지다. 이것이 앙겔라 메르켈이 동독과 서독을 가르는 깊은 틈바구니를 좁히려는 과정에서 만난 특별한 딜레마다. 양측은 그가 체현하고 있는 죄책감과 구원과 속죄라는 내러티브를 공유하지 않는다.

독일에서 반유대주의는 지금도 대체로 터부로 남아 있다. 그래서 AfD는 인종주의를 대중이 약간 더 잘 수용하는 반이슬람 편견이라는 가면 뒤

3 1944년생으로 독일의 엘리트 특수부대 장성이던 귄첼은 어느 보수적인 독일 정치인이 반유대주의적 발언을 할 권리를 지지한다는 이유로 2003년에 해고됐다.

에 감춘다. "우리는 모든 이를 환영합니다. 우리의 언어와 역사를 배우고 우리에게 자극을 주며 헌법을 지지한다는 조건하에서요." 귄첼은 주장했다. 그런데 헌법에 대한 존중은 관심을 다른 곳으로 돌리려는 속임수일 뿐이다. 그는 대화 초반부에 AfD가 전쟁을 피해 도망 온 망명자들의 권리에 관한 헌법 조항들을 수정하려는 시도를 할 것이라는 견해를 밝혔었다.

"내가 어릴 때는 모두에게 이 사람들처럼 생긴 오파(Opa, 할아버지)가 있었습니다." 전 외무장관 요슈카 피셔가 귄첼과 가울란트를 지칭하며 한 말이다. "그들은 앞선 시대의 생존자들이었습니다. 우리는 그들과 맞서 싸워야 했고, 그들을 성(姓)이 아닌 이름으로 불렀습니다. 나치스처럼 생각하고 말하는 사람이 있다면, 그리고 '천년 왕국' 같은 표현을 사용하고 홀로코스트를 '새똥(bird shit)'이라고 부르는 사람이 있다면, 우리는 그런 사람을 나치스라고 불러야 합니다. 앙겔라 메르켈은 마음속으로 이런 사람들을 내가 경멸하는 만큼이나 경멸합니다."

그런데 '이 사람들'은 메르켈이 주지 않는 무엇인가를 동독인들에게 제공하고 있었다. 특출할 정도로 똑똑하고 영향력 있는 멘토들 덕에 탄탄대로를 달려온 메르켈은 많은 동독인이 통일 이후 무척 험난한 길을 지나왔다는 사실을 과소평가했다. 그의 옛 후원자 로타어 데메지에르는 성경을 들추며 암울한 비유를 내놨다. "구약에는 모세가 사람들과 함께 40년간 사막을 방랑한 이야기가 실려 있습니다. 20년이 지난 후 사람들 중 절반이 말합니다. '돌아가겠소. 억류돼 있던 시절이 훨씬 나았소!' 모세는 하나님께 기도를 올리며 묻습니다. '제 사람들은 어찌하여 저리도 겁이 많은 겁니까? 얼마나 오래 방황해야 하는 겁니까?' 그러자 하나님께서 대답하십니다. '노예 상태로 태어난 마지막 자가 죽을 때까지.'"

메르켈은 구약을 매우 좋아하면서도 모세의 이야기가 주는 교훈에 주의를 기울이지 않았다. 그는 임기 말년이 될 때까지 자신들을 역사의 희생자로 여기는 동독인들의 인식을 감지하지 못했다. "그건 말이 안 됩니다." 그는 언젠가 어느 인터뷰에서 이렇게 말하면서 동독 사람들이 통일 이후에 겪은 고초에 대한 불평을 일축했다. "동독에 살던 우리는 독일연방공화국에 합류한다는 결정을 자발적으로 내렸습니다. 이유는 간단하고 설득력 있습니다. 서독의 경제 질서와 정치 질서가 더 성공적이고 효과적이고 합리적이었으며, 무엇보다 더 자유로웠기 때문입니다. '그리고'나 '만약'이나 '그러나' 같은 토는 달리지 않았습니다. 우리는 이 시스템에 합류하기를 원했습니다." 메르켈은 이렇게 주장했다. 그는 변화하려는 '정신적 노력'을 회피하는 오씨들을 꾸짖었다. 메르켈은 '내면에 세운 장벽'이 무너지는 시간은 콘크리트 장벽이 무너지는 것보다 더 오래 걸릴 것이라는 사실을 부인했다. 그건 지나치게 실용적인 관점이다. 지극히 합리적인 과학자는 인간 행동의 배후에 존재하는 비합리적이고 감정적인 요소들은 인정하지 않았다.

AfD의 성공에는 젠더라는 요소도 있었다. AfD는 때때로 '동독 남성(Eastern Man)' — 장벽이 무너진 이후로 동독의 여성들이 남성들보다 훨씬 잘 적응해서 생활하는 모습을 보고 열등감을 느낀 노동계급 남성들을 묘사할 때 사용한 단어로, 많은 이들이 기회를 잡아 서쪽으로 이주했다 — 이라는 현상을 활용했다. (2017년에 여성들은 9퍼센트만이 AfD에 표를 줬지만, 남성들은 28퍼센트가 그렇게 했다.) 예를 들어, 켐니츠에는 현재 남성 열 명당 여성이 여덟 명밖에 되지 않는다. 이런 인구통계는 남성이 지배하는 정당에게 이상적인 번식지를 제공했다. 성공한 '동독 여성'의 궁극적 아바타인 앙겔라 메르켈은 많은 동독 남성들에게는 그들이 실패자라는 사실을 날마다 상기시키는 존재다.

장벽이 무너진 후, 동독은 공산주의자들을 숙청하면서 동독 출신 엘리트를 자신들의 손으로 제거했다. 그게 올바른 결정이기는 했다. (우리는 앞에서 메르켈이 정치 경력 초기에 출세하는 동안 동독 정치인들이 몰락하는 과정을 지켜봤다. 슈타지에 부역했다는 그림자가 눈곱만큼이라도 드리웠던 많은 사람이 쓰러졌다.) 실제로, 나치스 이후에 이뤄진 숙청보다 장벽이 무너진 이후의 숙청이 더 철저하게 이뤄졌다. 그런데 이는 신흥 엘리트는 서독 출신이어야 한다는 뜻이었다. 돌이켜보면 공공서비스와 민간서비스를 운영하기 위해 동독 엘리트들의 신세대를 훈련시키는 데 더 많은 노력을 기울였어야 했지만, 그런 일은 벌어지지 않았다. 공산주의는 동독 출신 엘리트를 준비해놓지 않았기 때문에, 더 야심 차고 집중력이 좋으며 자신을 민첩하게 재발명한 사람들만이 경쟁이 치열한 서독에서 성공할 수 있었다. 그리고 앙겔라 메르켈은 그런 사람들 가운데에서도 가장 성공한 사람이었다. 그래서 그는 총리가 됐다.

통일을 감독한 이들(제일 두드러진 인물은 미국의 H. W. 부시 대통령과 제임스 베이커 국무장관, 독일의 헬무트 콜 총리)은 새로이 통일을 이룬 나라에 참신한 출발을 상징하는 국명을 붙일 기회를 놓쳤다. 그러는 대신, 동독이 독일연방공화국에 합류하면서 동독인들은 오늘날까지도 자신들은 '별책 부록' 같은 존재라고 느낀다. 메르켈은 지나치게 오랫동안 그의 성격으로서는 낯선, 이런 불만들을 의식하지 못하는 듯 보였다. 그는 엄청난 자신감을 가진 활동가이자 낙관주의자다. 이런 특징들은 그가 이룬 출세에 동력을 제공했지만, 때로는 혹독한 새로운 환경에서 경쟁할 준비가 덜 돼 있던 사람들의 갈망을 보지 못하게 만들었다.

2017년 선거 이후, AfD는 분데스타크의 주요 야당이 되면서 본회의실

앞줄을 차지했다. 전체 의석의 15퍼센트밖에 차지하지 못한 이 정당은 한동안 위협적이기보다는 미래에 대한 경계경보를 울리는 존재로 남았다. 하지만 메르켈은 임기의 마지막 몇 년 동안에도 여전히 그들과 협력하는 것을 거부했다. 그렇게 할 경우 독일 정계에서 그들의 존재가 '정상적인 존재'로 여겨질 수 있다고 느꼈기 때문이다. 그런데 AfD 당원들이 의회에 있는 총리 사무실 복도를 일부러 어슬렁거리고 다니는 일이 잦았다. 다른 의원들은 총리 사무실로 이어지는 이 경로를 피할 수 있었지만 총리는 그렇게 할 수가 없었다.

2018년 3월 14일, 불빛이 가득한 분데스타크 회의실에 들어선 총리는 성큼성큼 걸음을 내디뎠다. 그는 정면을 똑바로 응시하면서 앞줄에 앉은 알렉산더 가울란트를 지나쳤다. 그러고는 더 우호적인 의원들이 앉아 있는 구역으로 재빨리 이동해 인사를 나누고 악수를 하고 친구들의 등을 토닥였다. 그런 차분한 모습만 보고서는 앙겔라 메르켈이 네 번째이자 마지막 총리 취임 선서를 할 참이라는 사실을 알아차리기는 힘들었을 것이다. 이 자리가 더욱 뜻깊은 것은 요아힘 자우어가 드디어 아내의 총리 선서식에 참석하겠다고 결정했기 때문이다. 그는 발코니에 있는, 눈에 잘 띄지 않는 메르켈의 어머니 옆자리에 앉았다. 그들이 앉은 자리에 샤를로테 크노블로흐가 총리의 손님 자격으로 합류했다.

가울란트와 그렇게 가까운 자리에 앉는 것은 뮌헨 유대인 커뮤니티의 우두머리에게는 심란한 일이었다. AfD의 당 대표는 당선된 후에 이렇게 선언했다. "히틀러와 나치스는 1000년 이상 되는 성공적인 독일 역사에서 새똥이 남긴 작은 얼룩에 불과합니다." 2015년 이후로 중동 출신 무슬림 난민이 100만 명 가까이 입국한 것도 이 유대계 독일인에게 불확실성을 안겼다. 많은 난민들이 유대인을 향한 증오를 학습하면서 성장기를 보냈다.

일부 유대인들은 총리의 난민 정책이 독일의 미묘한 사회적 균형을 무너뜨릴지도 모른다고 두려워했다. 머리에 키파를 쓴 유대인이 더 이상은 안전하지 않은 곳들이 있었다. 그러나 크노블로흐는 그날 메르켈을 지지한다는 것을 보여주기 위해 분데스타크에 왔다. "메르켈은 우리에게 맹세했습니다. 반유대주의에, 심지어 무슬림 반유대주의에 맞선 싸움에 타협은 없다고요." 그는 필자에게 이렇게 말했다.

분데스타크 의원들은 자신들의 이름이 호명되자 형식적인 의례에 따라 총리를 뽑는 투표를 하려고 줄을 섰다. 안내원들은 작은 투표 부스의 커튼으로 부스 가장자리를 확실하게 덮어서 내부를 가렸다. 20분 후, 분데스타크 의장 볼프강 쇼이블레는 전혀 놀랍지 않은 결과를 발표했다. 앙겔라 메르켈이 총리로 다시 당선됐다. 많은 의원들이 환호성을 지르며 자리에서 일어나 박수를 쳤다. 라이벌 정당들인 사회민주당, 자유민주당, 녹색당의 의원들이 미소 짓는 총리에게 꽃다발을 안겼다. 독일 민주주의의 승리를 보여주는 이날을 망친 것은 팔짱을 낀 채로 자리에 그대로 앉아 있는 가울란트와 그의 통치 파트너 알리체 바이델뿐이었다. 두 사람은 수동 공격성을 표출하는 쌍둥이 기둥이었다. 그러자 자유민주당 의원 한 명이 그들에게 걸어가 뭔가 속삭였다. 의심의 여지 없이 관례(선출된 총리에게 기립 박수를 치는 것)에 대한 얘기, 그리고 규칙을 따르고 정중함을 유지하는 것이 중요하다는 얘기였을 것이다. AfD 의원들은 마지못해 일어나 다시 당선된 총리를 축하하는 대열에 합류했다. 총리는 AfD 의원들이 축하하며 악수를 요청했지만 고개를 약간 끄덕이고는 최상의 포커페이스를 유지하는 것으로 화답했다.

볼프강 쇼이블레가 근엄한 어조로 선언했다. "이 험난한 여정에서 여러분 모두에게 좋은 일만 가득하시기를 바랍니다." 그러고서 그는 의사봉을 두드려 회기 종료를 선언했다. 쇼이블레는 자신이 한 말의 취지를 강조하려는 듯, 투표를 한 자신의 사진을 찍어 곧바로 소셜 미디어에 올린 AfD 의원에게 벌금을 부과했다. 그것은 분데스타크의 비밀투표 원칙에 저항하는 사소한 행위였을지 모르지만, 의회에 처음 들어온 의원은 이 제스처를 더 거대한 주장을 하는 데 활용했다. 우리는 당신들 규칙에 따라 움직이지 않고 있다. 메르켈의 마지막 임기에 어울리는 심란한 출발이었다.

앙겔라 메르켈은 냉철한, 장례식에나 어울릴 법한 취임 연설에서 "우리나라의 뭔가가 달라졌습니다"라고 인정했다. "자신의 주장을 펼치는 말투는 더 거칠어졌고, 다른 의견에 대한 존중은 약해졌으며 노인과 젊은이 사이의, 동쪽과 서쪽 사이의, 도시와 시골 사이의, 여기에서 수 세대를 살아온 사람과 새로 머물게 된 사람 사이의 응집력도 역시 그렇게 됐습니다. 법치가 여전히 작동하고 있는지 의문입니다."

실로 처음으로, 그는 그것에 대한 대답을 갖고 있지 않은 듯 보였다.

메르켈은 정치적으로는 살아남았을지 몰라도, 그의 중요한 정치적 유산인 난민 정책은 한동안 공격의 대상이었다. 공격자는 AfD만이 아니었다. 연립정부의 일원인, 바이에른주 총리이자 메르켈의 자매 정당 CSU의 당 대표 호르스트 제호퍼는 2017년 선거 준비 과정에서 총리의 정책을 맹비난했다. "이슬람은 독일에 어울리는 종교가 아닙니다." 그는 AfD의 주장을 되풀이하듯 선언했다. 메르켈보다는 헝가리 대통령 빅토르 오르반과 어울리는 것을 더 좋아하는, 맥주홀에서 선동 집회를 일삼는 포퓰리스트 제호퍼는 AfD가 그가 이끄는 중도우파 기독사회연합의 표를 빼앗아 갈까 봐 걱정했다. AfD의 노선을 훔쳐온 그는 메르켈의 정책을 '망명 관광(asylum tourism)'이라고 깎아내렸다.

"메르켈은 난민들과 셀피를 찍었습니다. 이제 우리에게는 버스에 붙일 난민들의 이미지가 필요합니다." 그가 한 말이다. 난민들이 유입되는 속도가 상당히 느려졌다는 사실에는 결코 신경 쓰지 않는 선동정치가인 그에게 팩트와 숫자들은 지지자들을 흥분시키는 것보다는 중요하지 않은 요소였다.[4] 또한 그는 모든 공공건물 내부에 십자가를 설치하는 것을 옹호했고, 오스트리아와 이탈리아의 우익 정치인들과 맺은 '연합(axis)'을 홍보했다. axis(제2차 세계대전 당시 나치스와 파시스트 연합의 이름인 '추축국'이라는 뜻도 있는 단어)는 구닥다리 전술에서 가져온 귀에 거슬리는 단어였다.

앙겔라 메르켈은 불을 끄느라 기진맥진한 상태였다. 하지만 놀라운 회복력을 다시 보여줬다. 그는 제호퍼를 비난하지 않고 지나치게 자신만만한 악당을 상대할 때 쓰는 전략인 대화로 치열한 경쟁을 펼친 선거에서 살아남았다. 철야 협상을 한 뒤인 2017년 7월 2일 정오에 CDU의 베를린 당사에 모습을 나타낸 제호퍼와 총리는 힘없이 웃고 있었다. 그들이 벌인 빈틈없는 교섭의 정확한 세부 사항들은 비밀로 남았다. 하지만 알려진 바에 따르면 메르켈은 몇 가지 지엽적인 사안들에서는 뒤로 물러났지만, 제호퍼가 제일 원했던 사안에 대해서는, 즉 향후 망명을 허용할 난민 숫자의 상한선을 정하는 문제에 대해서는 조금도 양보하지 않았다. 메르켈은 핵심 정책에 전혀 손상을 입지 않은 채 선거에 돌입했다.

눈에 띄게 키가 큰 제호퍼 옆에 선 신장 162.5센티미터의 총리는 정적인 두 사람을 여전히 갈라놓고 있는 사안이 무엇이냐는 기자의 질문을 받

---

4 2015년 이후로 독일에 입국한 난민의 수는 1년에 20만 명 이하로 급격히 줄었다. 그러나 UN 난민기구에 따르면 독일은 여전히 세계적으로 어느 나라보다 많은 난민을 받아들이는 나라에 속한다. 터키와 파키스탄, 우간다, 수단만이 독일보다 더 많은 난민을 받아들인다. 독일은 난민을 환영하는 국가들을 정리한 UN 명단에 오른 유일한 서구 선진국이다.

았다. "1피트(30.48센티미터) 정도입니다." 그는 진지한 표정으로 대답했다. 그러고서는 자신의 전투 교본의 또 다른 페이지에 적힌 내용을 고스란히 가져왔다. 메르켈은 이후 제호퍼를 네 번째 임기를 함께할 내무장관으로 임명했다. 2년 후 제호퍼는 공개 석상에서 메르켈을 함께 일한다는 사실이 자랑스러운 '걸출한 인물'이라고 칭하면서 "유럽에 앙겔라 메르켈만큼 믿음이 가는 사람은 없습니다"라는 칭찬을 쏟아놓았다. 바이에른 출신 포퓰리스트의 전향은 이때 완결됐다.

그러나 AfD는 그리 쉽게 길들여지는 상대가 아니었다. 알리체 바이델은 의원으로서 첫 임기를 맞은 지 몇 달 후 분데스타크 연단에 올랐다. 잘 재단된 재킷과 빳빳한 흰색 셔츠, 진주 장신구 차림의 바이델은 이마에 깊은 주름을 잡고 살벌한 분위기를 연출하면서 메르켈 정부와 전임 총리들이 자행한 것으로 알려진 '범죄' 리스트를 숨 쉴 틈 없이 쏟아냈다. 뇌물을 수수하고 납세자의 돈을 '미친 듯이' 허비했고 끔찍한 부패를 저질렀다. 바이델은 고함을 쳐대는 동안 분데스타크가 고려할 만한 제안을 단 하나도 내놓지 못했고 어떤 법안도 제시하지 않았다. 연설을 마친 그는 짐짓 엄숙하게 연단에 있는 서류를 정리하고는 의석으로 돌아갔다. 공동 당 대표인 가울란트만이 격려하려고 자리에서 일어섰다. 나머지 의원들은 침묵을 지켰다.

바이델에 이어 메르켈이 연단에 올랐다. "자유민주주의의 아름다운 점은 모든 사람에게 나라를 위해 중요하다고 믿는 바를 말할 권리가 있다는 것입니다." 그는 밝은 미소를 지으며 말했다. 그러자 안도하는 듯한 웃음소리와 박수갈채가 회의실에 울려 퍼졌다. 그런 후 총리는 자신의 조국에 중요한 이슈 쪽으로 신속히 주제를 옮겼다. 그는 주택 부족 문제를 해결하고, 새 보육센터를 만들며, 노년층을 위한 복지를 향상시키고, 시골 지역의 디지털 접근을 확장하기 위한 새로운 당수 회의를 제안했다. 마지막 주제와 관련해서는 연설문에 없는 얘기를 꺼냈다. 그는 권위가 느껴지는 목소리로 실리콘밸리부터 중국의 선전까지 세계 곳곳에서 벌어지는 글로벌 경쟁을 따라잡아야 하는 필요성을 개략적으로 설명했다.

그러고는 거의 항상 언급하는 이야기로 20분간의 연설을 마무리 지었다. 바로 자유로운 질서가 위협받고 있다는 두려움에 대한 것이다. 그는 제2차 세계대전 이후 독일이 (주로 소련이 점령한 동독 출신의) 난민 1100만 명을 받아들였다고 주장했다. "우리는 난민들의 나라입니다." 그는 같은 가치관을 공유하는 의회의 동료들에게도 상기시켰다. "오로지 자국만의 힘으로만 성공할 수 있다(내셔널리즘의 순수한 형태)고 믿는 사람들은 공동의 해법을 찾는 것이 길이라고 믿는 사람들을 반대합니다."

그의 마지막 문장은 박수 소리에 끊겼다. 의원들은 총리의 차분한 어조보다는 바이델의 격렬한 공격 때문에 연설 내용에 더 공감할 수 있었다. AfD는 독일연방공화국의 의회에 입성하는 길은 뚫었을지 모르나 고립을 자초하기도 했다. 독일은 유럽의 어떤 나라보다도 성숙한 민주국가여서 인종주의자 수용이라는, 높은 비용을 치러야 하는 상황을 받아들였다. 그렇지만 독일은 극단주의자들이 정부의 최고위직에 오르는 것을 환대할 준비는 돼 있지 않았다. CDU의 제일 보수적인 메르켈 비판자들조차 그 문제에는 뜻을 같이했다.

그럼에도 AfD를 분데스타크에 입성시킨 분노는 독일인의, 특히 동독인의 생활에 서서히 타오르는 도화선으로 남았다. 2018년 8월에 켐니츠(예전의 칼마르크스슈타트Karl-Marx-Stadt)에서 도화선에 불이 붙었다. 켐니츠는 외국인을 대상으로 한 증오 범죄가 독일에서 가장 많이 발생하는, 불명예를 안고 있는 작센(Sachsen)의 소도시다. 쿠바 혈통의 목수가 망명을 바라는 중동 남성에게 살해당했다는 주장은 AfD와 지역의 네오나치스에게 폭동을 일으킬 핑곗거리를 제공했다. 무게가 40톤이나 나가는 칼 마르크스의 동상 아래 모인 8000명의 시위자는 총리를 향해 억눌렸던 분노를 쏟아냈다. 지역 경찰은 채 준비를 못한 상태에서 이 사태를 맞았지만, AfD는 준비가 돼 있었다.

'국가가 시민들을 더 이상 보호하지 못할 때, 시민들은 거리로 나와 자신들을 보호합니다.' 지역 AfD 의원이 올린 트윗이다. 행진하는 시위대가 나치스 상징물을 뽐내는 모습(적어도 한 명은 히틀러식 경례를 붙이기까지 했다)은 상당수 국민에게 충격을 줬다. 파시스트들은 이틀 동안 켐니츠의 거리를 마음대로 뛰어다니며 피부색이 짙은 주민들을 추격하고 코셔 레스토랑(유대교 율법을 준수해 만든 음식을 제공하는 식당)을 공격했다.

"이 나라에 증오가 차지할 곳은 없습니다. 외모가 다른 사람들을 공격하는 데에 결코 핑계나 정당화는 있을 수 없습니다." 메르켈이 베를린에서 이렇게 비난한 반면, 알렉산더 가울란트는 '우려하는 시민들'이라고 폭도들을 치켜세우며 "증오는 범죄가 아닙니다"라고 주장했다. 그런데 메르켈이 한 말은 그게 전부였다. 총리는 이번에도 끔찍한 사건들에 세상의 더 많은 관심을 끌고 싶은 듯 보였다.

석 달 후, 메르켈이 마침내 켐니츠에 도착했다. 너무 늦은 도착이었다. 게다가 그는 그 문제를 지나치게 오래 끌었다. 이것도 때로는 지나치게 신중한, 대결을 회피하는 앙겔라 메르켈의 특징이다. "내 얼굴이 양극화되고 있다는 걸 나도 압니다." 그는 폐업한 기관차 공장 내부에 모인 웃음기 없는 청중 120명에게 말했다. 공장 밖에서는 훨씬 더 규모가 큰 군중이 메르켈은 물러나라고 외쳐댔다. 그러나 총리는 부드러운 목소리로 말을 이어갔다. 정치인이기보다는 치료사처럼 들리는 목소리였다. "여러분은 거짓

말을 듣고 있습니다. 증오를 퍼뜨리는 이들이 여러분을 좌지우지하게 놔두지 마십시오." 그는 청중에게 간청했다.

한 남자가 하소연하듯 물었다. 왜 우리 중 그토록 많은 이들이 패배자가 된 것처럼 느끼는 건가?

"여러분 중 일부는 손주들이 자라는 걸 보지 못하고 있습니다. 여러분의 손주들은 다른 곳으로 떠났으니까요." 총리는 공감하는 듯한 말투로 대답했다. "우리는 많은 것을 잃었습니다만, 무척이나 많은 것을 이뤄내기도 했습니다!" 그는 '우리'라고 말하는 것으로 자신도 그 자리에 있는 동독인들과 같은 생각을 가졌다는 것을 알렸다. 그는 그들을 책망하는 게 아니라 위로하려는 거였다.

메르켈은 수동적인 모습을 보이거나 자신이 추진하는 정책을 미화하려는 시도는 하지 않고 긴장감이 팽배한 두 시간 동안 때로는 적대적인 질문들에 대답했다. 그의 말투는 젊은 기운이 가득하고 약간은 거들먹거리던, 자기만큼 재빨리 적응하지 못한다며 동독인들을 조롱했던 그동안 말투와는 달랐다. 나이를 먹고 시간이 흐르면서 실패나 다름없는 경험은 그의 오만함을 사포로 간 것처럼 갈아버렸다. 그리고 이 자리에 있는 사람들은 여전히 이성적으로 판단하며 다른 사람들에게 공감할 줄 아는 동료들이었다. 자국 총리에게 입에 담기 힘든 욕설을 퍼붓는 시위자들이 아니었다. 아마도 그는 그들에게 속에 품고 있는 적대감을 일부나마 쏟아내라고 설득할 수 있었을 것이다. 최근의 선거 결과 때문에 겸손해진 메르켈은 그들의 공감을 다시 얻기 위해 평소처럼 팩트들을 들먹이며 호령하기보다는 인류애를 활용했다.

실내의 분위기가 서서히 바뀌었다. 그가 우리라는 단어를 되풀이해 사용한 것이 분노한 사람들의 공격성을 누그러뜨렸다. 자리가 끝나갈 때,

뒷자리에 앉은 남성이 큰 소리로 외쳤다. “총리님, 이 나라가 전반적으로 양호한 것에 대해 감사드립니다.” 깜짝 놀란 메르켈은 순간적으로 할 말을 잃었다. “으음, 여러분 중 많은 분이 오늘 이 자리에 저를 칭찬하는 말을 들으려고 오셨다고는 생각하지 않습니다.” 그럼에도 그의 표정에는 놀람과 기쁨이 공존했다. 사소하지만 좋은 조짐이었다. 그런데 밖에서 규모가 더 큰 군중이 계속해서 “Hau ab, Hau ab(어서 꺼져, 여기서 꺼지라고!)”이라고 외치는 소리가 메르켈의 목소리를 덮어버렸다.

자신이 정한 일정에 따라 은퇴하겠다는 메르켈의 결심은 결코 약해지지 않았다. 네오나치스들이 켐니츠의 길거리를 활보하고 다니는 데도 어쩔 도리 없이 물러나야 하는 상황으로 내몰리기 전에 정치계를 떠나겠다는 생각을 바꾸지 않았다. “우리는 켐니츠 폭동이 끝난 직후 옥토버페스트(Oktoberfest, 9월 말에서 10월 초까지 열리는 뮌헨의 맥주 축제)가 열리는 동안 베를린 오페라하우스에서 만났습니다.” 그가 콜의 내각에 속해 있던 시기에 사귄 오랜 친구이자 동료인 파울 크뤼거(Paul Krüger)가 한 말이다. 그와 필자는 예전에 동독 지역이던 포츠담에 있는 호텔 레스토랑에서 만났다. 그는 최근에 그 도시의 시장 자리에서 퇴임했다. 실내장식은 대부분 갈색이었다. 한때 동독이 선호했지만 앙겔라 메르켈은 끔찍이도 싫어한 색깔이다.

“메르켈은 전혀 스트레스에 시달리는 것 같지 않습니다. 특히 그날은 유독 더 느긋해 보이더군요.” 크뤼거는 회상했다. “어떻게 지내느냐고 묻기에 잘 지낸다고 말하기가 주저된다고 했습니다.” 그러고는 메르켈에게 이렇게 말했다. “앙겔라, 당신이 참 딱해. 이 멍청이들이 날마다 당신을 얼마나 골치 아프게 하는지를 잘 아니까 말이야.” 그는 총리와 가졌던 당혹스러운 만남에 대해 이야기를 이어갔다. "우리가 한담을 나누는 동안 어떤 사람이 앙겔라에게 다가와 우리는 작별 인사를 했습니다. 그런데 그가 갑자기 나한테 달려오더군요. '알려주고 싶은 게 있어. 난 무척 잘 지내고 있어. 사실 기분이 아주 끝내준다니까!' 그가 이렇게 급한 걸음으로 나를 쫓아오다니 이게 도대체 무슨 상황일까 싶었는데 며칠 뒤에야 그 이유를 알게 됐습니다."

2018년 12월 7일, 메르켈은 자신의 고향인 함부르크로 돌아갔다. 18년간 이끌었던 기독민주연합에 작별 인사를 할 참이었다. 격렬한 당내 정치에 지친 그는 당 대표 자리에서 물러나겠다고 밝혔다. 물론, 총리직은 유지하면서 말이다. 그는 여전히 CDU의 비공식적인, 그리고 이즈음에는 역사적인 지도자다. 여전히 당의 정책을 지도하고 유망한 지도자들을 선출할 것이다. 그런데 이후로, 그의 권력은 당내 직위가 아니라 누구도 부인 못할 자신의 위상에 기초하게 될 것이다. 다른 사람들은 당내 업무에 전념할 수 있고, 그는 정치적 차원을 넘어선 직무를 수행할 것이다. 앙겔라 메르켈은 임기의 마지막 3년을 진정으로 열정을 느끼는 분야에, 즉 글로벌 사안에 집중하며 보내고 싶었다.

그는 동굴 같은 의회 센터의 무대에서 1000명이 넘는, 더 이상 남성의 수가 압도적이지 않은 CDU 당원들을 대면했다. 그들 중 다수는 메르켈 말고 다른 당 대표를 알았던 적이 없는 사람들이었다. 홀 내에는 작별의 분위기가 감돌았다. 2000년 뇌물 스캔들로 위세가 바닥으로 떨어진 기독민주연합을 되살린 헬무트 콜의 '매첸'이 작별 인사를 하고 있었다. 그는 자학적인 유머로 연설을 시작했다. "2000년에 제가 내건 첫 슬로건은 '간단명료하게(To the Point)'였습니다. 많은 분들이 그 슬로건에 익숙해지셨죠!

그런데 이 슬로건에 독일이 어디 있습니까? 미래가 어디 있습니까? 우리의 가치와 안보에 대한 내용이 어디 있습니까? 어디에도 없었습니다. 오로지 '간단명료하게'만 있었죠. 제 특유의 스타일대로 앙상했습니다."

청중은 총리의 어색한 데뷔를 기억하면서 폭소를 터뜨렸다. 그런 후, 최근 몇 년 사이에 연설이라곤 처음 해본 것처럼 동독 시절로 되돌아간 메르켈은 연설문 내용에서 벗어나 장벽이 무너진 이후의 초창기 나날들에 느꼈던 흥분을 언급했다. "우리에게 그 시절은 엄청난 호기심을 갖고 새로운 것들을 기다리는, 믿기 힘들 정도로 좋은 시절이었습니다. '열린 세상으로 나가라.' 제가 어느 친구의 책에 쓴 문장입니다. 가능성이 무궁무진했습니다! 새로운 시대의 자유…, 우리의 미래는 오로지 우리 자신의 손에 달려 있었습니다." 그는 약속이 안겨주는 짜릿함이 좋았던 초창기에 향수를 느끼며 말했다.

총리로서 자신이 보여줬던 스타일에 대해 숙고해본 그는 인정했다. "저는 여러분 중 많은 분에게 질문했습니다. 상대방을 공격하는 것을 반대했고, 칼이 아니라 수술용 메스나 침묵을 선택했습니다. 제가 여러분의 불안감과 배짱을 시험대에 올렸다는 것을 잘 압니다." 그건 정확히 말하면 사과가 아니었지만 비슷한 것이기는 했다. 그가 극우에게 더 강력한 일격을 날렸을지도 모른다는 시인이었다. 동시에, 그곳에 모인 이들은 자신들이 메르켈을 존경하게 된 것은 단순히 이 여성의 본성 때문이 아니라, 때때로 기이했던, 심지어는 진저리가 났던 업무 방식 때문이었다는 것을 이해했다. 그런데 그가 연설을 마쳤을 때, 그 말투는 더 이상은 정치인의 것이 아니었다. 그가 더 높은 곳에서 우위를 점한 데 대해 조금의 회한도 없다는 것을 명확하게 밝히는 말투였다. 그의 말투는 목사 딸의 그것처럼 들렸다. "저는 타고난 총리나 당 대표는 아니었습니다. 제 의도는 항상 품위 있는 정치를 하고 품위 있게 떠나는 거였습니다. 시간은 우리 모두에게 한정돼 있습니다."

이 시점에 이르기까지 10분 내내 기립해 있던 대표자들은 그들의 당 대표에게 박수를 보냈다. 많은 이들이 '고마워요, 보스!'라고 적힌 표지판을 흔들었다. 모두 눈물을 닦았고 메르켈의 눈은 반짝거렸다. 그는 눈을 빠르게 깜빡거렸다. 감동받았을 때 늘 그러는 것처럼.

메르켈은 자신이 선택한 후계자인 자를란트(Saarland) 출신 쉰일곱 살 중도파 정치인 아네그레트 크람프카렌바워에게 정치를 맡기고 싶은 생각이 간절했다. 그렇게 되면 총리로서 보내는 마지막 3년을 EU 강화와 기후변화 문제 대처 같은 긴급한 이슈들에 집중하며 보낼 수 있을 것이다. 그렇지만 일은 그렇게 풀리지 않았다. 적어도, 아직까지는 아니었다.

앙겔라 메르켈은 바이마르 근처에서 일어난 사건들 때문에 어쩔 수 없이 국내 정치로 복귀해야 했다. 바이마르는 나치스가 1933년 전국에서 승리를 거두기 전에 처음 권력을 확보했던, 역사적으로 비중이 큰 튀링겐 주의 도시다. 독일에서 과거는 전혀 과거라고 할 수 없다. 총리는 가끔씩 약속에 지각하고는 한다. 제2차 세계대전이 남긴 유물인 러시아제 불발탄이 총리실 근처에서 발견되면 교통 체증이 빚어지기 때문이다. 그런데 바이마르보다 과거를 잘 드러내는 곳은 없다. 바이마르라는 이름 자체가 반향을 일으킨다.

제1차 세계대전이 끝나고 석 달 뒤인 1919년 2월, 독일 전역에서 온 의원들이 독일 고급 문화(high Kultur)의 수도인 바이마르에 모였다. 바이마르는 괴테와 실러, 에라스무스, 네덜란드 철학자이자 작곡가 프란츠 리스트의 영적인 고향이었다. 이곳에 온 의원들은 물질적·도덕적 잔해 아래에 파묻힌 것을 발굴해내려 애썼다. 그들은 새로운 독일공화국, 즉 바이마르공화국을 위한 초석을 깔기 위해 매력적인 바로크양식의 궁정극장에 모였다. 유대인 변호사이자 리버럴한 정치인 후고 프로이스(Hugo Preuss)가 새 헌법의 초안을 썼다. 이어진 선거에서 중도 성향 정당들이 대중의 압도적 지지를 받은 반면, 보수주의자들은 총 투표 수의 10퍼센트만 간신히 확보했다. 14년 뒤 나치스는 유대인이 집필한 책 5000권을 불태웠고, 나치스의 선전 책임자 요제프 괴벨스는 '유대인 지성주의(Jewish intellectualism) 시대'의 종식을 발표했다. 그러는 데 필요한 것은 세계적인 공황, 그리고 바이마르공화국을 집어삼킬 만한 불길을 일으킬 교활한 선동정치가 한 명이 전부였다. 동시에 독일 최초의 민주주의 실험은 끝장이 났다.

1933년과 2020년 사이의 유사점은 두려울 정도였다. 비슷한 시나리오가 연방공화국을 위협했기 때문이다.

2020년 2월에 메르켈은 새 지도자 크람프카렌바워가 이끄는 기독민주연합이 리버럴한 자유민주당(FDP) 당원 토마스 켐메리히(Thomas Kemmerich)를 튀링겐주 총리로 당선시키려고 AfD와 힘을 합쳤다는 것을 알고는 충격을 받았다. AKK라는 호칭으로 불리는 크람프카렌바워가 동쪽에 있는 작은 주의 지도자를 당선시키려고 AfD와 손을 잡으면서 — 이것은 독일의 정치 상황에서 발생하는 지극히 이해하기 힘든 사례다. — 극우와 협조하는 것을 금지하는 메르켈의 지침을 어긴 것이다. (독일의 의회 시스템은 터무니없을 정도로 복잡하기 때문에 다수 의석을 확보하려면 여러 정당과 함께 연립정부를 구성해야 한다. 여기서 거론한 이 사례도 그런 경우에 해당한다. FDP는 한동안 메르켈이 구성한 연립정부 여당의 일부였다.) 리버럴한 FDP 당원을 당선시키려고 CDU와 AfD가 연합한 이 사례는 총리 입장에서는 너무 멀리 나간 행위였다. 이 사건으로 메르켈이 신경 써서 선택한 후계자의 짧디짧은 임기가 끝장났다. 아네그레트 크람프카렌바워는 이 당혹스러운 상황을 막지 못했다는 이유로 이틀날 사임했다.

메르켈은 소속 정당이 잠시나마 성립시킨 파우스트 같은 흥정에 즉각 반응했다. 남아프리카 국빈 방문을 중단한 그는 침울하게 말했다. "오늘은 독일 민주주의 입장에서는 궂은 날입니다." 그러고는 켐메리히의 당선을 무효화해달라고 요청했다. 자신의 위상과 권위를 반영한 결과로 새로운 선거를 거행한다고 발표했다.[5] 그런데 이 무모한 거래에 따른 대가는 컸고, 메르켈은 당 대표 자리를 공석으로 놔뒀다. 위기는 피했지만 간신히 피한 거였다. AfD는 어디로 떠나지 않았다. 그렇지만 앙겔라 메르켈은 얼마 지나지 않아 떠날 예정이었다.

5 이것이 불법적인 행위라고 생각할 수 있지만 그렇지 않다. AfD의 지원을 받은 켐메리히의 당선은 독일의 모든 주류 정당이 맺은, 극우 집단과는 어떤 협력도 거부한다는 협약을 위반한 것이다. 2020년 3월 4일, 좌파당(Linke Party)의 보도 라멜로브(Bodo Ramelow)가 주총리(그가 2014년부터 한 달 전까지 차지하고 있던 바로 그 자리)로 당선됐다.

프랑스 북부 콩피에뉴(Compiègne)에서 열린 제1차 세계대전 종전 100주년 기념식에 참석한 프랑스 대통령 에마뉘엘 마크롱과 메르켈이 친밀하게 인사를 나누고 있다. 그들의 관계가 항상 이렇게 좋은 건 아니었지만, 두 사람은 많은 현안을 성공적으로 해결했다. 그들은 모스크바와 워싱턴 양쪽에서 가해지는 권위주의와 포퓰리즘의 위협에 단결된 모습으로 맞서야 한다는 걸 잘 알았다.

17

A PARTNER AT LAST?

마침내 얻게 된 파트너?

오로지 도덕적인 사람이기만 한 사람은
바보일 것이다.

한스 모겐소(Hans Morgenthau), <현실주의 정치의 여섯 가지 원칙
(Six Principles of Political Realism)>으로 유명한 20세기 독일계 미국인 정치학자

2017년 5월, 서른아홉 살의 진보적 경제학자 에마뉘엘 마크롱이 프랑스 정계를 뒤집고 포퓰리스트의 물결을 역전시키면서 나폴레옹 보나파르트 이후 가장 어린 국가수반이 됐다. 앙겔라 메르켈은 마크롱이 전 대통령 프랑수아 올랑드의 내각에서 경제산업부 장관으로 일할 때부터 그를 알고 존중했다. 메르켈은 그가 트럼프와 푸틴의 지지를 모두 받은 극우 후보이자 내셔널리스트 마린 르 펜(Marine Le Pen)을 물리친 것을 축하했다. "마크롱은 프랑스 국민 수천만 명과 많은 독일 국민에게 희망입니다." 메르켈은 누구보다도 마크롱에게 희망을 건 사람이었다.

메르켈은 자신을 서구의 지도자라고 주장한 적이 한 번도 없었다. 서구의 지도자라는 역할은 그에게 맡겨진 거였고, 그는 마지못해 그걸 받아들였다. 그런데 마지막 총리 임기가 두 달째에 접어들었을 때, 세계 무대에 밀려오는 권위주의에 맞서 그는 더 이상 혼자 싸우지 않아도 됐다. '대륙

(The Continent)'이라는 그의 비전을 지지하는 또 다른 유럽 강대국의 능력 있는 지도자가 마침내 등장했다. 두 사람은 유럽합중국(United States of Europe)이라는 원대한 꿈을 여전히 공유하지만, 충동적인 성격에 일 벌이기 좋아하는 마크롱은 당장 그것을 실현하고 싶어 했다. 느리게 움직이면서 장기전을 펼치는 메르켈은 훨씬 더 신중하게 전진하는 쪽을 선호했다. 더군다나 메르켈은 트럼프의 선동 정치를 역겨워하기는 했지만 대서양 양안의 동맹에 대해 느끼는 애착이 프랑스 신임 지도자를 향한 애착보다 컸다. 이러한 마크롱과 메르켈의 스타일과 기질의 차이는 오래지 않아 확연하게 모습을 드러냈다.

국가도 사람과 마찬가지로 종종 성공보다는 실패에서 더 많은 것을 배운다. 메르켈과 마크롱은 각자의 조국이 가진 사연들이 빚어낸 매우 강렬한 산물이다. 메르켈은 제2차 세계대전에서 치욕적으로 패배한 이후, 군사적 승리를 축하하는 일이 없고 자국의 국기를 축구 챔피언에 등극했을 때만 휘날리는 문화에서 태어났다. 사람들이 베를린에서 가장 많이 찾는 랜드마크는 제3제국의 처참한 실패를 기념하는 곳들이다. 또한 아우슈비츠는 제2차 세계대전을 대표하는 독일의 상징물이다. 독일은 겸손을, 그리고 과거에 저질렀던 짓보다 더 나은 일을 하겠다는 열망을 품은 나라다. 리더십에 다가가는 메르켈의 접근 방식 역시 겸손하다. 심지어 칙칙한 회색 군복을 입은 독일군조차 사람들 눈에 띄지 않으려고 노력한다.

이목을 끌지 못하는 존재인 앙겔라 메르켈이 교실에서 제일 영민한 학생이던 시절부터 세운 목표는 눈부시게 화려한 군복, 황동 헬멧과 장식용 수술이 달린 재킷을 착용하고 빨간 바지의 밑단을 반짝거리는 부츠에 밀어 넣은 프랑스 공화국수비대(Garde Republicaine)하고는 거리가 멀어도 한참 멀었다. 프랑스는 지금도 열병식을 거행하는 유일한 서구 민주주의 국가다. 미국의 신임 대통령 도널드 트럼프는 2017년 7월 프랑스혁명 기념일에 파리의 샹젤리제에서 말을 타고 지나가는 위풍당당한 수비대원들의 모습에, 그리고 그들 뒤로 늠름한 위용을 과시하는 프랑스 최신 군사 장비들에 완전히 넋을 잃었다. 그는 어찌나 황홀했던지 워싱턴 DC에서 유사한 군사적 장관을 연출하고 싶어 했다. 만일 실행에 옮겼다면 미국인들이 독일인들만큼이나 눈살을 찌푸렸을 법한 행사였다.

탱크들이 베를린의 쿠르퓌르스텐담을 우르릉거리며 지나가는 모습을 상상하는 것은 묵시록에 등장할 법한 광경을 상상하는 것과 다름없다. 그런데 프랑스 입장에서 제2차 세계대전의 유구한 심벌은 레지스탕스다. "우리가 프랑스를 해방시켰습니다." 샤를 드골은 실제로 일어났던 사건들을 자신이 상상한 버전으로 변환해 설명하면서 이렇게 주장했다.[1] 1803년부터 1815년까지 벌어진 나폴레옹 전쟁은 고통과 유혈 참사를 남겼다. 그런데 오늘날의 파리 지하철은 아우스터리츠(Austerlitz)와 솔페리노(Solferino) 등 나폴레옹 3세 치하에서 일어난 전쟁에서 위대한 전투가 치러졌던 곳의 이름을 내건 역들을 쌩쌩 지나간다. 마크롱이 대통령에 취임하고 수행한 첫 업무는 샹젤리제에서 위장색이 칠해진 군용 지프에 오른 후 개선문에서 프랑스 전사자들을 위한 추모의 불을 붙인 일이었다. 반면, 메르켈 입장에서 전쟁의 드라마를 펼칠 마땅한 무대는 정치의 무대가 아니라 바이로이트 음악제였다.

---

1 제2차 세계대전 이후 유럽에 벌어진 전쟁 중 인명 피해가 가장 컸던 보스니아 전쟁을 끝내려는 협상이 1995년 미국의 주도로 타결된 후, 프랑스 대통령 자크 시라크는 평화조약 서명식을 파리 엘리제궁에서 거행해야 한다고 주장했다. 그 조약의 내용이 타결된 곳은 미국 오하이오주 데이턴에 있는 라이트 패터슨 공군기지의 가시철조망 울타리 뒤였는데도 말이다. 위태로운 영광도 영광일 법하다.

마크롱이 2017년에 대통령 자격으로 떠난 첫 순방지는 베를린이었다. 앙겔라 메르켈을 만나는 것이 목적이었다. 유럽의 최장수 민주적 지도자가 갓 취임한 젊고 민주적인 지도자와 함께하는 모습은 의례적인 축하를 주고받는 분위기를 풍겼다. 그런데 꾸밈없는 언어를 구사하는, 과학자에서 총리로 변신해 13년을 재직한 중년의 정치인과 덩치는 조금 작지만 늠름한, 그리고 얼마 전에 프랑스 정계에 거하게 한 방을 날리고 온 마크롱은 한눈에 봐도 어울리는 짝은 아니었다. "모든 시작에는 신비한 힘이 약간 깃들어 있습니다." 메르켈은 미소를 지으며 마크롱을 총리실로 안내하던 중에 독일 작가 헤르만 헤세의 시구를 인용하며 이렇게 말했다. 수사적인 표현에 도취하는 법이 결코 없는 메르켈은 재빨리 덧붙였다. "신비한 힘은 결과물이 있을 때에만 오래가는 법이죠." (두 사람은 영어로 대화했는데, 이것은 몇 세기에 걸친 프랑스와 독일의 관계에서 새로운 일이었다. 이전까지 두 나라 정상은 통역을 두고 의사소통하는 게 일반적이었다.) 메르켈이 어떤 발언을 했건, 프랑스 대통령은 이 역사적인 인물과 세계 무대를 공유하는 데 대한 자부심을 주체하지 못했다. 동시에 마크롱은 자기보다 스물네 살 연상인, 그의 아내 브리지트 마크롱(Brigitte Macron)과 동갑인 앙겔라 메르켈과 교류하는 것을 무척 편안해했다.

두 사람은 블라디미르 푸틴의 기습적인 등장과 갈수록 목소리가 커지는 중국, 위협적인 도널드 트럼프에 저항할 수 있는 강한 유럽이라는 목표를 공유했다. 허약한 지도자들을 연달아 겪은 메르켈은 이제 이 싸움을 거들어줄 영민하고 야심만만한 파트너를 갖게 된 데에 안도했다. 마크롱이 병약한 시라크와 충동적인 사르코지, 무능한 올랑드를 거친 프랑스에 국가적 자긍심을 되돌려준 일이 만족스러웠다. 그렇다고 그가 마크롱의 공동 조종사라는 단순한 역할을 맡겠다는 뜻은 아니었다. "당신에게 어울리는 페이스를 지키세요." 메르켈이 마크롱에게 한 조언인데, 활기를 주체 못하는 신임 대통령이 구하던 조언은 아니었다.

자신이 창당한 '전진하는 공화국!'(La Republique en Marche!, 메르켈이 손잡은 정당들 중에 당명 끝에 이처럼 느낌표가 붙어 있는 정당은 없었다.) 말고는 어떤 정당에도 발목 잡히지 않은 마크롱은 기존 질서를 붕괴시키는 걸 열망했다. 그의 개혁 프로그램은 뻔뻔스러운 제목을 단 책 <마크롱 혁명>에 상세히 설명돼 있다.[2] 우리는 좌우 양끝에 치우쳐 있는 극단주의자들만이 기존 질서를 교란하는 유일한 존재가 되도록 허용해서는 안 된다고 그는 메르켈에게 말했다. "앙겔라, 당신과 나는 기존 질서를 무너뜨려야 합니다!" 그는 메르켈에게 자신이 실패할 경우 독일은 프랑스의 극우 정치인인 국민전선(National Front)의 마린 르 펜을 상대하게 될 거라고 경고했다.

마크롱은 자신이 유럽의 자주권이라고 부르는 것을 강화한다는 황홀한 그림을 품고 권좌에 올랐다. 마크롱은 소르본의 역사적인 그랜드 원형극장(Grand Amphitheater)에서 한 90분짜리 연설에서, 세계가 메르켈의 정치 경력 동안 그에게서 들었던 것보다 더 화려한 수사법이 동원된 불꽃놀이를 연출했다. 그는 단일 은행 시스템과 공동 유러피언 채권, 공동 이주 시스템을 갖춘 더 촘촘히 통합된 유로존을 제안했다. 유럽에는 이 모든 제도가 없었다. 금융 위기와 난민 위기가 벌어졌을 때, EU에는 해당 영역의 위기를 수습하기 위해 집행할 공동 정책이 없다는 사실이 명백히 드러났다. (2020년에 세계를 덮친 코로나19 팬데믹은 공공보건 인프라에도 비

2 마크롱이 2022년 재선 선거운동을 위해 선택한 슬로건 'Nous, Français(거칠게 옮기면 '우리 프랑스인'이라는 뜻)'는 — 반(反)내셔널리스트인 메르켈이라면 절대로 승인하지 않을 문구다. — 두 사람의 차이점을 어느 정도 함축해서 보여준다.

슷한 약점이 있다는 걸 드러냈다.) "유럽의 자주권은 건설을 요구합니다. 그리고 그걸 실행하는 것은 우리에게 달려 있습니다!" 그는 청중에게 이렇게 촉구하는 내내 메르켈을 향해 지지해달라는 눈길을 던지고 있었다. 프랑스와 독일의 파트너십은 항상 유럽연합의 주춧돌이었지만 — 어쨌든 두 나라는 대륙에서 인구가 많고 규모가 큰 나라에 속해 있다 — 두 나라 사이의 밑바닥에 라이벌 의식과 악감정이 흐른다는 것은 여러 세기 동안 기정사실이나 다름없었다. 두 나라는 21세기가 돼서야 이런 차이점들을 더는 전쟁을 통해 해결하지 않게 됐다.

레지스탕스 전쟁영웅이자, 1958년부터 1969년까지 대통령이었던 샤를 드골은 두 나라의 관계를 말과 마차에 비유했다. '독일은 말이고 프랑스는 마부인' 관계. 이 관계가 앙겔라 메르켈이 간주한 두 나라 관계의 역학과 정확히 일치하는 것은 아니었다. 언젠가 사르코지가 매력적인 눈빛으로 메르켈을 바라보며 말했다. "앙겔라, 우리는 잘 어울리려고 태어난 사람들 같아요. 우리는 유럽연합의 머리와 다리예요." 총리는 날카롭게 대꾸했다. "아니에요, 니콜라. 당신이 머리와 다리죠. 나는 은행이고요."

사실, 메르켈은 유럽의 기존 질서를 붕괴시키려는 마크롱의 도전에 화답할 입장이 아니었다. 우선, 프랑스 헌법은 대통령에게 서구의 다른 민주주의 국가보다 더 큰 권력을 허용한다. 반면 독일 총리는 막강한 정당 구조와 권력이 분산된 연방제 시스템 아래에서 설득과 합의를 통해 통치한다. 총리는 내각을 지명하지만, 자신의 소속 정당만이 아니라 주요 정당에서 장관들을 선택한다. 마크롱은 프랑스의 정당들을 짓뭉갠 것으로, 사실상 그 자신의 정당을 창당한 셈이었다. 메르켈은 긴축과 검약에 집착하는 성향의 사람으로서, 그리고 그런 특성을 강하게 지지하는 국민들이 있는 상황에서 독일(유럽의 경제 대국)이 떠받쳐야 할지도 모르는 단일 은행

시스템을 지지하는 것을 머뭇거렸다.

마크롱의 목표는 자급자족하는 유럽이었다. 그런데 유럽 대륙이 NATO에 국방을 덜 의존할 수 있도록 유럽군(European Army)을 창설하자는 그의 계획은 무력을 반대하는 메르켈에게는 특히 받아들이기 힘든 것이었다. 트럼프가 말도 안 되는 짓을 하고 있기는 하지만, 메르켈 입장에서 마크롱의 계획은 상황을 지나치게 멀리, 지나치게 빠르게 진전시키는 거였다. 그는 범대서양주의자로 남았다.

메르켈은 마크롱이 제안하지 않은 종류의 변화들도 주목했다. 프랑스는 독일이 경제 대국이라는 사실을 받아들였다. 그렇지만 정치적으로 동등한 반열에 있는 국가로 받아들이지는 않았다. 프랑스와 독일이 EU 예산과 통합 은행 시스템을 공유한다면, UN 안전보장이사회의 유럽 의석을 공유하지 못할 이유는 무엇인가? 프랑스는 독일의 그런 문제 제기는 들으려 하지 않았다. 1945년 UN의 창설자들은 이른바 안전보장이사회의 상임이사국은 프랑스와 중국, 러시아, 영국, 미국이 맡기로 결정했다. 70년이 흐른 뒤에 세계에서 가장 강력한 국가가 된 나라들을 정확하게 반영한 것은 아니지만, 프랑스 입장에서 이것은 어마어마하게 의미가 큰 결정이었다. 메르켈이 총리실에서 보는 관점은, 프랑스는 유럽의 단결보다 권력의 상징에 더 많은 관심을 쏟는다는 거였다.

두 사람이 만난 타이밍도 문제였을 것이다. 전투에 지친 총리는 정치적 황혼기에 들어서 있었다. 반면 마크롱은 권력을 막 행사하기 시작했다. 메르켈은 마크롱이 올랑드 휘하의 재무장관일 때 마음에 들어하긴 했지만, 그가 일단 대통령이 되고 나면 오만해질 거라고 느꼈다. ("영리한 사람이라는 건 알아. 그런데 그는 왜 항상 으스대는 걸까?" 메르켈이 보좌관들에게 한 말이다.) 마크롱이 자신을 '마뉘(Manu)'라고 부른 파리 젊은이를 야단치는 모습을 본 메르켈의 어느 보좌관은 런던 시민들이 전쟁 동안 윈스턴 처칠 총리에게 "안녕하세요, 위니(Winnie)!"라고 자주 외쳤는데도 그들의 영웅에게서 훈계를 듣는 일은 없었다는 사실을 언급했다. 마크롱은 노골적으로 야심을 드러냈다. 자신의 야심을 소중한 보석처럼 꽁꽁 감춰두는 메르켈에게는 끌리지 않는 특성이었다.

메르켈도 이토록 젊고 생기 넘치며 사람들에게 영감을 주는 유럽의 신임 대변인이 순식간에 정상에 오르는 걸 보고는 인간적인 시기심을 느끼며 가슴 한구석이 아팠을 것이다. 신문 사설들은 메르켈의 쇠약해지는 리더십을 불길한 시선으로 바라보는 반면, 마크롱의 에너지와 열정에는 찬사를 보냈다. "진짜 프랑스가 돌아왔습니다!" EU 집행위원장 장 클로드 융커(Jean-Claude Juncker)는 소리 높여 외쳤다. 메르켈은 새로운 연립정부를 구성하려 육체적·정신적으로 힘겨운 업무에 6개월간 묶인 신세였지만, 번쩍거리는 헤드라인들은 마크롱에게 새로운 글로벌 마에스트로라는 찬사를 보냈다. "그는 국제정치를 지휘하고 있지만, 나는 여기에 묶여 있는 신세야." 메르켈은 베를린에서 투덜거렸다.[3]

메르켈은 새 정치 파트너가 트럼프를 구워삶으려고 시도하는 모습을 회의적인 눈으로 지켜봤다. 마크롱은 트럼프를 위해 에펠탑에서 만찬을 열고 프랑스혁명 기념일에는 샹젤리제에서 화려한 열병식을 거행하는 등 으리으리한 프랑스식 환대를 베풀어 트럼프의 넋을 빼놨다. 메르켈이 느끼기에 트럼프의 개인적 허영심을 자극하는 이런 일들은 단기적인 소득만

---

3 마크롱에게 휘황찬란한 머릿기사를 모아준 요인은 그가 뿜어내는 에너지와 카리스마였다. 마크롱은 프랑스의 침체된 경제와 세법을 개혁하는 작업에 몰두했다. 또한 그는 자신이 주도한 유류세 인상에 반대하며 전국적인 시위를 벌인 포퓰리스트 노란 조끼 운동(Yellow Vest Movement)을 굴복시키려고 시도했다. 한편 메르켈은 황제에 버금가는 더없이 자유로운 통치권을 행사하는 프랑스의 대통령제를 부러워할 따름이었다.

가져올 뿐이었다. 그는 속이 텅 빈 나르시시스트를 유혹하려는 마크롱의 작전이 결국 쓸데없는 일로 판명될 거라 예상했다. 실제로 마크롱은 2018년 11월 11일에 제1차 세계대전 종전 100주년을 기념하려고 파리에서 앙겔라 메르켈을 반가이 맞았을 때 어디로 튈지 모르는 트럼프를 사로잡으려는 시도를 포기한 상태였다. 메르켈이 확신했듯, 그건 소용없는 짓이었다.

그날 마크롱과 메르켈은 진심에서 우러난 따스한 모습을 보여줬다. 파리 외곽 콩피에뉴에서 만나 이마를 맞댄 두 사람은 독일이 제1차 세계대전 종전 협정에 처음으로 서명한 곳인 역사적인 열차 안에서 손을 잡았다. 협정 체결 22년 뒤인 1940년에 나치스의 막강한 베어마흐트는 불과 7주 만에 프랑스 전역을 장악했다. 아돌프 히틀러는 프랑스군 원수 필리프 페탱(Philippe Pétain)에게 같은 열차 내 식당 칸에서 치욕적인 내용의 문서에 서명하라고 강요했다. 프랑스는 이후로 4년이 넘는 기간 독일에 부역하는 비시(Vichy) 정부 치하에 들어가면서 독일군의 잔혹한 점령에 시달려야 했다. 이제 메르켈과 마크롱 두 국가 정상은 유럽연합의 이름 아래 콩피에뉴를 새롭게 탄생시켰다. 역사의 바퀴들이 회전하는 속도가 어느 정도인지를 상기시키는 장면이었다.

이튿날, 80개국 국가 정상이 장례식을 찾은 조문객처럼 검정 우산으로 폭우를 막으며 어깨를 나란히 하고 샹젤리제부터 개선문까지 행진했다. 트럼프는 이 근엄한 행진 대열에 없었다. 늦게 도착한 그는 초조하게 움직이는 손에 핸드폰을 쥐고는 부루퉁한 표정으로 앉아 있었다. (그보다 더 늦게 도착한 블라디미르 푸틴이 그의 손을 잡았을 때 잠깐 활기를 보여주기는 했다.) 마크롱의 역사 강의를 억지로 들어야 했던 트럼프는 여기 말고 다른 곳에 있었으면 좋겠다는 기색이 역력했다. "과거의 악령들이 돌아오고 있습니다." 마크롱은 음울한 어조로 말했다. "내셔널리즘은 애국심을 배신하는 것입니다. 그것은 말합니다. 우리의 이익이 우선이라고. 왜 남들에게 신경을 써야 하는 거냐고." 그의 연설은 뚱한 표정으로 앞줄에 앉아 있는 미국인을 겨냥한 질타였다.

마크롱이 소르본에서 연설하고 1년이 훨씬 지난 며칠 후, 메르켈은 '자주적인 유럽' 건설에 대한 지지를 표명하는 것으로 마크롱이 했던 간청에 답을 내놨다. 유럽연합 깃발 색상에 맞춘 청색 재킷 차림의 메르켈은 자신감 넘치는 모습으로 스트라스부르에 있는 유럽의회에 들어섰다. 27개국을 대표하는 의원 705명에게 손을 흔들며 미소를 지은 그는 자신이 '세계에서 가장 위대한 의회'라고 부른 곳의 연단으로 올라가 많은 이들을 놀라게 한 연설을 했다. 전쟁을 경멸하는 총리는 '진정한 유럽군'을 위한 시간이 왔다고 말하면서 마크롱이 내놓은 핵심적인 아이디어 중 하나를 지지했다.

두 나라는 국방과 안보 관련 과업들을 조율하고 통합하기 위해, 그리고 차세대 유러피언 제트전투기의 개발에 협력하기 위해 새로운 합동 프로그램을 도입한다는 데 합의했다. 이 프로그램은 EU와 NATO 외부에서 실행할 것이고, 회원국들은 정보와 운영 역량을 공유하게 될 것이다. (세부적인 내용은 마무리 지어야 하는 상태로 남았지만, 다른 유럽 국가 21개국이 합류했다.) 갈수록 적대적이고 예측이 안 되는 세계에 직면한 독일은 해외에서 무장 임무를 수행하는 데 반대하는 일부의 혐오를 극복했다. 트럼프가 벌이는 못된 짓과 독재자에게 표하는 호감, 더불어 푸틴의 노골적인 공격성은 메르켈이 마크롱의 계획을 지지하는 데 큰 몫을 했을 것이다.

그런데 마크롱은 유럽의 현재 상황을 붕괴시키려고 시도하면서 메르켈보다 한참 앞선 곳을 질주했다. 그는 2018년 5월에 명망 높은 샤를마뉴상을 수상할 때 아헨 타운홀의 행사장 앞줄에 앉아 있는 메르켈에게 애원했다. "독일이 예산과 무역수지 흑자에만 높은 가치를 두어서는 안 됩니다. 그것들은 다른 이들이 치른 비용에서 나온 것이기 때문입니다. 깨어나십시오! 분열되지 맙시다. 두려움을 보이지 맙시다. 기다리지 맙시다!" 그는 이렇게 외치면서 현란한 수사의 위력으로, 그리고 행동에 나서자는 직설적인 호소로 '파트너'에게 기습을 가했다. 유럽을 회생시키는 것은 메르켈의 목표이기도 했다. 그러나 그는 특유의 방식대로 마크롱의 제안을 꼼꼼히 숙고해봐야 했다. 그리고 마크롱과 달리, 자신이 이끄는 정부와 상의해야 했다.

한 달 후, 베를린에서 한 시간 거리에 있는 메르켈의 소박한 공식 별장에서 가진 회담에서 그는 향후 벌어질지도 모를 유럽의 금융 위기를 방지하기 위해 은행조합(banking union)을 만들자는 마크롱의 계획을 받아들였다. 자주적인 유럽이라는 마크롱의 더 원대한 계획을 또다시 부분적으로 지지한 거였다.

마크롱과 메르켈의 관계는 우여곡절이 있었다. 프랑스 대통령은 드라마를 연출하려는 욕구를 다시 한 번 보여줬다. 이듬해 여름 프랑스 비아리츠(Biarritz)의 바닷가 리조트에서 열린 정상회의에 미리 발표하지 않은 손님을 등장시켜 함께 모인 세계 정상들을 깜짝 놀라게 만든 것이다. 그 손님은 이란 외무장관 모하마드 자바드 자리프(Mohammad Javad Zarif)였다. 자리프는 2015년에 오바마 행정부가 타결한 이란의 핵무기 개발 금지 협정을 파기한 트럼프와 협상을 중재해줄 것을 요청했다. "성과로 이어지기만 한다면 좋은 일이죠." 메르켈은 마크롱의 계획에 회의적인 반응을 내놓았고 그 계획은 성과로 이어지지 않았다. 마크롱은 그토록 파격적인 외교적 깜짝쇼를 연출하는 데 (메르켈이라면 열과 성을 다해 기울였을 법한) 노력을 들이지 않았다. 그 주의 예상하지 못한 손님은 이란 외무장관만이 아니었다. 마크롱이 러시아를 유럽의 가족으로 다시 받아들이겠다는 희망에서 며칠 후 그의 여름 별장에서 거행하는 개인적인 만찬에 푸틴을 초대하자 메르켈은 짜증을 냈다.

마크롱이 상냥하면서도 예측 불허의 주최자 노릇을 한 비아리츠 정상회담 동안, 메르켈은 사소한 자유를 맛볼 기회를 잡았다. 비아리츠 해변에서 일광욕을 즐기던 관광객들은 뜻밖에 나타난 친숙한 인물을 보고는 깜짝 놀랐다. 흰색 운동화와 흰색 캐주얼 바지 차림의 메르켈 총리가 밀려오는 파도의 끄트머리를 따라 걸어가고 있었고, 짙은 색 정장을 입은 경호원들은 그의 주위에서 브이(V) 자 대형을 이루고 있었다. 사람들 눈에 띄지 않고 지나가려고 최선을 다했지만 헛된 바람이었다. 그룹을 이끄는 건 늘 그 옆에 모습을 보이는 대변인 슈테펜 자이베르트로, 셔츠 차림에 바짓단을 접어 올린 그는 정장 구두를 손에 든 채 맨발로 걷고 있었다. 오로지 메르켈만이 바닷가를 산책할 준비를 한 모양이었다.

이는 임기를 2년 남긴 총리가 자리에서 물러날 준비를 하고 있다는 것을 상징적인 장면처럼 보여주었다. 완벽한 통일에 한발 더 다가선 유럽을 창출하는 과정에서 최상의 동지가 될 거라고 믿었던 남자가 유럽을 공격하는 적과 와인 잔을 부딪치고 만찬을 즐기는 모습을 본 것이 얼마나 실망스러웠건, 그는 괜한 소란을 피우지는 않을 작정이었다. 마크롱은 메르켈이 같이 일해본 수컷 공작새의 장사진에 합류한 또 다른 공작새였다. 게다가 마크롱은 (푸틴과 트럼프, 에르도안, 그리고 다른 외국 정상들과 달리) 메르켈이 신봉하는 가치들을 공유했다. 민주주의에 대한 신념, 법치, 다원주의(pluralism). 바닷가에서 산책을 즐기는 편이 나았다. 드라마는 결코 그가 갈 길이 아니니까. 그는 아직 무대에서 내려가지 않았다.

메르켈과 마크롱 사이에서 쌓여가던 알력이 그해 연말에 폭발했다. 마크롱이 메르켈에게 사전에 알리지도 않은 채 주간지 <이코노미스트>와 가진 세상의 이목을 끄는 인터뷰에서 NATO를 맹비난한 것이다. 프랑스 대통령은 미국이 신뢰할 만한 동맹국이 아니라는 점을 감안하면 유럽은 'NATO는 뇌사 상태'라는 것을 인정해야 한다고 주장했다. 메르켈은 마크롱의 지적을 '도움이 전혀 안 되는 것'으로 여겼다. NATO의 존재에 의문을 제기하는 것은 서구의 민주적 질서를 허약하게 만들 뿐이라는 게 그의 견해였다.

마크롱은 도발적인 의견을 토해낸 직후 베를린 장벽 붕괴 30주년을 기념하기 위해 베를린에 왔다. 벨궁(Bellevue Palace, 독일 대통령 궁)에서 열린 소규모의 공식 만찬 동안 두 지도자는 결국 차이점을 드러냈다. 하지만 그 자리에 참석했던 이들은 그들의 어조가 우호적이고 시종일관 유쾌한 유머를 주고받았다고 전했다. "서로를 존중하는 분위기였지만, 결국 두 사람은 무척 다른 사람들입니다." 독일 대통령의 외교정책 수석자문 토마스 배거(Thomas Bagger)가 피력한 견해다. "그들은 그 관계를 유지하기 위해 한층 더 노력해야 했습니다."

"당신을 이해해요." 메르켈은 마크롱에게 말했다. "당신은 물건을 때려 부수는 걸 좋아하죠. 나는 당신 뒤를 따라가면서 청소를 해야 하고요." 그는 프랑스 대통령이 러시아에 단독으로 접근하고 북마케도니아의 EU 가입에 거부권을 행사해 EU의 대열을 무너뜨린 것도 꾸짖었다. 메르켈이 보기에 세상은 그것을 모스크바에 양보한 것으로 보였다. 그는 더 강한 유럽을 만들려는 마크롱의 욕심을 충분히 이해하는 만큼, 혼자서 그런 짓을 하는 위험을 감수하는 것은 유럽 대륙을 허약하게 만들 뿐이라는 점을 주지시켰다.

하지만 두 시간 동안 열린 만찬에서 가장 감정적이었던 부분은 트럼프나 푸틴이나 다른 현기증 나는 위기하고는 아무런 관계도 없었다. 그것은 앙겔라 메르켈의 인생을 바꿔놓은 사건을, 즉 장벽의 붕괴를 축하하는 거였다. 만찬 참석자 중에는 그 역사적인 순간에 바리케이드 앞에 있었던 동독의 반체제 인사 세 명이 있었다. 세 사람은 각자 자신들이 생각하는 '프랑스혁명 기념일'에 대해 발표했다. 그런데 그들 입장에서 장벽이 무너진 날은 11월 9일이 아니었다. 동독인 7만 명이 자신들이 폭력의 희생양이 될 위험성이 있다는 걸 충분히 예상하면서도 라이프치히에서 행진했던, 그보다 한 달 전이었다. 그들은 그해 6월에 중국 인민해방군이 톈안먼 광장에서 그랬던 것처럼 곧 있을 슈타지의 발포에 대해 마음의 준비를 했다. 그런데 반체제 인사 중 한 명인 베르너 티르제(Werner Thierse)는 '공포가 반대편으로 점프해 넘어갔다'고 말했다. 이제는 슈타지가 국민을 두려워하고 있었다. 세 동독인은 (레이건이나 부시, 고르바초프, 콜이 아니라) 자신들이 스스로를 해방시켰다고 느꼈다. 조국을 향한 자긍심은 결국 프랑스인의 전유물이 아니었다.

마크롱은 메르켈이 들려주는 그날 밤에 대한 개인적인 경험을 넋이 빠진 모습으로 경청했다. 수건을 팔에 끼고 사우나에서 서둘러 귀가한 메르켈은 새 인생을 시작하기 위해 보른홀머(Bornholmer)가에 새로 설치된 건널목으로 달려갔다. 동맹들이 각자의 불만을 쏟아내는 것으로 시작된 만찬은 두 사람이 공통점을 찾아내는 것으로 끝났다. 1989년에 있었던 독일의 역사적인 재통일에 대한 이야기[4]를 나눈 메르켈과 마크롱은 유럽 공동의 역사와 운명을 공유한 채로 헤어졌다.

---

4 독일이 공식적으로 재통일된 날짜는 1990년 10월 3일이지만, 이 대화는 1989년 베를린 장벽의 붕괴를 둘러싼 극적인 사건들에 대한 거였다.

그런데 메르켈과 마크롱이 베를린에서 저녁을 먹고 있는 동안, 중국에서는 조만간 두 사람이 다시금 힘을 모으게 만들, 그리고 마크롱이야말로 메르켈이 찾던 파트너라는 것을 입증해줄 바이러스가 이미 퍼지고 있었다. 하지만 다른 이들은 메르켈에 대한 믿음을 잃고 있었다.

메르켈의 총리 재임 14년이 끝나가는 2019년 연말에 영국 신문 <가디언>은 그의 총리 경력에 비판적인 의견을 게재했다. “앙겔라 메르켈은 물러나야 한다.” 옥스퍼드대학교의 저명한 사학자 티머시 가튼 애시(Timothy Garton Ash)는 고뇌에 찬 어조로 메르켈이 운전대를 잡은 독일은 ‘살찐 비즈니스맨이 점심을 두둑하게 먹은 후 사무실 소파에 느긋하게 앉았을 때의 느린 심장박동’이라고 주장했다. 그는 균형예산을 맞추려는 메르켈의 열정적인 헌신이 독일 경제를 가장 건강한 민주주의 국가로 만들었다는 점은 인정했다. 그러나 가튼 애시는 그가 지나치게 신중할뿐더러 유럽에 ‘혁명을 일으키고’ ‘나폴레옹 같은 야심’을 되살리려는 마크롱의 시도를 포용하는 데 실패했다고 비난했다.

“정중하게 제안한다.” 그는 결론을 지었다. “메르켈을 총리직에 계속 앉혀두는 것은 독일이나 유럽에 최선의 이익을 안겨주는 일이 아니다. 이제는 변해야 할 시간이다.”

2020년에 진짜로 변화가 닥쳤다. 그런데 그 변화는 메르켈이 권좌에 있는 것이 독일과 유럽뿐 아니라 세계 나머지 나라들에도 최선이라는 사실을 입증했다.

2020년 3월 18일, 앙겔라 메르켈은 평소에는 잘 이용하지 않는 매체인 TV를 통해 전 국민을 상대로 연설을 했다. 전에 없이 연민과 권위가 엇비슷하게 뒤섞인 어조였다. 그는 코로나19 팬데믹이 덮치면서 엄청난 충격을 안긴 초기 몇 달 동안 타의 추종을 불허하는 차분하고 침착한 태도로 독일을 이끌었다.

18

TOWARD THE END

결말을 향하여

말도 안 되는 소리로 들리겠지만,
역병과 맞서 싸우는 유일한 방법은
품위를 지키는 것이다.

알베르 카뮈, 프랑스의 철학자 겸 작가(1913~1960)

사건들이지, 이보게(dear boy), 사건들이야.

1957년부터 1963년까지 영국 총리를 역임한 해럴드 맥밀런(Harold Macmillan)이 무엇이 그의 정치적 유산이냐는 질문을 받고 내놓은 대답

앙겔라 메르켈은 임기 마지막 2년을 자신이 물러난 이후에도 정책들이 안전하게 집행될 수 있도록 애쓰며 보냈다. 그런데 권력의 정점에 도달한 대부분의 여느 지도자들과 달리, 그는 경력 초기에는 별다른 관심을 두지 않던 사람들과 유대를 맺으려 노력했다.

메르켈은 마침내 젊은 시절에 겪은 폐쇄된 세계에 대해, 그리고 자신이 누린 행운을 누리지 못한 이들을, 그러니까 통일 이후의 온갖 노력을 인정받지 못하고 과소평가된 동독인들을 예전보다 너그럽게 여기게 됐다. "이런 식으로 느낀 사람들은 우익에 속한 사람들만이 아닙니다." 그가 2019년에 옛 동독 지역에서 청중에게 한 말이다. "다른 사람들도 그렇게 느낍니다. 목소리를 내지 않을 따름이죠. 저는 자식과 손주들이 떠나면서 죽어가는 마을들이 있다는 것을 압니다." 이제 그는 '우리 동독인들'이라는 표현(연대를 뜻하는 새로운 표현)을 더 빈번하게 사용한다.

자신의 출신 배경이라는 주제를 덮어두고 정치 경력의 상당 기간을 보낸 그는 무시무시한 장벽 뒤에서 살았던 오래전의 삶을, 부모님이 여전히 살아 계셨고 자신은 열심히 공부하는 목사의 딸이었던 시절을 가끔씩 향수에 젖은 듯한 목소리로 회상했다. 아득한 과거를 회상할 때 수반되는 향수와 갈망, 그리고 규정하기 불가능한 감정을 아우르는 독일어 '젠주흐트(Sehnsucht)'는 이런 상황을 가장 잘 묘사하는 단어다.

시간이 갈수록, 메르켈에게 동독은 어렸을 때의 풍경과 소리, 냄새로 이루어진 땅으로 변해갔다. 어린 시절을 회상하면 무엇이 떠오르느냐는 질문을 받은 그는 대답했다. "소나무, 건초, 감자 찔 때 나는 냄새요. 우리한테는 생일과 크리스마스를 함께 축하하는 친구와 가족들이 있었어요. 그들과 슬픔을 나눴죠. 미국으로 여행을 가지 못한다는 사실이 우리의 하루하루를 규정하지는 않았어요."

언젠가 좋아하는 영화를 꼽아달라는 질문을 받은 총리는 1972년 동독에서 만든 블랙코미디 <파울과 파울라의 전설(The Legend of Paul and Paula)>을 선택했다. 흥미롭게 보이는 이 선택은 그 영화의 예술적 장점 때문이 아니었다. 그건 그 영화가 앙겔라 메르켈에게 감상을 일으키는 시간과 장소를 배경으로 했기 때문이다. 이 영화는 동독 생활의 인간적인 측면들을 바라보는 감상적인 시선을 제공한다. 긴장감이 팽배한 상황에 처한 젊은 연인들, 좁은 주방을 이웃들과 공유해서 쓰고, 페인트는 벗겨지고, 자동차는 상자처럼 생긴 트라비(Trabi, 쌕쌕거리면서 달리는 트라반트 Trabant의 애칭)들이다. 모두 똑같이 가난하다는 것도. 2013년 그 영화가 재상영됐을 때 남편의 옆자리에 앉은 총리의 얼굴은 하이마트(Heimat, 친숙함과 관련된 깊은 의미를 가진 이 단어에 해당하는 영어는 없다)의 이미지들만이 불러일으킬 수 있는 순수한 기쁨으로 밝아진 듯 보였다. 그는 더 이상 독일연방공화국의 총리가 아니라 라이프치히대학교로 공부하러 가는 열여덟 살, 그가 그 영화를 처음 봤을 때 나이로 돌아간 듯했다.

그럼에도 일부 동독인 집단은 마지막까지 동독 출신 총리에 대한 가혹한 판단을 거두지 않았다. 당연한 말이지만, 정적과 직접 대결하는 것은 메르켈의 스타일이 아니다. 그런데 그가 자신을 향한 씁쓸한 울분을 숨기지 않는 이들과 대면할 수밖에 없던 때가 있었다. 2019년 메르켈이 슈트랄준트(Stralsund)의 소도시에 있는 자신의 지역구에서 열린 타운홀 미팅에 참석했을 때, 앞줄에 앉아 있던 약간 뚱뚱한 금발의 남자가 손을 들고는 자신을 'AfD 당원 토마스 나울린(Thomas Naulin)'이라고 소개한 뒤 그를 맹비난했다. "당신은 우리를 독재 체제로 이끌었습니다. (…) 기본적인 권리들은 심하게 축소됐고, 언론의 자유는 존재하지 않습니다. (…) (공산주의) 동독이 이 모습을 봤다면 질투심에 사로잡혔을 겁니다." 그는 다음과 같이 말하는 것으로 불평을 마무리했다. "AfD 당원인 저는 표현의 자유를 누릴 권리도 없습니다."

메르켈은 더할 나위 없이 차분한 어조로 대답했다. "무엇보다도 먼저, 당신은 여기에, 첫 줄에 앉아 있어요. 당신이 던진 질문 때문에 위험에 처해 있지도 않고요." 독일민주공화국의 시민이 나울린처럼 도발적인 발언을 했다가는 철창 신세가 됐을 거라는 사실을 떠올리기에 충분할 만큼 나이 많은 사람들은 총리의 말을 듣고 신경질적으로 키득거렸다. "저는 분데스타크에서 AfD 당원이 의견을 표현하는 것을 금지당한 적이 없다고 생각합니다." 그는 말을 이어갔다.

"애국심이 넘치는 국민을 대표하는 이들 중에도 다른 의견을 갖고 있는 사람들이 있습니다. 당신은 자신이 애국자라고 믿습니다. 저는 제가 그런 사람들 중 하나라고 믿고요. (…) 제가 제 정책들로 이 나라를 분열시켰는지 말씀드리자면, 어느 나라도 세계에서 홀로 존재할 수 없다고 생각합니다. (…) 저는 올바른 일(난민 정책)을 한 것이라고 늘 말할 겁니다. (…) 우리는 단순히 우리 자신의 건강만 보호하지는 못합니다. 우리 자신만 생각하지는 못합니다." 그는 숨죽인 청중에게 말했다. "우리는 세계의 일부분입니다."

경이로운, 심지어 감동적이기까지 한 연설이었다. 그런데 보편적인 인간애를 추구하는 메르켈의 참을성 있는, 사려 깊은, 싸우려 들지 않는 스타일은 종종 다른 시대에서 쏟아져 나온 것처럼 보였다. 그의 목소리는 외롭게 들렸지만 그래도 그는 남아 있는 시간 동안 계속 제 목소리를 낼 것이다.

메르켈은 몇 년 남은 재임 기간 동안 여성이 고위직에 올라가지 못하는 독일의 현실을 지적하는 목소리도 점점 더 높였다. 그는 대체로 목표를 잘 겨냥해서 가시 돋친 말을 내뱉었다. 2018년 10월에 발트해의 항구 킬(Kiel)에서 열린 젊은 지도자들을 위한 글로벌 포럼에서, 메르켈은 독일의 미래 지도자로 추정되는 참석자들이 남성으로만 구성된 데 대해 냉담하게 말했다. "남성 일색이군요." 그러고는 진지한 표정으로 고개를 돌리며 덧붙였다. "인구 중 50퍼센트가 빠졌습니다. 한 말씀드리죠. 여성은 삶을 풍요롭게 만듭니다. 사생활만이 아니라 공공 생활에서도 그렇습니다. 여러분은 여러분이 놓친 게 무엇인지 모릅니다!" 청중은 어색한 폭소를 터뜨렸다. 그러자 그런 얘기를 듣는 영광을 누리는 젊은 남성들은 자만심을 누그러뜨리는 듯했다. 심지어는 남성적인 분위기도 약해졌다.

메르켈은 독일의 정치 엘리트들이 거들먹거리는 태도로 그가 품은 야심을 대했던 것도 잊지 않았다. "있잖아, 아가씨, 내가 당신을 근사한 사람으로 봤으니 망정이지 안 그랬으면 이 말도 안 되는 법안에 표를 던지진 않았을 거야." 어느 장관은 그가 여성청소년부 장관으로서 지지했던 평등 관련 법안에 대해 이런 말을 했다. 총리 임기가 끝나갈 무렵, 그는 가부장적인 문화를 더 여성 친화적인 문화로 조용히 바꿔놓았다. 그는 2018년 11월 독일에 여성참정권이 부여된 지 100년이 된 것을 축하하는 자리에서 이렇게 말했다. "오늘날에는 어린 소녀가 '언젠가 장관이 되고 싶다', 심지어 '총리가 되고 싶다'는 말을 하더라도 웃는 사람은 없습니다. 심지어 일부 사람들은…" 그는 웃음을 유발하려고 잠시 말을 쉬었다가 덧붙였다. "남자가 이런 직무에 적합할지 의아해하기도 합니다." 메르켈은 자신이 생각해도 뻔뻔스러운 말이다 싶은지 옅은 미소를 띤 채 폭소가 가라앉기를 조용히 기다렸다.

2020년 2월 남아프리카공화국에 있는 프리토리아대학교(Univ. of

Pretoria)의 무대에 앉아 한 팔을 편하게 등받이에 올린 메르켈은 페미니스트가 가져야 할 자신감에 대해 학생들이 던진 질문에 더 이상 증명할 게 남아 있지 않다는 투로 대답했다. "자신감을 가지세요. 남들이 여러분의 일자리를 빼앗게 놔두지 마세요. 남들과 뜻을 달리할 때는 과감히 자신이 생각한 대로 하세요. 그들이 여러분에게 수모를 주게 놔두지 마세요." 하나같이 야심에 찬 젊은 앙겔라가 자신에게 해주려고 궁리했을 법한 조언들이었다.

여성을 위한 투쟁에서 그가 가진 제일 막강한 무기는 바로 자신이라는 것이었다. 그는 여성이 막강한 힘을 과시하기 위해 연출해야 하는 평소의 방법을 동원하지 않고서도 국가를 이끌 수 있다는 것을 몸소 증명했다. 분데스타크에서, 팩트에 대한 탁월한 장악력과 절대적인 자신감을 가진 그는 자신에게 쏟아지는 공격을 체스를 두는 컴퓨터처럼 어떠한 동요도 없이 대수롭지 않게 여겼다. 예를 들어, 사회민주당의 어느 여성 의원이 양로원 인력을 강화하는 것과 관련해 질문하다가 할당된 60초가 지나 마이크가 꺼지자 총리는 차분하게 일어섰다. "제가 도와드리겠습니다. 의원님께서는 이런 얘기를 하려던 거라고 봅니다." 메르켈은 독일 양로원을 지배하는 신비로운 규칙들에 대해 의원들에게 강연하기에 이르렀다. 누군가의 표현에 따르면 "엄청난 정보를 쏟아내 의원들을 멍하게 만들어버렸습니다." 그는 툭하면 이렇게 강권한다. "여성분들께 말씀드립니다. 과학의 세계에 진출하십시오!" 그는 공격적인 태도로 호통치는 남성 지도자를 꼰대로 만들어버리는 스타일이다.

그런데 메르켈이 여성들을 옹호한 공로를 인정받는 경우는 드물다. 그는 여전히 정계에서 심하게 과소평가된 '인구의 절반'에 적절한 권한을 부여해야 한다고 열변을 토한 적이 전혀 없었다. 메르켈은 논쟁이 많은 주제에 접근할 때는 급격한 방법을 피하고 서서히 목적을 달성하는 점진주의자다. 예를 들어, 그는 전통적으로 '남성적인' 자리인 국방장관에 일곱 아이의 엄마인 우르줄라 폰 데어 라이엔을 임명했고, 그 덕에 라이엔은 EU 집행위원장에 오를 수 있었다. 메르켈은 솔선수범해 지휘하는 것을 선호한다.

메르켈은 2019년 연말에 중요한 역사적 부채를 갚았다. 그는 부헨발트(Buchenwald)와 다하우(Dachau), 작센하우젠에 있는 나치스 강제수용소를 찾았다. 예루살렘에 있는 야드 바셈(Yad Vashem, 홀로코스트 박물관)에 화환을 바쳤었다. 하지만 인간이 가진 악의의 극단을 보여주는, 유럽에서 제일 절망적인 기념물에는 간 적이 없었다. 나치스의 살인적인 수용소 중 가장 규모가 큰 아우슈비츠는 폴란드에 있다. 그 겨울날, 총리는 'Arbeit Macht Frei(노동이 너희를 자유롭게 하리라)'라는 잔혹한 거짓말이 새겨진 연철 정문으로 이어지는 자갈길을 숙연하게 천천히 걸어갔다. 이전 시대였다면 이런 모습은 선한 마음을 의무적으로 드러내는 행사에 머물렀을지도 모른다. 그러나 작센의 하이데나우와 버지니아의 샬러츠빌 같은 곳에서, 그리고 분데스타크에 있는 AfD와 백악관의 트럼프 같은 포퓰리스트들이 반유대주의와 인종주의를 부추기는 시대인 2019년 12월에, 그가 희생자들의 가족사진이 걸린 벽 앞에서 내놓는 한 마디 한 마디는 세상을 향한 경종 같았다.

"이런 시대에는 이 점을 명백히 밝히는 게 필수적입니다. 우리는 믿음과 출신이 다른 사람들을 향해 편견을 조장하고 분노를 선동하는 이들에 맞서야 합니다. 아우슈비츠는 독일인이 운영한 독일의 집단 처형장이었습니다. 우리 독일인은 희생자들에게, 그리고 우리 자신에게 우리가 자행한 범죄를 기억하게 하고, 가해자들의 신원을 밝히며, 피해자들을 추념해야 하는 빚을 졌습니다. (…) 이것은 협상의 대상이 아닙니다. 이것은 우리 정체성에서 없어서는 안 될 부분이고, 앞으로도 영원히 그럴 것입니다."

메르켈은 독일인들이 그곳에서 '각자의 이름과 이력, 위엄, 사연을 가진 이들을 대상으로' 자행한 범죄들을 조금도 위축되지 않고 정확하게 열거했다. " (…) (그것은) 인간의 이해의 차원을 넘어서는 짓입니다. (…) 그런데 그런 일이 벌어졌습니다. 그러므로 그 일은 다시 일어날 수 있습니다." 그는 아우슈비츠에서 살아남은 프리모 레비의 말을 인용하며 말했다.

메르켈은 총리 임기 마지막 해에 '정치적 유산'에 대해 묻는 질문들을 묵살했다. "워낙 바빠서 그런 것을 생각해볼 여유가 없습니다." 필자가 메르켈은 무엇이 자신의 유산이 되기를 바라느냐고 측근인 보좌관에게 묻자 무시하듯 이렇게 대답했다. 즉각적인 자기반성, 그리고 이에 대해 공개적으로 설명하는 것이 총리 특유의 스타일이었다. 그럼에도 그는 아웃사이더들에게 더 관대하고, 국내에 입국한 중동 난민을 더 잘 이해한다는 자신의 정책을 보호하기 위해 특유의 절제된 방식으로 열심히 일했다. 그는 독일인들에게 조국이 과거에 저지른 범죄와 영원히 씨름할 필요가 있다는 것을 상기시켰다.

그는 독일의 미래를 위한 더 많은 계획들을 갖고 있다. 앙겔라 메르켈은 2019년 12월 31일에 한 송년 연설에서 자신은 꼭 '기후 총리(Climate Chancellor)'가 되겠노라고 약속했다. "지구온난화는 현실입니다. 그리고 위협적입니다." 그는 평소 때보다 더 강력한 어조로 말했다. "우리는 이 난제를 극복하기 위해 인간이 할 수 있는 모든 일을 다 해야 합니다. 저는 올해 예순다섯입니다. 그래서 정치인들이 행동하지 않으면 생길 기후변화의 모든 결과를 경험하지 못할 겁니다." 그는 실천에 옮길 계획들을 세웠다.

동시에 메르켈은 에바 크리스티안젠이 지휘하고 있는, 옛 동독 지역과 독일의 시골 지역에 디지털 접근성을 향상시키는 프로그램을 감독하고 있었다. 메르켈은 말만으로 사람들의 마음을 바꿔놓을 수 있다고 믿지 않는다. 그래서 그는 불만을 품은 오씨들이 자신들의 일상생활이 구체적으로 개선되는 것을 목격하기를, 나머지 지역들을 향해 더 가까이 다가갈 수 있기를 희망한다.

필자가 총리실을 마지막으로 찾은 2020년 2월 초, 앙겔라 메르켈은 양자 컴퓨팅(quantum computing)에 대해 조사하고 있었다. 기존의 컴퓨팅 시스템보다 기하급수적으로 속도가 빠른 이 컴퓨팅은 일부 예측에 따르면 컴퓨팅의 다음 단계가 될 것이다. 총리는 클리어뷰 AI(Clearview AI)에 대한 긴 논문도 읽었다. 클리어뷰 AI는 민간기업과 법 집행기관, 대학, 개인에게 안면 인식 소프트웨어를 제공하는 미국의 테크놀로지 기업이다. 인공지능은 큰 규모로 성장하지 않는 게 이상해 보이는 분야였다. 특히 중국에서 급속도로 개발되고 시행되는 인공지능은 자율 주행 전기차를 개발 중인 독일의 자동차 산업을 위협하고 있었다. 그런데 인공지능이 영향을 끼치는 대상은 자동차에만 국한된 게 아니다. AI는 의료 행위와 전쟁이 치러지는 방식에 혁명을 일으키고 정보 기술을 지배할 것이다. 중국은 연구 개발에 수십 억, 수백 억 달러를 투자하며 인공지능 분야의 세계적 리더가 되는 데 필수적인 다음 단계를 밟는 중이라는 걸 메르켈은 잘 알았다. 중앙 집중적인 계획경제 시스템을 가진 중국은 독일처럼 역사가 길고 복잡한 민주주의 국가보다 훨씬 더 신속하게 움직일 수 있다.

메르켈은 급격히 확장되는 디지털 혁명의 모든 측면을 이해하고 싶었다. 디지털 혁명의 혜택만이 아니라, 그것이 사회에 (안면 인식 기술의 활용과 관련해서는 특히 더 많이) 안겨줄 잠재적 위험까지 말이다. 새로운 것을 즐기는 성향과 과학적 훈련, 데이터를 다루는 데 자신 있는 그는 기술적인 영역을 통달하는 속도가 대부분의 정치인들보다 빠르다. 중국인들은 앞에서 질주하고 있었다. 그래서 메르켈은 독일이 그리고 유럽이 혁신적인 우위를 잃지 않게 만들겠노라고 다짐했다. 그런 일이 이미 일어나고 있다는 두려움을 느끼기는 했지만 말이다.

이때가 2020년 2월이었다. 총리실이 그리고 세계의 거의 모든 곳이 문을 닫아걸고, 총리가 코로나19 바이러스의 위기 관리자가 되기 불과 몇 주 전이었다. 늘 그랬듯, 사건들은 그가 정한 우선순위를 바꾸게 만들었다.

2020년 3월 19일, 메르켈은 '제2차 세계대전 이후 독일이 맞은 제일 큰 위기'라고 할 만한 사건에 직면했다. 커뮤니케이션 솜씨가 좋은 것으로는 유명하지 않은 앙겔라 메르켈은 TV를 통해 전국으로 방영된 연설에서 국민들의 삶을 바꿔놓을 메시지를 전했다. 그의 뒤쪽에는 라이히스타크의 강렬한 이미지가 보였고, 양옆에는 독일 국기와 유럽연합 깃발이 놓여 있었다. TV는 그가 송년 연설을 할 때만 이용하는 매체였기 때문에, 독일인들은 이 이례적인 그의 연설에 주의를 기울였다. 연민과 권위가 섞인 그의 어조는 독일인들이 지금까지 들어왔던 것과 달랐다. 메르켈이 그날 한 연설은 치명적인 바이러스가 독일에, 그리고 바이러스의 거침없는 확산세를 감안하면 독일 국경 너머에까지 전파되는 경로를 바꿔놓았다.

"Es is ernst." 메르켈은 평소와는 확연히 다른 강도로 말했다. "심각한 상황입니다." 그는 거듭 경고했다. "제발 이 상황을 진지하게 받아들여주십시오." 독일 국민들은 그를 신뢰했다. 지난 15년간 그가 그들에게 거짓말을 한 적이 없기 때문이다. 그가 그들을 따분하게 만들고 종종 자신의 결정을 정확하게 설명하는 데 실패한 적은 있을지언정, 팩트를 흐리려 미화한 적이 없고 더더구나 날조한 적은 없었다. 이제 그간 축적된 신뢰가 많은 인명을 구해낼 것이다.

그의 감정은 절제돼 있었지만, 독일 국민들은 그가 느끼는 감정을 틀림없이 인지했다. 메르켈은 독일인들이 가진 최고의 본능에 호소했다. "우리는 모든 목숨과 모든 사람을 중요하게 여기는 공동체입니다. 이것들은 추상적인 숫자나 통계치가 아닙니다. 그 사람들은 아버지나 할아버지입니다. 어머니나 할머니입니다. 인간입니다." 코로나19 위기를 맞은 그의 꾸밈없고 평범한 문장은 온갖 수사법을 동원해 감정을 들끓게 하는 어떤 연설보다도 훨씬 더 큰 호소력을 발휘했다. 그는 정치인으로서가 아니라 친구들을 대하는 친구로서, 자식들을 대하는 부모로서, 다른 사람을 대하는 인간으로서 연설했다. 누가 봐도 그의 머리와 진심에서 나온 말이었다. 연설문 초고를 집필한 것은 측근인 베아테 바우만과 슈테펜 자이베르트 보좌관이었지만, 총리는 한밤중까지 남아 직접 원고를 수정했다. 그는 그 연설의 녹화를 단 한 번의 실수도 없이 단번에 끝냈다. 그가 던진 메시지는 강력했다. 진심에서 우러난 것이었기 때문이다.

그의 삶에 일어났던 거짓말 같았던 모든 일은 (어린 시절에 몸에 밴, 봉사하라는 루터교의 기풍부터 과학자에서 정치인으로 변신해 보낸 수십 년의 세월까지) 메르켈이 마지막 위기를 해결하기 위한 준비 과정처럼 보였다. 독일의 어두웠던 역사를 염두에 둔 그는 국민들에게 분명히 약속했다. "우리나라는 민주주의 국가입니다. 우리는 통제를 받는 것이 아니라 지식을 공유하고 참여하면서 살아갑니다." 그는 강한 어조를 이어갔다.

"우리는 문을 닫아걸 겁니다. 사람들과 어울리는 것을 중단하십시오.

재택근무를 하십시오. 학교나 술집에 가거나 축구 경기를 보러 가서는 안 됩니다.” 그는 자신이 구속받는 삶에 대해 잘 안다는 사실을 국민들에게 상기시켰다. “저 같은 사람에게, 여행과 이동의 자유를 힘들게 얻어낸 사람에게 그런 제약은 꼭 필요한 경우에나 정당한 것일 수 있습니다. 민주주의 사회에서 그런 결정이 쉽게 내려져서는 안 됩니다. 결정되더라도 일시적으로만 적용되어야 합니다. 그런데 지금 이 순간, 그 결정은 많은 인명을 구하는 데 필수적입니다.”

그는 책상 앞에 앉아 늘 그렇듯 손가락들을 맞붙인 자세로 차분하게, 그러면서도 근엄하게 가족을 앞에 두고 말하듯 전 국민을 상대로 연설했다. “제일 힘든 것은 우리가 인간적인 접촉을 그리워할 거라는 것입니다.” 그는 경고했다. “그러나 우리가 상대와 거리를 두는 것은 그들을 배려한다는 표식입니다. 피해자의 수가 얼마나 많을지, 사랑하는 이를 얼마나 많이 잃을지는 우리 손에 달려 있습니다.” 그는 간청으로 끝을 맺었다. “당부드립니다. 자신을 잘 보살피시고, 사랑하는 이들을 잘 보살피십시오. (…) 우리는 애정과 우정을 보여줄 방법들을 찾아내야 합니다. 스카이프(Skype), 핸드폰, 이메일을 이용하시고 손 편지를 다시 쓰십시오. 우편물은 배달되고 있습니다!” 이 연설은 과학과 공감이 뒤섞여 있었다.

며칠 후, 베를린의 거주지 마켓에서 쇼핑 카트를 미는 메르켈의 모습이 목격됐다. 언론은 총리의 카트에 와인 두 병과 두루마리 화장지 몇 개밖에 없는 광경을 포착했다. 그가 국민들에게 전하려는 핵심 메시지 중 하나를, 즉 ‘사재기하지 마세요!’라는 메시지를 완벽하게 연출해냈다고 그를 비난할 사람은 아무도 없었다. 총리가 임기 내내 쇼핑을 직접 해왔다는 것을 독일인 대부분이 잘 알았다. 그는 현재 닥친 위기에 어울리도록 이미지를 다시 연출할 필요가 없는 사람이었다.

많은 지도자들이 현실을 부정하며 머뭇거렸지만, 앙겔라 메르켈은 차분하고 능숙한 솜씨로 국민들을 이끌었다. 워싱턴부터 모스크바까지 포진해 있는, 그리고 독일에서 그를 공격하는 무수히 많은 목소리가 침묵에 빠졌다. 그러던 사람들은 자신들의 정치생명을 지키기 위한, 심지어는 말 그대로 진짜 생명을 지키기 위한 전투를 치르고 있었다. 크나큰 불안감과 허세, 비이성적인 생각이 혼란과 결국에는 죽음을 퍼뜨리는 시대에 메르켈의 지지도는 80퍼센트까지 치솟았다. 역사적인 수치였다.

정치나 야심이 아니라 인명이 위태로울 때, 그는 제일 믿음직스러웠다. 코로나19의 확산 양상이 나날이 달라짐에 따라 바이러스를 추적하는 작업은 정확성과 팩트를 신봉하는 과학자들에게 기댈 수밖에 없었다. 메르켈은 스페인 독감(제1차 세계대전 이후 지구 전역에서 대략 5000만 명의 목숨을 앗아갔다)에 대해 알아가면서 지금 닥친 질병이 어떤 것인지 감을 잡았다. "총리가 숫자를 익숙하게 다루는 사람이라는 게 도움이 됩니다." 2003년에 사스 바이러스를 식별하는 걸 도왔던 베를린의 샤리테 대학병원 바이러스 연구소 소장 크리스티안 드로스텐(Christian Drosten) 박사가 한 말이다. 그런데 총리의 정치력으로 변환된 건 과학계에서 활동했던 경력만이 아니었다. 국내 사안을 통제하는 독일 총리의 권한은 제한적이고, 그나마도 주로 합의와 의견 일치에 바탕을 두고 있다. 그는 주저하던 독일 내 16개 주에 학교를 폐쇄하고 집에 머무르라는 명령을 내리며 신속하게 이동 제한을 실행에 옮기도록 설득했다. 앞으로 전개될 상황을 치밀하게 예측한 덕에 가능한 결과였다.

그는 난민 위기 동안, 국가적 위기가 발생했을 때는 국민들 앞에 직접 모습을 나타내 책임지고 업무를 수행하는 모습을 보여줘야 한다는 것을 배웠다. 또 다른 바이러스의 존재를 감안하면 정기적으로 국민과 소통하는 것이 특히 더 시급한 일이었다. 여기서 또 다른 바이러스란 음모론과 허위 정보를 극도로 빠르게 퍼뜨리는 소셜 미디어를 가리킨다. "루머를 믿지 마시기를, 정부가 내놓는 공식 발표만 믿으시기를 당부드립니다." 총리는 국민들에게 강권했다. "제가 여러분께 말씀드리는 모든 것은 전문가들에게 얻은 정보입니다." 그는 자신도 도움이 됐다는 것을 알리고 싶어 하는 보건장관 옌스 슈판과 다른 관련 부처 관료들의 측면 지원을 받으면서, 늘 팀의 일원으로서 국민들 앞에 모습을 나타냈다. 그는 팬데믹 동안 결코 고압적인 목소리를 내진 않았지만 권위를 잃는 일도 없었다. 국민들 눈높이에 자신을 맞추었다.

훈훈한 봄 날씨가 몇 주나 이어진 감금 생활에 지친 사람들을 손짓하자 그는 국민들에게 바이러스 위기에서 해방될 시점을 결정할, 그리고 불가피할 향후의 이동 제한을 결정할 방정식이 자신에게 있다고 장담했다. "감염 재생산 지수가 1.2로 올라가면 병원들은 7월에 위험 수준에 도달할 것으로 보입니다. 1.3으로 올라가면 위기는 6월로 앞당겨질 겁니다." 대부분의 선진국들과 달리, 독일의 병원들은 결코 위험 수준에 도달하지 않았다. 코로나19가 유행한 초기부터 하루에 5만 명이 검사를 받은 덕에 관리들은 감염자의 이동 경로를 효과적으로 추적할 수 있었다. 이 점 덕분에 사망자는 프랑스의 3분의 1에 불과했다. 주치의 중 한 명이 검사 결과 코로나19 양성 판정을 받았다는 것을 알게 된 총리는 2주간 완전 격리에 들어가는 것으로 국민들에게 모범을 보였다.

"제 생활은 바뀌었습니다. 지금은 대체로 전화 통화와 화상회의로 업무를 봅니다." 그는 격리 도중 전국적인 연설에서 이렇게 말했다. 하지만 이렇듯 심각한 세계적인 팬데믹 상황에서도 총리의 사생활은 조금도 드러나지 않았다. 카메라는 그의 책장에 꽂혀 있는 책들이 어떤 것이고, 미술이나 가구 취향은 어떤지를 결코 밝혀내지 못했다. 메르켈은 목소리로 국가를 운영했다. 작은 베를린 아파트(어떤 정상도, 심지어 충직한 참모도 방문해본 적이 없는 곳)에서 내각회의를 주재하고 다른 국가 정상들과 전화로 회담을 했다.

한때 구두쇠인 '슈바벤 지역의 가정주부'를 대표한다고 조롱받았던, 유럽연합 회원국의 정상들을 맞이하려고 베란다를 청소하던 메르켈이 15년에 걸쳐 주장해온 긴축예산은 이 시점에 제대로 성과를 냈다. 독일은 잉여 예산으로 보건 위기에 대처했다. 총리가 이동 제한을 요구했을 때, 가정마다 지원된 지원금과 세금 삭감, 사업체에 내준 대출액은 미국이 집행한 구제 패키지의 네 배에 달했고, 더불어 지원 대상자들은 부채를 떠안을 필요도 없었다. 이 위기 동안 노동자들에게 급여를 차질 없이 지급할 수 있도록 기업들에 비용을 지불하는, 100년 된 국가 시스템 쿠르츠아르바이트(조업단축)가 재빨리 확대 시행됐다. 그 결과 독일의 GDP는 6퍼센트만 감소할 것으로 예상됐는데, 이에 비해 프랑스의 감소 폭은 10퍼센트에서 13퍼센트 사이였다.[1]

메르켈은 유럽의 연대를 옹호하면서도 위기 초기의 몇 주간은 독일 국민들을 우선시했다. 바이러스가 이탈리아에서 북쪽으로 이동하자 독일은 국경을 봉쇄했다. 인력과 물자가 몇 십 년간 매끄럽게 국경을 넘던 대륙에 장벽이 솟아나는 광경은 충격적이었다. 그러나 총리는 유권자들에게 엄청나게 많은 것을 요구하고 있는 시점에서 자신의 첫 책임은 조국을 지원하는 것이라고 느꼈다. 그는 나중에 이와 관련해 사과했다. "우리가 보

---

1 실제로 2020년 연말 독일 경제는 5퍼센트만 위축됐다. 유럽에서 제일 적은 감소 폭이었다. 이에 비해 프랑스와 이탈리아는 각각 9퍼센트 감소했고, 영국은 300년 동안 최악의 감소 폭인 11.3퍼센트를 기록했다.

인 첫 반사 반응은 국가적인 것이었는데, 그건 잘못된 거였습니다." 그는 분데스타크에서 말했다. "글로벌 팬데믹 사태에서는 국제적인 합동 조치와 상호 지원이 필요합니다." 메르켈은 독일의 상황이 어느 정도 통제권에 들어서자 세계로 시선을 돌리기 시작했다.

국민의 큰 지지에 힘을 얻은 총리는 바이러스만이 아니라 미래의 위협 요소들에 맞서 유럽을 안전하게 만드는 데 자신의 평판을 활용할 수 있었다. 유로 위기 때와는 달리, 대륙 전체에 막대한 인명 피해와 경제적 피해를 안긴 코로나19에 보인 반응은 신속하고 극적이었다. 팬데믹이라는 재앙은 그가 마지막으로 과감한 행보를 취할 수 있게 해줬다.

사회적 거리 두기의 시대에 메르켈과 마크롱은 더 이상 이마를 맞대는 것으로 연대를 표시하지는 못했지만, 고통받는 대륙에 부양책을 제공하려고 힘을 합쳤다. 엘리제궁 정원에서 내각회의를 주재해 햇볕에 그을린 밝은 표정의 마크롱과 미소 짓는 메르켈은 2020년 5월 18일 화상회의에서 역사적인 5000억 유로의 회복 기금에 대한 내용을 공동으로 발표했다. 프랑스와 독일이 이 보조금을 지지하자 다른 국가들은 어느 정도는 억지로라도 그걸 지지해야 했다. 세부적인 내용을 타결하는 것은 쉬운 일이 아니었지만 말이다.

이는 궁핍한 유럽 국가들이 갚아야 하는 대출이 아니라 전면적인 보조금이었다. EU 역사상 최초의 사례였다. "독일과 프랑스는 유럽이라는 이상을 위해 함께 싸우고 있습니다." 메르켈은 말했다. 이 결정은 단순한 예산상의 결정을 뛰어넘어 팬데믹의 충격을 아주 심하게 받은 빈곤한 회원국들을 배려하고 보호하려는 그와 마크롱의 비전을 실현한 것이었다. 메르켈과 재정적으로 보수적인 독일의 입장에서 그런 자금을 투입한다는 것은 혁명에 가까운 정책 전환을 의미했다. 이제 메르켈과 독일은 더 이상은 '긴축의 여왕'이 아니었다. 그는 이 보조금을 통해 자신과 국민들의 검소해야 한다는 강박관념을, 그리고 하이퍼인플레이션에 대한 두려움을 극복했다.

"우리는 환상적인 일을 이뤄냈습니다." 마크롱은 열변을 토했다. 메르켈은 특유의 절제된 말투로 말했다. "우리는, 그러니까 독일과 프랑스는 일시적인 수습책을 마련했습니다." 이번에는 프랑스 대통령이 한 말이 진실에 더 가까웠다. 두 나라가 유럽연합에 유례없는 재정 지원을 한 것에 대해 일부 인사들은 '해밀턴주의적 순간(Hamiltonian moment, 1790년에 알렉산더 해밀턴Alexander Hamilton과 토머스 제퍼슨Thomas Jefferson이 맺은, 미국의 여러 주가 진 부채를 연방이 떠맡기로 한 협정을 가리킨다)'이라며 찬사를 보냈다. 브뤼셀에서 논쟁을 벌이며 여러 해를 보낸 뒤 이제야 유럽합중국의 실체가 일부분을 드러낸 것 같았다.

이 극적인 전환을 본 메르켈의 가장 가까운 협력자들도 깜짝 놀랐다. 이는 그의 의사 결정이 극도로 사적이고 비밀스럽게 이뤄진다는 것을 보여준다. 장장 3년에 걸쳐 그에게 이런 행보를 지지하라고 설득한 마크롱은 합동 화상회의를 열기 직전에야 이 결정에 대해 알게 됐다. 따라서 메르켈은 자신이 정치나 경제 분야에서 이데올로기나 도그마를 고집하는 사람이 아니라는 것을, 실수에서 배우는 사람이라는 것을, 새로운 아이디어는 효력이 있는 것이라면 출처를 가리지 않고 열린 마음으로 대하는 사람이라는 것을 다시 한 번 드러냈다.

"힘든 시기에는 도움이 되는 아이디어를 옹호해야 합니다." 그 아이디어는 아주 심한 충격을 받은 이들을 동정심으로 신속하게 구호하고 유럽이 쪼개지는 것을 막는다는 거였다. 그는 푸틴의 러시아와 갈수록 외국인 혐오증을 내비치며 공격적으로 변해가는 중국에서 일상적으로 불어오는 찬 바람을 맞으면서도, 그리고 모든 국경을 무시하며 계속 확산되는 코로나19 바이러스에 괴롭힘을 당하면서도 '민족국가 단독으로는 미래가 없다'고 선언했다.

그래서 메르켈은 글로벌 보건 위기를 유럽 국가들 사이의 연대를 새로이 벼려낼 기회로 삼았다. 청색과 금색으로 구성된 유럽연합 깃발을 양옆에 두고 대륙에서 가장 취약한 나라들을 구해내겠다고 맹세하는 메르켈과 마크롱의 이미지는 워싱턴부터 모스크바에까지 포진한 내셔널리스트와 포퓰리스트들에게 강력한 메시지를 전달했다. 더불어 이 결정은 AfD만이 아니라 메르켈이 기독민주연합을 지나치게 중도 쪽으로 몰고 간다고 불평하던 보수적인 당원들에 이르기까지, 모든 독일 내의 비판자들을 침묵하게 만들었다. 앙겔라 메르켈이 위기에 맞서 싸우는 능력, 그리고 그 여파가 닥치는 동안 보여준 품위와 정치력은 AfD의 공허한 고함 소리와 보수주의자들의 불평을 일시적으로 잠재웠다. 특히 AfD가 휘청거리면서 지지도가 때때로 10퍼센트를 하회하는 수준으로 곤두박질쳤다. 분노를 땔감으로 삼은 정당은 바이러스를 향한 분노에서는 정치적 에너지를 거의 찾아내지 못했다. AfD는 이동 제한을 반대하는 정당이 됐는데, 그러면서 더 온건한 지지자들을 잃기만 했다.

메르켈은 브뤼셀에 있는 유럽이사회 본부(유리와 강철로 만들어진 초현대적 건물)에서 자신이 협상을 통해 이뤄낸 마지막이자 가장 중요한 위업이 될 일을 수행하며 예순여섯 번째 생일을 보냈다. 7월 17일에 커다란 원형 테이블에 모인 26개국의 정상들은 그가 널따란 회의실에 들어오기를 기다렸다. 그들은 그가 들어오면 유럽을 구해내는 실무 작업에 착수할 참이었다. 그들은 유럽의 부유한 북부와 혜택을 덜 받은 남부, 민주적인 서부와 권위주의로 기운 동부 사이에 생긴, 회복하기 어려운 분열로 보이는 것에 다리를 놓아야 했다.[2]

총리가 도착하자 유럽의 지도자들은 자발적인 박수갈채를 보냈다. 그 박수에는 그해 2월에 코로나19 바이러스가 대면 외교를 봉쇄한 이후 처음으로 한자리에 모였다는 기쁨도 담겨 있었을 것이다. 힘든 싸움을 마치고 복귀했다는 듯, 기쁜 기색으로 경쾌하게 걸어 들어온 메르켈은 유일하게 의료용 N-95 마스크를 끼고 있었다. 다른 정상들은 각국 휘장이 새겨진 주문 제작 마스크를 착용하고 있었다. 무슨 일이건 운에 맡기는 일이 없는 그가 선택한 보호 장비는 자신이 팬데믹을 극도로 심각하게 받아들인다는 것을, 그리고 단순히 독일 지도자가 아니라 유럽 전체의 지도자로서 그 자리에 있다는 사실을 시사했다.

2021년이 메르켈에게 총리로서 마지막 해가 될 것이라는 점에서 모두는 그 드넓은 회의실에서 역사가 만들어지고 있다는 것을 감지하고 있었다. 하지만 그는 감상에 젖을 기분이 전혀 아니었다. 그의 보디랭귀지는 시종일관 업무와 관련한 단호한 메시지만 표현했다. 그는 코로나 팬데믹의 발발은 제2차 세계대전 이후 유럽이 직면한 가장 심각한 위협이라고 말했다. 그는 불가리아 총리에게 코가 줄곧 마스크 밖에 나와 있다며 무티(엄마) 모드로 꾸짖었다. 지금은 비상시국이라는 것을 냉혹하게 상기시키려는 듯, 회의실은 몇 시간마다 한 번씩 소독됐고 의사 한 명이 출입문 바로 앞에서 대기했다. 한 번에 두 명 이상의 정상이 엘리베이터에 탑승하는 것

---

2 메르켈과 마크롱의 회복 계획은 EU 집행위원회가 자금을 차입한 후 그 자금을 궁핍한 나라들을 돕는 보조금으로 지출한다는 내용이었다. 대출금이 아니라 보조금을 제공하는 것은 경제가 더 건전하고 더 보수적인 재정 정책을 펴는 일부 북부 국가 입장에서는 받아들이기 힘든 방안이었다. 그 나라들을 설득하는 것이 메르켈과 마크롱이 해결해야 하는 난제였다.

은 허용되지 않았다.

어느 정상이 말하기를 기다렸다가 음소거 버튼을 누른 다음에 다른 정상이 말을 하는 식의, 그리고 딱딱 끊기는 연결 상태를 감내해야 하는 화상회의를 하며 몇 달을 보낸 후 메르켈은 다시 지휘석으로 돌아왔다. 이후 닷새 동안 총 90시간에 달하는 협상을 통해 — 브뤼셀의 명물 폼 프리츠(pommes frites, 두 번 튀긴 프렌치프라이)가 간식으로 제공되고 정식 식사가 제공될 때만 대화가 끊겼다 — 총리는 전 세계를 상대로 국정 운영에 대한 마스터 클래스를 강의했다. 장황한 연설도, 인신공격도, 우월 의식도 없었다. 그저 공익을 위한 공통의 기반을 찾아내려는 진 빠지는 업무, 즉 사람들의 눈길을 끌려는 행위나 가상의 접속으로는 달성할 수 없는 종류의 강렬한 인간적인 교류뿐이었다.

메르켈 특유의 외교는 항상 대면 접촉에 의지했다. 상대를 대면했을 때에만 실행할 수 있는 무언의 신호를 세심하게 읽어내기, 보디랭귀지, 침묵, 자연스러운 기브 앤 테이크 같은 것들이다. 그는 사회적 거리를 둔 모임에 참석한 모두에게 발언권을 주었다. 심지어 헝가리의 빅토르 오르반도 선동정치가로서 확성기를 잡았다. "여러분은 왜 나와 헝가리를 그토록 미워하는 겁니까?" 그는 정상들에게 물었다. 마치 자신이 헝가리라는 양. 다른 이들이 그런 유치한 행각에 주의를 빼앗기기에는 그 자리에 걸려 있는 것이 너무 많고 컸다.

열띤 대화가 오갔으나 명확한 합의는 이뤄내지 못하고 하루를 보낸 후, 7월 18일 새벽 두 시에 정상들은 메르켈 총리의 생일을 축하하기 위해 샴페인을 터뜨렸다. 포르투갈 대통령은 메르켈에게 노벨상을 수상한 포르투갈 작가 조제 사라마구(José Saramago)의 소설 <눈먼 자들의 도시>를 선물했다. 이 소설의 여주인공은 '실명 바이러스'에 감염된 이들을 구해 안전한 곳으로 이끈다. 현재 상황을 예리하게 반영한 듯한 선물이었다. 마크롱이 메르켈에게 준 선물은 메르켈이 좋아하는 화이트 버건디 와인 한 박스였다.

이튿날의 대화는 더 치열해졌다. "우리는 생일 파티에 초대받고 싶어서 여기에 있는 게 아닙니다. 우리 각자의 나라를 위해 일하려고 모인 겁니다." 네덜란드 총리 마르크 뤼터(Mark Rutte)는 말했다. 그는 회원국의 법치 준수 여부에 따라 보조금을 지급하자고 목소리를 높였다. 뤼터는 EU는 특정한 가치들을 위한 조직이지 단순한 교역을 위한 조직이 아니라면서 오르반 같은 지도자들을 넌지시 암시했다. 헝가리의 독재자는 (당황한 기색으로) 그에 대한 반응을 쏘아붙였다. "당신은 꼭 빨갱이처럼 구는군."

한 시간이 지나고 두 시간이 지나면서, 연하의 파트너 마크롱의 지원을 받은 메르켈은 투덜대는 정상들을 가까이 끌어모았다. 그는 이른바 '짠돌이들(frugals)' 즉 네덜란드, 오스트리아, 스웨덴, 덴마크, 핀란드에게 "비상 상황은 평범하지 않은 노고를 요구한다"고 설득했다. 그 노고에는 팬데믹으로 심한 충격을 받은 이탈리아와 스페인, 그리스, 그리고 이 외 EU 국가들을 조건 없이 구제하기 위해 그들 나라의 금고를 여는 유례없는 조치도 포함됐다. 메르켈은 사랑하는 차트와 숫자들을 빈번하게 내놓으면서 현재는 급박한 상황이라는 걸 상기시켰다. 깊은 불황, 높은 실업률, 어느 때보다도 커진 빈부 격차, 사회적 불안, 그리고 대륙에서 그런 상황이 좋게 끝난 적은 결코 없었다는 사실을 말이다. 그는 '브뤼셀'을 향한 분노로 연명하는 유럽 현지의 포퓰리스트만이 아니라 시진핑의 노골적인 야심, 대륙을 영원한 불화와 분열 상태로 유지시키려는 푸틴의 책동, 칼날 위를 걷는 듯한 미국의 선거 판세로부터 괴롭힘을 당하는 유럽은 회원국 중 어느 한 나라도 팬데믹이나 선동정치가의 손에 넘어가는 위험을 감수할 수 없다고, 그랬다가는 그 위험이 대륙 전체로 확산될 거라고 굳이 상기시킬 필요가 없었다. 둘째 날 이른 새벽 협상에 돌입할 때쯤 팬데믹에 희생된 전 세계 사망자는 60만 명을 넘었다.

길고 긴 둘째 날이 저물 무렵에는 다들 예민해질 대로 예민해져 있었다. 오스트리아 총리 제바스티안 쿠르츠(Sebastian Kurz)가 실무 만찬을 하던 중에 전화를 받으려고 밖으로 나가는 걸 보고 짜증이 난 마크롱은 커다란 테이블을 내리치며 큰 소리를 질렀다. "다들 봤죠? 쿠르츠는 신경을 쓰지 않습니다. 남들이 하는 얘기에 귀를 기울이지 않는다고요…. 그는 자기네 언론을 상대하느라 정신이 없어요. 됐어요. 그만하시죠." 그러자 쿠르츠는 조용히 자리에 앉았고 다시는 일어서지 않았다. 예순여섯의 메르켈에게 나흘 밤 내내 대화를 계속해갈 체력이 있다면, 서른셋의 오스트리아 총리도 분명히 그 대화를 견뎌낼 수 있었을 것이다.

메르켈과 마크롱은 토요일 새벽 3시에 힐튼 브뤼셀 그랜드 팰리스의 바에서 만났다. 1970년대에 문을 연 그 빈티지 호텔은 두 사람이 묵는 곳이었다. 두 사람 앞에 화이트 와인 잔이 놓였다. '짠돌이들'은 뜻을 굽히지 않고 있었다. 번영을 누리며 재정적으로는 보수적인 (그리고 메르켈이 보기에는 고집스러운) 네덜란드는 협상에 진척이 없고 지칠 대로 지쳐 생일을 축하하던 전날의 분위기가 사라질 때까지 무조건적인 보조금은 줄 수 없다는 입장을 철통같이 고수했다. 마크롱은 참모들에게 대통령 전용기의 이륙을 준비하라고 지시했다.

거액의 판돈이 걸린 협상이라는 롤러코스터에 탑승하는 일에 익숙한 메르켈의 입장은 확고했다. 결국, 유럽의 헤비급 선수인 그와 마크롱은 협상을 거부하는 상대들을 지속적으로 무너뜨리려고 힘을 합쳤다. EU에서 인구가 제일 많은 두 국가가 힘을 합치면 천하무적이라는 게 입증됐다. 대화를 거부하는 것으로 이 위기의 순간에 결성된 연합을 약화시키거나 자신의 평판을 위태롭게 만들기를 원하는 사람은 아무도 없었다. 구제 패키지에서 뭔가 이득을 챙기려는 사람이 대부분인 이 경우에는 특히 더 그랬다. 정상들은 합의에 도달해야 했다. 팬데믹은 아무도 쉽게 극복할 수 없는 가혹한 시련이었다.

'협상 타결!' 7월 21일 새벽 5시 반에 정상회의 상임의장 샤를 미셸(Charles Michel)이 트윗을 올렸다. 마크롱이 올린 트윗은 더 우아했다. '유럽을 위한 역사적인 날입니다.' 이 획기적인 일을 완성 지은 주요 책임자인 여성은 이 업적에 대해 특유의 절제된 스타일을 구사했다. "우리는 이 절충안들에 합의하는 과정에서 책임 있게 행동했습니다." 피곤한 기색이 역력했지만 순수한 안도감이 새겨진 주름이 자글자글한 그의 눈만이 마스크 뒤에서 앙겔라 메르켈이 웃고 있다는 것을 드러냈다.

유럽에서 코로나19의 피해를 많이 입은 나라들을 구하기 위해 8590억 달러를 넘는 지출을 계획한다는 건 이보다 한결 더 강력한 거였다. 많은 조롱을 받던 유럽연합은 이번에는 자기 몫을 챙기려고 혈안이 된 이기적인 나라들의 무리가 아니라 똘똘 뭉친 하나의 단체로 행동하고 있었다. 그들이 부대조건이 전혀 붙지 않은, 4000억 달러에 가까운 보조금을 (그리고 대출 형태로 또 다른 3600억 달러 이상을) 내주는 데 합의한 것은 부유한 북부 국가들이 (메르켈과 독일이 2008년 유로 위기 동안에 그랬던 것처럼) 가난한 나라들이 빚더미에 파묻히는 것을 그대로 두고 볼 수 없다는 의사를 표명한 것이었다. 자금은 (EU를 대신해 발행한 채권을 판매해서 조성한 자금으로) 갹출할 것이고, 독일은 제일 큰 몫을 기여할 터였다. 프랑스와 독일은 각국의 경제 규모에 기초한 새로운 세금의 도입이나 국가적 기여금 인상이 필요할 것인지 여부를 구체적으로 정하지는 않았다. 메르켈은 5000억 유로가 '장기간'에 걸쳐 상환돼야 하고 독일은 기금의 약 3분의 1을 떠맡을 것이라고 말했다.[3]

"우리는 무사히, 그리고 확실하게 위기에서 벗어나기 위해 유럽적인 방식으로 행동해야 합니다." 총리는 기자들에게 말했다. 그러는 동안 EU는 훗날에 닥칠 위기들을 위한 선례와 구조를 확립하면서 덜 관료적이고, 더 인간적인 연합을 달성하는 큰 걸음을 내디뎠다.

앙겔라 메르켈은 남아 있는 임기 동안 '자기 운명을 스스로 해결해야 하는' 유럽의 필요성을 역설하며 보냈다. 메르켈에게 유럽은 공동시장과 국경 없는 여행 이상의 무엇인가를 상징해야 했다. "유럽은 중립적이지 않습니다. 정치적 서구의 일부일 뿐입니다." 그가 한 주장이다. 다행히도, 독일은 2020년 7월에 임기가 6개월인 유럽연합의 순번제 의장국 자리를 맡았다. 그는 이 기회를 유럽에만이 아닌, 자신이 우려하는 무시 못 할 여러 사항들에 초점을 맞추는 기회로 활용했다.

"중국은 이번 세기의 키 플레이어 중 하나입니다." 그는 임기가 시작할 때 밝히면서 유럽의 조종석에 앉은 6개월간 중국을 우선순위에 놓겠다고 선언했다. 다른 어느 나라보다 중국을 많이 방문한 그는 우한에서 코로나19 바이러스가 발발한 무렵에 베이징이 정보 공개를 금지하는 것을 보고는 다른 많은 지도자들보다는 덜 놀랐다. 정보를 통제하고 불리한 뉴스를 일단 부정부터 하는 것은 일당 독재국가의 통치 방식이다. 그럼에도 그는 베이징이 홍콩을 무자비하게 탄압하고 위구르인 100만 명을 재교육 수

3 기금의 분배 및 EU 예산을 위한 새로운 수익원과 관련된 세부 사항은 유럽의회의 승인과 유럽이사회의 실행 사안으로 남았다. 이 방안들은 통과될 경우, EU의 예산 프레임워크에 맞게 7년에 걸쳐 조성할 구조 기금을 위해 현금으로 바꾸기 쉬운 채권시장을 활용할 예정이었다.

용소에 구금한 일에 충격을 받았다. 이 상황은 총리에게 마지막이자 명쾌한 해법이 없는 딜레마를 안겨줬다.

중국은 민주화로 가는 길에 올라 있지 않다. 무척이나 명백한 사실이다. 앙겔라 메르켈이 2005년에 중국 연례 방문을 시작했을 때 유일한 합법 정당인 공산당이 주장하는 마르크스-레닌주의 이데올로기는 정치적, 경제적, 심지어 국가 안보 이슈에서 서구와 협상하는 것보다 중요성이 떨어졌었다. 메르켈은 1968년의 프라하의 봄 동안 진행된 '더 인간적인 사회주의'와 유사한 실험을 경험해봤다. 그런데 '인간의 얼굴을 한 사회주의'는 소련과 동독, 다른 바르샤바조약국의 탱크와 군대에 짓밟혔다. 젊은 앙겔라에게는 가슴이 무너지는 일이었다.

메르켈은 중국이 1976년 마오쩌둥이 사망한 이후에 들어선 개혁과 온건화의 길을 계속 걸어가기를 바랐다. 하지만 2012년에 취임한 시진핑 신임 공산당 주석은 당과 자신의 절대 권력을 우선시한다는 점을 명확히 밝혔다. 세계의 관심은 온통 코로나19 바이러스에 쏠려 있었지만, 시진핑은 권위주의적인 지배력을 강화하는 데에만 몰두했다. 그의 자신감과 확신, 야심은 글로벌 수준이고, 그걸 달성하는 데 동원할 수 있는 수단들은 거의 무제한적으로 보였다. 중국은 2020년대 안에 미국을 추월해 세계 최대 규모의 경제 대국으로 성장할 것으로 예상된다.

이런 상황은 (여전히 밀려드는 바이러스와 EU의 무질서한 백신 공급과 더불어) 앙겔라 메르켈의 마지막 몇 달 동안 어려움을 안겨주었다. 총리 입장에서는 어마어마한 영향력을 가진 중국과 관계를 개선해야 했다. 그런데 어떻게? 그는 과장된 언사는 역효과를 낳는다고 판단했다. 공개적인 공격은 중국 내셔널리스트들의 영향력만 강화할 뿐이었다. 그의 접근방식은 실리적이면서도 미묘한 뉘앙스를 풍기는 거였다. 이제 유럽연합의 으뜸가는 교역 파트너는 미국이 아닌 중국이다. 독일이 아시아의 거물과 더 우호적인 조건으로 교역할 필요가 있다는 것은 당연지사였다. 중국을 테이블 앞에 앉히지 않으면 기후변화에도, 그리고 다음번 팬데믹에 대한 대비에도 실질적인 진전은 없을 것이었다. 그것이 새로운 현실인데, 앙겔라 메르켈은 누구보다 현실주의자다. 세계 무대에 오른 대부분의 독재자와 달리 그는 터프한 모습을 보여야 한다는 함정에 빠져 있지 않다. 그는 결과물을 쫓는다. 그것이 아무리 변변찮은 결과물일지라도.

한 해가 저무는 마지막 날, 앙겔라 메르켈은 마지막 외교적 개가를 이뤄냈다. 중국과 유럽연합 27개국 사이에 역사적인 합의가 이뤄진 것이다. 유럽연합 순번제 의장의 임기를 마치기 이틀 전, 그는 협상에 합의하면 중국 시장이 열릴 것이라며 (유럽과 중국 사이에 교역이 이뤄지는 운동장이 어느 정도는 평평해질 것이라며) 투덜대는 회원국들을 설득했다. 그러고는 첨단 기술 보안이라는 골치 아픈 사안을 다루려는 시도까지 했다.

EU는 합의하는 데 10년이 걸린 무역과 금융, 기후, 인권에 대한 복잡한 내용을 공개하지는 않았지만, 그 협정이 달성한 주요 업적들은 확실했다. 중국은 무역과 은행업 분야에 놓여 있던 상당한 장애물들을 걷어내고 EU와 조인트벤처를 설립하는 데 필수적이던 번거로운 요건들을 완화하는 데 합의했다. 이 협정은 기후변화 문제의 진전, 시민사회에 대한 유례없는 책무, 강제 노동 이용 관행의 개혁, 그리고 인권 분야의 다른 양보들도 약속했다. 물론 어느 합의건 실행됐을 때에야 유익할 것이다. 그리고 협정이 발효됐을 무렵 앙겔라 메르켈은 베이징이 약속을 지키게 만들 권력을 더 이상은 쥐고 있지 않을 것이다. 그러나 총리는 중국을 회피할 수 없는 글로벌 세력으로 (지구상에 남은 마지막으로 확장 중인 공산주의 세력으로) 봤다. 2020년 12월은 그가 중국 지도부와 신뢰를 구축하려고 보낸 오랜 세월을 유산으로 바꿔놓을 마지막 기회였다.

메르켈이 얻는 것과 잃는 것을 얼마나 꼼꼼하게 계산하는지를 잘 아는 사람은 새로 들어서는 바이든 행정부가 '서구' — 그것이 트럼프가 집권하고 브렉시트가 단행된 후에도 여전히 독자 생존이 가능한 카테고리라면 — 가 힘을 합칠 때까지 기다려달라는 신호를 보내는데도 메르켈이 (중국과의) 협상을 끝까지 밀어붙인 이유를 이해할 수 있을 것이다. 그는 중국도 트럼프가 4년간 망쳤던 동맹 관계에 미국이 전적으로 재합류하기 전에 협상을 타결하려고 애쓴다는 점을 빈틈없이 계산했다. 베이징 입장에서 새로 단결한 서구는 더 힘든 적수가 될 것이기 때문이다. 시진핑은 그런 일이 벌어지기 전에 기꺼이 양보하려 들지도 모른다. 그래서 메르켈은 다시금 정책을 진전시키기 위해 열린 공간을 활용했다. 중국 지도부에게 메르켈이 갖는 위상이, 그리고 그가 동료 EU 정상들에게 갖는 위상이 그의 집요한 투지와 합쳐지면서 협상을 타결시켰다.

앙겔라 메르켈은 거액의 판돈이 걸린 외교에서 집중적으로 대면 교류를 하지 않고도 마지막 외교를 성공시켰다. 탁월한 팩트 장악력을 발휘하며 다루기 힘든 상대를 압도하려고 의자를 잡아당기는 일도 없었고, 차트나 지도 위에 몸을 숙이는 일도 없었다. 그의 마지막 외교는 이동 제한에 들어간 세계의 업무 방식에 따라 수행됐다. 거대한 스크린들의 깜빡거리는 이미지들을 통해.

EU 지도자들 중 일부는 메르켈이 테크노크라트적이고 현실적인 협상을 위해 지나치게 강하게 실무자들을 밀어붙였다고 (시진핑이 독재 통치를 하는 것은 상관하지 않으면서, 영국 총리 마거릿 대처가 언젠가 미하일 고르바초프를 '같이 사업을 할 수 있는' 지도자나 되는 양 상대했다고) 불만을 제기했다. 일부 EU 회원국은 그 협상이 지나치게 독일에 유익하다고 불평했다. 독일은 중국의 상위 5대 교역 파트너 중 하나이고, 독일의 자동차와 산업 분야는 중국 시장에 더 쉽게 접근하는 것을 열망했기 때문이다.[4]

그러나 앙겔라 메르켈은 협정을 원했고, 다른 이들은 그가 이 협정으로 긴 경력을 마무리하는 것을 부정하는 것은 불가능한 일이라고 생각했다. 과학자라는 배경을 갖고 있다는 점에서, 그리고 코로나 바이러스의 새 변이들이 출현하면서 팬데믹이 더 연장될지도 모르는 상황에서, 메르켈은 보건과 기후처럼 국경이 의미 없는 문제와 관련해서는 이데올로기의 차원을 뛰어넘어 라이벌들과 협력할 필요성이 있다고 봤다. 이는 가치에 기초한 것이 아니라 유럽의 이익을 추구하기 위해 맺은 협정이었다. 게다가 그것에 따르는 위험이 전혀 없는 것도 아니었다. 유럽의 경제가 중국과 더 깊게 연계되면, EU는 앙겔라 메르켈이 혐오하는 정책들을 내세우는 나라의 압력에 더 취약해질 수도 있었다. 이것은 총리가 실행하는, 헨리 키신저도 박수를 보낼 가능성이 큰 현실 정치였다. 하지만 메르켈이 보기에 쌍방이 무엇인가를 얻는 대가로 무엇인가를 포기하는 불완전한 협정 — 협정의 모든 내용이 공개되기 전이지만, 중국이 무역과 조인트벤처 분야를 유럽에 개방하면서 일정 정도의 시장 통제를 양보한 것은 분명하다 — 은 협정이 무산되는 것보다 나았다.

협상이 타결되자 그는 특유의 사무적인 어투로 말했다. "환상을 품어서는 안 됩니다. 중국은 우리의 경쟁자입니다. (…) 그러나 평평한 경기장이 펼쳐질 겁니다." 이제 경기장은 약간 더 평평해질 것이다. 협정 타결은 유럽의 경제적 이익을 위해서는 희소식이었지만, 중국의 글로벌 영향력과

4 2020년에 독일은 중국에 거의 1000억 유로어치의 제품을 수출했는데, 이는 EU 전체 중국 수출액의 절반에 해당했다. 그리고 독일은 중국을 상대로 수출보다 수입을 더 많이 하면서 중국을 최대 교역 파트너로 삼았다. 중국은 독일 수출 증가의 원동력이었다. EU와 중국 간 협정은 교역량 증대를 원활하게 하고 기존의 무역 불균형을 해소할 것이다.

그 행사 범위를 더 넓게 만들어주는 것이기도 했다. 가장 실용적인 태도를 보여준 메르켈은 그가 한때 희망했던 세계가 아니라 그가 발견한 그대로의 세계를 상대했다.[5]

메르켈에게는 유럽이사회 의장직을 수행하는 마지막 며칠 동안 중국과 이 협정을 밀어붙인 또 다른 동기가 있었다. 그는 워싱턴에 신호를 보내고 있었다. 유럽은 자체적인 이익을 위해 일방적인 행동을 취할 수 있다는 신호를. 막 취임한 바이든 대통령이 '정치가 맹렬히 타오르는 불길일 필요는 없다'고 선언했을 때, 앙겔라 메르켈은 한숨을 쉬듯 "아멘"이라고 내뱉었을 수도 있다. 하지만 동맹 관계는 신뢰 위에 구축되는 것이다. 그런데 그 신뢰는 약화됐다. 4년간 워싱턴의 도움 없이도 몇 차례의 위기를 무사히 헤쳐온 유럽은 미국과의 동맹 관계에서 종속적인 위치로 돌아가지는 않을 것이다. 처음 보는 위협이 신성한 신뢰를 위협할 때 미국은 경계 태세를 바짝 조이고 있지 않았다. 앙겔라 메르켈이 보기에 이것은 막무가내이자 위험했던 도널드 트럼프가 남긴 씁쓸한 유산이었다. 유럽의 지도자들 중에서도 손꼽히는 친미주의자이던 메르켈은 사실상 미국의 헤게모니는 종말을 맞았다고 선포했다. 제2차 세계대전 이후로 워싱턴이 빚어낸 국제 질서 '팍스 아메리카나(Pax Americana)'는 이젠 역사가 됐다.

---

5 그러나 메르켈이 베이징을 향해 펼친 개입 노력은 갈수록 심해지는 중국의 언사와 정책들에 의해 심하게 약화됐다. 2021년 여름 현재, 총리가 협상한 교역과 투자 조약을 마무리 지을 유럽의회는 협정 승인을 보류하고 있다.

EPILOGUE

세계를 전진하게 하는 중요한 일은
완벽한 사람들이 실행할 때까지
기다려주지 않는다.

조지 엘리엇(George Eliot, 영국 소설가 메리 앤 에번스(Mary Ann Evans)의 필명)
(1819~1880)

총리 임기 마지막 해를 계절의 변화에 따라 밀물처럼 몰려왔다 썰물처럼 빠져나가는 팬데믹에 지배당한 메르켈은 일반 시민으로 살아갈 미래의 삶에 대해 숙고해볼 여유가 거의 없었다. 대부분의 사람들이 그러는 것처럼, 그는 코로나19 이전의 생활이 그리웠다. 화상회의는 상대와 얼굴을 맞대고 재치를 겨루는 걸 즐기는 이 정치인이 느끼는 공허감을 결코 채워주지 못했다. 그의 출장은 EU 회의에 참석하기 위해 브뤼셀에 다녀오는 것이 대부분이었다. "레스토랑까지 문을 닫았을 때는 그 여행도 그리 재미있지 않았습니다." 그는 인정하고 말았다. 그는 날마다 하는 산책을 휴식으로 삼았는데, 대부분 마스크를 끼고 사회적 거리 두기를 철저히 실천하는 보좌관들과 함께 했다. 백신이 개발될 조짐은 베를린의 겨울을 뒤덮은 우울한 기운을 조금이나마 걷어줬다. 터키 이민자가 세운 독일 중소기업 바이오앤테크(BioNTech)가 처음으로 백신 출시 승인을 받은 기업에 속해 있다는 사실이 메르켈에게 각별한 자긍심을 안겨줬다.

하지만 2020년 겨울에 코로나19의 두 번째 물결이 독일을 강타했다. 전염력이 더 높은 영국발 변이 바이러스는 팬데믹을 통제하려는 온갖 노고를 물거품으로 만들었다. EU의 백신 출시는 EU가 유럽 대륙을 아우르는 대규모 프로젝트를 관장하는 데 경험이 부족하고 미숙하다는 사실을 드러냈다. 바이러스가 새롭게 변이되면서, 독일인들은 정부를 국가적 비상 상황에서조차 권한을 분산해 의사 결정 속도가 떨어질 수밖에 없는 형태로 구성한 데 대한 대가를 치렀다. 통행금지령과 격리에 진이 빠진 국민들은 코로나19를 더 이상 완파해야 하는 적으로 대하지 않았다. 메르켈 역시 이 보이지 않는 적에 진절머리가 났다. 백신 출시 속도가 한없이 더딘 탓에, 그가 국민들에게 거듭 호소했던 인내심을 가져달라는 당부는 위력을 상실했다. 팬데믹 초기에 그가 열정과 인간애로 호소했을 때 국민들이 받은 감화는 1년 후에도 고스란히 유지될 수 있는 것이 아니었다.

그럼에도, 16년간 총리로 재임하는 동안 스캔들의 기미조차 없었다는 경이로운 사실 때문에 더욱더 드높아지는 앙겔라 메르켈의 국제적 위상은 그가 정치인 대부분이 겪는 서글픈 숙명을 피할 것임을 암시했다. 그는 임기가 고작 몇 달 남은 시기에도 레임덕을 몰랐다. 그의 위상은 정치의 차원을 뛰어넘는다. 그는 이제 조국인 독일의 상징이자 독일을 반영하는 인물이 됐다.

메르켈이 자신의 미래나 자신이 남길 유산에 대해 숙고해볼 시간이 전혀 없었다고 얼마나 강력하게 항변하건, 조용하게 생각에 잠길 수 있는 짬이 날 때마다 자신이 반드시 있어야 하는 자리가 없다면, 해결해야 할 글로벌 위기가 없다면, 굴복시켜야 할 독재자가 없다면, 일거수일투족을 그림자처럼 따라다니는 경호원이나 언론이 없다면 (그러니까 그가 방문하기를 꿈꾸던 곳으로 향하는 항공편을 스스로 예약할 수 있을 때에는) 어떤 기분일까 궁금해하는 게 분명하다.

유럽에서 으뜸가는 강대국의 지휘봉을 잡고 16년을 보낸 후, 메르켈은 거의 완벽한 '정치 기계'가 됐다. 소속 정당과 조국을 운영하고, 서구를 지탱하는 세력을 관리하고 정책을 실행했다. 그의 (정치적) 역할이 결코 자신의 정체성이 되지는 않았다는 사실은 앙겔라 메르켈의 신분 이행(총리에서 민간인으로)을 용이하게 해줄 것이다. 그는 다른 많은 정치인과 달리 감정적으로 자족할 수 있는 사람으로 보였다. 그는 빌 클린턴이나 전임자인 게르하르트 슈뢰더와 헬무트 콜처럼 대중의 애정을 갈망한 적이 결코 없다. 현대사에서 가장 영향력 있는 여성은 본연의 모습일 때 가장 편안하게 느낀다. 그는 권력이라는 마약을 그리워하지 않을 것이다. 그 마약의 연기를 깊이 들이마신 적이 결코 없으므로. 이제는 세상의 관심이 그의 후계자에게, 세계 무대에 오를 또 다른 선수들에게 옮겨갔다고 한탄하며 망가지지도 않을 것이다.

언젠가 그는 총리로서 '내가 맡은 저주받은 의무(my damned duty)' — 목사의 딸 입에서 나온 루터교식 표현 — 라는 말을 한 적이 있다. 그는 자신에게 주어진 저주받은 의무를 실행하는 차원을 넘어서는 업적을 이뤄냈다. 그는 여전히 팬데믹의 충격에 휘청거리고 영국이 탈퇴했기는 하지만, 어느 때보다도 단결된 유럽을 남겨두고 떠난다. 앙겔라 메르켈이 총리실을 떠나면서 받는 최고의 보상은 의무감에서 해방된다는 것이다. 그의 아버지는 목사인 자신을 필요로 하는 곳이라고 느꼈기 때문에 서독에서 동독으로 이주했다. 그의 딸도, 택한 길은 달랐지만, 남들에게 봉사하는 직무를 택했다.

더 이상 총리가 아닌 메르켈이 다른 페르소나를 보여주는 모습을 세계는 보지 못할 것이다. 넘치는 호기심, 새로운 아이디어를 대하는 열린 마음, 만물이 작동하는 법칙과 사람들에게 동기를 부여하는 원인을 이해하려는 허기는 그가 총리가 되기 전에 보여준 특징들이다. 메르켈이 임기 만년에 벨궁에서 주최한 어느 공식 만찬에서 한 말은 그를 짓누른 모든 문제를 아우르는 것이 아니었다. 세계를 사로잡은 시진핑이나 푸틴, 미국 대선에 관해서는 언급하지 않았다. 그 대신 메르켈은 대학원생 신분으로 프라하를 방문했던 나날들에 대한 기억을 전했다. 그는 체코의 위대한 시인 얀 스카첼(Jan Skácel, 공산주의의 탄압을 체코어의 자유로운 구문론과 대조한 인물)을 유난히 좋아했던 추억을 털어놨다. 그는 스카첼을 체코 출신의 또 다른 유명 작가 밀란 쿤데라(Milan Kundera)와 빗댔다. 둘은 체코어를 배우는 것을 가치 있는 일로 만든 사람들이라고 참석자들에게 소개했다. 정치 너머 세계에 대한 메르켈의 열정적인 관심은 조금도 줄어들지 않았다. 그는 도덕적인 우주가 정의로운 방향으로 휘어 전진한다고 믿지는 않지만, 나이를 먹고 권력을 누렸다고 해서 냉소주의자나 비관론자가 되지는 않았다. "나는 낙관론자에 속합니다." 그가 예전에 했던 말이다. "내가 느끼는 시시포스의 이미지는, 그러니까 산꼭대기로 계속해서 바위를 굴려 올리는 남자의 이미지는 전혀 절망적이지 않습니다." 이 모든 것은 실제로 있을 성싶지 않은, 그가 밟아온 여정의 다음 장이 꽤 근사할 거라는 조짐을 보여준다.

그가 으리으리한 궁궐에서 수수한 동네로 이사를 가는 것도 아니다. 그는 베를린 중심부의 월세 아파트를 떠난 적이 결코 없다. 그가 묘사하는 완벽한 하루는 지극히 평범하게 들린다. "잠을 푹 자고 느긋하게 아침을 먹을 겁니다. 그러고는 밖으로 나가 신선한 바람을 쐬고 남편이나 친구들과 수다를 떨 겁니다. 극장에 가거나 오페라를 보러 가거나 콘서트에 갈지도 모르겠군요. 시간이 있으면 좋은 책을 읽을 겁니다. 그리고 저녁을 차릴 거예요. 나는 요리하는 걸 좋아해요!" 이것들이 지난 16년간 진정으로 자유로웠던 적이 없었던 사람이 꾸는 꿈이다.

메르켈은 더 이상 젊지 않지만 지극히 소박한 기쁨을 누리기에 부족함이 없을 만큼 원기 왕성하다. 시골길 산책, (정치인이 아닌) 친구들과 함께하는 한가로운 식사, 차트와 여론조사 수치와 성명서를 대신하는 음악과 책. 이런 기쁨이 전설적인 체력과 팩트를 장악하는 능력으로 정적들을 능가한 만족감을 대체하지는 못할 것이다. 그렇지만 이런 기분에 대해 심사숙고해본 적이 없는 그는 자신이 이 새로운 삶에 보이는 반응을 과학자 특유의 호기심을 갖고 관찰할 것이다. 그는 짧은 동안은 자연을 사랑하는 법을 처음으로 배운 곳이자 여전히 자신의 하이마트이며 영적인 안식처인 브란덴부르크주에 있는 어린 시절 집 근처에서 시간을 보낼 가능성이 크다. 여행도 다닐 것이다. 그가 밝힌 꿈 중에는 비행기를 타고 안데스산맥(그가 이상적으로 여기는 목적지이자 자유의 메타포)을 넘는 것이 있다. 권력자들 사이에 있었던 자신의 자리가 그리울 때는 일부 영역에서 그런 사람들과 합류하는 선택지가 없지는 않을 것이다. 그러나 우리가 잘 아는 앙겔라 메르켈은 서두르지 않을 것이다. 공적인 생활로 돌아올 경우, 그는 자신의 방식에 따를 것이다.

회상에 잠기는 것을 즐기지 않는 메르켈은 자신이 남긴 유산을 되돌아볼 시간을 갖게 될 것이다. 그의 난민 정책은 독일의 자기 이미지를, 그리고 세계 다른 나라들이 옛 제3제국을 바라보는 시각을 바꿔놓았다. 홀로코스트를 저질렀던 국가가 세계의 도덕적 중심국으로 여겨지는 것은 그야말로 경이로운 일이다. 난민 100만 명을 사회에 통합하는 작업은 점진적으로 이뤄지겠지만, 메르켈이 총리실을 떠날 무렵 독일에 입국한 난민의 규모가 독일 인구 8200만 명을 압도하지 못했다는 것은 분명하다. 독일의 복지 시스템이나 교육 시스템은 물론이고 국가 예산도 심각한 위험을 겪지 않았다. 그리고 대부분의 지역에서, 난민들의 이슬람 신앙이 독일 사회에 통합되는 것을 저해하지 않았다. 그럼에도 그는 총리로서 자신이 한 가장 대담한 조치가 높은 비용을 발생시켰다는 사실은 부인하지 못할 것이다. AfD는 메르켈 시대가 낳은 자식이다.

지금의 세계는 많은 면에서 그가 총리직을 물려받은 2005년보다 훨씬 더 거칠어졌다. 그렇게 된 데에 그의 책임은 거의 없지만 말이다. 금기의 벽이 끊임없이 허물어지고 정치적 규범들이 계속 변하면서 앙겔라 메르켈의 이성적이고 온건한 정치가 얼마나 오래 버텨낼지는 불분명하다. 그의 유산은 적어도 지금 현재 자신의 조국에서는 안전한 듯 보인다. 2021년 1월 16일에, CDU는 아르민 라셰트(Armin Laschet)를 메르켈의 후임 당 대표로 뽑았다. 독일에서 인구가 제일 많은 주인 노르트라인베스트팔렌주의 총리인 라셰트는 메르켈의 난민 정책을 열렬히 옹호하는 인물이자 통일된 강력한 유럽을 당당하게 지지하는 인물이다.

그럼에도 사람들은 궁금해한다. 메르켈이 세계 지도자들의 테이블에 앉지 않는 이 시점에서, 그의 후계자들은 한 뼘밖에 안 되는 공통의 기반을 찾아내려고 밤을 지새우며 협상 테이블에 앉아 있을까?

최근에 '노동이 너희를 자유롭게 하리라'라는, 잔인한 약속이 걸려 있는 그 출입문에 들어섰던 메르켈은 인간이 지닌 약점은 항상 문명의 주변부에서 작동한다는 사실을 의식한다. 임기 마지막 몇 년 동안, 그는 민주주의가 얼마나 취약하고 사람들의 기억은 얼마나 빨리 지워지는지 날마다 상기했다. 그가 항상 영감과 지원을 얻으려던 나라가 자신의 다자 세계에 다시 합류했지만, 미국은 엄청 쇠약한 데다 약점까지 노출한 상태다.

트럼프의 통치 기간에 메르켈이 한 마지막 행동은 조 바이든의 승리에 EU가 통일된 반응을 보이도록 조율한 거였다. 동맹국 집단이 내는 단일한 목소리를 들려주면서 트럼프에게 서구를 분열시키려는 그의 노력은 실패로 돌아갔다는 걸 알리려는 의지의 표현이었다. 하지만 그는 위험이 끝난 것은 아니라는 사실도 잘 알았다. 2000년에 권좌에 오른 블라디미르 푸틴은 트럼프보다 더 오랜 세월 한 나라의 통수권자로 크렘린에 버티고 있으면서 잔혹한 짓을 서슴없이 자행했다. 그리고 그는 2021년 1월 6일에 미국 대통령의 묵인 아래 폭도들이 미국 국회의사당을 기습하는 장면을 보고 큰 충격을 받았다. 트럼프에게 잘 어울리는 트럼프 재임기의 폭력적인 종식을 본 앙겔라 메르켈은 좀처럼 느끼지 않는 감정을 느끼게 됐다. "화가 납니다." 그는 말했다. "슬프기도 하고요." 그가 한층 더 심란했던 것은 도둑맞은 선거라는 거짓 선동이 트럼프의 정치생명을 연명한 일이었다. 그는 거짓 선동의 위력을 잘 안다. 제1차 세계대전이 끝난 후 히틀러가 라이히스타크에 입성한 것은 '빨갱이들과 유대인들이 독일의 등을 찔렀다'는 거짓 선동 덕분이었다. 트럼프의 요란한 퇴장은 앙겔라 메르켈이 마음속 깊이 품은 확신을 더욱 확고하게 만들었다. 민주주의는 허약하고, 부주의하게 대하면 사라질 수도 있다는 확신. 트럼프는 패배했을지 모르지만, 트럼피즘(Trumpism, 트럼프의 극단적 주장에 대중이 열광하는 현상)은 살아남았다.

언젠가 총리실이 난민 재정착을 돕는 자원봉사자들을 위해 주최한 행사에서, 필자는 앙겔라 메르켈에게 긴 정치 인생 동안 자신을 지탱해준 특성을 한 가지 꼽는다면 무엇이냐고 물었다. "참을성이요!" 그는 대답하면서 그 새파란 눈동자를 포함해 주름진 이목구비를 끌어 올리며 환한 미소를 지었다. 그는 스프린터가 아니라 마라토너다. 그는 총리로서 16년을 참아내는 것으로 갈수록 주의지속시간이 줄어드는 우리를 견뎌냈다. 나아가 그 이상의 일을 했다. 개인적 혹은 정치적인 상실 후에 재빨리 원위치로 돌아오는 독보적인 그의 능력은 놀라운 여정에 에너지를 제공했다. 겸손하게 굴려고 노력하는 그도 자신이 롤 모델이 없는 땅에서 롤 모델을 찾아 나설 다음 세대의 귀감이라는 사실을 잘 안다.

세계에서 가장 영향력 있는 여성이 그 모습을 유지하는 것이 가능한 일이라면 그는 그렇게 할 것이다. 그는 여전히 교실 뒤쪽에 앉아 열심히 공부하면서 급우들을 관찰하다 뭔가 할 말이 있을 때에만 입을 여는 진지한 소녀의 모습을 잃지 않았다. 그는 '메르켈 독트린(Merkel Doctrine)' 같은 걸 남기지는 않는다. "우리는 모두 세계의 일부입니다." 그가 격분한 AfD 당원에게 상기시킨 이 말은 말수 적은 이 여성에게서 우리가 물려받을 세계관에 가장 가깝다. 그는 장벽 뒤에서는 독일이나 중국, 미국을 포함해 어느 나라도 오랫동안 살아남을 수 없다는 걸 잘 안다. 이것이 어린 시절이 앙겔라 메르켈에게 남긴 가장 오랜 교훈이자 그가 남긴 정치적 유산이다.

'정치적 만신창이'가 되기 전에 은퇴하는 것을 목표로 삼았던 메르켈은 모든 전임자가 그랬듯 자리에서 쫓겨나기보다는 권력의 정점에 있을 때 떠난다는 사실을 자랑스러워할 수 있게 됐다. 그는 품위 있게 고별하는 과정에서 자신의 자리와 스스로를 혼동하면서 밀려나기를 거부하는 정치인들에게 귀감을 보여줬다. 메르켈은 그들에게 민주주의는 어떻게 작동해야 옳은지를 제시했다.

메르켈은 더 개인적인 유산도 남겼다. 2020년 유럽의 금융 구제 과정에서 부각된 역사에 길이 남을 이미지는 앙겔라 메르켈과 EU 집행위원회

위원장 우르줄라 폰 데어 라이엔이 유럽의회가 있는 브뤼셀에 나란히 선 모습일 것이다. 퓨 리서치 센터(Pew Research Center)가 2020년 9월에 수행한 여론조사에서 앙겔라 메르켈은 성별을 불문하고 '세계에서 가장 신뢰할 수 있는 지도자'로 선정됐다. 그가 자랑스러워할 만한 칭찬이다. 책임자 자리에 오른 여성의 역량에 쏟아지는 모든 의구심을 뛰어넘었기 때문이다. 그가 달성한 대단히 많은 업적은 여성임에도 불구하고 이룬 것이 아니라 여성이기 때문에 이룬 것이다. 그는 욕망하는 결과물을 얻으려고 애쓰는 과정에서 자존심을 거듭 제쳐뒀다. 협상은 참을성을 시험대에 올리는 고된 과정이다. 즉각적인 관심과 칭찬을 좇는 이들에게는 적합하지 않은 일이다. 그 두 가지 모두를 간절하게 추구하는 정치인은 대부분이 남성이라는 말을 꼭 해야겠다. 관심과 칭찬은 앙겔라 메르켈이 바라는 보상 중 가장 하찮은 것이다. 그가 추구하는 단 하나의 목표는 결과물이다. 소수의 다른 여성 지도자들이 자신들의 조국을 이끄는 인상적인 직무를 수행하고 있지만, 서글프게도, 그들의 수는 매우 적다. 그들이 자존심을 더 잘 통제하면서 더 높은 직무를 수행하는 데 적합한지를 실증하기에는 말이다. 하지만 앙겔라 메르켈의 사례로 보면, 그런 결론으로 비약하지 않기는 쉽지 않다.

남녀를 불문하고 많은 이들이 메르켈의 뒤를 따를 것이다. 하지만 그의 독보적인 여정을 되풀이할 사람은 아무도 없을 것이다. 소련의 통제를 받는 동독의 영토인 템플린의 작은 마을에서부터 세계 무대의 한복판까지 이어진 여정이 얼마나 놀라운 것인지를 잘 아는 메르켈은 자신이 택하지 않은 길들을 후회하지 않는다. 제일 높이 설정한 행동 기준이 곧 자신의 행동이 된, 가장 내면에 충실한 정치인으로서, 그는 자신이 가진 가치들을 지키는 데 타협하지 않으면서 최선을 다하고 떠난다.

언젠가 역사책에서 자신을 어떻게 평가하기를 바라는지 묻는 질문에 앙겔라 메르켈은 이렇게 답했다. "그는 노력했다(She tried)."

선동 정치가 판치는 시대에 앙겔라 메르켈은 자신의 묘비명으로 '겸손과 품위'를 선택했다. 이 사실이 메르켈을 대변하고 있다.

감사의 말

자신의 이야기를 들려주는 데에는 눈곱만치도 관심이 없는 인물의 인생사를 쓰는 것은, 조금의 과장도 없이, 무척 어려운 일이었다. 참고할 만한 문헌이 없다는 사실은 문제 해결을 더욱 어렵게 만들었다. 최근 역사에서 자신의 사생활을 가장 철저히 보호한 공인 중 한 사람에게서 일지나 개인적으로 나눈 편지를 얻는 건 언감생심이고, 심지어 참모들과 주고받은 쪽지조차 구할 수 없었다. 그럼에도 앙겔라 메르켈은 지난 4년간 필자에게 자신이 집무하는 모습을 관찰해도 좋다고 허용했고, 필자가 그의 가장 가까운 친구들이나 보좌관들과 이야기하는 것을 막지 않았다. 그가 프라이버시를 얼마나 철저히 보호하는지를 잘 아는 만큼 이 정도 자유라도 허용해준 데 대해, 그리고 지난 4년간 필자의 질문에 답하느라 많은 시간을 내준 보좌관과 친구들에게 깊이 감사한다. 그렇기에 그들이 베푼 친절과 필자를 향한 믿음에 진지하고 균형 잡힌 앙겔라 메르켈의 전기로 보답하기 위해 최선을 다했다. 이 독특한 인물의 수수께끼를 푸는 작업을 하던 중 자주 낙담했지만, 필자에게 이 작업은 인생을 바꿔놓을 만큼 강렬한 경험이었다. 무엇보다 이 점을 고맙게 생각한다.

지난 몇 년간 항상 깨우침을 주는 대화로 많은 도움을 준 에바 크리스티안젠과 폴커 슐뢴도르프, 토마스 배거, 볼프강 이싱어, 크리스토프 호이스겐에게 특히 큰 고마움을 표하고 싶다. 폴커가 앙겔라와 맺은 우정과 그 교류에 대한 기억 덕에 이 전기는 무척 풍부해졌다. 마음을 다해 감사 인사를 드린다. 필자가 이 작업을 시작하기 오래전, 저명한 독일계 미국인 사학자 프리츠 스턴(Fritz Stern)과 작고한 필자의 남편 리처드 홀브룩(리처드가 대사이던 시절에 프리츠와 함께 본에 갔었다)은 앙겔라 메르켈과 전후 독일에 대한 필자의 지식에 생생한 활력을 불어넣었고, 독일의 복잡한 역사에 대한 필자의 이해를 심화시켜줬다. 안타깝게도, 프리츠도 리처드도 이승에서는 이 책을 읽지 못하지만 저승에서라도 이 결과물을 썩 괜찮은 책이라고 인정해주길 바란다.

베를린의 미국 아카데미(American Academy in Berlin) — 작고한 남편이 남긴 자랑스러운 유산 — 는 집필을 위한 조사 작업을 할 때나 하지 않을 때나 늘 필자의 피신처였다. 항상 따뜻하게 맞아주고 우정을 베풀어준 갈 버트(Gahl Burt)와 베릿 에버트(Berit Ebert)에게 감사드린다. 아카데미에서 바쁜 업무를 수행하는 와중에도 시간을 내서 필자와 함께 독일 곳곳을 여행하며 없어서는 안 될 통역사와 자료 조사원으로 활약해준 트래비스 페너(Travis Penner)에게는 아무리 많은 감사를 표하더라도 모자랄 것이다. 독일의 복잡한 정치체제를 이해하는 데 도움을 주고 조사 초기 단계에 베를린에 대한 폭넓은 지식을 전해준 알무트 쇤펠트(Almut Schoenfeld)에게도 감사드린다. 필자가 초고를 집필한 곳인, 코모(Como)

호수의 벨라지오 센터(Bellagio Center)를 이용할 수 있도록 회원 자격을 부여해준 록펠러재단(The Rockefeller Foundation)에도 감사드린다.

뉴욕에서는 무슨 일이 벌어지더라도 절대 동요하지 않는 라므야 자얀티(Ramya Jayanthi)가 조사 작업 내내 곁을 지켜줬다. 안정적이고 지적인 그와 함께한 것은 큰 행운이었다. 제프리 샌들러(Geoffrey Schandler)와 아이더 로스차일드(Ida Rothchild)는 초고 때부터 원고의 구성과 관련해 참신하고 사려 깊은 제안을 해줬다. 친구이자 깊이 존경하는 동료 작가인 리처드 번스타인(Richard Bernstein)과 앤 넬슨(Anne Nelson)은 귀한 시간을 선뜻 내주면서 원고를 정성껏 다듬어줬다. 이들이 편집 과정에 기여하고, 기나긴 록다운 기간 동안 기운을 계속 북돋아준 데 대해 진심으로 고맙게 생각한다.

없어서는 안 될 친구이자 이 책의 첫 독자로 탁월한 안목을 발휘해 내내 많은 의견을 제시하며 응원해준 조엘 모틀리(Joel Motley)에게도 고마움을 전한다. 친구인 덴마크계 미국 작가 모르텐 호이 옌센(Morten Hoi Jensen)도 최종고를 검토하며 날카로운 의견을 제시해줬다. 크레이리 풀렌(Crary Pullen)은 사진 조사의 달인이라는 평판에 어울리는 사람이었다. 그가 찾아준 경이로운 이미지들 덕에 이 책이 한결 더 풍성해졌다.

이 책은 과거에 여러 권의 책을 같이 작업했던 전설적인 편집자 앨리스 메이휴(Alice Mayhew)와 함께 시작했다. 앨리스는 코로나19가 엄습하면서 예고 없이 우리를 떠났지만, 그의 남다른 존재감과 한없는 열정, 오랜 시간에 걸친 전문적이면서도 포용적인 조언은 우리 곁을, 그리고 이 책을 결코 떠나지 않았다. 이 신생아를 친자식으로 여기며 많은 조언을 해준 사이먼 앤드 슈스터(Simon & Schuster)의 빼어난 프리실라 페인턴(Priscilla Painton)과 메건 호건(Megan Hogan) 팀에도 감사드린다. 록다운 기간에도 그토록 원활하게 작업을 해내다니 놀라운 따름이다.

늘 그랬듯, 어맨다 어번(Amanda Urban)은 내내 좋은 친구이자 훌륭한 자극제이며 노련한 안내자였다. 곁을 지켜주는 그가 없는 집필 생활은 상상조차 할 수 없다.

내게 더없이 소중한 가족들이 없는 생활도 상상할 수 없는 건 마찬가지다. 자식인 리지(Lizzie)와 크리스(Chris), 코린(Corrine)과 일로나(Ilona), 동기 줄리아(Julia)와 앤드루(Andrew), 조카 마티외(Mathieu)와 사빈(Sabine), 뤼시앵(Lucien), 레너드(Leonard), 오슨(Orson), 니콜라스(Nicolas), 릴리(Lili), 호아킴(Joaquim). 파리와 브뤼셀, 뉴욕, 텍사스 포트워스, 캘리포니아 인버네스에 흩어져 사는 우리는 길고 힘들었던 지난 한 해 동안 우리를 갈라놓은 시간들을 줌(Zoom)과 페이스타임(Face Time), 무궁무진한 사랑으로 극복했다.

이 책을 집필하는 과정이 흥미롭고 때로는 재미있고 신나는 프로젝트가 되는 데 도움을 준 많은 분 중에는 인터뷰에 기꺼이, 심지어 여러 차례 응해준 분들이 있다. 이분들이 베풀어준 인내심과 비길 데 없는 통찰에는 아무리 감사해도 모자랄 것이다. 이분들의 이름을 하나하나 호명하는 것으로 무한한 감사를 대신한다.

알렉시스 파파헬라스(Alexis Papahelas), 알무트 묄러(Almut Möller), 안드레아스 아펠트, 아나 자우러브레이, 앤서니 블링컨, 벤 로즈, 베른트 울리히, 레이디 캐서린 애슈턴, 찰스 쿱찬, 샤를로테 크노블로흐, 크리스천 디무스(Christian Demuth), 크리스토프 호이스겐, 크리스토프 마이어 박사(Dr. Christoph Meyer), 콘스탄체 스텔첸뮐러(Constanze Stelzenmüller), 다피트 길, 대니얼 베어, 데릭 숄레이(Derek Chollet), 데릭 스캘리(Derek Scally), 데켈 페레츠(Dekel Peretz), 엘렌 위베르셰어, 존

에머슨 대사, 에밀리 하버 대사, 에리카 벤, 에바 크리스티안젠, 에벌린 파커스, 피오나 힐, 프랑크 미스츠칼슈키, 프리츠 스턴, 게리 스미스(Gary Smith), 게오르크 디츠(Georg Diez), 그리프 위트(Griff Witte), 헨리크 엔델라인(Henrik Enderlein), 헨리 키신저, 리처드 하스(Richard Haas), 헨리 행크 폴슨, 헤를린데 쾰블, 국무장관 힐러리 로댐 클린턴, 야츠크베스 루프니크(Jacques Rupnik), 재클린 보이센(Jacqueline Boysen), 재클린 로스(Jacqueline Ross), 제임스 데이비스(James Davis), 외르크 하케르슈미트(Joerg Hackerschmidt), 조지프 스티글리츠, 전 대통령 요아힘 가우크, 전 외무장관 요슈카 피셔, 조슈아 야파(Joshua Yaffa), 카를테오도어 폰 구텐베르크, 카렌 돈프리드, 카린 프리첼(Karin Pritzel), 케빈 러드, 케르스틴 콜렌베르크(Kerstin Kohlenberg), 조지 패커(George Packer), 라스 짐머맨(Lars Zimmermann), 로런스 배카우, 전 대통령 로타어 데메지에르, 마커스 워커(Marcus Walker), 마누엘라 필링(Manuela Villing), 로저 코언, 대니얼 벤저민(Daniel Benjamin), 조슈아 해머(Joshua Hammer), 매튜 포팅어(Matthew Pottinger), 멜라니 아만(Melanie Amann), 마이클 번바움(Michael Birnbaum), 미하엘 나우만, 미하엘 신트헬름, 니콜라우스 페스트(Nicolaus Fest), 파울 크뤼거, 페터 융겐(Peter Jungen), 페터 슈나이더(Peter Schneider), 필립 머피, 레이첼 도나디오(Rachel Donadio), 라이너 에펠만, 라인하르트 귄첼, 라인홀트 하베를란트, 레네 피스터(René Pfister), 로빈 알렉산더(Robin Alexander), 슈테펜 자이베르트, 샤이 레비(Shai Levy), 요세프 요페(Josef Joffe), 시몬 스테인, 지그문트 A. 쾨니히스베르크(Sigmount A. Königsberg), 슈테판 코르넬리우스, 스티븐 그린블랫, 토마스 배거, 토르스텐 베너(Thorsten Benner), 토마스 데메지에르, 티머시 스나이더, 슈테판 폰 홀츠브링크(Stefan von Holtzbrinck), 페터 비티히, 팀 워스, 티머시 가튼 애시, 울리케 데머(Ulrike Demmer), 울리히 쇠네이히, 울리히 빌헬름, 빅토리아 뉼런드, 폴커 베르크한(Volker Berghahn), 폴커 슐뢴도르프, 베르너 파첼트(Werner Patzelt), 윌리엄 드로즈디악(William Drozdiak), 야샤 뭉크(Yascha Mounk).

남녀를 불문하고 많은 이들이 메르켈의 뒤를 따를 것이다. 하지만 그의 독보적인 여정을 되풀이할 사람은 아무도 없을 것이다. 소련의 통제를 받는 동독의 영토인 템플린의 작은 마을에서부터 세계 무대의 한복판까지 이어진 여정이 얼마나 놀라운 것인지를 잘 아는 메르켈은 자신이 택하지 않은 길들을 후회하지 않는다. 제일 높이 설정한 행동 기준이 곧 자신의 행동이 된, 가장 내면에 충실한 정치인으로서, 그는 자신이 가진 가치들을 지키는 데 타협하지 않으면서 최선을 다하고 떠난다.

추천의 글

메르켈 리더십이 던진 통찰

서구 정치에서 메르켈 독일 총리는 마거릿 대처, 힐러리 클린턴과 자주 비교된다. 대처가 '철의 수상'이라면, 메르켈은 '통합의 총리'다. 클린턴이 '화려함의 정치가'라면, 메르켈은 '평범함의 정치가'다. 업적을 앞세우지 않고 당면 과제를 유연하게 해결하는 리더십은 메르켈의 상징이다.

막스 베버가 강조했듯, 정치가는 말보다 결과로 존재를 입증해야 한다. 메르켈의 리더십은 위기 국면에서 빛을 더욱 발했다. 금융 위기를 극복했고, 난민 위기를 해결했으며, 코로나 위기에 적극 대처했다. 가장 인상적인 것은 두 가지다. 하나는 연합정치에 기반한 '통합의 열린 정치'다. 진보적인 녹색당과 사민당의 탈원전 및 모병제를 수용한 것은 이를 증명했다. 다른 하나는 질주하는 21세기 과학기술 변동에 대한 능동적인 대응이다. 금융 위기 직후 메르켈은 독일식 제4차 산업혁명인 '인더스트리4.0' 그랜드플랜을 추진했다. 위기를 기회로 전환하는 놀라운 역량을 보여줬다.

메르켈 정치의 가장 큰 특징은 소통과 합의의 리더십이다. 메르켈은 과학자 출신답게 정치권의 관행에서 과감히 벗어났다. 의견이 다른 정치 세력, 다른 나라의 정상들과 계속 소통했다. 정치적 갈등에 자존심을 앞세우지 않고, 상대방의 생각을 경청하며, 합리적 합의를 이끌어내고야 말겠다는 의지와 신념은 메르켈 리더십을 상징한다.

정치를 결정하는 변수는 제도, 문화, 리더십이다. 독일 정치는 내각제로부터 적지 않은 제도적 구속을 받는다. 과반수에 이르지 못하면 연합 정치가 불가피하고, 때로는 대연정을 추진할 수 있다. 나치즘이라는 역사적 비극은 민주주의와 계몽주의를 중시하는 독일식 정치 문화를 뿌리내리게 했다. 여기에 더해, 콘라트 아데나워, 빌리 브란트, 그리고 메르켈의 리더십은 제2차 세계대전 이후 독일의 부흥을 주도했다.

대한민국의 정치는 이념과 세대를 중심으로 양극화돼 있다. 정치는 본디 공동체 전체의 가치와 이익을 실현하는 행위다. 분열된 공동체를 치유하기 위해 제도와 문화 못지않게 리더십이 중요하다. 이 책에서 우리는 메르켈의 리더십이 제시하는 풍부한 교훈과 통찰을 만날 수 있다.

김호기 _ 연세대학교 사회학과 교수

역사와 대화하는 순간들

버락 오바마가 역사의 무대에서 사라질 때, 평소 감정을 절제하기로 유명한 메르켈은 눈물을 글썽였다. 아마 전 지구가 고담 시티로 변하는 광기의 현장에서, 이를 함께 헤쳐온 베트맨을 잃고 홀로 남겨진 슬픔이 아니었을까? 이후 트럼프라는 조커의 시대에 메르켈은 고독하게 분투했다. 베트맨의 다소 오버하는 퍼포먼스(오바마의 그 화려한 수사!)도 남성적 카리스마도 없이 말이다. "나는 여자예요. 카리스마가 없어요. 커뮤니케이션을 잘하지 못해요." 메르켈의 고백은 정치가라기보다는 마치 줌 수업에 조용히 출석해서 마지못해 건조하게 발언하는 이공계 학생을 보는 기분이다.

도대체 왜 리버럴의 상징 오바마는 이렇듯 답답하기까지 한 보수주의자 메르켈에게 마치 테스 형에게 그러듯이 "뭔가 알고 싶은 게 있으면 앙겔라에게 물어볼 거야"라고 했을까? 이 책은 이러한 궁금증에 대한 친절한 답변과 '역사와 대화하는 순간들'로 가득 차 있다. 더구나 불쑥 등장하는 '오페라의 유령'(그 실체는 책에서 찾아보시길)은 소소한 재미를 준다. 수줍은 페미니스트 선언을 마지막으로 이제 메르켈은 역사에서 사라졌다. 중국을 친구와 적의 이분법으로만 바라보는 미국과 달리 그는 타 문명에 대한 존중과 비자유주의 체제에 대한 경계가 동시에 존재하는 회색빛 진실에 더 근접했다. 이분법의 허망함을 양자화학을 통해 터득한 물리학자 출신이라 그럴까? 미·중간의 소위 '신냉전'이 불러올 수도 있는 디스토피아에 대비해야 하는 지금이야말로 메르켈의 회색빛 '진리의 정치'가 절실하다. 이제 메르켈과 함께 존중과 공존, 인내와 행동, 절제와 겸손, 윤리적 정치와 삶과 같은 어른의 덕목도 과거 역사 속으로 사라지는 건 아니겠지?

오바마는 회고록에서 메르켈과 함께 했던 노르망디 상륙작전 65주년 기념식 연설을 떠올리면서 "역사를 만들어가는 일은 언제나 우리에게 달려 있었습니다"라고 적었다. 이제 우리는 눈물을 거두고 새로운 역사를 만들어가야 할 때다.

안병진 _ 경희대학교 미래문명원 교수 / <미국은 그 미국이 아니다> 저자

근접 카메라로 포착한 다큐멘터리

"나는 페미니스트입니다." 퇴임을 앞둔 메르켈의 이색 선언이다.

사회적 갈등 앞에서 분명한 입장을 밝히지 않는 것으로 유명한 메르켈의 스타일을 아는 사람들은 이를 '파격'이라고 했다. 하지만 메르켈은 일찍부터 행동하고 유의미한 결과를 만들어온 정치인이다. 지난 16년 동안 메르켈만큼 여성의 정치적 지위를 향상시킨 인물이 또 있을까?

메르켈은 수전 팔루디의 책 <백래시: 누가 페미니즘을 두려워하는가> 리뷰를 통해 '평등이란 여성에게도 자신들의 삶을 빚어낼 동등한 권리가 있다는 것을 뜻한다'라고 말했다. 일관되게 자신의 관점을 견지해 온 것이다.

메르켈은 민감한 이슈들을 다룰 때 측면에서 작업하는 것으로 유명하다. 자신에게 시선을 집중시키는 대신 우회적으로 결과를 만들어내는 능력이 탁월하다. 메르켈은 동성 결혼을 공개적으로 지지하지는 않았지만, 독일 최초로 동성애자인 기도 베스터벨레를 외무장관에 임명했다. 중도우파 정당의 수장으로선 매우 용기 있는 결정이었다. 루터교 집안의 딸인 그가 낙태죄 폐지를 다루는 방식도 포용적이었다. 엄청난 반대를 무릅쓰고 이라크 난민 100만 명을 수용한 과정은 감동 그 자체였다. 부시 대통령과의 친분을 활용해 1995년 기후위기에 관한 베를린 위임 사항을 성사시켰고, 2년 뒤 기념비적인 교토의정서로 이어졌다. 이처럼 결과를 만드는 포용적 리더십은 메르켈을 가장 신뢰받는 지도자 1위에 올려놓았다.

메르켈의 메시지 전략은 한마디로 '참을성'이다. 선동의 정반대편에서 신뢰를 쌓아 올리는, 메르켈스러운 것 즉 '메르켈른(merkeln)'이다. 형용사를 거의 사용하지 않는다. 웅장한 수사는 과감히 버린다. 먼저 귀담아듣고 사실을 말하는 가운데 변화의 결과물을 만들어낸다.

이 책은 단순한 정치적 성공담이 아니다. 좀처럼 감정을 드러내지 않는 메르켈과 메르켈의 주변을 근접 카메라로 포착한 생생한 다큐멘터리 시리즈 같다. 무엇보다 재밌고 빠르게 읽힌다. 조용하고 까다로운 여성이 세계 최고의 지도자가 되는 과정을 이보다 더 잘 그려낼 수 있을까? 메르켈이 보여준 '겸손'과 '품위'의 리더십을 한국정치에서도 볼 수 있기를 기대한다.

유승찬 _ 정치 컨설턴트

토론과 포용의 정치

메르켈 독일 총리의 리더십은 대한민국 정치에 시사하는 의미가 크다. 독일 정치는 연정 시스템을 기본으로 한다. 다양한 정책과 노선을 표방한 다당제 아래서 그 어떤 정치 세력도 독단적으로 국정을 운영할 수 없다. 건강한 경쟁을 위해선 토론과 포용이 정치의 작동 방식이 돼야 한다. 메르켈은 정치는 이렇게 작동해야 한다는 전형을 보여준 정치인이다.

메르켈은 사민당, 녹색당 등 진보 정당들과 연합해 독일을 이끌었다. 진보 정당의 의제와 정책들을 과감하게 가져와 현실화시켰다. 원전의 단계적 폐기, 징병제 폐기 등이 주요 사례다. 동성 결혼 합법화의 경우 자신은 반대했지만 기민당 의원들에게 자유로운 투표를 독려했고, 결국 통과시켰다. 메르켈의 정치는 '나만 옳다'는 독선이 갖는 위험성을 경계했다.

메르켈은 단 한 건의 스캔들에도 연루되지 않았다. 자신의 조국과 국민들을 향해선 끊임없이 과거를 상기시키며 독일의 도덕성을 강조했다. 메르켈이 추구한 합의의 정치는 도덕성을 바탕으로 한 자신감에서 나왔다.

윤여준 _ 윤여준정치연구원장

침착함 속에 힘이 있다

적대적 진영론과 공격적 카리스마가 지배하는 한국 정치 상황과 비교하면 메르켈의 리더십은 경이롭다. 동독 출신, 과학자, 여성이라는 삼중의 핸디캡을 메르켈은 자신만의 장점으로 전환해 특유의 '메르켈 리더십'으로 발전시켰다.

슈타지 치하의 경찰국가에서 숨죽이며 자란 경험을 건강한 자유주의에 대한 갈망으로, 과학자의 접근법을 자기 절대화의 함정에 빠지지 않으면서 구체적 근거에 입각해 검증하고 설득하는 겸허함으로 승화한 메르켈은, 화려한 선동술로 상대를 제압하는 마초적 리더십 대신 상이한 입장을 포용하고 조율하며 끈기 있게 합의를 도출하는 실용적 리더십을 구사한다.

그의 책상 위에 놓인 큐브에 담긴 문구 '침착함 속에 힘이 있다'는 좌우명은, 몰가치한 포퓰리즘과 위선적 독선이 난무하는 시대에 우리가 필요로 하는 리더십의 본질이다. 유려한 언변 대신, 경청과 타협을 통해 어떻게든 문제를 해결하고 핵심적 가치를 관철하는 데 정치적 노력을 집중했다.

메르켈 리더십이 가지는 '은근한 뜨거움'이야말로 사회 전반에서 대전환이 필요한 격변기 한국 사회에서 가장 절실하면서도 가장 취약한 지도력의 핵심이 아닐까.

이진순 _ 재단법인 와글 이사장

희망을 장착한 아웃사이더

메르켈은 독일 정계의 아웃사이더였다. 동독의 과학자 출신으로 35년을 국가적 감시 체제 하에서 지내면서 독재에 대한 태생적인 혐오감을 가지고 있었다. 독일의 기존 정치 문법과는 어울리지 않게 객관적 자료를 기초로 정확하게 의사를 결정하는 습성을 지니고 있었다.

그러나 동시에 메르켈은 '집요한 희망'을 장착한 아웃사이더였다. 희망을 잃지 않는 사람은 원하는 바를 이룰 수 있다고 믿었다. 여기에서 메르켈의 권력의지가 움튼다. "권력의 반대말은 무력함(powerless)입니다. 제아무리 좋은 아이디어가 있다 해도 실천에 옮길 수 없다면 무슨 쓸모가 있겠습니까!" 그는 자신이 맡은 공적 책무를 다하기 위해 권력은 필요하고 적절한 도구라고 생각했다. 냉소하지 않았다. 그 순간부터 메르켈은 독일인의 '공공재'가 되었다.

앙겔라 메르켈은 16년이나 독일을 이끌었다. "직업이 총리"라고 해도 무방할 듯하다. 그동안 그의 조국은 2008년 글로벌 금융 위기에도 가장 타격이 적을 정도로 견고한 경제력을 자랑했고, 독일 없는 EU는 생각할 수 없을 정도로 유럽의 리더 국가가 되었다. 무엇보다 메르켈은 네 번의 총선에서 승리해 연정을 성공적으로 이끈 점 하나만으로도 탁월한 정치력과 포용력을 지닌 정치인이라 할 수 있다.

메르켈은 화려함과는 거리가 멀다. 이미지 정치를 좋아하지 않고 선동성 웅변과 거리가 먼 무미건조한 연설로 유명하다. 공직에 대한 봉사정신, 공과 사의 명확한 구분, 인권과 평화에 대한 비타협 원칙은 진부해 보이지만 정상의 자리에서 16년을 지켜내기란 매우 힘든 일이다. 그러므로 그의 어록이나 업적에 대한 서적보다는 삶의 궤적과 사상의 생성 과정을 추적해 보는 것이 더 의미가 있을 것이다.

독일인은 메르켈을 무티(Mutti, 엄마)라고 부르곤 한다. 나라마다 의미가 조금씩 다르긴 하지만 '엄마'는 사랑, 포근함, 안정감, 헌신의 대명사다. 물론 잘못하면 등짝 스매싱도 서슴지 않는 엄마의 모습도 있다.

희망을 장착한 아웃사이더는 세상을 바꾼다. 자신의 삶을 온전히 살아내는 것만으로도 그렇다. 독일의 무티도 마찬가지다. 그의 호흡으로, 지난 20년 독일과 세계 정치사의 내막을 들여다본다.

이탄희 _ 더불어민주당 국회의원

세계의 여성들은 당신의 이야기를 읽을 것이다

정치를 통해 세상을 바꾸겠다고 마음먹은 모든 여성들과 함께 보고싶은 책이 나왔다. 독일 통일 이후 최장수 총리가 된 메르켈의 전기 <메르켈 리더십> 얘기다. 2021년의 글로벌 정치 관점에서 보더라도 앙겔라 메르켈은 대체 불가능한 하나의 장르다. 그의 이름은 어떤 위기에도 흔들리지 않는 글로벌 여성 리더십을 의미한다. 아시아의 청년 여성 국회의원인 내가 당선 직후 가장 먼저 평전이나 자서전에서 찾아본 정치인도 바로 메르켈이었다. 동독 출신의 여성 과학자였던 35세의 메르켈이 베를린 장벽 붕괴 이후 자발적으로 퇴임하기까지, 어떻게 시민들의 안정적 지지를 받는 독일의 최장수 총리가 될 수 있었는지 그 비결이 너무나 궁금했기 때문이다.

디지털과 온라인 미디어의 폭발, 브렉시트, 유럽의 정세 불안으로 인한 대규모 난민 유입, 오바마에서 트럼프로, 트럼프에서 다시 바이든으로 점프한 미국 리더십의 교체, 그리고 무엇보다도 코로나19 대응에 이르기까지 최근 몇 년간 연속해서 닥친 수많은 위기 속에서도 메르켈 리더십은 한결같이 빛났다. 은은하게 빛난 것은 언제나 메르켈이라는 정치인 자신이 아니라 메르켈의 소통과 판단력이 이끌어낸 '받아들일 만한 결과'였다. 메르켈 전기 중 가장 최근 출간된 <메르켈 리더십>에는 이런 상황에 대한 메르켈의 숙고와 결단이 잘 수록되어 있다.

사생활 노출을 극도로 꺼리는 메르켈을 4년간 집요하고 주의 깊게 관찰하고 탐구한 작가는 케이티 마튼이다. '자신의 이야기를 들려주는 데에는 눈곱만치도 관심이 없는 인물의 인생사를 쓰는 것은 무척 어려운 일이었다'고 회고하지만, 케이티 마튼은 상당히 성공적으로 메르켈의 일거수일투족을 복기했다.

작가가 포착한 메르켈 리더십의 비밀은 그가 자신의 묘비명으로 선택한 두 단어 '겸손과 품위' 안에 숨어있다. 두 가지를 더한다면 인내와 결단력을 꼽을 수 있을 것이다. 통일 이전, 동과 서로 분단되어 너무나 다른 사회를 구성했던, 독일의 과거와 통일 독일의 현재라는 두 세계를 지혜롭게 건너온 이 강인한 정치인의 이야기는, 남북 분단의 현실에서 정치를 현실화하는 바다 저편의 우리에게도 큰 울림을 준다.

언젠가 메르켈 총리를 만나게 된다면 꼭 이렇게 얘기하고 싶다. 당신이 젊은 시절 마리 퀴리와 예카테리나 대제의 이야기를 읽으며 자신의 내면을 단련했듯이, 이제 세계의 무수한 여성들은 당신의 이야기를 읽으며 자신의 내면을 단련시키게 되었다고. 메르켈은 이제 곧 독일의 총리에서 물러나지만 나는 여전히 메르켈의 미래가 궁금하다. 앞으로도 그럴 것이다.

장혜영 _ 정의당 국회의원

참고 문헌

이 책을 쓰는 과정에서 앙겔라 메르켈이 2005년에 총리로 취임한 이후 사실상 정책과 상관없는 인터뷰를 중단하기 전 그를 인터뷰한 독일 작가와 저널리스트들에게 의지했다. 어마어마한 행운이었다. 필자가 영어로 번역한 놀랍도록 꼼꼼하고 사려 깊은 독일어 원본 인터뷰들은 메르켈의 입을 통해 직접 들은 그의 인생과 시대를 포착하는 데 없어서는 안 될 자료다. 그 독일어 인터뷰의 의미를 명료하게 드러내기 위해 번역 과정에서 일부 수정하기는 했지만, 인터뷰에 담긴 진의를 바꾸지는 않았다. 그 결과, 특정 인용문의 출처를 밝히면서도 구체적인 페이지를 밝히지 않은 경우는 번역 과정에서 페이지가 달라졌기 때문이다.
메르켈이 직접 모국어로 한 말에서 프라이버시를 철저히 보호하는 공인의 진면목을 포착한 동료 사학자들에게 감사드린다. 헤를린데 쾰블, 게르트 랑구트(Gerd Langguth), 앙겔라 메르켈과 후고 뮐러 포그(Hugo Müller-Vogg), 안드레아스 링케(Andreas Rinke), 에벌린 롤(Evelyn Roll), 모리츠 폰 우슬라(Moritz von Uslar).

Herlinde Koelbl, Spuren der Macht: Die Verwandlung des Menschen durch das Amt—Eine Langzeitstudie, 1st ed.(Munich, Ger.: Knesebeck Verlag, 1999).
Gerd Langguth, Angela Merkel Aufstieg zu Macht, 3rd ed. (Munich, Ger.: Deutscher Taschenbuch Verlag, 2005).
Angela Merkel: Daran glaube ich: Christliche Standpunkte(I Believe in That: Christian Viewpoints), updated and expanded ed. Volker Resing (Leipzig, Ger.: St. Benno Verlag, 2017).
Angela Merkel with Hugo Müller-Vogg, Mein Weg: Ein Gespräch mit Hugo Muller-Vogg, 1st ed.(Hamburg, Ger.: Hoffmann und Campe Verlag, 2005).
Andreas Rinke, Das Merkel Lexikon: Die Kanzlerin von A-Z(The Chancellor from A-Z), 1st ed.(Springe, Ger.: zu Klampen Verlag, 2016).
Evelyn Roll, Die Kanzlerin: Angela Merkels Weg Zur Macht(The Chancellor: Angela Merkel's Path to Power), 4th ed.(Berlin, Ger.: Ullstein Buchverlag GmB, 2013).

Moritz von Uslar, 100 Fragen an...(100 Questions To...), 3rd ed.(Cologne, Ger.: Verlag Kiepnheuer & Witsch, 2004).

연설과 공식 문건

분데스타크: 분데스타크의 공식 문건들은 다음 사이트에서 찾을 수 있다: https://www.bundestag.de/dokumente

총리실: 총리와 관련된 연설과 인터뷰, 기타 문건은 다음의 총리실 웹사이트에서 찾을 수 있다: https://www.bundeskanzlerin.de/bkin-de/aktuelles/

뮌헨안보회의(Munich Security Conference): MSC의 페이지는 해마다 바뀐다: https://securityconference.org/en/msc-2020/speeches/

프롤로그: 목사의 딸

이 장은 필자가 에바 크리스티안젠, 폴커 슐뢴도르프, 요아힘 가우크, 벤 로즈, 필립 머피, 다피트 길, 베른트 울리히, 헤를린데 쾰블, 미하엘 나우만, 멜라니 아만과 한 인터뷰를 기초로 집필했다.

인터뷰 후에는 후속 조사를 하고 추후 인터뷰를 다시 하는 것이 일반적이었기 때문에 필자가 직접 한 인터뷰의 날짜는 별도로 밝히지 않았다.

- “제안 감사해요”: Alexander Osang, ‘Chancellor Merkel-Woman in Amber’, Der Spiegel, August 31, 2017; ‘Angela Merkel-Over but Not Out’, Süddeutsche Zeitung, December 1, 2018.
- “While Merkel is Standing”: Nico Friedt, “She Knows Something That You Don’t Know.” Die Zeit, March 2, 2018.
- “다소 시적인”: Lara Marlowe, ‘As Merkel Tires, Macron Emerges’, Irish Times, September 28, 2017.
- “어떤 상황을”: 헤를린데 쾰블, 필자와 한 인터뷰.
- “여성인 우리는”: Koelbl, Spuren der Macht.
- 메르켈의 행동이 시사하듯: Alexander Osang, ‘The German Queen’, Der Spiegel, May 11, 2009.
- “나 자신입니다.”: 쾰블, 필자와 한 인터뷰; see also Koelbl, Spuren der Macht.
- “로키산맥을 구경하고”: Merkel, interviewed by Melanie Amann and Florian Gathmann, Der Spiegel, November 5, 2019.

1장: 물결을 거스르다

이 장은 필자가 미하엘 나우만, 울리히 쇠네이히, 안드레아스 아펠트, 라이너 에펠만, 로타어 데메지에르, 미하엘 신트헬름, 재클린 보이센, 에바 크리스티안젠, 에리카 벤, 폴커 슐뢴도르프와 한 인터뷰를 바탕으로 집필했다.

카스너가 함부르크에서 한 경험과 브란덴부르크로 이주하기로 한 결정의 배경 정보는 Ralf Georg Reuth and Günther Lachmann, Das Erste Leben der Angela M., 4th. ed.(Piper, Munich 2013)에서 알 수 있다.

- “우리 주님의 말씀을”: Der Spiegel, January 26, 2016; 성직자 라이너 에펠만 그리고

독일개신교재단과 하인리히 뵐 재단의 이사장 엘렌 위베르셰어가 필자와 한 인터뷰.
- 호르스트는: 'Visit to the Pastor from Templin', Berliner Zeitung, June 2, 2005.
- "우리는 다른 기독교인을": Roger Cohen, 'From East to West', New York Times, June 1, 2001.
- "아버지는 염소젖을 짜야 했고": 메르켈이 헤를린데 쾰블과 한 인터뷰, Spuren Der Macht를 보면 알 수 있다.
- 카스너는 교회에서 얻은: George Packer, 'The Astonishing Rise of Angela Merkel', New Yorker, December 1, 2014.
- "어떤 정원사분을 기억합니다.": Angela Merkel: Daran glaube ich: Christliche Standpunkte(I Believe in That: Christian Viewpoints), updated and expanded ed., ed. Volker Resing(Leipzig, Ger.: St. Benno Verlag, 2017).
- "부모님이 속수무책인 모습을": 메르켈이 쾰블과 한 인터뷰.
- "러시아어는 아름다운 언어입니다.": Gerd Langguth, Angela Merkel(Munich, Ger.: Deutscher Taschenbuch Verlag, 2005). See also Koelbl and Müller-Vogg, interviews.
- 마리 퀴리: Volker Riesing, Daran Glaube Ich.
- "이 세계는": 앙겔라 메르켈이 1995년에 개신교회 컨벤션에서 한 연설, 위베르셰어의 인터뷰.
- 메르켈의 신앙은: Angela Merkel, 'What It Means to Be a Christian and a Politician'(speech, Templin Congregation of Pastor Ralf Gunther Schein, Templin, Ger., 2014).
- "말라기는 사회가 약자들을": 앙겔라 메르켈이 자신의 신앙과 관련해서 한 연설, Deutscher Evangelisher Kirchentag Dokumente, 2005를 보면 알 수 있다. 필자는 엘렌 위베르셰어를 통해 이 자료를 입수했다.
- "권력 자체는": Angela Merkel with Hugo Müller-Vogg, Mein Weg: Ein Gespräch mit Hugo Muller, 1st ed.(Hamburg, Ger.: Hoffmann und Campe Verlag, 2005), 메르켈이 쾰블과 한 인터뷰.
- 앙겔라는 날마다 학교에서 귀가했을 때: 메르켈이 쾰블과 한 인터뷰.
- "단순히 믿을 수 있는 능력을": in Merkel, Daran glaube ich.
- "나는 낙관론과 새로운 출발의 정신을": 메르켈이 쾰블과 한 인터뷰. 프라하의 봄의 진압에 대한 메르켈의 개인적인 반응에 대한 묘사는 Evelyn Roll, 'And It Was Summer', Süddeutsche Zeitung Magazin, September 2008을 보면 알 수 있다.
- 젊은이 특유의 장난: 메르켈의 어린 시절 친구인 울리히 쇠네이히와 메르켈의 스승이던 에리카 벤이 필자와 한 인터뷰, 'Das Eiserne Madchen', Der Spiegel, March 1, 2000에서도 확인할 수 있다.

2장: 라이프치히 - 자신의 길을 가다

이 장은 필자가 프랑크 미스츠칼슈키와 라인홀트 하베를란트 교수를 비롯한 메르켈의 라이프치히대학교 동기와 교수들, 그리고 메르켈의 전기를 쓴 재클린 보이센과 한 인터뷰에 기초했다. 메르켈의 '강인한 내면의 삶'과 관련해서는 Roll, Merkel's Path to Power, 428에서도 알 수 있다.

- "물리학을 택한 것은": Moritz von Uslar, 100 Fragen an...(100 Questions To...), 3rd de.(Cologne, Ger.: Verlag Keipnheuer & Witsch, 2004).

- “도망가고 싶었습니다”: Merkel with Müller-Vogg, Mein Weg.
- “나는 항상 땅콩을 먹으면서”: Rinke, Das Merkel Lexikon.
- “내가 앙겔라를 주목한 것은”: ‘One Day She Moved Out’, Focus, no. 28, 2004.

3장: 베를린

이 장의 상당 부분은 작가이자 영화감독 미하엘 신트헬름과 필자가 한 인터뷰에 기초했다.

- “부모님이 늘 말씀하셨어요.”: Stock, Angela Merkel, 9.
- “우리가 결혼한 것은”: 메르켈이 쾰블과 한 인터뷰; 신트헬름, 인터뷰.
- “앙겔라는 짐을 싸서”: Merkel with Müller-Vogg, Mein Weg; Gunnar Hink, “Mr. Merkel from Dresden”, Die Tageszeitung, December 7, 2016.
- “흠, 앙겔라야”: 신트헬름, 인터뷰; Isaac Stanley-Becker and Luisa Beck, “The Pastor’s Daughter”, Washington Post, September 11, 2017에서도 확인할 수 있다.
- 메르켈은 몰랐지만: Franziska Reich, “The Woman Who Came in from the Cold,” Stern, May 5, 2005. 신트헬름, 인터뷰 Matthew Qvortrup, Angela Merkel: Europe’s Most Influential Leader(New York: Overlook Ducksworth, 2016), 91에서도 알 수 있다.
- “우리는 학교에서 매주”: Koelbl, Spuren Der Macht; 작가 겸 영화감독 미하엘 신트헬름이 필자와 한 인터뷰.
- “부다페스트와 모스크바”: Wolfgang Stock, Angela Merkel: Eine Politische Biographie(Munich, Ger.: Olzog, 2000), 56.
- 자우어 박사가 한 인터뷰는 Berliner Zeitung, December 23, 2017에서 확인할 수 있다.

4장: 1989

이 장은 필자가 전 독일 대통령 로타어 데메지에르와 요아힘 가우크, 다피트 길, 폴커 슐뢴도르프, 안드레아스 아펠트 박사와 한 인터뷰에 부분적으로 기초했다.
야나 헨젤(Jana Hensel)의 After the Wall: Confessions from an East German Childhood and the Life That Came Next, trans. Jefferson Chase(New York: Public Affairs, 2004)에서도 확인할 수 있다.

- “그 소식을 듣고는”: 메르켈이 쾰블과 한 인터뷰.
- “장벽이 무너지고 며칠 뒤에”: Ibid.
- “일하는 동안”: Quentin Peel, ‘Angela Merkel—Woman of Power’, Financial Times, December 14, 2012.
- “내 눈에 그는”: Ibid.
- “내 눈에는 지나치게 이념적인”: Merkel with Müller-Vogg, Mein Weg.
- “나는 좋은 물리학자였습니다”: Ibid.
- “그의 반응에 깜짝 놀랐습니다”: 안드레아스 아펠트가 필자와 한 인터뷰.

5장: 수습 기간

이 장은 필자가 볼프강 이싱어 대사와 로버트 키밋 대사, 티머시 워스 전 상원의원, 전 국무장관 힐러리 로댐 클린턴과 헨리 키신저, 전 재무장관 헨리 행크 폴슨, 메르켈이 임명한 전 국방장관

카를테오도어 폰 구텐베르크, <디 차이트> 부편집장 베른트 울리히, 헤를린데 쾰블과 한 인터뷰를 바탕으로 집필했다.
오랜 시간 대화를 나눈 저명한 독일계 미국인 사학자 프리츠 스턴, 그리고 리처드 홀브룩에게도 고마움을 표한다.

- "그 제안을 하자": 로타어 데메지에르가 필자와 한 인터뷰.
- "앙겔라는": 헨리 키신저가 필자와 한 인터뷰.
- "그 시절의 앙겔라는": 로타어 데메지에르의 인터뷰.
- "남자였다면": 메르켈이 쾰블과 한 인터뷰. Merkel, interviewed by Koelbl; Merkel with Müuller-Vogg, Mein Weg, 25.
- "총리님, 끝내주게 멋지시네요!": Paul Lever, Berlin Rules: Europe and the German Way(London: I. B. Tauris, 2017), 23.
- 1990년대의 본에는: 볼프강 이싱어 대사가 필자와 한 인터뷰.
- "부드럽게 말하자면": Merkel with Müller-Vogg, Mein Weg.
- 백악관을: 로버트 키밋 대사가 필자와 한 인터뷰.
- 그 여행에서: Ibid.
- 수도원을 방문하면서: Merkel, Daran glaube ich.
- 성차별적 유머: Merkel, interviewed by Brigitte Huber and Meike Dinklage, Brigitte, July 2, 2017.
- "사실에 대해 논의하는 데": 메르켈이 쾰블과 한 인터뷰, Spuren der Macht.
- "나는 포장 산업이": Ibid.
- "남자들이 그러는 것처럼": Ibid.
- "그는": Lever, Berlin Rules, 73.
- "메르켈의 내면에는": 로버트 키밋의 인터뷰.
- "흠, 콜 총리는": 티머시 워스가 필자와 한 인터뷰.
- "내가 이룬 제일 큰 성취": 메르켈이 쾰블과 한 인터뷰, Spuren der Macht.
- 앙겔라 메르켈이 대중 앞에서: 행크 폴슨이 필자와 한 인터뷰.
- 하버드대학교 총장: 하버드대학교 총장 로렌스 배카우가 필자와 한 인터뷰.
- "우리는 우리가 결혼할 거라고": 메르켈이 쾰블과 한 인터뷰, Spuren der Macht.
- "내가 왜 그를?": Roll, Merkel's Path to Power, 260.
- "가장 중요한 것은": 메르켈이 쾰블과 한 인터뷰, Spuren der Macht.
- CDU 당 대표로서 맞은: Osang, "Woman in Amber."
- 2014년에 맞은 메르켈의 예순 번째 생일에: Bild-Zeitung, July 17, 2014.

6장: 드디어 총리실로

헨리 키신저, 요슈카 피셔, 크리스토프 호이스겐, 토마스 데메지에르, 토마스 배거, 에바 크리스티안젠, 베른트 울리히, 슈테판 코르넬리우스 등과 나눈 인터뷰가 이 장의 배경이 되었다.

- 9월 총선으로 이어지는: 키신저 인터뷰."그이가 중요한 시기에": Rinke, Das Merkel Lexikon, 282-286.
- "친애하는 총리님": 작가 주디 뎀시가 필자와 한 인터뷰.

- “우리 모두의 사진이”: Bild-Zeitung, July 2007.
- “참모 중에 아침꾼은”: 메르켈 총리의 보좌관 에바 크리스티안젠이 필자와 한 인터뷰.
- “오바마가 재임할 때”: 볼프강 이싱어 인터뷰.
- “그를 상대할 때는”: 토마스 데메지에르가 필자와 한 인터뷰.
- 유머는 메르켈이: 저널리스트 슈테판 코르넬리우스가 필자와 한 인터뷰.
- “한번은 메르켈이”: 저널리스트 레네 피스터가 필자와 한 인터뷰.
- “그는 연설할 때”: 독일 외무장관을 지낸 저널리스트 요슈카 피셔가 필자와 한 인터뷰.
- 엄격한 인물: 프리츠 스턴이 필자와 한 인터뷰.
- 2008년 초봄에: 샤를로테 크노블로흐와 독일 주재 이스라엘 대사 시몬 스테인이 필자와 한 인터뷰.
- “바티칸의 결정이”: 크리스티안젠의 인터뷰.
- 메르켈은 대중적 지지를: Philip Oltermann, ‘The Paradox of Merkelism’, Prospect online, last modified January 29, 2020, https://www.prospectmagazine.co.uk/politics/angela-merkel-profile-trump-germany-chancellor-prime-minister.

7장: 그가 맞은 첫 번째 미국 대통령

이 장은 필자가 볼프강 이싱어, 울리히 빌헬름, 베른트 울리히, 크리스토프 호이스겐 대사와 한 인터뷰를 바탕으로 했다.

- “이런 모습은 내 평생 처음이에요.”: 헤어 스타일리스트 우도 발츠가 필자와 한 인터뷰.
- <이코노미스트>에 실린: Economist, February 9, 2006.
- “여기서 사는 걸 좋아하고”: Stefan Kornelius, Angela Merkel: The Chancellor and Her World—The Authorized Biography(London: Alma Books, 2013), 91; Rinke, Das Merkel Lexikon, 181. 총리의 절제된 애국심과 관련해서는 Langguth, Angela Merkel에서도 확인할 수 있다.

8장: 독재자들

이 장은 필자가 메르켈의 전 국방장관 카를테오도어 폰 구텐베르크, 토마스 데메지에르, 볼프강 이싱어 대사(푸틴이 2007년에 서구를 비판하는 연설을 했던 뮌헨안보회의 의장), 메르켈의 대변인 슈테펜 자이베르트, 전 대변인 울리히 빌헬름, 크리스토프 호이스겐, 찰스 쿱찬, 피오나 힐, <뉴요커>의 모스크바 특파원 조슈아 야파, 푸틴과 KGB의 관계가 푸틴이 이후에 메르켈과 맺은 관계에 끼친 영향의 배경을 이해하는 데에는 레네 피스터가 많은 정보를 주었다. 트럼프의 백악관 참모 매튜 포팅어와 전 호주 총리 케빈 러드는 갈수록 권위주의적으로 변해가는 시진핑을 다루는 메르켈의 방법과 관련한 통찰을 제공했다.
Pfister, ‘Times of Turmoil’. Der Spiegel, May 18, 2019와 David von Drehle, ‘Putin’s Virus’, Washington Post, March 2, 2020에서도 확인할 수 있다.

- 베를린에서 기차로: 푸틴의 드레스덴 생활과 그곳에서 한 업무, 그리고 서류들을 파기하려는 미친 듯한 시도에 대한 묘사는 From the Horse’s Mouth: Conversations with Putin(See also: SAO Verlag, 2000), 82, 83, 88에서 볼 수 있다.
- “우리의 주적은”: Ibid.
- “대학 학위도 있고 법도 잘 아는”: 코르넬리우스의 인터뷰.

- "그는 메르켈 주위에 있을 때는": 막심 에리스타비가 필자와 한 인터뷰.
- "우리 리사": Angela Stent, Putin's World: Russia Against the West and with the Rest(New York: Hachette, 2019), 104.
- "푸틴 치하에는 세 가지 선택지가": Andrew Higgins, 'A Russian by Blood', New York Times, September 28, 2019.
- "노르트 스트림을 왜": 찰스 쿱찬이 필자와 한 인터뷰.
- 메르켈은 총리로 재임하기 시작한: 전 독일 국가안보자문 울리히 빌헬름과 크리스토프 호이스겐이 필자와 한 인터뷰.
- "우리는 동시통역사의": 레네 피스터의 인터뷰.
- "각자가 잘하는 분야와 관련해서": Merkel, "Speech by Chancellor Merkel at the 55th Munich Security Conference on February 16, 2019, in Munich," Press and Information Office of the Federal Government online, accessed April 22, 2021, https://www.bundeskanzlerin.de/bkin-de/aktuelles/rede-von-bundeskanzlerin-merkel-zur-55-muenchner-sicherheitskonferenz-am-16-februar-2019-in-muenchen-1580936.
- "독일처럼": Merkel, interviewed by Lionel Barber and Guy Chazan, Financial Times, January 15, 2020.
- "반도체 칩은": Ibid.

9장: 총리의 사생활

필자가 다음 인물들과 한 인터뷰가 이 장을 위한 중요한 자료와 배경이 되어주었다. 에바 크리스티안젠, 안드레아스 아펠트 박사, 시몬 스테인 대사, 폴커 슐뢴도르프, 크리스토프 호이스겐, 미국 주재 독일 대사 페터 비티히, 하랄트 브라운(Harald Braun) 대사, 토마스 배거, 레네 플레밍, 전 호주 총리 케빈 러드, 레이디 캐서린 애슈턴, 카렌 돈프리드, 헤를린데 쾰블, 힐러리 클린턴.

- "대중에게 구구절절": 2019년 8월 13일에 슈트랄준트 타운홀 미팅에서 메르켈이 한 발언.
- "우리 부부 관계를": 메르켈이 쾰블과 한 인터뷰, in Spuren der Macht.
- "끝없이 얘기만 주고받는 것은": Ibid.
- "2020년에 테크 컨퍼런스에 참석한": Bild online(https://www.rtl.de/cms/angela-merkel-verraet-privates-daheim-macht-ihr-mann-die-waesche-4660735.html.
- "정치적으로 활발하게 활동하는 삶과": 메르켈이 쾰블과 한 인터뷰, in Spuren der Macht.
- 메르켈은 총리로 취임한: Alexander Osang, "The German Queen," Der Spiegel, May 11, 2009.
- 몇 년 전에: Ibid.
- 전 영국 총리: Martin Amis, Inside Story: A Novel(New York: Farrar, Straus and Giroux, 2020), 239.
- 그가 이런 여성들과 어울리면서: 독일 대사 페터 비티히와 카렌 돈프리드가 필자와 한 인터뷰.
- "다음번엔 미래의 리더들 사이에": Haaretz(Tel Aviv, Isr.), October 4, 2018; Deutsche Welle, October 4, 2018.
- 전 호주 총리 케빈 러드는: 전 호주 총리 케빈 러드가 필자와 한 인터뷰.
- 대서양 건너편에서: 힐러리 클린턴이 필자와 한 인터뷰.

10장: 그리 많지 않은 파트너들

필자가 다음 인물들과 한 인터뷰가 이 장의 핵심을 이루고 있다. 워싱턴에서 만난 앤토니 블링컨, 오바마 행정부의 자문이던 벤 로즈와 빅토리아 뉼런드, 찰스 쿱찬, 데릭 숄레이, 존 에머슨 대사, 그리고 베를린과 뉴욕에서 만난 크리스토프 호이스겐, 토마스 배거, 슈테판 코르넬리우스가 자신들의 경험을 전해주었다. (호이스겐은 2017년 이후로 UN 주재 독일 대사다.)

- 앙겔라 메르켈이 버락 오바마에게: 클린턴의 인터뷰.
- "한 사람이 빼어난 말솜씨로": Oltermann, 'The Paradox of Merkelism'.
- "이제는 우리가": Jane Kramer, 'Letter from Europe', New Yorker, September 19, 2005.
- "앙겔라 메르켈은": 벤 로즈가 필자와 한 인터뷰.
- "있잖아요, 버락은": (그 자리에 있었던) 베른트 울리히가 필자와 한 인터뷰.
- "올해는 크리스마스가": Steven Lee Myers, The New Tsar: The Rise and Reign of Vladimir Putin(New York: Vintage Books, 2016), 439.
- "그처럼 낙담한": Susan Rice, Tough Love: My Story of the Things Worth Fighting For(New York: Simon & Schuster, 2019), 360.
- 오바마가 총리실에 도착하자: 크리스티안젠과 호이스겐의 인터뷰.
- "이건 친구로서": 로즈의 인터뷰.
- "당신, 나를 엿 먹이는 거죠?": Rice, Tough Love, 362.

11장: 유럽은 지금 독일어로 말하고 있다

이 장을 위한 인터뷰 대상자에는 다음 인물들이 포함돼 있다. 조지프 스티글리츠, 리아캇 아하메드(Liaquat Ahamed), 벤 로즈, 슈테판 코르넬리우스, 베른트 울리히, 캐서린 애슈턴, 행크 폴슨, 볼프강 이싱어, 그리스 일간지 <카티메리니(Kathimerini)> 기자 알렉시스 파파헬라스, <월스트리트 저널>의 마커스 워커, <파이낸셜 타임스>의 질리언 테트(Gillian Tett). (밀려드는 금융 위기와 이를 막으려고 시도하는 과정에서 메르켈이 수행한 역할에 대한 생생한 묘사는 J. Adam Tooze, Crashed: How a Decade of Financial Crises Changed the World(New York: Penguin Books, 2019)에서도 확인할 수 있다.

- 메르켈이: 크리스티안젠의 인터뷰.
- "IKB가 곤경에 처했습니다": Tooze, Crashed, 144.
- 그리스와 포르투갈, 스페인, 이탈리아의: Paul Krugman, opinion, 'Have Zombies Eaten Bloomberg's and Buttigieg's Brains? Beware the Democrats of the Living Dead', New York Times online, February 17, 2020, https://www.nytimes.com/2020/02/17/opinion/bloomberg-buttigieg-economy.html?searchResultPosition=1; Rachel Denadio, 'Official Warmth and Public Rage', New York Times, October 12, 2012.
- "더 과감한 조치를": 로즈의 인터뷰.
- "Das ist nicht": 호이스겐이 필자와 한 인터뷰. Obama, Promised Land, (New York, Crown, 2020), 519-556에서도 확인할 수 있다.
- 유럽에서 그의 주요한 파트너: 'Sarkozy Declare sa Flamme', Vingt Minutes, January 5, 2008, Schibsted and Ouest France Group이 발행하는 무료 일간지.
- 기독민주연합의 원내대표: 코르넬리우스와 울리히의 인터뷰.

- 메르켈의 가혹한: 알렉시스 파파헬라스가 필자와 한 인터뷰. Yanis Varoufakis, Adults in the Room: My Battle with the European and American Deep Establishment(New York: Farrar, Straus and Giroux, 2017), 331-350에서도 확인할 수 있다.
- "친애하는 국민 여러분": 울리히의 인터뷰.

12장: 우크라이나 전쟁 "앙겔라하고 전화 연결해"

이 장을 집필하는 데 도움을 준 인터뷰 대상자로는 댄 베어, 빅토리아 뉼런드, 벤 로즈, 사학자 티머시 스나이더와 티머시 가튼 애시, 에벌린 파커스, 에밀리 하버, 토마스 배거, 크리스토프 호이스겐 등이 있다.

- "러시아군이": 오바마 행정부의 국방부 관리 에벌린 파커스가 필자와 한 인터뷰.
- "메르켈은 푸틴을 상대로": 오바마의 유럽 담당 차관 빅토리아 뉼런드가 필자와 한 인터뷰.
- 속으로 조용히 분을 삭이는: 이싱어의 인터뷰.
- "메르켈은 푸틴과 대화한 후에": 오바마의 백악관 보좌관 토니 블링컨이 필자와 한 인터뷰.
- "그는 대화 상대가": 미국 주재 독일 대사 에밀리 하버가 필자와 한 인터뷰.
- "나는 줄곧 생각했습니다": 유럽안보협력기구(OSCE) 주재 미국 대사 댄 베어가 필자와 한 인터뷰.
- "러시아 인민의 마음속에서": 뉴스 보도에 기초했다.
- 한 달 후: 뉼런드의 인터뷰.
- "메르켈과 오바마는": 사학자 티머시 스나이더가 필자와 한 인터뷰.
- "메르켈은 전화 통화에": 호이스겐의 인터뷰.
- 아시아로 회귀하기 위해: 전 미국 외교정책자문 데릭 숄레이가 필자와 한 인터뷰.
- "난 돈바스에 있는": 호이스겐의 인터뷰.
- 푸틴은 협상 도중: 저널리스트 패트릭 도너휴(Patrick Donohue)가 필자와 한 인터뷰, Stent, Putin's World, 344에서도 확인할 수 있다.
- 기나긴 낮과 밤들이: 언론 보도에 기초했다.
- 자유시장을 철석같이 신봉하는: 투자자이자 메르켈 총리의 친구인 페터 융겐이 필자와 한 인터뷰.

13장: 림의 여름

이 장은 필자가 다음 인물들과 한 인터뷰에 부분적으로 기초했다. 전 UN 이주사무소(Office of Migration) 소장 윌리엄 스윙(William Swing) 대사, 총리 대변인 슈테펜 자이베르트, 전 UN 주재 하랄트 브라운 대사와 독일 주재 로버트 키밋 대사, 엘렌 위베르셰어, 헨리 키신저, 파울 크뤼거, 토마스 배거, 크리스토프 호이스겐.

이 장에 실린 앙겔라 메르켈의 말은 출처를 별도로 제시하지 않는 한 유튜브에서 조회할 수 있는, 총리가 2015~16년 난민 위기를 겪는 동안 독일 공영방송 ARD의 저널리스트 아네 빌(Anne Will)과 세 차례에 걸쳐 나눈 긴 인터뷰에서 인용했다. October 7, 2015 https://www.youtube.com/watch?v=cx3R-Cys50E, February 19, 2016 https://www.youtube.com/watch?v=9slKqESqOiU, and November 20, 2016 https://www.youtube.com/watch?v=lJwcfld8cWE

메르켈과 림이 만나는 장면에 대한 묘사는 그 이벤트의 독일 방송사에서 촬영한 장면을 바탕으로 했다.

- "EU의 해법을": 키신저의 인터뷰.

- "외롭게 내리는 결정이라고": Helmut Kohl, 'Europe Before a Crucial Test', Der Tagesspiegel; April 17, 2016.
- "난민 한 명에게": 저널리스트 조지 패커가 필자와 한 인터뷰.
- "그 순간 앙겔라는": 위베르셰어, 인터뷰.
- "마음속 깊이": 폴슨의 인터뷰.
- 총리는 그들이 처한: 메르켈이 2016년 2월 29일에 독일 공영방송 ARD의 아네 빌과 한 인터뷰는 유튜브에서 볼 수 있다. https://www.youtube.com/watch?v=9slKqESqOiU.
- "포르쉐를 몰고": 자이베르트의 인터뷰.
- "난민들을 맞으며": Merkel, Bunte, June 2, 2016; Merkel, 'Speech by Chancellor Merkel on October 7, 2015, in Front of the European Parliament', Press and Information Office of the Federal Government online, accessed April 22, 2021, https://www.bundeskanzlerin.de/bkin-de/aktuelles/rede-von-bundeskanzlerin-merkel-am-7-oktober-2015-vor-dem-europaeischen-parlament-475792.
- 불운도: 토마스 데메지에르의 인터뷰.
- "그랬다가는": 크리스티안젠의 인터뷰.
- 2015년 8월 말에: 멜라니 아만(목격자)이 필자와 한 인터뷰.
- 메르켈은 빛의 속도로: Patrick Kingsley, The New Odyssey: The Story of Europe's Refugee Crisis(Norwich, UK: Guardian Faber, 2016), 43; T. Hildebrandt and B. Ulrich, 'In the Eye of the Storm', Die Zeit, September 20, 2015.
- "시리아 출신 난민의 상한선을": 로즈의 인터뷰.
- 쾰른 대성당과: 이 부분은 2016년 마지막 날 모습을 보도한 수많은 언론 매체의 뉴스를 기초로 했다. Amy Davidson, 'Angela Merkel's Cologne Test', New Yorker, January 10, 2016에서도 확인할 수 있다.
- "고령화되고, 세속화되고": Ross Douthat, 'Germany on the Brink,' New York Times, January 9, 2016; Anna Sauerbrey, 'Germany's Post Cologne Hysteria', New York Times, January 9, 2016.

14장: 최악의 시간들

이 장은 필자가 다음 인물들과 한 인터뷰를 기초로 집필했다. 벤 로즈, 베른트 울리히, 슈테판 코르넬리우스, 제임스 데이비스, 레네 피스터, 존 에머슨, 토마스 배거, 크리스토프 호이스겐, 에바 크리스티안젠. 이 중 많은 이들이 비공개를 전제로 이야기했다.

- 안티고네: Michael Schindhelm, 'Mocca Twice a Day with Angela', Berliner Morgenpost, March 8, 2000.
- "여러분이 적어도": Stefan Wagstyl, editorial, Financial Times, January 26, 2016.
- 앙겔라 메르켈은 제1차 세계대전에서: 영화감독 폴커 슐뢴도르프가 필자와 한 인터뷰.
- 그는 만찬 장소를: 로즈와 호이스겐의 인터뷰.
- 크리스마스 장터 공격이: 독일 주재 미국 대사 존 에머슨이 필자와 한 인터뷰.

15장: 트럼프의 등장

이 장에서 공개한 트럼프 시대의 워싱턴과 관련한 배경 정보는 다음 인물들과 한 인터뷰에서 얻었다.

로버트 키밋, 피오나 힐, 카렌 돈프리드, 콘스탄체 스텔첸뮐러, 데릭 숄레이, 매튜 포팅어. 한편, 볼프강 이싱어, 케르스틴 콜렌베르크, 에바 크리스티안젠, 토마스 배거, 베른트 울리히, 레네 피스터, 크리스토프 호이스겐, 스위스 장크트갈렌대학교(University of St. Gallen)의 제임스 W. 데이비스와 한 인터뷰는 베를린의 풍경을 묘사하는 데 도움을 줬다.

- 앙겔라 메르켈은 도널드 트럼프와: 호이스겐과 크리스티안젠의 인터뷰.
- "부모에게 버림받은": 이싱어의 인터뷰.
- 2017년 3월, 트럼프는: Philip Rucker and Carol Leonnig, A Very Stable Genius(New York: Bloomsbury, 2020), 165.
- "우리 기자들은": 독일 저널리스트 케르스틴 콜렌베르크가 필자와 한 인터뷰.
- 한 가지 사안에서 다음 사안으로: 피오나 힐이 필자와 한 인터뷰.
- "여러분이 들은": 이후 계속 인용한 트럼프의 트윗은 공개된 기록에서 확인할 수 있다.
- "이 인간한테": 이싱어의 인터뷰.
- "우리 유럽인들이": 메르켈이 2018년 6월 10일에 빌(Will)과 한 인터뷰.
- 조국의 어떤 점을 좋아하느냐는: Kornelius, Angela Merkel, 26.
- "나한테 받은 게 하나도 없다는 말은": 베르겐의 인터뷰.
- "당신도 상사만큼": 하버의 인터뷰.
- "모양새가 좋지 않습니다": 메르켈이 2018년 6월 10일에 빌과 한 인터뷰.
- 메르켈에게 최근: 피스터의 인터뷰. Pfister, 'Times of Turmoil', and 'Apocalypse Merkel', Der Spiegel June 2, 2018에서도 확인할 수 있다.
- "메르켈은 시간이 갈수록 400년 된 그 사건들과": Angela Merkel, 'Speech by Chancellor Merkel at the 101st German Catholic Day on May 11, 2018, in Münster', Press and Information Office of the Federal Government online, accessed April 22, 2021, https://www.bundeskanzlerin.de/bkin-de/aktuelles/rede-von-bundeskanzlerin-merkel-beim-101-deutschen-katholikentag-am-11-mai-2018-in-muenster-1122406; 메르켈이 2019년 2월 16일에 55회 뮌헨안보회의에서 한 연설.
- 두 달 후: 배카우의 인터뷰.
- "케임브리지의 그 구름 한 점 없는 날에": Ibid. 하버드대학교 스티븐 그린블랫 교수가 필자와 한 인터뷰.
- "그해 여름": 크리스티안젠의 인터뷰.
- "간단하게 말하고 싶어요.": Angela Merkel, 'Summer Press Conference with the Federal Chancellor, July 19, 2019', Press and Information Office of the Federal Government online, accessed April 22, 2021, https://www.bundeskanzlerin.de/bkin-de/aktuelles/sommerpressekonferenz-1649640.
- "우리 언론협회는": 아나 자우러브레이가 필자와 한 인터뷰.

16장: "우리나라의 뭔가가 달라졌습니다…"

이 장은 필자가 베를린과 드레스덴에서 AfD 지도자들과 니콜라우스 페스트 박사, 크리스티천 디무스 박사, 크리스토프 마이어 박사, 카린 프리첼, 라인하르트 권첼, 베르너 파첼트 박사 등 독일의 극단적인 정치를 연구하는 학자와 평론가, 현역 정치인들과 한 인터뷰를 기초로 집필했다. 요아힘 가우크, 시몬 스테인 대사, 미하엘 나우만, 베른트 울리히, 토마스 배거, 멜라니 아만, 슈테판 코르넬리우스도 도움을 줬다. 더불어 독일과 미국의 언론 보도에도 의존했다.

- "실망하지 않습니다": Melanie Amann et al., 'Merkel's Seed', Der Spiegel, September 26, 2017; and Klaus Brinkbaumer, 'The Swing to the Right', editorial, Der Spiegel, September 26, 2017.
- "그는 더 이상은": 시몬 스테인 대사가 AfD의 강한 존재감이 준 충격과 관련해서 필자와 한 인터뷰.
- "우리는 두려움에 떠는 사람들이 필요합니다": Susan Neiman, Learning from the Germans: Race and the Memory of Evil(New York: Farrar, Straus and Giroux, 2019), 359.
- 화려하게 복구된 드레스덴에 있는: AfD의 지역 지도자 라인하르트 귄첼이 필자와 한 인터뷰.
- "내가 어릴 때는": 피셔의 인터뷰.
- "구약에는": 로타어 데메지에르의 인터뷰.
- "그건 말이 안 됩니다": 메르켈이 쾰블과 한 인터뷰, Spuren der Macht.
- "동독 남성": Katrin Bennhold, "One Legacy of Merkel," New York Times, November 5, 2018.
- 메르켈은 정치적으로는: 코르넬리우스의 인터뷰; Nico Fried, "And Suddenly There Is Unity," Süddeutsche Zeitung, October 9, 2017.
- 철야 협상을 한 뒤인: 메르켈과 제호퍼의 협상과 관련한 뉴스 보도, 그리고 독일 내무장관 호르스트 제호퍼가 미하엘 슈티플러(Michael Stifler) 등과 한 인터뷰 Augsburger Allgemeine, July 7, 2019를 기초로 했다.
- "외모가 다른 사람들을": Katrin Bennhold, 'Chemnitz Protests' New York Times, August 30, 2018. 'Angela Merkel Attacks the AfD', Deutsche Welle, December 9, 2018. https://www.dw.com/en/angela-merkel-hits-out-at-afd-on-far-rightviolence/a-45453193.
- 뒷자리에 앉은 남성이: Merkel, interviewed by Jana Hensel, Die Zeit, January 24, 2019. Claus Christian Malzehn, 'An Overdue Conversation Among East Germans', Die Welt, November 16, 2018.
- "우리는": 독일 정치인 파울 크뤼거가 필자와 한 인터뷰. 앙겔라 메르켈이 2018년 12월 7일에 함부르크에서 한 연설은 CDU의 공식 웹사이트 www.cdu.de에서 확인할 수 있다.

17장: 마침내 얻게 된 파트너?

이 장을 위해 인터뷰한 대상자로는 토마스 배거, 크리스토프 호이스겐, 에바 크리스티안젠, 프랑스 정치학자 자크 루프닉(Jacques Rupnik), 저널리스트 크리스탱 오크랑(Christine Ockrent), 전 프랑스 외무장관 베르나르 쿠슈네르(Bernard Kouchner), 윌리엄 드로즈디악, 티머시 가튼 애시 등이 있다.

- 그런데 메르켈도: Marlowe, 'As Merkel Tires'.
- "그는 국제정치를": Matthias Gebauer et al., 'Germany's Incredible Shrinking Role', Der Spiegel, April 23, 2018.
- 메르켈은 새 정치 파트너가: Lauren Collins, 'The Bromance Myth of Trump and Macron', New Yorker, April 21, 2018.

- 메르켈과 마크롱 사이에서: 티머시 가튼 애시가 필자와 한 인터뷰; Leaders, "Assessing Emmanuel Macron's Apocalyptic Vision", Economist, November 9-15, 2019. "Germany Warns France Against Undermining NATO Security Alliance", Reuters online, last modified November 10, 2019, https://www.reuters.com/article/us-germany-nato/germany-warns-france-against-undermining-nato-security-alliance-idUSKBN1XK08I.
- 마크롱은 도발적인 의견을 토해낸 직후: 독일 대통령의 수석외교자문 토마스 배거가 필자와 한 인터뷰.
- 메르켈의 총리 재임 14년이 끝나가는: 애시의 인터뷰; Timothy Garton Ash, "Angela Merkel Must Go—for Germany's Sake, and for Europe's," Guardian(US) online, last modified November 22, 2019, https://www.theguardian.com/commentisfree/2019/nov/22/time-to-go-angela-merkel-germanys-sake-europes에서도 확인할 수 있다.

18장: 결말을 향하여

이 장을 위해 이싱어 대사와 호이스겐, 메르켈의 자문이자 절친한 친구인 에바 크리스티안젠, 독일 대통령의 자문 토마스 배거를 인터뷰했다.

- 메르켈은 마침내: 메르켈, 2019년 8월 13일에 슈트랄준트에서 열린 타운홀 미팅에서, YouTube.
- "우리한테는": 메르켈이 링케와 한 인터뷰, Das Merkel Lexikon, 181.
- 언젠가 좋아하는 영화를: "Angela Merkel Suddenly Personal" Berliner Morgenpost, May 13, 2013. Melissa Eddy, "Merkel Offers a Peek," New York Times, May 17, 2013. Merkel, interview by Rinke, Das Merkel Lexikon, 181에서도 확인할 수 있다.
- "AfD 당원 토마스 나울린": 앙겔라 메르켈, 자를란트 타운홀, 2019년 8월 13일, https://www.ndr.de/fernsehen/sendyngen/zapp/Stralsund-Merkels-Antwort-auf-Rechtsaussen,kommunikationsstrategien100.html.
- 2018년 10월에: "Merkel: Over but Not Out."
- "남성 일색이군요": 피스터의 인터뷰.
- "있잖아, 아가씨": Carl Dietr Spranger, 'Weekend Long Read on Merkel', Süddeutsche Zeitung, April 5, 2020.
- 분데스타크에서: 피스터의 인터뷰.
- "과학의 세계에 진출하십시오!": Ibid.
- "Es is ernst": 총리의 2020년 3월 19일 코로나19 관련 연설은 분데스타크 웹사이트에서 볼 수 있다. 다음에서도 확인할 수 있다. Christine Hoffmann, 'The Merkel Bonus', Der Spiegel online, last modified December 16, 2020. Guy Chazan, 'Angela Merkel Germany's Crisis Manager Is Back', Financial Times, March 27, 2020. Nico Fried and Mike Szymanski, 'A Word of Warning', Süddeutsche Zeitung online, last modified April 3, 2020, https://www.bundesregierung.de/breg-de/themen/coronavirus; Laura Spinney, "Germany's Covid Expert," Guardian, April 26, 2020; Philip Oltermann, "Angela Merkel Draws on Science Background in Covid-19 Explainer," Guardian(US) online, last modified April 16, 2020, https://www.theguardian.com/world/2020/apr/16/angela-merkel-draws-on-science-background-in-covid-19-

explainer-lockdown-exit.
· "제 생활은 바뀌었습니다": Holger Schmale, 'Working from Home', Berliner Zeitung, April 1, 2020. Frank Jordans, 'Merkel in Quarantine After Doctor Tests Positive for Virus', Associated Press online, last modified March 22, 2020, https://apnews.com/article/f71e89eacd7cc6f84b81991c03e82c31.
· 사회적 거리 두기의 시대에: 배거의 인터뷰. <워싱턴 포스트>의 마이클 번바움이 필자와 한 인터뷰. Victor Mallet, Guy Chazan, and Sam Fleming, "Merkel Makes a U Turn to Save Stricken Bloc", Financial Times, May 23, 2020. Peter Muller, "Merkel and Macron Find Strength for Europe", editorial, Der Spiegel, May 22, 2020.
· 이튿날의 대화는: 번바움의 인터뷰. 영국 저널리스트 크리스탱 오크랑이 필자와 한 인터뷰.
· 한 시간이 지나고: Jean Pierre Stroobants and Virginie Malingre, 'Bilaterales, Coups de Gueles et Portes qui Claques', Le Monde, July 20, 2020.
· 유럽에서 코로나19의 피해를: Nikos Chrysoloras and John Ainger, 'Why Europe's Pandemic Recovery Deal Is a Big Deal', Washington Post, July 21, 2020; Markus Becker, 'Merkel's Triple Victory', Der Spiegel online. https://www.spiegel.de/international/europe/a-look-ahead-at-german-american-relations-after-trump-a-4c7ca237-fe2d-44d2-b2cb-9-aed83b8af28, November 19, 2020.
· 메르켈에게 유럽은: Angela Merkel, Speech by Chancellor Merkel at the event 'Foreign and Security Policy in the German EU Council Presidency' of the Konrad Adenauer Foundation on May 27, 2020, Press and Information Office of the Federal Government online, accessed April 22, 2021, https://www.bundeskanzlerin.de/bkin-de/aktuelles/rede-von-bundeskanzlerin-merkel-imrahmen-der-veranstaltung-aussen-und-sicherheitspolitik-in-der-deutschen-euratspraesidentschaft-der-konrad-adenauer-stiftung-am-27-mai-2020-1755884.

에필로그

· "총리 임기 마지막 해를," 'Citizen's Dialogue, Die Zeit online, last modified November 12, 2020; https://www.audible.com/pd/DIE-ZEIT-November-12-2020-Audiobook/B08292D7P8
· "일반 시민으로 살아갈 미래의 삶에": 메르켈이 2020년 1월 16일에 바버(Barber), 차잔(Chazan)과 한 인터뷰, https://www.ft.com/content/00f9135c-3840-11ea-a6d3-9a26f8c3cba4. 별도로 출처를 표시한 부분을 제외한 메르켈의 연설에서 가져온 인용문은 분데스타크 웹사이트에서 확인할 수 있다.
· "레스토랑까지 문을": 크리스티안젠의 인터뷰.
· 더 이상 총리가 아닌: 배거의 인터뷰.
· "잠을 푹 자고": 메르켈이 2019년 8월 13일에 자를란트에서 한 타운홀 미팅. https://www.ndr.de/fernsehen/sendungen/zap/Stralsund-Merkels-Antwort-auf-Rechtsaussen,kommunikationsstrategien100.html.
· "그는 노력했다": Ibid.

메르켈 리더십 합의에 이르는 힘

1판 1쇄 발행 2021년 10월 8일
1판 4쇄 발행 2022년 3월 9일

지은이 케이티 마튼
옮긴이 윤철희

펴낸이 정기영 / 김혜진
표지 디자인 & 디자인 황중선
교정교열 최현미
인쇄 / 조판 안준용(책과 6펜스)

펴낸 곳 모비딕북스
출판등록 2019년 1월 5일 제2020-000277호
주소 서울 용산구 서빙고로 67 파크타워 103동 3304호
전화 070-4779-8822
이메일 jky@mobidickorea.com
홈페이지 www.mobidickorea.co.kr
페이스북 www.facebook.com/mobidicbook
인스타그램 mobidic_book
유튜브 mobidicbooks

ISBN 979-11-91903-01-0

옮긴이 윤철희
연세대학교 경영학과와 동 대학원을 졸업했다. 영화 전문지에 번역과 기사와 칼럼을 기고하고 있다. 지은 책으로 『패관 송아영의 잡기』가 있고, 옮긴 책으로 『L.A. 레퀴엠』, 『마지막 탐정』, 『콘돌의 6일』, 『콘돌의 마지막 날들』, 『히치콕』, 『한나 아렌트의 말』, 『스탠리 큐브릭』, 『클린트 이스트우드』, 『제임스 딘』, 『위대한 영화 1,2』, 『지식인의 두 얼굴』, 『아이리시맨』, 『꿈의 방』, 『이안: 경계를 넘는 스토리텔러』, 『로저 에버트』, 『알코올의 역사』, 『런던의 역사』, 『에퀴아노의 흥미로운 이야기』, 『10호실』 등이 있다.